普通高等教育"十二五"规划教材

统 计 学

段小红　主　编
侯希红
李业荣　副主编

中国林业出版社

内容简介

本教材是为适应高等院校经济管理类人才培养的发展趋势,并依据教育部颁发的本科《统计学教学大纲》要求编写的。本教材系统阐明了统计学的基本理论、基本知识和基本方法,并运用了计算机软件结合实例进行了统计运算和分析。主要内容包括:总论、统计设计与统计调查、统计整理、总量指标和相对指标、平均指标和标志变异指标、时间序列分析、统计指数、抽样推断、假设检验、相关与回归分析。每章都介绍了统计软件 Excel 的应用知识和方法,且附有小结、思考与练习和答案,方便学习和使用。

本教材结构和内容新颖、适用性强、通俗易懂,适合作为高校统计学专业和经济管理类等相关专业统计学课程教材,也可供广大统计学工作者和经济管理工作人员自学或参考。

图书在版编目(CIP)数据

统计学/段小红主编. —北京:中国林业出版社,2015.6(2017.8重印)
普通高等教育"十二五"规划教材
ISBN 978-7-5038-7978-4

Ⅰ. ①统⋯ Ⅱ. ①段⋯ Ⅲ. ①统计学–高等学校–教材 Ⅳ. ①C8

中国版本图书馆 CIP 数据核字(2015)第 093785 号

国家林业局生态文明教材及林业高校教材建设项目

中国林业出版社·教育出版分社

责任编辑:张东晓

电　　话:(010)83143560　　　传　　真:(010)83143516

出版发行　中国林业出版社(100009　北京市西城区德内大街刘海胡同7号)
　　　　　E-mail:jiaocaipublic@163.com　电话:(010)83143500
　　　　　http://lycb.forestry.gov.cn
经　销　新华书店
印　刷　北京市昌平百善印刷厂
版　次　2015年6月第1版
印　次　2017年8月第2次印刷
开　本　850mm×1168mm　1/16
印　张　20.75
字　数　524千字
定　价　42.00元

未经许可,不得以任何方式复制或抄袭本书之部分或全部内容。

版权所有　侵权必究

编写人员名单

主　　编　段小红

副 主 编　侯希红　李业荣

编写人员(按姓氏拼音排序)：

　　　　　　段小红　（甘肃农业大学）

　　　　　　耿小娟　（甘肃农业大学）

　　　　　　侯希红　（山西农业大学）

　　　　　　李业荣　（云南农业大学）

　　　　　　普雁翔　（云南农业大学）

　　　　　　赵　霞　（甘肃农业大学）

前 言

统计学是普通高等院校经济管理类各专业的重要专业基础课程之一。为了使我国统计学进一步同国际接轨，也为了使统计学的教学更好地适应经济管理的需要，迫切需要一本能够培养学生的统计理论功底，灵活地使用统计方法，熟练地使用计算软件，准确地解决实际问题的统计教材。

本教材立足于培养学生独立思维能力与实际操作能力，侧重于统计方法在经济管理领域中的应用与实践。在编写时力求体现科学、实用、新颖和先进等特点，注意把理论体系的严密性同教学上由浅入深、循序渐进的连贯性统一起来。

本教材结合编者多年在教学工作中的经验，力求以简明通俗的语言，生动具体的实例来阐述统计学的基本理论和基本方法。在内容编排、概念阐述、图表配备、例题选择方面符合本课程教学方法的要求。各章内容中都有提要、小结、思考与练习以帮助学生对各章内容的理解和掌握。对于复杂的统计计算我们通过常用的计算机应用软件 Excel 来实现。

本教材编写的作者有（按姓氏拼音排序）：段小红、耿小娟、侯希红、李业荣、普雁翔、赵霞。全书由段小红统稿。

本教材编者均为长期从事统计教学的专业教师，在统计学的某些方面都有较深刻的研究，都有自己的见解。由于本书系为教科书，所列内容均为目前统计界大多认可的观点，并力求使本书的观点前后保持一致，但这并不影响本书作者在其他场合各自阐述自己的学术观点。

本教材参考了国内外出版的大量有关本学科的教材和专著。本教材的编者都有多年在高等学校从事本学科教学研究工作的经验，但通过教材编写，深深体会到编写一本既在体系上比较严谨，又在风格上通俗易懂的统计学教材的艰难！尽管教材涉及的内容都经作者反复斟酌，有些内容甚至数易其稿，但由于水平所限，教材中可能还存在许多我们还没有发现的问题，衷心希望使用本教材的老师、同学和其他读者批评指正。

段小红

2015 年 2 月

目 录

前 言

第一章 总 论 …………………………………………………………… (1)
  第一节 统计学的产生与发展 ……………………………………… (1)
    一、统计的涵义 …………………………………………………… (1)
    二、统计实践的产生和发展 ……………………………………… (3)
    三、统计理论的产生和发展 ……………………………………… (4)
  第二节 统计学的研究对象和方法 ………………………………… (7)
    一、统计学的研究对象 …………………………………………… (7)
    二、统计学的特点 ………………………………………………… (7)
    三、统计数据的计量尺度 ………………………………………… (9)
    四、统计研究的基本方法 ………………………………………… (10)
  第三节 统计学的基本概念 ………………………………………… (12)
    一、总体和样本 …………………………………………………… (12)
    二、标志与指标 …………………………………………………… (15)
    三、变异和变量 …………………………………………………… (19)
    四、统计指标体系 ………………………………………………… (20)
  第四节 常用的统计数据分析软件 ………………………………… (21)
    一、SPSS 软件 …………………………………………………… (21)
    二、SAS 软件 ……………………………………………………… (22)
    三、Eviews 软件 …………………………………………………… (22)
    四、Excel 软件 …………………………………………………… (22)
    五、STAT 软件 …………………………………………………… (23)

第二章 统计设计与统计调查 …………………………………………… (26)
  第一节 统计设计的概念及分类 …………………………………… (26)
    一、统计设计的概念 ……………………………………………… (26)
    二、统计设计分类 ………………………………………………… (26)

第二节 统计调查概述 ……………………………………………………… (27)
　　一、统计调查的意义 …………………………………………………… (27)
　　二、统计调查的种类 …………………………………………………… (28)
　　三、统计调查方法 ……………………………………………………… (29)
第三节 统计调查方案 ……………………………………………………… (30)
　　一、确定调查目的 ……………………………………………………… (30)
　　二、确定调查对象和调查单位 ………………………………………… (30)
　　三、拟定调查提纲 ……………………………………………………… (31)
　　四、制定调查表 ………………………………………………………… (31)
　　五、确定调查时间和调查期限 ………………………………………… (32)
　　六、调查工作的组织实施 ……………………………………………… (32)
第四节 统计调查的组织形式 ……………………………………………… (33)
　　一、统计报表 …………………………………………………………… (33)
　　二、专门调查 …………………………………………………………… (34)
第五节 统计调查误差 ……………………………………………………… (37)
　　一、系统误差 …………………………………………………………… (37)
　　二、代表性误差 ………………………………………………………… (38)
第六节 调查问卷 …………………………………………………………… (38)
　　一、调查问卷设计的原则 ……………………………………………… (38)
　　二、问卷的结构 ………………………………………………………… (39)
　　三、问题与回答的设计 ………………………………………………… (40)
　　四、问卷设计应注意的问题 …………………………………………… (41)

第三章 统计整理 …………………………………………………………… (44)
第一节 统计整理的意义和步骤 …………………………………………… (44)
　　一、统计整理的概念和意义 …………………………………………… (44)
　　二、统计整理的内容与步骤 …………………………………………… (44)
第二节 统计分组 …………………………………………………………… (46)
　　一、统计分组的概念 …………………………………………………… (46)
　　二、统计分组的作用 …………………………………………………… (46)
　　三、选择分组标志和分组界限的确定 ………………………………… (49)
　　四、统计分组体系 ……………………………………………………… (51)
第三节 次数分布 …………………………………………………………… (51)
　　一、次数分布的概念 …………………………………………………… (52)
　　二、分布数列的种类 …………………………………………………… (52)
　　三、变量数列的编制 …………………………………………………… (55)

四、次数分布的类型 …………………………………… (57)
　　五、累积频数和累计频率 ……………………………… (58)
第四节　数据显示 ………………………………………………… (59)
　　一、统计表 ……………………………………………… (59)
　　二、统计图 ……………………………………………… (62)
第五节　Excel在统计整理中的应用 …………………………… (64)
　　一、利用Frequency函数进行统计分组 ……………… (64)
　　二、利用"直方图"工具进行统计分组 ……………… (67)
　　三、利用Excel绘制统计图 …………………………… (68)

第四章　总量指标和相对指标 ………………………………… (74)

第一节　总量指标 ………………………………………………… (74)
　　一、总量指标的概念和作用 …………………………… (74)
　　二、总量指标的种类 …………………………………… (75)
　　三、总量指标的计量单位 ……………………………… (76)
　　四、总量指标的应用原则 ……………………………… (78)
第二节　相对指标 ………………………………………………… (79)
　　一、相对指标的概念和作用 …………………………… (79)
　　二、相对指标的表现形式 ……………………………… (80)
　　三、相对指标的计算 …………………………………… (81)
第三节　总量指标和相对指标的运用原则 ……………………… (89)
　　一、分子分母可比性原则 ……………………………… (89)
　　二、正确选择对比的基数 ……………………………… (89)
　　三、相对指标和总量指标相结合原则 ………………… (90)
　　四、多项指标结合运用原则 …………………………… (90)
第四节　Excel在总量指标和相对指标中的应用 ……………… (90)

第五章　平均指标和标志变异指标 ……………………………… (98)

第一节　平均指标 ………………………………………………… (98)
　　一、平均指标概述 ……………………………………… (98)
　　二、算术平均数 ………………………………………… (100)
　　三、调和平均数 ………………………………………… (106)
　　四、几何平均数 ………………………………………… (109)
　　五、位置平均数 ………………………………………… (111)
　　六、众数、中位数和算术平均数的关系 ……………… (115)
第二节　标志变异指标 …………………………………………… (116)
　　一、标志变异指标的概述 ……………………………… (116)

二、标志变异指标的计算 ………………………………………………………… (118)
　　三、交替标志的标准差和方差 …………………………………………………… (123)
第三节　偏度与峰度 ……………………………………………………………………… (124)
　　一、偏　度 ………………………………………………………………………… (125)
　　二、峰　度 ………………………………………………………………………… (127)
第四节　Excel 在平均指标和标志变异指标中的应用 ………………………………… (128)
　　一、用集中趋势函数和变异函数计算 …………………………………………… (128)
　　二、用"描述性统计"进行计算 ………………………………………………… (130)
　　三、用 Excel 构造公式计算 ……………………………………………………… (132)

第六章　时间序列分析 …………………………………………………………………… (137)

第一节　时间序列分析的编制 …………………………………………………………… (137)
　　一、时间序列的意义 ……………………………………………………………… (137)
　　二、时间序列的种类 ……………………………………………………………… (138)
　　三、时间序列的编制 ……………………………………………………………… (139)
第二节　时间序列水平指标 ……………………………………………………………… (139)
　　一、发展水平 ……………………………………………………………………… (139)
　　二、平均发展水平 ………………………………………………………………… (140)
　　三、增长量 ………………………………………………………………………… (143)
　　四、平均增长量 …………………………………………………………………… (143)
第三节　时间序列的速度指标 …………………………………………………………… (144)
　　一、发展速度 ……………………………………………………………………… (144)
　　二、增长速度 ……………………………………………………………………… (144)
　　三、平均发展速度和平均增长速度 ……………………………………………… (145)
　　四、速度的分析与应用 …………………………………………………………… (147)
第四节　时间序列的分解分析 …………………………………………………………… (148)
　　一、时间序列的构成因素 ………………………………………………………… (148)
　　二、时间序列的长期趋势变动分析 ……………………………………………… (150)
　　三、时间序列的季节变动分析 …………………………………………………… (156)
　　四、循环变动的测定 ……………………………………………………………… (159)
第五节　Excel 在时间序列中的应用 …………………………………………………… (159)
　　一、用 Excel 测定增长量和平均增长量 ………………………………………… (159)
　　二、用 Excel 测定发展速度和平均发展速度 …………………………………… (160)
　　三、移动平均法 …………………………………………………………………… (161)
　　四、数学模型的测定 ……………………………………………………………… (163)
　　五、季节变动的测定方法 ………………………………………………………… (168)

第七章　统计指数 (174)

第一节　统计指数的概述 (174)
一、统计指数的概念 (174)
二、统计指数的作用 (174)
三、统计指数的分类 (175)

第二节　综合指数 (176)
一、综合指数的概念 (176)
二、综合指数的编制 (176)

第三节　平均指数 (179)
一、平均指数的概念 (179)
二、平均指数的编制 (179)
三、常见的几种经济指数 (182)

第四节　指数体系与因素分析 (185)
一、指数体系 (185)
二、复杂总体的因素分析 (186)
三、平均指标变动的因素分析 (190)

第五节　指数数列 (192)
一、指数数列的概念和种类 (192)
二、指数数列的权数 (193)

第六节　多指标综合评价指数 (195)
一、构建综合评价指数的一般问题 (195)
二、多指标综合评价指数的构建 (195)
三、几种常用的综合评价指数 (197)

第七节　Excel 在统计指数中的应用 (199)
一、用 Excel 计算综合指数 (199)
二、用 Excel 计算平均指数 (200)
三、用 Excel 进行指数的因素分析 (201)

第八章　抽样推断 (207)

第一节　抽样推断概述 (207)
一、抽样推断的概念和特点 (207)
二、抽样推断的几个基本概念 (209)
三、抽样方法和样本可能数目 (212)
四、抽样估计的理论基础 (213)

第二节　抽样误差 (215)
一、抽样误差的概念 (215)

二、抽样平均误差 …………………………………………………………………… (217)
　　三、抽样极限误差 …………………………………………………………………… (223)
第三节　总体参数估计 ……………………………………………………………………… (227)
　　一、点估计 …………………………………………………………………………… (227)
　　二、区间估计 ………………………………………………………………………… (229)
第四节　抽样调查的组织形式 ……………………………………………………………… (233)
　　一、抽样调查方案设计的基本原则 ………………………………………………… (233)
　　二、简单随机抽样 …………………………………………………………………… (234)
　　三、类型抽样 ………………………………………………………………………… (235)
　　四、机械抽样 ………………………………………………………………………… (236)
　　五、整群抽样 ………………………………………………………………………… (237)
　　六、多阶段抽样 ……………………………………………………………………… (238)
第五节　必要样本容量的确定 ……………………………………………………………… (239)
　　一、影响样本容量的因素 …………………………………………………………… (239)
　　二、样本容量的计算 ………………………………………………………………… (240)
第六节　Excel在抽样推断中的应用 ……………………………………………………… (241)
　　一、用Excel进行随机抽样 ………………………………………………………… (241)
　　二、用Excel进行区间估计 ………………………………………………………… (243)

第九章　假设检验 …………………………………………………………………………… (248)
第一节　假设检验的基本原理 ……………………………………………………………… (248)
　　一、假设检验的概念 ………………………………………………………………… (248)
　　二、假设检验的基本原理 …………………………………………………………… (249)
　　三、假设检验的种类 ………………………………………………………………… (250)
　　四、假设检验的步骤 ………………………………………………………………… (251)
　　五、假设检验的两类错误 …………………………………………………………… (252)
第二节　单个总体参数的检验 ……………………………………………………………… (253)
　　一、总体均值的检验 ………………………………………………………………… (253)
　　二、总体成数的检验 ………………………………………………………………… (255)
　　三、总体方差的检验 ………………………………………………………………… (256)
第三节　两个总体参数的检验 ……………………………………………………………… (257)
　　一、两个总体均值的检验 …………………………………………………………… (257)
　　二、两个总体成数的检验 …………………………………………………………… (259)
　　三、两个总体方差的检验 …………………………………………………………… (260)
第四节　Excel在假设检验中的应用 ……………………………………………………… (261)
　　一、用Excel进行单一总体均值的P值检验 …………………………………… (262)

二、用 Excel 进行两个总体均值的检验 …………………………………………（264）

第十章　相关与回归分析 …………………………………………………………（271）
　第一节　相关分析概述 …………………………………………………………（271）
　　一、相关关系的概念 ……………………………………………………………（271）
　　二、相关关系的种类 ……………………………………………………………（272）
　第二节　相关关系的测定 ………………………………………………………（274）
　　一、定性分析 ……………………………………………………………………（274）
　　二、相关表和散点图 ……………………………………………………………（274）
　　三、相关系数 ……………………………………………………………………（275）
　第三节　简单直线回归分析 ……………………………………………………（277）
　　一、回归分析的概念 ……………………………………………………………（277）
　　二、相关分析与回归分析的关系 ………………………………………………（278）
　　三、简单线性回归模型 …………………………………………………………（279）
　　四、回归估计标准误差 …………………………………………………………（281）
　第四节　回归方程的显著性检验 ………………………………………………（283）
　　一、判定系数 ……………………………………………………………………（283）
　　二、F 检验 ……………………………………………………………………（284）
　　三、回归方程的估计和预测 ……………………………………………………（285）
　第五节　多元线性回归分析 ……………………………………………………（286）
　　一、多元线性回归模型及多元线性回归方程 …………………………………（286）
　　二、多元线性回归方程检验 ……………………………………………………（288）
　　三、多重共线性 …………………………………………………………………（290）
　　四、利用多元回归方程进行预测 ………………………………………………（291）
　第六节　曲线回归分析 …………………………………………………………（291）
　　一、曲线回归分析的概念 ………………………………………………………（291）
　　二、几种常用的曲线回归方程分析模型 ………………………………………（291）
　第七节　Excel 在相关分析与回归分析中的应用 ……………………………（294）
　　一、利用 Excel 计算相关系数 …………………………………………………（294）
　　二、利用 Excel 进行回归分析 …………………………………………………（297）

参考文献 ……………………………………………………………………………（302）
附录一：随机数字表 ………………………………………………………………（303）
附录二：标准正态分布表 …………………………………………………………（304）
附录三：t 分布表 …………………………………………………………………（305）
附录四：F 分布表 …………………………………………………………………（306）
附录五：思考与练习答案 …………………………………………………………（308）

第一章 总 论

本章提要

通过本章学习，掌握统计的涵义、对象、特点和计量尺度，重点掌握统计学的基本概念，包括总体、总体单位、样本、标志、指标等；了解统计学的产生发展过程、统计学与其他学科的关系、统计学研究的六个阶段和四种基本方法以及常用的统计数据分析软件。

统计工作和统计学是适应社会经济的发展和管理的需要逐步发展起来的，而且生产越是社会化，数量计算和统计分析就越显重要。由于统计学是一门关于数据的科学，只要研究和分析数据，就要用到统计学；统计又是一种重要的分类手段，只要有分类的问题，就要用到统计学；几乎所有学科都要研究和分析数据，也几乎所有学科都要进行分类，因而统计学几乎与所有学科都有或多或少的联系。

第一节 统计学的产生与发展

在现实生活中，小到人们日常生活，大至国家宏观决策，都离不开统计的应用。学习、了解和运用统计，对家庭、企业、国家，甚至可以说对社会生产和生活的方方面面都是十分有益的。例如，统计家庭月收入、企业年利润，官方统计人口总数，民意测验选民支持度，对流行病进行分析预测等都离不开统计。所以，我国著名经济学家、人口学家马寅初先生曾说："学者不能离开统计而研究，政治家不能离开统计而施政，事业家不能离开统计而执业。"一位资深的海外统计学家说："统计就和柴、米、油、盐、酱、醋、茶一样，存在的时候并不是很突出，一旦不见了，人生就是黑白的了。"那么，究竟什么是统计呢？

一、统计的涵义

统计一词源于德语 staatenkunde，意思是国势学，后翻译成英文 statistics，其通常有两个涵义：单数表示"统计学"；复数表示"统计数据"或"统计资料"。最终翻译成中文时，有统计资料、统计工作和统计学，统一简称为"统计"。

(一) 统计资料

统计资料(或称统计数据)是反映客观现象数量特征的数据，是统计工作的对象和成果，是社会经济信息的主体，是国家制定政策、计划和实行科学管理的重要依据。例如，每年三月在《人民日报》等重要报刊上公布的国家上一年国民经济和社会发展统计公报上的各项统计数据，各种统计年鉴中的统计数据——国内生产总值，消费者价格指数，从业人员数，外汇储备，粮食产量，工业增加值，固定资产投资等。

(二) 统计工作

统计工作是搜集、整理、分析并提供统计资料的工作过程，是统计实践活动。例如，人口数量与结构统计，居民收入与消费支出统计，农产品产量统计等。具体举例来说要了解我国人口情况，统计部门首先就要编制调查表，设计调查项目，然后派调查人员逐户调查，再对调查结果进行汇总、分析，最后得出我国人口的各种总量指标、构成指标及反映人口发展变化情况的指标等，这一系列的活动都被称为统计工作。

统计工作过程包括统计设计、统计调查、统计整理、统计分析、统计预测和统计决策六个阶段。

1. 统计设计

统计设计是指根据统计研究目的的需要，确定调查对象和调查单位，规定反映调查对象的统计指标和指标体系，从而明确所需要研究的那些基本数量关系。统计设计属于一种定性认识，它是定量认识的基础。

2. 统计调查

统计调查是根据统计设计的要求，利用各种调查方法，具体搜集反映调查单位的数字或文字资料，以获得丰富的感性材料，这是认识事物的起点。

3. 统计整理

统计整理是将调查所得到的反映个体的原始资料，按照科学的方法进行加工汇总并使之条理化、系统化，从而能够说明社会经济现象总体的特征，达到对事物的整体认识。

4. 统计分析

统计分析是指对加工整理的资料，加以分析研究，即计算各种综合指标，利用各种统计分析方法，对统计资料所反映的社会经济现象综合评价，达到对事物全面深入的认识。

5. 统计预测

统计预测是指以实际调查的统计资料为依据，根据事物的内在联系和发展规律，运用各种统计方法，对研究对象进行预测的过程。

6. 统计决策

统计决策是根据客观可能性，在统计分析和预测的基础上，借助一定的工具、技巧和方法，对决策诸因素进行准确的计算和判断，从而对未来行动做出选择的过程。

(三) 统计学

统计学是指统计理论，是关于统计实践活动经验总结和理论概括与升华而形成的，并用于指导统计实践活动，是阐述统计理论与方法的一门方法论科学。例如，某统计部门随机调查了某公司40名员工的基本情况。有关表格如何设计、范围如何确定、单位如何抽选、内容如何确定、信息如何登记等方面的理论和方法构成了统计学内容。

(四) 三种涵义之间的联系

上述三种涵义虽不同，但又相互联系。统计工作和统计资料两者是过程和结果的关系：即统计资料是统计工作过程的成果，统计资料这一结果反过来又可检验统计工作过程的质量；统计学和统计工作两者是理论与实践的关系：即统计工作是统计实践活动，统计学是统计工作的理论概括，也就是说统计学是在统计工作实践中产生和发展的，作为统计工作实践经验的科学总结和概括，又指导和推进统计工作的开展；统计学和统计资料两者是理论论点和论据材料的关系：即统计学理论要点离不开统计资料的支撑，统计资料是用来论证统计理论的材料。

二、统计实践的产生和发展

统计作为一种社会实践活动，随着社会发展和经济管理的需要而产生和发展，距今已有5000余年的历史。

(一) 统计实践活动萌芽于原始社会

在原始社会，人们按部落居住在一起，打猎、采集后就要算算有多少人、多少食物，以便分配食物，所以说最早的统计活动是人们通过结绳、堆石对狩猎品和采集野果数量的简单计量，此时"统计就是计数"，是一种对自然社会现象的简单计量活动，故可称之为统计活动的雏形。

(二) 统计实践活动产生于奴隶社会

在奴隶社会，由于赋税、徭役、征兵的需要，出现了人口、土地和财产的统计活动。例如，我国夏禹时代，人口和土地的统计数分别为1355万人和2438万hm^2。在国外，公元前3050年，埃及为建造金字塔，在全国进行过人口和财产的调查；古希腊和古罗马时代也开始了人口和财产的统计实践。

(三) 统计实践活动形成于封建社会

在封建社会，统计内容有所充实，统计调查的方法制度也逐步健全。但由于封建社会生产发展水平低，经济落后，统计只局限于征收赋税、徭役和管理国家的需要，发展十分缓慢，统计仅停留在对事物调查登记和简单计数加总阶段。

(四) 统计实践活动发展于资本主义社会

在资本主义社会，由于生产力的巨大发展，生产日益社会化，社会分工日益发达，引起对情报、信息和统计新的需要。统计已不限于人口、土地、财产等内容，它逐步扩展到了更为广泛的领域，产生了诸如工业、农业、商业、银行、保险、交通、邮电、外贸、劳动、就业等各方面各种专业的社会经济统计。大多数国家建立了工业、商业、银行、保险和海关等专业和全国性的统计组织,并开展了大量统计活动,统计在生产管理中得到了巨大发展。

(五)统计实践活动完善于社会主义社会

中国是世界文明古国之一,统计工作的开展大大早于欧美各国(但中国的统计工作却没有能发展成为一门系统的现代科学)。党的十一届三中全会以来,改革开放步伐加快,强烈呼唤统计工作的进一步加强,统计实践肩负着为社会主义现代化建设的重任。《中华人民共和国统计法》第二条明确规定:统计的基本任务是对国民经济和社会发展情况进行统计调查、统计分析,提供统计资料,实行统计监督。统计作为我国国家管理、宣传、科研服务的工具,在社会主义实践中要充分有效发挥统计的反馈信息、提供咨询、实施监督、支持决策的职能。

三、统计理论的产生和发展

统计学的产生与统计实践活动是密不可分的,统计作为人类社会的一种实践活动,伴随着人类文明的发展,在还没有文字的原始社会起就产生了;但统计成为专门系统的社会科学却仅有300余年的历史;现代社会经济统计理论与方法的发展和应用只不过百余年之事。由于统计学者所处的历史环境不同,对统计的认识不同,产生了不同的统计学学派和统计理论与方法。从统计学的发展过程来看,可以大致分为三个阶段。

(一)古典统计学时期(17世纪中叶至18世纪中叶)

在这一时期,统计学理论初步形成了一定的学术派别,主要有政治算术学派和国势学派。

1. 政治算术学派

政治算术学派起源于17世纪的英国,代表人物是威廉·配弟(William Patty,1623—1687年)。他的代表作是《政治算术》,这本书是经济学和统计学史上的重要著作,这里的"政治"是指政治经济学,"算术"是指统计方法。在这部书中,他利用实际资料,首创了用数量对比的方法分析问题,运用数字等定量分析工具描述了英、荷、法三国的政治、军事、经济等方面的国情国力情况。所以马克思认为他是"政治经济学之父"。在某种程度上,也可以说他是统计学的创始人。该学派的另一个著名人物是约翰·格朗特(John Graunt,1620—1674年),他对英国伦敦市人口的出生率和死亡率进行分类计算,编制了世界上第一张"死亡率"统计表。因此,他被认为是人口统计学的创始人。但遗憾的是,该学派的学者都还没有使用"统计学"这个名称,他们的著作只有统计学之实,却没有统计学之名。

2. 国势学派(或记述学派、旧学派、德国学派)

国势学派产生于17世纪的德国,代表人物是海尔曼·康令(Hermann Conring,1606—1681年)和阿亨瓦尔(Gottfried Achenwall,1719—1772年)。康令以文字记述国家显著事项和国家政策关系为内容,在大学开设了"国势学"课程,很受当时学者的欢迎。他的主要继承人为阿亨瓦尔,其主要著作是《近代欧洲各国国势学概论》。他继续开设"国势学"课,因在外文中"国势"与"统计"词义相通,所以于1749年首次使用统计学来代替国势学,认为统计学是关于各国基本制度的学问,一个国家显著事项的整体。但它缺乏数字内容,只用文字对国情记述,偏重事物性质的解释,未能进一步揭示社会经济现象的规律,也不研究事物的计量分析方法,不注重数量对比和数量计算,只是用比较级和最高级的词汇对事物的状态进行描述,并认为国势学派只有统计学之名而无统计学之实,因而对比后人所认为的统计学,存在名不符实的缺陷。

3. 政治算术学派和国势学派比较

政治算术学派与国势学派的共同之处在于它们均以实际调查资料研究社会经济现象,都是具体阐明国情国力的社会科学,不同之处在于研究和阐述的方法上有数量对比分析和文字记述的根本区别。正是由于有这样的共性和个性,使得两个学派共同发展、互相争论,从而促进了统计理论的发展。然而,当两个学派的争论尚未结束的时候,在新的历史条件下,又产生了新的学派和新的争论。

(二)近代统计学时期(18世纪末至19世纪末)

在这个时期,各种学派的学术观点已经形成,主要有数理统计学派和社会统计学派。

1. 数理统计学派

在18世纪,概率理论日益成熟,为统计学的发展奠定了基础。19世纪中叶,概率论被引进统计学从而形成数理学派,其奠基人是比利时的阿道夫·凯特勒(Lambert Adolphe Jacques Quetelet,1796—1874年),在其《社会物理学》中将古典概率论引入统计学,为数理统计学的形成与发展奠定了基础。到19世纪60年代,他又进一步将国势学、政治算术、概率论的科学方法结合起来,使之形成近代应用数理统计学,使统计学进入一个新的发展阶段。

2. 社会经济统计学派

(1)社会统计学派:产生于19世纪后半叶,创始人是德国经济学家、统计学家克尼斯(K. G. A. Knies,1821—1898年),代表人物有厄恩斯特·恩格尔(Christian Lonrenz Ernst Engel)、乔治·冯·梅尔(Georg von Mayr,1841—1925年)等。最早是挪威学者凯尔和汉森(A. N. Kiaer & E. Hanssen)于1898年出版了以《社会统计学》为名称的著作。他们融合了国势学派与政治算术学派的观点,沿着凯特勒的"基本统计理论"向前发展,但在学科性质上认为统计学是一门社会科学,是研究社会现象变动原因和规律性的实质性科学,以此同数理统计学派通用方法相对立。后来该学派的部分继承者也认为统计学是一门方法论科学,但特别强调要以事物的质作为方法论研究的前提。社会统计学派在研究对象上认为统计学是研究总体而不是个别现象,而且认为由于社会现象的复杂性和整体性,必须对总体进行大量观察和分析,研究其内在联系,才能揭示现象内在规律。这是社会统计学派的"实质性科学"的显著特点。

(2)社会经济统计学派:产生于20世纪的原苏联,列宁最早使用社会经济统计学这一名称,他曾写过一篇《统计学和社会学》的文章,对统计学作了十分精辟的论述,列宁被称为社会主义统计的奠基者。原苏联统计学家联系苏联社会主义统计实践，逐步建立了社会经济统计学。主要代表人物有廖佐夫、斯特里科等，其主要观点认为统计学是一门独立的实质性社会科学，研究大量的社会经济现象在具体时间、地点、条件下的规律性。

3. 数理统计学派和社会统计学派比较

两派争论的焦点之一：统计学的研究对象是包括自然现象和社会经济现象在内的一切客观现象还是仅指社会经济现象？社会统计学（即原来政治算术意义的统计学）专门研究社会现象，而数理统计学既研究社会现象又研究自然现象。焦点之二：社会统计学原是一门实质性科学，而数理统计学是一门方法论科学，这就又发生了统计学到底是一门什么性质的科学争论。时至今日，这两派仍在争论，在争论中两派又互相渗透。一方面，由于数理统计方法在社会实践中的广泛应用，对社会统计学发生了深刻的影响，由此，社会统计学逐渐由原来的实质性科学向方法论科学转变；另一方面，数理统计学中的"应用统计"，则逐渐向社会统计学靠拢。数理统计学不仅应用于社会经济领域，促进社会经济统计学的形成与发展，而且很快地应用于自然技术领域，促进自然技术统计学的形成与发展。随着时间的推移，上述各学派都有很大的发展，逐渐形成了现代的社会经济统计学、自然技术统计学和数理统计学。

（三）现代统计学时期（20 世纪以后）

1. 统计学的主流数理统计学由描述统计学转向推断统计学

描述统计学是整个统计学的基础，推断统计学是现代统计学的主要内容。1907 年，英国人戈塞特（William Sealy Gosset，1876—1937 年）提出了小样本 t 统计量理论，丰富了抽样分布理论，为统计推断奠定了基础；英国的费希尔（R. A. Fisher，1890—1962 年）的推断统计理论标志着数理统计学的确立；英国科学家弗朗西斯·高尔顿（Francis Galton）提出了相关与回归思想，并给出计算相关系数的明确公式；英国统计学者皮尔逊发展了拟合优度检验；波兰学者奈曼（J. Neyman，1894—1981 年）创立了区间估计理论，并和皮尔逊发展了假设理论；美国化学家威尔科克松（Frank Wilcoxon）发展了一系列非参数统计方法，开辟了统计学的新领域；由马哈拉诺比斯领导的印度统计研究所和 20 世纪 30 年代后期奈曼发表的两篇论文，使抽样的数学理论在 20 世纪 30 年代得到了迅速发展。从描述统计学发展到推断统计学，既反映了统计学发展的巨大成就，也是统计学发展成熟的重要标志。

2. 社会经济统计学由原来的实质性科学向方法论科学转变

社会统计学吸收了数理统计学通用方法，把自然科学的研究方法应用于社会现象，由实质性科学向方法论科学转变。因此随着统计学理论知识的发展与健全，统计学的应用领域将会进一步扩大，将出现许多新型的交叉学科，比如统计应用到法律、文学等学科。同时，伴随着计算机技术的飞速发展，统计学还将在模糊现象、突变现象及混沌现象等方面开辟新的研究领域。

（四）中国统计学的发展情况

中国统计历史悠久，但发展缓慢，没有发展成一门系统的统计科学。其主要原因是中国封建社会历史较长且闭关自守，同时中国没有经历资本主义商品经济和社会化大生产，对统计科学没有迫切要求。这些限制性条件不利于统计学的迅速发展。

新中国成立前，我国统计主要照搬数理统计学的理论与方法，统计理论与统计实践完全脱节。新中国成立后，照搬了原苏联社会经济统计学，批判了数理统计学，这对我国统计体系的建立和社会主义建设起到了积极的促进作用，但忽视了对数理统计学的改进和应用。另外，对统计学的性质也有两种观点：一种认为统计学是从数量上研究社会发展规律的实质性科学，即规律派；另一种认为统计学是研究如何搜集资料、整理资料和进行分析的方法论科学，即方法论派。

党的十一届三中全会后，在改革开放中，我国统计学有了较大发展，"百家争鸣，百花齐放"，各种观点也纷纷活跃起来。有人提出只有数理统计才是唯一正确的统计学，其他统计学不过是工作经验而已。统计界大多数人认为统计学是一门方法论科学，它应该吸收数理统计学的优点为我所用，促进社会经济统计学的发展和完善。

第二节 统计学的研究对象和方法

了解统计学的研究对象是正确认识和反映社会经济现象的重要前提，也是搜集、整理和分析社会经济现象数量方面的必要准备；研究大量社会经济现象数量表现和数量特征决定了在统计研究过程中，要采用一系列专门的统计方法。

一、统计学的研究对象

统计学是关于研究大量社会经济现象数量特征和数量关系的一门方法论科学，统计学的研究对象是大量社会经济现象的数量方面（包括数量特征和数量关系）。社会经济现象的数量方面，是我们认识现实生活的重要方面，统计研究就是运用统计特有的方法，通过搜集、整理、分析现实社会的数据，来反映和认识社会经济现象的数量特征和数量关系。

应该指出，我们这里讲的统计学的对象是指统计工作的对象。这是因为统计学的研究对象是同一的，离开了对象的同一，统计就不能总结统计工作实践经验，使之上升为理论，也就不能对统计工作起理论指导的作用，为此我们这里讲的统计学的对象，是指统计工作的对象。

二、统计学的特点

从研究对象的角度考察，统计学具有数量性、总体性、具体性、社会性等特点。

（一）数量性

从数量上认识现象的性质和规律性，这是统计学研究的基本特点。现象的数量方面包括数量多少、数量关系、质和量互变的数量界限等。具体来说，是指社会经济现象的规模、水平、速度、结构、比例、差别程度和普遍程度等。数量关系指各种平衡关系、比例关系和依存关系，例如，总供给与总需求的平衡关系，各产业间的比例关系，消费与收入之间的依存关系等。统计学的数量性特点使它区别于其他实质性的社会科学（如政治经济学课程）。认识现象的数量表现，是深入把握现象质量的前提和基础。例如，一个国家的人口数量、结构和分布，国民财富的数量、构成和利用情况，国民经济的规模、发展速度和人民生活水平等，都是反映该国家基本国情国力的基本方面。通过一系列统计指标对这些基本情况有所了解，才可能对该国家有一个客观的认识。从另一个角度看，要准确反映客观现象的数量方面，又要求对所研究现象的质有一个基本的认识。例如，要计算国内生产总值指标，首先要对国内生产总值所反映的国民经济总量有一个基本认识，根据这种认识，才能正确界定国内生产总值的计算口径、范围和计算方法，也才能得到较为准确的国内生产总值的数据。

（二）总体性

总体性也称大量性，统计研究的对象总是由大量同类事物构成的总体现象的数量特征。这就是说，统计的数量研究是要对总体普遍存在的事实进行综合研究、得出反映现象总体的数量特征。统计研究是从调查、观察个别事物开始的，但目的并不在于研究个别事实的具体状况，而是要集合大量单位的事实，加以综合、汇总和分析，来研究现象总体的规律性。如，人口总体是一定时间点上一定地区或一个国家所有具有生命现象的个人的总和，它是人口统计的研究客体。在人口统计研究中，并不是要去认识个别人的数量状况，而是通过人口总数、人口性别构成、人口年龄构成、人口民族构成、人口职业构成、人口出生率和人口死亡率等指标来描述人口总体的状况。而单个事物的数量表现是可以直接获取的，一般不需运用统计研究方法。例如，了解某同学的学习成绩，查成绩册即可，而要了解该班全体同学成绩的分布、差异以及一般水平，则要运用统计方法进行分组、汇总与计算分析。统计研究对象的大量性特点是由于个别事物有很大的偶然性，大量事物才具有共性，统计学正是要从大量的客观事物中找出其共性，即规律性。从对个体数量特征的观察入手，运用科学的方法获得表现总体一般特征的综合数量，这是统计学区别于其他社会学科（研究个别现象）的又一基本特征。

应该指出，统计学研究现象总体的综合数量特征，并不意味着一概不研究个别的具体事实。以大量观察为依据的综合数量特征形式来研究社会经济现象发展过程不可避免地趋于一般化、抽象化，为此又需要有选择地抽取个别典型单位，深入研究现象的具体联系和活动情况，使得我们对社会经济现象发展过程的认识更加深刻和丰富。但统计对个别事实的研究都是为了更有效地掌握总体现象的数量特征。

（三）具体性

统计的具体性是指统计研究的数量方面，是社会现象的具体数量方面，而不是抽象的量，这是与数学的一个重要区别。数学可撇开所研究客体的具体内容，而统计在研究客观现象的数量方面时，则必须紧密联系被研究现象的具体内容和联系质的特征，反映一定时间、地点和条件下具体现象的数量特征。统计研究绝不是那种脱离现象的质的纯数量或抽象的研究，正如列宁所说的"统计工作不是把数字随便填到几个格子里去，而应当是用数字来说明所研究现象在实践生活中已经充分呈现出来或正在呈现出来的各种现象类型"，这就要求统计数据必须能够深刻反映现象，具体的政治经济内容、性质及其内在联系。特别是通过统计分析具体探明现象复杂联系的数量关系,确定划分事物不同性质的数量界限。例如,进行"工业产量"统计时,如果不明确什么是工业生产活动(包括工业与农业、建筑业的区别),哪些属于工业生产活动,哪些是工业产品,那么工业产量的统计也就无法进行。

(四) 社会性

由于统计活动的对象是社会经济现象,又是通过社会实践的方法来实现的。因此,统计学的研究对象具有社会性的特点。这一特点使它区别于自然技术统计学(自然技术统计学研究自然技术现象,如天文、生物、水文等)。

三、统计数据的计量尺度

根据对研究对象计量的不同精确程度,统计数据的计量尺度由低到高、由粗略到精确分为四个层次:定类尺度、定序尺度、定距尺度和定比尺度。

(一) 定类尺度

定类尺度(nominal scale))也称列名尺度,是将客观事物按其质的特性进行划分,是一种最粗略、计量层次最低级的度量。定类尺度只是测度了事物之间的类别,各类别之间是平等的并列关系,没有优劣、大小或顺序之分。对定类尺度的计量结果,可以计算每一类别中各元素或个体出现的频数。例如,按性别将人口分为男、女两类,用"1"表示男性,用"0"表示女性。它只是测度了性别的类别,男女间没有优劣和大小之分,可以分别计算汇总男性人口总数和女性人口总数。定类尺度的主要数学特征是"="或"≠"。

(二) 定序尺度

定序尺度(ordinal scale)也称顺序尺度,是对现象之间的等级或顺序差别的一种度量。它不仅测度了类别差,还测度了顺序差,比定类尺度进了一步。对定序尺度的计量结果,可以比较大小、优劣或顺序,但不能进行加、减、乘、除等数学运算。例如,产品质量分为一、二、三等;英语水平测试分为三、四、六和八级等;工人技术职称分为一至八级;毕业论文成绩分为优、良、中、及格和不及格等;一个人对某件事的态度可以分为非常赞同、赞同、不赞同、坚决反对等。定类尺度的主要数学特征是"<"或">"。

(三) 定距尺度

定距尺度(interval scale)也称间隔水平,是对事物类别或顺序之间间距的度量。它不仅能将事物区分类型并进行排序,而且可以准确地指出类别之间在量方面的差距是多少。定距尺度的计量结果表现为数值,可以进行加、减数学运算。定距尺度使用的计量单位一般为实物单位(自然或物理)或者价值单位。定距尺度在统计数据中,占据重要的地位。反映现象规模水平的数据必须以定距尺度计量,例如,考试成绩、气温等。统计中的总量指标也是运用定距尺度计量的。定距尺度的主要数学特征是"+"或"-"。

(四)定比尺度

定比尺度(ratio scale)也称比率水平,是最高一级的度量水平,它除了具有上述三种计量尺度的全部特征外,还可以计算两个测度值之间的比值,是在定距尺度的基础上,确定相应的比较基数,然后将两种相关的数加以对比而形成相对数(或平均数),用于反映现象的结构、比重、速度和密度等数量关系。定比尺度的计量结果也是数值,可以进行加、减、乘、除等数学运算。但是,定比尺度和定距尺度的主要区别在于"0"的涵义,定比尺度中必须有一个绝对固定的"零点",即定比尺度中"0"(如年龄,产值,月收入)有特定内涵,表示"没有"或该事物"不存在""未发生";而在定距尺度中,"0"的取值是有意义的,不表示"没有",表示一个有特定内涵的数值(如成绩、温度)。定距尺度的主要数学特征是"×"或"÷"。以上计量尺度的比较见表 1-1。

表 1-1 计量尺度比较表

测定层次	特 征	运算功能	举 例
定类尺度	分类	计数	产业分类
定序尺度	分类,排序	计数,排序	企业等级
定距尺度	分类,排序,有基本测量单位	计数,排序,加减	产品质量差异
定比尺度	分类,排序,有基本测量单位,有绝对零点	计数,排序,加减,乘除	商品销售额

数据根据计量尺度的不同形成定类数据、定序数据、定距数据和定比数据。定类数据、定序数据又称品质或属性数据;定距数据和定比数据又称数量数据。

四、统计研究的基本方法

(一)大量观察法

大量观察法是指对所研究社会经济现象总体的全部或足够多的单位进行调查并进行综合分析。统计研究采用大量观察法是由其研究对象的复杂性和大量性决定的,是由统计研究对象的从个别到一般,从个体到总体的特点决定的。社会经济现象的总体是复杂的,是受多种因素影响的,而且总体各单位的特征和数量表现也有很大差异,不能任意抽取个别或少数单位进行观察,必须观察全部或足够多的调查单位,借以认识客观现象的总体情况。大量观察的意义在于可以使个体与总体之间在数量上的偏误相互抵消。当然大量观察是一个相对的概念,不能把大量观察等同于全面调查,"大量"的标准不在于多少,而在于对总体认识的准确程度。只要达到一定准确性的要求,这种调查可以是全面的,也可以是部分的,甚至是少量的。大量观察法在统计工作中的具体运用,视客观条件和工作要求,可以是普查、全面报表、重点调查、抽样调查等。大量观察反映了偶然性和必然性、特殊和一般的辩证规律的要求,但并不排斥对个别单位的典型调查。大量观察和典型调查相结合,能够深化对社会经济现象的认识。

(二)统计分组法

统计分组法是对所研究的社会经济现象的数量进行本质分析,找出反映现象的基本特征的标志,把研究现象划分为若干组,用以区分社会现象的各种类型和形式,正确反映具体社会经济现象的规模和数量的对比关系,以达到对事物本质的认识。统计调查前必须对社会经济现象进行科学分组,才能确定调查对象和范围,才能搜集必要的统计资料。对于原始资料也必须进行分组加工整理。分组法不仅便于研究各组的类型,而且按决定因素分组可以研究该因素对各组水平的平均影响程度。

(三)统计指标法

统计指标法是指对大量观察所获得的资料,通过运用各种综合指标,并对综合指标进行分解和对比分析,以研究总体的差异和数量关系等一般数量特征。综合指标可以显示出社会经济现象在具体时间、地点以及各种条件综合作用下所表现的结果,如现象的总量规模、相对水平、集中趋势、差异程度等。它概括地描述了总体各单位的综合数量特征的变动趋势。常用的统计综合指标有总量指标、相对指标、平均指标、离散程度指标和统计指数等。常用的统计指标法有动态趋势分析法、因素影响分析法、相关与回归分析法、综合平衡分析法等。

在综合分析中,各种方法都是密切联系相互依存的。例如,统计分组若没有一定的统计指标反映现象的规模水平,就不能揭示现象的数量特征,而统计指标若没有科学的分组,就容易掩盖矛盾,成为笼统的指标,甚至是虚构的指标。

(四)归纳推断法

归纳推断法是指由个别到一般,由事实到概括的推理方法。如综合指标反映总体一般数量特征,它不同于总体各单位的变量值,但又必须从各单位的变量值中归纳而来。归纳法可以使我们从具体事实中得出一般规律,扩大知识领域,增长新的知识,所以是统计研究中常用的方法。但常常存在这种情况:我们所观察的只是部分或有限的单位,而所需要判断的总体对象的范围却是大量的,甚至是无限的,这样就产生了根据局部的样本资料对全部总体数量特征做出判断的可靠程度的问题。例如,根据某地 100 户农村居民生活收入数据判断该地区全部农村居民的收入水平;又如,根据有限的产品质量检验结果判断全部产品的质量等。所作的结论都存在有多大可靠程度的问题。以一定的可靠程度,根据样本数据来判断总体数量特征的归纳推理方法,称为统计抽样推断法。常用的归纳推断法有重点调查、典型调查、抽样推断、统计预测和决策等。

综上所述,大量观察法、统计分组法、统计指标法和归纳推断法是运用于统计研究的基本方法,而统计指标法和归纳推断法是以大量观察法为基础的,分组法也为正确运用归纳推断法创造了前提条件。

上面我们介绍了统计研究的基本方法,它们都与数量的总体性有关,其数学依据是大数定理,亦称为大数法则,它是说明随机现象的平均结果具有稳定性质的法则,也说明如果被研究现象的总体数量特征是由大量的相互独立的随机数量形成的,每个变量对总体的影响都相对地小,那么对大量随机变量加以综合平均的结果倾向变量的个别影响将相互抵消,而显现出它们共同作用的倾向,使总体数量特征具有稳定的性质,即所谓的统计规律。大数定理是反映客观现象的个别与一般、偶然性与必然性的辩证关系,因而,我们可以通过大量随机现象的综合概括，消除偶然性，发现必然性的趋势，认识现象规律的数量表现形式。

大数定理作为统计基本方法的数学依据，其意义就在于：①现象的某种整体性规律，只有当这些现象的足够多的单位综合在一起的时候才能显现出来。因此只有从大量现象的总体中才能研究这些现象的数量规律。②现象的整体数量规律性，通常是以平均数的形式表现出来。③所研究现象的总体所包含的单位越多，平均数也就越能正确地反映出这些现象的数量规律性。④各单位的共同倾向决定着平均数的水平，而各单位对平均数的离差则由于足够多单位的综合汇总结果而相互抵消，趋于消失。

作为统计研究对象的社会经济现象也具有随机性，因为社会经济现象的变化发展取决于多种多样的原因，而这些原因的产生又受许多偶然因素的影响，它对于各个单位所起的作用，在程度上甚至于在方向上都有可能不同，这就导致同一现象在每个单位的数量表现具有随机性。当然，社会经济现象不仅受随机因素影响，而且受决定因素的影响，这两种因素总是交织在一起的。这样我们对社会经济现象的研究，必须应用大量观察法，对总体中全部或足够多的单位进行调查，并运用综合指标法对各单位变量加以综合，通过平均化的结果以抵消随机因素的个别影响，显示现象的一般水平。分组法不仅便于研究各组的类型，而且按决定因素分组可以研究该因素对各组水平的平均影响程度，统计推断是就平均的意义而言的，所以是在大数定理的作用下进行归纳推断的。

第三节　统计学的基本概念

学好统计学，必须掌握其特有的概念和范畴。因为它们是其他概念的逻辑出发点，其他概念和方法是在这些概念的基础上产生的，而且整个认识活动过程都离不开这些基本概念。明确这些概念的含义，对学习这门科学是很重要的。本节重点介绍统计学常用的基本概念。

一、总体和样本

(一) 总体

1. 总体和总体单位

总体(population)是统计总体(或全及总体)的简称。在数学中又称母体，与样本相对应。它是由许多个具有共同性质的个体构成的集合，即研究对象的全体。这些具有某种共同性质的个别事物就是总体的组成单位，即总体单位(unit of population)。可见，总体是由若干个个别事物或单位组成的，而这些个别事物或单位必须具有共同性质。总体是具有某种共同性质的个别事物组成的整体，没有一点共同性质的总体单位是不能成为某个总体的组成部分的。例如，研究某市中小企业发展状况，则该市的每个中小企业都是一个总体单位(或个体)，由它们构成了该市中小企业总体。

从总体与总体单位的关系上看，一方面他们是整体与个体的关系，即总体是由各个总体单位所构成的，而总体单位又是以总体的一个基本单元的形式存在的，两者相辅相成，互为存在条件地连接在一起，没有总体单位，总体也就不存在了。因为总体要把研究或观察的对象具体化，若把总体单位取消，总体就变成没有任何内容的一个空洞无物的词了。总体单位也离不开总体，统计观察与研究的是事物的整体性，不是个别性，总体单位不仅是单位，而且被总体在性质上和范围上限制住。所谓范围，最一般化的是时间与空间范围，总体所确定的时空范围之外的单位是不允许混入的。例如，人口普查其总体是在中国国土上经常居住的中国人。因此没有总体就无法确定总体单位。另一方面，总体与总体单位又是随着研究目的的变化而变化的。一种研究目的下的总体可以转变为另一种研究目的下的总体单位；同样的，一种研究目的下的总体单位也可以转变为另一种研究目的下的总体。例如，研究某班学生的学习情况，该班全体学生是总体；当研究全校各班的学习情况时，每个班是总体单位。

综上所述，把统计总体、总体单位和标志概念联系起来，可以把统计总体的基本特征概括成三点：

（1）同质性：即总体所有单位都必须具有某一共同的品质标志属性或数量标志数值，否则，不称其为统计总体；

（2）大量性：指抽样总体单位数要足够多，它是统计研究的必要条件。

（3）变异性：即总体单位必须具有一个或若干个可变的品质标志或数量标志，否则就失去了统计的意义。

上述三个特征缺一不可，必须同时具备这三个特征，才能形成统计总体，才能进行一系列的统计分析研究。

2. 总体的分类

（1）有限总体与无限总体：总体中所包含的总体单位数称为总体容量（capacity of population）或总体单位总量，常用字母 N 来表示。根据总体容量的多少，可把总体区分为有限总体和无限总体。有限总体是指总体内的单位数量是有限的，可以算出来；无限总体是指总体内的总体单位数虽能计量但不能穷尽。绝大部分社会经济现象都是有限总体，但在抽样调查时有时将特大总体当做无限总体处理。无限总体在自然界是普遍存在的，如太空中星球的数量。

（2）属性总体与数量总体：对于一个总体来说，若被研究的变量是品质（或属性）变量，则把这个总体称为属性总体；若被研究的变量是数量变量，则把这个总体称为数量总体。例如，研究人口的性别结构、区域分布时，人口总体为属性总体；研究人口的年龄结构、寿命时，人口总体又被称为数量总体。

（3）大总体与小总体：大总体和小总体有两种不同的形成情况：①总体范围不同，而总体单位不变。例如，县人口是省人口的一部分，省人口是大总体，县人口是小总体，不能把县人口误认为是总体单位，而总体单位是每个人。这种大小的划分可以有多个层次，如全国人口、省人口、县人口、乡人口等，我们统称为大总体和小总体，没有必要划分为大、中、小或更多层次，把简单问题复杂化。在分组中和计算相对数时，常遇到这种划分的大小情况，如果把小总体误认为总体单位，会引起一些计算错误，如平均数的计算错误。小总体是大总体的一部分，也可称为部分总体，把所有部分合计起来就是大总体。②总体范围相同，小总体的内容性质和总体单位变了。例如，我们要观察和研究某省独立核算企业的生产活动情况，常常把某省独立核算企业作为总体，而把每个独立核算企业作为总体单位。企业生产活动在大总体下分成劳动力、生产品、生产设备等小总体，小总体的总体单位不同，与大总体的总体单位也不同。但是，小总体的范围与大总体的范围是相同的，都是在某省独立核算工业企业范围之内。在这里说的小总体是从大总体所包含的各种内容来划分的，小总体的内容是大总体中的一部分内容。这种大、小总体的划分，在我们运用具体统计指标数字进行研究时，就会显现出它的作用。不注意这种大、小总体就会出现错误。例如，从统计年鉴中取得全部工业的总产值、固定资产，劳动资料进行研究，就出现错误了。起码固定资产资料不是全部企业的，只是你错认为是全部企业的了。这种大、小总体的关系与可比性原则有直接联系。

一般书中都把企业作为一个总体单位来看，但是这个总体单位是有些特殊的，它是一个非常综合而又笼统的总体单位。从我国广泛使用的统计报表制度来看，基层企业是集总体单位和填报单位于一身，在调查所有制、属于哪个经济部门、企业规模、所在地区等情况时，企业是以总体单位身份出现。而了解总产值、净产值、劳动工资、各种产品产量等情况时，企业是作为一个填报单位，也是一个小总体出现，如劳动工资情况，以企业的全部职工为总体，每个职工为总体单位，而不是企业为总体单位，只是调查时填报都由企业来做，容易使人把填报单位、总体单位混淆了。什么情况下企业是总体单位，什么情况下企业是一个小总体，在统计调查、整理与加工计算时要注意。

(4) 可相加总体和不可相加总体：所谓可相加与不可相加是相对总体内的所有总体单位能否相加而言。一般举例说的基本上是可相加总体，如全部企业为总体，每个企业是总体单位，总体单位相加就是企业数；人口总体，其总体单位是人，不管是什么人都能相加；建设的住宅可用面积计量并相加；各种农作物可按播种面积相加等。而不可相加的总体也是很多的；如固定资产这个总体，每一件固定资产是总体单位，你不能把一座高楼与一台车床加在一起，也不能把一辆汽车和一座厂房加在一起；工业生产成果是统计总体，而一吨钢材不能和一吨化肥相加；零售商品数量可为统计总体，但一件毛衣和一双袜子不能加在一起。有人认为零售额和总产值是可以加在一起的，其错误就在于把总体和统计指标混淆了。

3. 参　数

参数也称总体参数，它是反映总体某方面数量特征的指标，即总体指标。例如，某中小企业职工的平均工资 X，男职工所占比重 P 等。对于一个确定的总体，其总体参数是确定的数值，是常量。显然，总体参数只有当总体为有限总体时才能求出。对无限总体的参数，只能进行推算、估计。

(二) 样　本

1. 样本和样本单位

从总体中按随机原则抽取的部分单位组成的集合称为样本总体，简称样本(sample)，也称子样。抽取样本的目的在于要用样本的数量特征来估计或推断总体的数量特征。对于无限总体我们不可能对每一单位进行观察，即使是有限总体，由于其大量性的特点，要对所有单位进行观察，要花费大量的人力、物力、财力和时间，是十分不经济的事情。因此，一般情况下，我们都是通过样本来推断总体的特征。既然抽样的目的是推断总体的特征，特别是当总体为无限总体时，选择样本尤为重要。因而在抽样调查时，从总体中抽取样本时必须遵循随机原则，排除主观因素的影响，保持取样的客观性，从而提高样本的代表性。例如，我们研究某厂生产的日光灯的寿命，随机抽取100支日光灯进行检验，则这100支日光灯就是一个样本。总体是统计研究的对象，样本作为总体的代表，也是统计研究的对象，因此样本也符合总体的概念，称谓不同只是为了区别。

样本中的每一个总体单位又称为样本单位或调查单位。样本中所含样本单位的多少被称为样本容量(sample capacity)，常用字母 n 表示。例如，在某市中小企业总体中抽取10个中小企业做调查，则它们组成一个样本，样本容量等于10。

抽取样本时要注意以下问题：

(1)从一个总体中可以抽取许多个不同的样本：虽然根据研究目的确定的统计总体是唯一确定的，但样本却是随机的，从一个总体中抽取不同样本数目的多少与样本单位数和抽样方式有关。例如，某校有 $N = 10000$ 名学生，从该校学生中抽取 $n = 100$ 名构成样本。由此可见，从一个总体中抽取一定样本容量，不同的样本是非常多的。

(2)样本的代表性：抽样的目的是用样本的数量特征去推断总体的数量特征，因此，就要求样本的指标与总体的指标误差要小，即抽样误差小。抽样误差越小则样本的代表性就越强。样本代表性的高低与样本单位数、抽样方式和抽样的组织形式有关。提高样本的代表性，降低抽样误差，是抽取样本时要高度关注的问题。

(3)样本的客观性：在抽取样本时，要遵循随机原则，排除主观因素的影响，保持取样的客观性，从而提高样本的代表性。

2. 统计量

描述样本某方面数量特征的指标，即样本指标，也称为样本统计量。例如，从某中小企业抽取20名职工组成的样本的平均工资、男职工所占比重，都是统计量。它们可作为对应总体参数的估计量。对于一个确定的总体，其总体参数是确定的数值，是常量。统计量就不同了，它是随机变量，从一个总体中可以抽取许多个不同的样本，随着抽取的样本不同可取不同的数值。

3. 总体和样本关系

全及总体与样本总体，都是总体，它们之间只是"辈分"不同，是"母"与"子"的关系。

二、标志与指标

(一) 标　志

1. 标志和标志表现的含义

标志(name of mark)是指说明总体单位属性或特征的名称。例如，研究某企业职工基本情况，每个职工是一个总体单位，则职工的姓名、性别、年龄、工种、月工资额等就是标志。从总体单位和标志的关系可以看到一个重要现象，即总体单位是标志的承担者。把这一点与前面对总体单位的解释连在一起，才是对总体单位的完整理解，即总体单位是总体的组成单位，是标志的承担者。标志的承担者这一性质决定着总体单位是什么，为正确地确定总体单位提供依据，因为这对于统计调查是很重要的。

标志表现是标志在各单位的具体表现，亦即总体单位特征的具体属性或数值。例如，某职工的性别是男，年龄 28 岁，工种为车工，月工资额为 420 元等，这里的"男""28 岁""车工""420 元"就是性别、年龄、工种、月工资额这几项标志的具体表现，称为标志表现。

2. 品质标志和数量标志

标志按其特征的性质不同，可分为品质标志和数量标志。品质标志是说明总体单位属性特征的标志。如前面所述职工的性别、工种。品质标志的具体表现通常用文字而不能用数值来表达（即属性表现），如性别"男"或"女"，工种表现为"车工""焊工"等是品质标志的具体表现。当然，有时为了研究问题的方便，可以把品质标志数量化（如对具有某属性特征的总体单位用数值"1"表示，不具有该种属性特征的个体则用数值"0"表示），但这种标志仍为品质标志。

数量标志是说明总体单位数量特征的标志（即数值表现）。如前面所述职工的年龄、月工资额是数量标志名称。数量标志的具体表现通常用数字而不是文字表示，如年龄表现为"27 岁""28 岁"等数字，工资额表现为"380 元""410 元"等数字。数量标志的具体表现称为标志值或变量值。

3. 不变标志和可变标志

按标志表现是否完全相同，标志还可以分为不变标志和可变标志（或变异标志）。当总体中各单位间的某个标志表现相同时，该标志为不变标志，如研究某企业时，职工的工作单位为不变标志；当总体中各单位间的某个标志表现不尽相同时，该标志为可变标志，如该企业除职工工作单位以外的其他标志。

统计总体内所有总体单位必须有一个或一个以上的不变标志——同质，否则，不称其为统计总体；同时，统计总体内所有总体单位又必然有一个或一个以上的可变标志——异质，否则，就失去了统计的意义。其实，"不变"是相对的，例如，某企业职工工作单位在这里是不变标志，但就某地或全国职工而言，工作单位又是可变的了。

（二）指标

1. 指标的涵义

指标（indicator）目前存在两种不同的理解：其一是在统计理论研究或统计设计过程中，是指反映统计总体数量特征的概念或范畴，如人口数、国内生产总值、商品销售额等，这些都是统计指标，它只规定了统计指标的概念和范畴。按照这种理解，指标应包括三个构成要素：指标名称、计量单位、计算方法。其二是在统计工作中使用的指标，是指反映总体现象数量特征的概念和具体数值。按照这种理解，统计指标除包括上述三个构成要素外，还要再增加时间限制、空间范围、具体数值。例如，利用生产法统计 2013 年我国国内生产总值为 568845 亿元，这就是个统计指标，指标各部分要素如下所示：

2013 年	我国	国内生产总值	568845	亿元	生产法
时间限制	空间范围	指标名称	具体数值	计量单位	计算方法

2. 统计指标的特点

（1）数量性

统计指标反映的是现象的数量特征，所有的统计指标都能用而且必须用数值来表现，不能用数值表现的就不能成为统计指标。这一特点也是统计指标与其他社会经济范畴的区别所在。"生产关系"这个社会经济范畴不是统计指标，而"国有企业资产占社会资产总额的比重"是一个统计指标，因为前者没有数量性而后者有数量性。

（2）综合性

统计指标说明的是总体的综合数量特征，它是对大量现象的数量综合的结果。例如，根据某地区人口普查取得的关于每个人的性别、年龄、就业状况等资料，进行分组、汇总、计算而得到的该地区男性人口数、女性人口数、性别比例、人口自然增长率、就业人数等统计指标，都是综合性的指标数值，都是说明该地区人口总体数量特征的，它是全地区各个个别人口特征综合的结果。

（3）具体性

统计指标都是具有特定内容的数字，而不是抽象的数字，说明是客观存在的、已经发生的事实，它是社会经济现象在具体时间、地点和条件下数量变化的反映。这是统计指标与数学上抽象数字的根本区别，我们在计算和运用统计指标时，一定要注意它的具体内容，而不能作为纯数量来对待。

3. 指标的分类

（1）数量指标和质量指标

指标按其说明总体内容的不同，分为数量指标和质量指标。数量指标是说明总体规模或工作总量，即绝对数量多少的指标，其特点之一是指标数值一般随总体范围的大小而增减，一般用绝对数表示。例如，说明某一地区工业发展情况的工业企业数、工业职工人数、工业增加值、主要工业品产量等指标，都是用绝对数表示的数量指标。

质量指标是说明现象之间数量关系或一般水平的统计指标，其特点是具有抽象性。一般用相对数或平均数表示。例如，说明某一地区工业经济效益的工业产品销售率、资金利税率、劳动生产率、流动资金周转次数等指标，都是质量指标。质量指标的数值一般与总体范围大小没有直接关系。质量指标中的"质量"二字，和通常所讲的"工作质量""产品质量"等概念是有区别的，它包括的范围更广泛。凡是能直接说明总体现象本质与内在的联系，评价事物好坏优劣的统计指标都称为质量指标。质量指标对于统计分析和研究具有非常重要的作用，在经济工作中，反映产品质量、生产水平、技术水平、经营管理水平和经济效益情况的统计指标大多都是质量指标。

数量指标反映事物的广度，是认识和研究客观现象的基础，质量指标反映事物的深度，能够直接说明现象质的特征，把两者结合起来，就能对现象进行比较全面的认识和研究。

（2）总量指标、相对指标和平均指标

统计指标按其作用和表现形式不同，分为总量指标、相对指标和平均指标。总量指标是反映现象总规模、总水平或生产工作总成果的统计指标，它是由性质相同的各个同类现象的数值相加而计算的，其表现形式是绝对数。它所反映的现象总规模、总水平或工作总成绩的大小是由指标的绝对数值大小而决定的，所以也称绝对数指标或统计绝对数。总量指标与前面讲的数量指标基本上是一致的。

相对指标是反映现象之间数量关系的统计指标，它是由两个有联系的统计指标相比而计算的，表现形式为比率或比值。例如，总体的部分数值和总体的全部数值之比反映总体结构的指标，同一指标不同时期的数值相比说明现象发展情况的指标等，都是相对指标。相对指标一般也都是质量指标。

平均指标是反映现象一般水平的统计指标，例如职工平均工资、产品平均成本（单位产品成本）、产品平均价格（单位产品价格，简称单价）、平均每个工人的年产值（工人产值劳动生产率）等。平均指标能够直接反映现象的水平高低，所以一般也都是质量指标。

关于这三种统计指标的意义、作用、计算方法和分析运用等问题，将在本书以后章节作详细介绍，这里不赘述。现将这三种指标用表 1-2 举例说明。

表 1-2 某市某年工业生产情况

生产部门	企业数(个)	增加值(万元)	各部门比重(%)		平均每个企业的增加值(万元)
			按企业数计算	按增加值计算	
甲	(1)	(2)	(3)	(4)	(5)
1. 纺织企业	4	6000	1.6	1.50	1500
2. 冶金企业	2	8000	0.8	2.00	4000
3. 机械企业	1	3000	0.4	0.75	3000
……	……	……	……	……	……
合计	250	400000	100.00	100.00	1600

列(2)为总量指标，列(3)(4)为相对指标，列(5)为平均指标；列(1)(2)为数量指标，列(3)(4)(5)为质量指标。

（3）描述性指标、评价指标和预警指标

按统计指标的用途不同，分为描述性指标、评价指标和预警指标。描述性指标是用于反映社会经济现象的现状、运动过程和结果的指标。例如，反映社会经济基本条件的土地面积、劳动力等指标；反映社会经济活动过程和结果的国内生产总值、出口净额等指标；反映社会物质文化生活情况的居民平均生活费收入与支出、居民文化程度等指标。描述性指标是社会经济统计信息的主体，通过它们可以获得对社会经济发展现状的基本认识。

评价指标用于对社会经济行为的结果进行比较、评估、考核，以衡量工作质量、工作水平和经济效益等情况的统计指标，例如，企业经济效益评价指标、国民经济综合评价指标等。前者主要有劳动生产率、资金利税率等；后者主要有 GDP 增长率、物价指数等。

预警指标主要用于对宏观经济运行进行监测，根据指标的变化，预报国民经济是低速亦或过热，是平衡亦或波动。通常利用关键性指标和敏感性指标建立监测指标体系，如 GDP 的增长率、失业率、物价指数等。

(三) 指标和标志的区别和联系

1. 两者的区别

第一，统计指标是说明总体数量特征的，而标志是说明总体单位（即个体）特征的。例如，某企业工资总额是统计指标，该企业某职工工资额则是标志。第二，所有指标都必须用数值表示，虽然指标也有数量指标和质量指标之分，但它们都能用数值表示，也就是说，不能用数量表示的指标是不存在的；标志有不能用数量表示的品质标志和能用数量表示的数量标志之分。

2. 两者的联系

第一，统计指标的数值是从个体的数量变量值进行直接汇总或间接计算分析而来的。例如，某企业职工月工资总额是由该企业的所有职工月工资汇总得到的，而职工平均工资则是经过进一步的计算得到。第二，指标和数量标志之间存在着变换关系。由于研究目的的变化，原来总体变成总体单位，则相对应的统计指标就变成数量标志；反之，则相对应的数量标志就变成统计指标。例如，当对某中小企业发展情况进行研究时，该企业工资总额是统计指标；但当对该企业所属地区的中小企业发展情况进行研究时，则这个企业变成了总体单位，而其工资总额变成了数量标志。

三、变异和变量

(一) 变　异

变异（variation）是指在选定的标志下，总体单位的标志具体表现不是完全相同，而是存在差异的，这种差异称为变异。这个标志被称为可变标志或变异标志。例如，性别有男女之分，身高有不同数值等。由于标志有品质（即属性）标志和数量标志的区别，因此，变异有品质（或属性）变异和数量变异；变异标志也就有可变品质标志和可变数量标志两种。例如，性别变异是属性变异，身高变异是数量变异；而"性别"是可变品质标志，"身高"是可变数量标志。变异是普遍存在的，是统计存在的前提，如果不存在变异也就无须统计。在划分统计总体时，首先要确定一个标志把它固定下来，凡是具备这种标志的总体单位集合在一起，就形成了一个统计总体。所以，所谓总体的同质性，实质上就是该总体中的各个单位都具有一个共同的标志表现。例如，某市年工业增加值在500万元以上的企业总体中所包含的工业企业，年工业增加值都必须在500万元以上。

可变的品质标志和可变的数量标志也是统计分组和一系列统计计算与分析研究的基础。这就是，在同质总体中，按照某种可变标志将总体分成若干部分，然后将各部分中的单位数和各单位可变数量标志值加以综合计算和分析，这是统计的一项具体工作。总体的同质性和总体单位的差异性是进行统计核算的条件。同样可以理解，在固定标志下（如年工业增加值500万元以上）构造的总体中的各个总体单位，在未被固定的可变品质标志或可变数量标志下的表现仍然是有差异的，即同质总体中存在着个体的差异性。例如，同属于年工业增加值500万元以上的企业，其人数、物资和资金等方面也是不尽相同的。可见，可变标志就成为统计分组和一系列统计计算与分析的基础。

(二) 变　量

变量(variable)即为可变的数量标志，它是反映现象属性或特征的概念或范畴。例如，工业增加值、人口数、土地面积、销售额等。可变数量标志的取值(或具体表现)称为标志值或变量值。变量常按其取值的性质不同，被区分为连续型变量和离散型变量。如果变量的取值充满一个区间甚至整个数轴，不能一一列举，这样的变量称为连续型变量(continuous variable)，而变量的取值是可以一一列举的或可列有限多的，这样的变量称为离散型变量(dispersed variable)。连续型变量的取值是通过称量、度量或测量的方法取得的，而离散型变量的取值是点数的结果。变量性质不同，统计处理方法也不一样。

四、统计指标体系

(一) 统计指标体系的含义

任何一个统计指标都只是从某一个侧面反映总体某一方面的数量特征。为了全面系统地认识和研究现象的全面情况，必须把有关的反映各个侧面的统计指标联系起来，就需要同时使用许多统计指标。这种从不同角度反映总体特征并相互联系的一系列统计指标构成的整体，称为统计指标体系。例如，为了反映外贸商品流转的全面情况，我们就需要出口商品收购、出口、进口、国内销售、调拨和库存等一系列统计指标，从而形成外贸商品流转统计的基本指标体系。总体内现象之间的相互联系是统计指标产生的客观基础。由于现象的联系形式多种多样，因而统计指标体系的结构以及所说明的问题也相应有不同的表现。

(二) 统计指标体系的分类

1. 基本统计指标体系和专题指标体系

按其反映的对象不同，分为基本统计指标体系和专题指标体系。基本统计指标体系是反映国民经济和社会发展及其组成部分基本情况的指标体系。它又分为若干层次，以一定的指标或指标群，反映其基本情况和相互关系，并构成相应的指标体系。专题指标体系是针对某项社会或经济问题而制定的专项指标体系。例如，经济效益指标体系、国际收支指标体系等。

2. 经济指标体系、社会指标体系和科技指标体系

按其内容不同，分为经济指标体系、社会指标体系和科技指标体系。经济指标体系是反映国民经济运行情况的指标体系，包括运行的条件、过程、成果、效益。社会指标体系是反映人民社会生活情况的指标体系，包括社会生活的环境、主体(人口与家庭)等，物质条件与精神条件以及社会政治生活活动等。科技指标体系是反映科学技术发展情况的指标体系，包括科学技术活动的投入、过程、产出以及效益等。

3. 描述指标体系、评价指标体系、监测指标体系和决策指标体系

按其功能不同，分为描述指标体系、评价指标体系、监测指标体系、决策指标体系。

描述指标体系是对客观事物简单地、直接地反映的指标体系。评价指标体系是对国民经济发展的规模、水平、速度、比例和效益等作出客观评价的指标体系。监测指标体系是通过一系列敏感性指标，对国民经济的运行过程进行综合分析与科学监测，从而保证国民经济持续稳定、协调地发展，并预测未来发展趋势的指标体系。决策指标体系是通过统计分析与预测提出最优行动方案，从而作出决策的指标体系。

第四节 常用的统计数据分析软件

诸多的统计软件可以用于经济预测分析和建模。统计软件的应用具体表现在以下方面：数据呈现和数字特征描述、统计分布和数值分析、变量间的统计关系、统计模型与检验、多元统计分析和经济检测等。常用的软件主要有如下几种。

一、SPSS 软件

SPSS 是 Statistical Package for Social Science 的英文缩写，即：社会科学统计分析软件包。它是当今世界上公认的综合统计分析软件包。在我国，SPSS for Windows 以其强大的统计分析功能、方便的用户操作界面、灵活的表格式分析报告及其精美的图形展现，受到了社会各界统计分析人员的喜爱。目前，SPSS 软件使用已经成为许多大专院校统计学专业和财经类、管理类专业本科学生的必修课程。

SPSS 起源于 20 世纪 60 年代的美国斯坦福大学。进入 20 世纪 70 年代，专门研制和经营 SPSS 软件的 SPSS 公司成立。此时的 SPSS 软件是在中小型计算机上运行的，其版本统称为 SPSSx。20 世纪 80 年代初，随着微型计算机的出现，SPSS 公司以其敏锐的目光，迅速成功地研制了运行在微型计算机 DOS 操作系统上的 SPSS 的第一版、第二版、第三版等，从而使 SPSS 得到了更为广泛的使用，并占领了计算机统计分析软件的大部分市场份额。此时的 SPSS 版本统称为 SPSS/PC+。20 世纪 90 年代，随着微机 Windows 图形操作系统的出现和盛行，SPSS 公司又研制出了 SPSS for Windows 的第五版、第六版。20 世纪 90 年代中后期，为适应用户在 Windows95 操作系统环境下工作的习惯以及对国际互联网 Internet 的广泛使用，SPSS for Windows 的第七版、第八版、第九版、第十版、第十一版又相继诞生。目前，SPSS for Windows 已经成为世界各地流行使用的统计分析软件，并和权威的 SAS 等统计分析软件共享市场。

从 SPSS/PC+版本到 SPSS for Windows 版本，SPSS 在用户操作和分析结果的展现方面有了非常大的改进。SPSS/PC+版本是通过用户输入 SPSS 命令程序和参数的方式来完成数据的管理和统计分析工作，统计分析文字结果和图形结果均以文本字符方式展现。SPSS for Windows 的第五版和第六版，在保留以前版本的人工输入命令、参数操作方式的同时，还为用户提供了直观的图形化菜单界面。用户的数据管理和统计分析工作可以非常方便地通过鼠标点击菜单或按钮并配合简单的对话框输入来实现，从而免去了记忆命令和参数的负担，也不需要任何计算机编程。同时，对于图形分析结果，能够以图形点阵的方式显示，并允许用户对其进行编辑。SPSS for Windows 第七版以后的版本，进一步完善了用户的操作界面，增加了与用户熟悉的 Windows 95 风格一致的工具栏按钮。在分析结果的输出处理方面,改变了原来版本的输出方式,以崭新的树型结构方式管理分析结果,以文字、表格、图形混排的形式展现分析结果,以强大、灵活的编辑功能随心所欲地编辑分析结果,以内容丰富的"统计教练"联机帮助方式帮助用户理解分析结果。

二、SAS 软件

SAS(statistical analysis system)是由美国 SAS 研究所 20 世纪 60 年代研制,70 年代推出的统计分析系统,功能多,技术支持可靠,是数据分析的标准软件,目前已成为大型集成应用软件系统,具有完备的数据存取、数据管理、数据分析和数据展现功能。SAS 系统提供的主要分析功能包括:描述统计、统计检验、置信区间计算、方差分析、回归分析、时间序列分析、决策分析、财务分析和全面质量管理等。SAS 系统具有积木式的结构,它由多个模块组合而成,其基本部分是 BASE SAS 模块。BASE SAS 模块是 SAS 系统的核心,承担着主要的数据管理任务并管理用户使用环境,进行用户语言的处理,调用其他 SAS 模块和产品。目前 SAS 软件对 Windows 和 SNIX 两种平台都提供支持。SAS 已成为专业研究人员进行统计分析的标准软件。

三、Eviews 软件

Eviews(econometrics views)通常称为经济计量软件包,它是广泛使用的经济计量软件之一。Eviews3.1 版是 QMS 公司 1998 年 7 月推出的适用于 Win 9x 的次新版(2001 年 1 月,公司宣布推出了最新的 Eviews4.0 版),是对 Eviews3.0 的完善和改进。计量经济学研究的核心是设计模型、收集资料、估计模型、检验模型、运用模型,Eviews 是完成上述任务必不可少的工具。

Eviews3.1 软件功能很强,能够处理以时间序列为主的多种类型的数据,进行各种数据分析,建立条件异方差、向量自回归等复杂的计量经济模型。它的主要功能包括:①输入、扩展和修改时间序列数据。②依据已有序列按照任意复杂的公式生成新的序列。③在屏幕上和用打印机输出序列的趋势图、散点图、柱形图和饼图等。④执行普通最小二乘法(多元回归),带有自回归校正的最小二乘法,两阶段最小二乘法和三阶段最小二乘法等。⑤执行非线性最小二乘法。⑥对二择一决策模型进行 Probit 和 Logit 估计。⑦对联立方程进行线性和非线性的估计。⑧估计和分析向量自回归系统。⑨计算描述统计量:相关系数、协方差、自相关函数、互相关函数和直方图。⑩残差自回归和移动平均过程。⑪多项式分布滞后。⑫基于回归方程的预测。⑬求解(模拟)模型。⑭管理时间序列数据库。⑮与外部软件(标准的电子数据表)间进行数据交换等。

使用 Eviews 软件可以采用交互处理方式和批处理方式。在交互方式下每一次只执行一个命令,做起来很容易。批处理方式下要求用户建立一个包含一组命令的文本文件。

四、Excel 软件

Microsoft Excel 是微软公司的办公软件 Microsoft office 的组件之一,是由 Microsoft 为 Windows 和 Apple Macintosh 操作系统的电脑而编写和运行的一款试算表软件。Excel 是微软办公套装软件的一个重要组成部分,它可以进行各种数据的处理、统计分析和辅助决策操作，广泛地应用于管理、统计、财经、金融等众多领域。Excel 中大量的公式函数和宏命令可以应用选择，使用 Microsoft Excel 可以执行计算，分析信息并管理电子表格或网页中的数据信息列表与数据资料图表制作，可以实现许多方便的功能，带给使用者方便。Excel 更是统计工作的基本工具，运用 Excel 可以搜集与整理数据、计算描述统计量、处理统计数据进行统计分析，如利用 Excel 进行时间序列分析、指数分析和相关与回归分析。

五、STAT 软件

STAT(statistica)是数据分析和数据管理软件包，有很强的数据处理能力，是一套完整的统计资料分析、图表分析、资料管理、应用程序扩展系统，具有描述统计、频率表、Pearson/Spearman/Kendall 相关、t 检验、非参数检验、单向和多向方差分析、协方差分析、回归分析、曲线拟合、二阶段最小二乘法、主成分分析、因子分析、极大似然法、自助抽样和估计等功能及制图程序。

此外，还有 PC – GIVEMicro、TSP(time serise package)软件。PC – GIVE 主要用于动态经济计量分析；Micro TSP 软件包是用户在微型机上进行回归分析和预测的一种工具。

本章小结

统计是从数量方面认识客观世界的科学方法。一般来讲，"统计"有三种涵义，即统计资料、统计工作和统计科学。统计工作与统计资料之间是统计活动过程与统计活动成果的关系，统计学与统计工作之间是理论与实践的关系。

统计学的研究对象是大量社会经济现象的数量方面；统计学从研究对象的角度考察，统计学具有数量性、总体性、具体性、社会性等特点；统计数据的计量尺度有定类尺度、定序尺度、定距尺度和定比尺度。品质数据的计量尺度是定类尺度与定序尺度，数量数据的计量尺度是定距尺度和定比尺度。统计研究的基本方法有大量观察法、统计分组法、统计指标法和归纳推断法。

统计学的基本概念有总体与样本，标志与指标，变异与变量，统计指标体系等。总体是由特定研究目的而确定的统计研究对象的全体，它是由客观存在的、具有某种共同性质的许多单位所构成的整体。而构成统计总体的各个个别事物称为总体单位。总体与总体单位随着研究目的的变化而变化。总体是抽样估计的对象。样本是从总体中按随机原则抽取出来的那一部分单位所组成的整体。两者间是"母"与"子"的关系。参数与统计量的关系是总体与样本的关系在量上的体现。标志是反映总体单位属性或特征的概念或范畴。指标是反映总体数量特征的概念或范畴。统计实际工作中使用的指标是指反映总体数量特征的概念和具体数值。变量是反映现象属性或特征的概念或范畴。变量分为品质变量和数量变量，数量变量根据其赋值类型的不同，可以分为离散变量和连续变量。变量的具体表现称为变量值即统计数据。从不同角度反映总体特征并相互联系的一系列统计指标构成的整体，称为统计指标体系。

常用的统计数据分析软件有 SPSS、SAS、Eviews、Excel、STAT 等软件。

思考与练习

一、选择题

1. 标志是（　　）。

  A. 说明总体特征的名称 B. 说明总体单位特征的名称
  C. 都能用数值表示 D. 不能用数值表示

2. 统计调查阶段采用的基本方法是（　　）。
   A. 大量观察法　　　　　　　　　　B. 抽样推断法
   C. 指数平滑法　　　　　　　　　　D. 综合分析法
3. 一个统计总体（　　）。
   A. 只能有一个标志　　　　　　　　B. 可以有多个标志
   C. 只能有一个指标　　　　　　　　D. 可以有多个指标
4. 总体与总体单位之间的关系是（　　）。
   A. 固定不变的　　　　　　　　　　B. 总体是总体单位数量的总和
   C. 随着研究目的和任务的不同，可以变换位置　　D. 总体是由存在数量标志的总体单位构成
5. 要了解某班所有学生的学习情况，则总体单位是（　　）。
   A. 全班学生　　　　　　　　　　　B. 该班每一个学生
   C. 全班学习成绩　　　　　　　　　D. 该班每一个学生的学习成绩
6. 品质标志表示事物质的特征，数量标志表示事物量的特征，所以（　　）。
   A. 数量标志可以用数值表示　　　　B. 品质标志可以用数值表示
   C. 数量标志不可以用数值表示　　　D. 品质标志不可以用数值表示
   E. 两者都可以用数值表示
7. 统计的基本涵义是（　　）。
   A. 统计工作　　　　　　　　　　　B. 统计资料
   C. 统计设计　　　　　　　　　　　D. 统计理论
   E. 统计调查
8. 研究某厂全部男性职工的情况，下面哪些是可变标志（　　）。
   A. 工龄　　　　　　　　　　　　　B. 性别
   C. 年龄　　　　　　　　　　　　　D. 基本工资
   E. 文化程度
9. 计算某班 40 名学生的平均成绩，这是（　　）。
   A. 对 40 个变量求平均　　　　　　B. 对 40 个变量值求平均
   C. 对 40 个数量标志求平均　　　　D. 对 40 个指标求平均
   E. 对 40 个数量标志的具体表现求平均
10. 常用的统计分析软件有（　　）。
    A. SAS　　　　　　　　　　　　　B. SPSS
    C. Eviews　　　　　　　　　　　D. STAT
    E. Excel
11. 统计总体的基本特征有（　　）。
    A. 数量性　　　　　　　　　　　　B. 同质性
    C. 综合性　　　　　　　　　　　　D. 大量性
    E. 差异性
12. 下面属于连续型变量的是（　　）。
    A. 家庭人口数　　　　　　　　　　B. 粮食产量
    C. 居民生活用水量　　　　　　　　D. 各企业完成计划百分比
    E. 各企业设备台数
13. 人口普查中，每个人是总体单位，品质标志有（　　）。
    A. 年龄　　　　　　　　　　　　　B. 性别

C. 婚否
D. 民族
E. 职业
14. 下列属于数量指标的有（　　）。
   A. 商品销售额
   B. 工业总产值
   C. 职工总人数
   D. 工人劳动生产率
   E. 资金利润率
15. 质量指标的特点是（　　）。
   A. 以数量特征说明问题
   B. 相对数说明问题
   C. 平均数说明问题
   D. 指标数值与总体空间范围有密切联系
   E. 指标数值与总体空间范围没联系

二、判断题

1. 社会经济统计的研究对象是社会经济现象总体的各个方面。（　　）
2. 随着研究目的的变换，总体和总体单位之间是可以变换的，相应的指标和标志之间也可以变换。（　　）
3. 统计调查过程中采用的大量观察法，是指必须对研究对象的所有单位进行调查。（　　）
4. 总体的同质性是指总体中的各个单位在所有标志上都相同。（　　）
5. 在总体单位中具有相同性质的某一标志，称为"不变标志"；各单位互有差异的某一标志，称为"可变标志"。（　　）
6. 个人的工资水平和全部职工的工资水平，都可以称为统计指标。（　　）
7. 品质标志和质量指标一般都不能用数值来表示。（　　）
8. 总体单位是标志的承担者，标志是依附于总体单位的。（　　）
9. 反映各企业完成产值计划进度的百分比，称为连续型变量，反映各企业规模大小的职工人数，称为离散型变量。（　　）
10. 一个总体只能有一个指标。（　　）

三、简答题

1. 统计理论的产生与发展过程中出现了哪些学派？
2. 统计一词有哪几种涵义及其相互关系。
3. 统计学研究的对象是什么？它们有哪些特点？
4. 简述统计的基本方法。
5. 统计数据的计量尺度有哪些？试举例说明。
6. 什么是总体与总体单位？它们的关系如何？试举例说明。
7. 标志与指标的区别和联系是什么？标志和指标可以划分为哪些类型？
8. 常用的量化模型分析软件有哪些？

第二章 统计设计与统计调查

本章提要

通过本章学习,掌握统计设计的概念、种类;主要掌握统计调查的概念、意义和作用;重点掌握统计调查的要求、种类、方法;掌握统计调查方案应包括的主要内容;了解统计调查的几种组织形式的特点及应用范围;了解调查问卷的设计方法。

统计设计与统计调查是统计工作的基础环节,它担负着提供基础资料的任务,数据资料的准确性,是统计的生命力。因此,如何准确、及时、全面、系统地取得统计资料,是统计调查的核心问题。

第一节 统计设计的概念及分类

一、统计设计的概念

统计设计,是指根据统计研究对象的性质和统计研究的目的,对统计工作各个方面和各个环节的通盘考虑和安排,是统计工作的第一阶段。其结果表现为各种设计方案,如统计指标体系、分类目录、统计报表制度、统计调查方案等。

二、统计设计分类

1. 整体设计与专项设计

按研究对象范围的不同,分为整体设计与专项设计。整体设计是指将研究对象作为一个整体,对整个统计工作进行全面设计。范围可大可小,可以是整个国民经济状况(宏观),也可以是一个企业(微观)。

专项设计是指从研究对象的某一部分出发,对某一具体统计工作项目的设计。专项设计是整体设计的一部分设计,应当服从整体设计的要求,例如生产、供应、企业。

整体设计是主导,整体设计、专项设计划分是相对的,根据研究目的的改变而变化,例如全国经济、社会发展状况(农业、工业等)。

2. 全过程设计与单阶段设计

按设计工作阶段不同,分为全过程设计与单阶段设计。全过程设计是对整个统计工作进行全面设计(内容的确定、统计指标和统计指标的设计、统计调查方法的选择、统计整理方案的制订等)。强调宏观安排与衔接、强调全面。

单阶段设计是对统计工作某一阶段的设计，强调具体步骤与方法、强调细节。

全过程设计是主导，单阶段设计应当服从全过程设计的要求。

第二节 统计调查概述

统计调查是按一定的方式搜集原始数据的工作过程，是进行统计整理与分析的基础。在社会经济活动中大量统计数据来源的主要途径是统计调查。而通过统计调查取得的统计资料是否真实、可靠，将直接关系到以后各阶段统计工作的质量。因此，搞好统计调查是确保统计工作质量的关键。

一、统计调查的意义

(一)统计调查的概念

统计工作在统计设计阶段确定了统计任务和相应的统计指标和指标体系之后，就要开始向社会做大量系统的调查，搜集必要的统计资料。所以，统计调查是统计工作的第二个阶段。

统计调查(statistical survey)是根据统计研究的目的和任务，依据科学的统计指标体系，采用科学的调查方法，有组织、有计划地向被调查者搜集统计资料的工作过程。

统计调查主要是对原始资料的搜集。所谓原始资料，就是向被调查者搜集的，有待汇总整理，需要由个体过渡到总体的统计资料。除此之外，统计调查也会涉及对次级资料的搜集。所谓次级资料，是指已经加工整理过的，由个体过渡到总体，能够在一定程度上说明总体现象特征的统计资料。由于一切次级资料都是由原始资料过渡来的，因此，统计调查的根本任务，归根结底是对原始资料的搜集。

统计调查在整个统计工作中处于十分重要的地位，是一项重要的基础工作，通过统计调查获得统计资料，是统计工作的基础。取得的统计资料完整与否、正确与否，都直接关系到以后各阶段的工作质量。只有搞好统计调查，才能提高统计对客观事物规律性的认识，进一步为国家宏观调控和科学决策服务。

(二)统计调查的要求

统计工作为社会生活、经济建设服务，准确、及时、全面、系统地向有关部门提供所需统计资料是统计工作的职能之一。因此，准确性、及时性、全面性、系统性就成为对统计调查的基本要求。

1. 准确性

统计调查准确性的要求，是指统计调查所搜集的资料必须符合客观实际情况、真实可靠，既不存在系统性的技术差错，也不存在故意提供虚假数字的现象。

统计资料的准确性要求，不仅是一项技术性工作问题，也是涉及是否坚持统计制度和工作纪律,坚持实事求是的原则问题。为了维护统计调查的严肃性,我国《统计法》对统计调查对象和统计人员依法履行的义务与职责作了明确规定,即一切统计调查对象都必须依法如实、按时向统计机构、统计人员履行提供统计资料的义务,不得虚报、瞒报、拒报、迟报、伪造、篡改。统计人员坚持实事求是、一丝不苟、精益求精,把每一笔统计数据搞准、搞实;坚持原则,不弄虚作假;保守统计工作中获悉的统计秘密。这些规定为保证统计资料的准确性奠定了基础。因而,统计人员保守统计秘密和被调查者依法履行提供统计资料的义务,被看做是统计工作存在的两大支柱。

2. 及时性

统计调查及时性要求,是指要按统计法律、法规规定的时间及时上报取得统计数据,不拒报、不迟报。按时完成各项调查资料的上报任务,以提高统计资料的时效性。

统计资料的及时性也是全局性问题,因为一项统计工作往往需要许多单位协作完成,任何一个单位时间的拖延,都会影响整个统计工作按时完成。因而,通常把统计资料的准确性和及时性称为统计工作的灵魂。

3. 全面性

统计调查全面性要求,是指按调查计划规定的调查单位、调查项目无遗漏地搜集资料,不能残缺不全或资料重复。只有完整齐全的统计资料,才能形成对社会经济现象总体全貌正确的认识,便于做出准确的判断和科学决策。

4. 系统性

统计调查的系统性要求,是指把统计调查看成是一项系统的工程,从调查方案设计、指标体系设计、调查问卷设计、调查方法手段、调查工作组织实施等各环节全盘考虑,才能有组织、有计划、有步骤地向客观实际搜集统计资料,以保证统计资料的科学性、系统性。

二、统计调查的种类

社会经济现象是错综复杂的,按照不同的依据,我们可以将统计调查划分为不同的种类。

1. 统计报表和专门调查

统计调查按组织形式不同,分为统计报表(statistical statements)和专门调查(special survey)。统计报表是取得国民经济统计资料的一种重要的统计调查形式。统计报表是按一定的表格形式、时间要求和报送程序,自上而下统一布置,自下而上提供统计资料的一种统计调查方法。它为国家统计部门和各业务部门定期地提供系统而全面的统计资料。专门调查是为了一定的目的而专门组织的调查。这种调查多属于一次性的,如重点调查、典型调查、抽样调查、普查等都属于一次性专门调查。

2. 全面调查和非全面调查

统计调查按调查对象包括的范围不同,分为全面调查(complete survey)和非全面调查(incomplete survey)。全面调查,是指对构成调查对象总体内的所有总体单位都进行调查登记的一种调查方式，普查、全面统计报表都属于全面调查。非全面调查，是指对构成调查对象总体中一部分总体单位进行调查的一种调查方式，抽样调查、重点调查、典型调查等都属于非全面调查。

全面调查与非全面调查的划分，是以调查对象所包括的范围来衡量的，并不是从取得的资料来说的。当然，全面调查取得的资料必然是全部调查单位的资料，但非全面调查也是为了取得反映总体的资料或是为了取得反映基本情况的资料。所不同的是，它只从总体中抽选一部分具有代表性的调查单位构成样本进行调查，然后根据样本资料推断总体，这种方法省时、省力。在实际工作中，对某一项调查，究竟采用全面还是非全面调查，要视研究问题的目的和可能来确定。

3. 经常性调查和非全面调查

统计调查按调查登记的时间是否连续，分为经常性调查（frequent survey）和一次性调查（once survey）。统计调查登记的连续性，取决于现象本身的特点。一种是时期现象，它随着时间的变化而连续不断地发生变化；另一种是时点现象，表现为一定时点的状态。经常性调查是对时期现象的调查，是指对调查对象随时间变化的情况进行连续不断地登记。在进行这种调查时，被研究对象过程量上的变化都被记录下来，因此所取得的资料体现了现象的发展过程和一段时间内现象发展变化的总量，例如，企业产品产量、原材料的投放量、劳动工时消耗等。这类标志的数值经常在变动，必须在观察期内进行连续登记才能满足需要。一次性调查是一种不连续的调查，主要是对时点现象的调查，指间隔一定时间（往往间隔较长）进行一次调查。对现象指标值在一定时期内变动不大的情况往往采用一次性调查的方式，例如，固定资产总值调查、生产设备数量调查等。另外，有些现象其数值尽管随时都在发生变化，但并不需要每天都登记（如人口数）即可采用一次性调查。一次性调查所得到的资料是时点资料。一次性调查可以根据调查的间隔时间是否相等，分为定期调查和不定期调查。调查的时间间隔相等为定期调查，相反则为不定期调查。例如，新中国成立以来1953年、1964年、1982年、1990年、2000年、2010年的六次人口普查属不定期的一次性调查。按《统计法》规定，以后我国人口普查每隔10年进行一次，这样就成为定期调查了。应该明确，一次性调查并不是说对调查对象只做一次调查，以后就不再进行了，是否再进行此类调查要根据研究的需要和可能来确定。

以上各种分类方法不是互相排斥的，我们只是从不同的角度对统计调查进行了分类。如普查是一种专门组织的一次性的全面调查，它同时被归入了三类。

三、统计调查方法

在搜集统计资料的过程中，通常采用的方法有直接观察法、报告法、采访法和网上调查法。

1. 直接观察法

直接观察法是调查人员亲临现场对调查对象进行直接观察、点数或计量，以取得统计资料的一种统计调查方法，如商品库存盘点、对农作物产量的实割实测等。这种方法能够保证所搜集资料的准确性，但它需要投入较多的人力、物力、财力和时间。

2. 报告法

报告法是指调查单位利用各种原始记录、基层统计台账和有关核算资料作为报告资料的来源，按照隶属关系，逐级向国家提供经济、社会活动情况的一种调查方法。中国现行的统计调查制度就属于这种调查方法。

3. 采访法

采访法是由调查者向被调查者提问，根据被调查者的答复来取得统计资料的一种方法，常常又分为口头询问法和通讯法。口头询问法，包括了个别访谈、座谈会、问卷调查等方法。通讯法包括了电话采访、邮寄问卷等方式。

4. 网络调查法

网络调查法是利用现代信息网络来收集统计资料的方法。它通过网络向被调查单位和个人的网站发出调查提纲、表格或问卷，被调查者将在他们方便时也通过网络向调查者发送信息。与传统调查方式相比，网上调查有其独特的优点：需要的经费较少，能在较大范围内进行调查，传播快速且具有多媒体性。调查结果客观性较高，便于整理汇总等。

第三节 统计调查方案

统计调查是一项高度统一和科学性很强的工作，必须有目的、有组织、有计划地进行，这就需要在统计调查前制定一个周密的调查方案。统计调查方案（plan of statistical investigation）是整个统计调查过程中的指导性文件，一个完整的统计调查方案应包括以下几项内容。

一、确定调查目的

所谓调查目的，就是指统计调查要解决的问题。这是统计调查方案必须首先做出回答的。因为只有目的明确，才能进而确定向谁调查、调查什么和用什么方式方法进行调查。因为调查目的的不同，搜集资料的对象和方法也不一样。目的不明，往往会使整个统计工作陷入盲目性。

二、确定调查对象和调查单位

确定调查对象和调查单位，就是要明确向谁作调查、谁来提供统计资料。

调查对象就是所要研究的现象总体，即统计总体，它是由若干个性质相同的调查单位组成的。调查单位也就是构成总体的每一个个体单位，它是所要调查登记标志的承受者。调查对象和调查单位是依据调查目的而确定的。例如，我国人口普查，调查对象是中华人民共和国人口总体，而每一个具有中华人民共和国国籍的人都是调查单位。

这里有两个概念应注意区分，即调查单位与填报单位。填报单位也称为报告单位，它是负责向上级报告调查内容或提供统计资料的单位组织，即职能单位。例如，对某工业企业生产设备调查，调查单位是各种单台设备，而报告单位则是该工业企业。

社会经济生活中许多现象之间是相互联系又互有交错的，调查对象的确定只是从大的方面界定了某项调查的范围，而能不能按照已定的对象进行调查，还必须赋予调查单位以确切的定义。例如，对全国城市社会经济状况进行调查，只明确城市是调查单位是不够的，还必须给城市以确切定义，才能把城市与农村及介于两者之间的城镇严格区分开来。为解决这类问题，国家统计局和国务院标准化管理部门共同制定了统计标准，以保证统计资料的完整性和准确性。目前已有的国家统计标准有：国民经济行业分类标准，三次产业分类标准，经济类型划分标准，大中小型工业企业划分标准，基本建设大中小型项目划分标准，行业分类标准，大中小城市划分标准，工农业产品（商品、物资等）分类，沿海和内地划分标准，农业和非农业划分标准等。

三、拟定调查提纲

调查提纲（investigation outline），就是按既定的调查目的所确定的调查项目，向调查单位所要调查的具体内容。这些项目由说明总体中调查单位基本特征的标志组成，即由品质标志和数量标志所构成的标志体系组成。拟定调查提纲时应注意以下几点：

（1）所选择的调查项目应能够取得确切资料，对于有些虽然有用但不具备条件取得资料的项目不宜列入。

（2）列入调查项目中的标志或指标应有确切的涵义和统一的解释，以免调查人员或被调查者按各自的理解进行回答，造成资料的不一致，影响资料汇总。

（3）各个调查项目之间尽可能相互联系彼此衔接，以便从整体上进行认识，也便于项目间的核对，提高调查资料质量。另外，还应注意本次调查项目与过去同类调查项目之间的衔接，利于进行动态分析，研究现象发展变化规律。

四、制定调查表

统计调查表（table of statistical investigation）是指在统计调查中用于对调查对象进行登记、搜集原始统计资料的表格。《统计法》规定：制定统计调查项目计划时，必须同时制定相应的统计调查表。因为统计调查项目中的各项统计标志或指标以及它的口径范围、计算方法等，都要通过各种统计调查表及其编制的说明书加以表现。可见，统计调查表的制定和贯彻执行在统计工作中具有非常重要的作用。它构成统计调查方案的中心内容。

一般来说，统计调查表可以在调查进行前就布置到基层填报单位，以便他们根据调查表的要求，及时建立健全各种原始记录，使调查表的资料来源建立在可靠的基础上，做到资料准确，报送及时。

设计一张好的调查表，项目要少而精，可要可不要的标志（或指标）和栏目坚决不要；措词要精炼，要使被调查者易填易答。

调查表的形式一般有两种：单一表和一览表。单一表是在一份调查表上只登记一个调查单位的调查内容；而一览表则是在一份调查表上登记若干个调查单位的调查内容。单一表由于只登记一个调查单位，所以，可容纳较多的调查项目（如个人身体健康情况表），便于整理、分类。而一览表由于其登记多个调查单位，所以调查项目不能很多（如工人考勤表）。

调查表的内容一般由表头、表体和表脚三部分构成。

表头，用来说明调查表的名称以及调查单位的名称、性质、隶属关系等。这些资料虽不用来进行统计分析，但在核实和复查调查单位时却是不可缺少的。

表体,这是调查表的主体部分,包括统计调查的具体项目和项目的具体标志表现,项目的栏号、计量单位等。

表脚,包括调查者(填报人)的签名、填表日期等,以便明确责任,发现问题也便于查询。

表2-1是我国第六次人口普查表短表。第一个表是以户为调查单位的单一表;第二个表是以每个人为调查单位的一览表。

表2-1 第六次全国人口普查表短表

本户地址:_____县(市、区)_____乡(镇、街道)_____普查区_____调查小区

H1. 户编号		H2. 户别	H3. 本户普查登记人数
_____号		1. 家庭户 2. 集体户	男_____人;女_____人
H4. 2009.11.1—2010.10.31		H5. 本户住房建筑面积	H6. 本户住房间数
出生人口	死亡人口		
男_____人; 女_____人	男_____人; 女_____人	_____平方米	_____间

每个人都填报								6岁及6岁以上人填报	
R1.姓名	R2.与户主关系	R3.性别	R4.年龄	R5.民族	R6.普查时点居住地	R7.户口登记地		R11.是否识字	R12.受教育程度

履行了法定审批程序之后的调查表是合法报表,任何调查对象、统计人员、统计机构都必须按照填表说明即统一的指标解释填写调查表。

五、确定调查时间和调查期限

调查时间是指调查资料所属的时间。如果所要调查的是时期现象,就要明确规定所反映的是从何年何月何日起到何年何月何日止的资料;如果所要调查的是时点现象,就要明确规定统一的标准时点,如第六次人口普查的标准时点是2010年11月1日0时。

调查期限,是具体进行调查工作的时间期限,包括搜集资料和报送资料的整个工作所需要的时间。统计人员、统计机构必须在规定的调查期限内完成并争取缩短调查期限,这对保证调查资料的及时性具有重要意义。

六、调查工作的组织实施

要使调查工作井然有序,必须有组织和措施上的保证。为此,要拟定调查工作组织实施计划。该计划包括以下内容:调查机构和调查人员的组织,调查方式和方法,调查前的准备工作(包括宣传、教育、培训、文件印刷、人员分工等),报送资料的方法,经费的预算及开支办法,提供或公布调查成果的时间等。

以上六个方面构成调查方案的全部内容。统计调查工作必须按照设计好的统计调查方案的规定和要求进行。

第四节 统计调查的组织形式

我们已经知道，按照统计调查的组织形式不同，统计调查的组织形式可分为统计报表和专门调查，而专门调查又分普查、重点调查、典型调查和抽样调查。

一、统计报表

统计报表是我国定期搜集基本统计资料的一种组织形式。它是按照国务院或国家统计局颁发的表格，由各级调查单位按照一定日期和程序向上提交统计资料的一种制度。

(一) 统计报表的种类

1. 全面统计报表和非全面统计报表

按统计调查范围不同，分为全面统计报表和非全面统计报表。全面统计报表即要求调查对象的每一个调查单位都填报的报表，如第六次人口普查表。非全面统计报表即只要求调查对象中的一部分调查单位填报的报表。非全面的统计报表又可根据非全面调查采用的方式不同，分为重点的、抽样的和典型的。重点调查中使用的为重点的统计报表。重点调查有很多优点，目前在统计调查中应用得比较多，例如，工业主要技术经济指标、主要工业产品成本调查等。当用抽样调查或典型调查方式选出调查对象中的少数单位，并要它们定期填报时，所使用的调查表为抽样的或典型的统计报表。我国农村经济抽样调查就曾经使用过这种报表。

2. 国家的、部门的和地方的统计报表

按统计报表的内容和实施范围不同，分为国家的、部门的和地方的统计报表。国家统计报表是根据有关的国家统计调查项目和统计调查计划制定的，也称为国民经济和社会发展基本统计报表。这类统计报表从整个国民经济和社会发展的角度出发，并按国民经济部门划分，包括农业、工业、基建、物资、国内商业、对外贸易、劳动工资、交通运输等方面的内容。部门统计报表也叫专业统计报表，它是国务院和有关业务部门根据其调查项目制定的，在各主管部门系统内施行，它是基本统计报表的必要补充。地方统计报表是经县级以上各级人民政府批准，由统计局结合本地区特点补充制发的统计报表，主要为满足本地区经济和管理需要。

3. 基层报表和综合报表

统计报表按报送单位不同，分为基层报表和综合报表。由基层单位填报的统计报表为基层报表，填报单位为基层单位。由综合统计部门或主管部门根据基层统计报表逐级汇总填报的统计报表为综合统计报表，填报单位为综合填报单位。综合统计报表的表式有扩大合计式和分组综合式两种。扩大合计式的表式与基层报表表式一样，所不同的只是扩大合计式在较大范围内汇总基层统计报表资料。分组综合式是把基层报表资料首先进行分组，然后再综合整理。扩大合计式综合报表可以反映较大范围内经济发展的规模和水平，乃至一个国家的国情国力。而分组综合式统计报表，则可以用来深入分析总体的构成情况和比例关系。

4. 月报、季报、半年报和年报

统计报表按报送周期长短不同,可分为月报、季报、半年报和年报等。报送周期越短,每年花费人力、物力、财力的总量越多。因此,一般要求报送周期短的,调查项目应少些、粗些;相反,可以多些、细些。年报周期最长,因此其内容比较详细。同时应注意,凡是一年或半年报告一次能满足需要的,就不要用季报、月报。

5. 电讯报表和邮寄报表

按统计报表报送形式不同,分为电讯报表和邮寄报表两种。电讯报表又分为电报、电话和电传等。采用何种方式取决于报表内容和需要的紧迫程度。

(二)统计报表的编制原则

(1)适用与精简。在满足党政领导和有关部门了解情况、指导工作以及编制和检查计划需要情况下,表式和指标要力求精简。

(2)根据实际需要确定报告期。分别按月、季、年进行统计观察,不能任意增加或压缩次数。

(3)基层统计报表应逐步做到统一、配套。

(4)综合报表反映综合统计部门对统计资料的具体要求,地方统计报表可在满足上级综合机关需要的前提下,增加地方需要的指标和分组。

(5)国家、地方、部门的统计报表必须适当分工,互相配合。凡在国家统计报表中能够取得的资料,部门和地方不应再要求基层重复填报。

统计报表特别是全面定期的统计报表,在高度计划经济和分级管理体制下,是我国取得统计资料的重要手段。目前,随着我国社会主义市场经济的发展,面对日益发展的多种经济成分、多种分配方式、多种经营类型和利益主体多元化的情况,固守一种调查模式采集信息,已难以适应国家宏观调控和科学决策及部门、企业和社会公众的需要。全面统计报表不仅笨重、缺乏灵活性,而且财力、物力和人力投资大,统计调查效益差,基层负担重,环节多,并且容易受到行政干扰而造成信息失真。因而,这种组织形式只能作为一种补充性的调查方法。1994年7月20日国务院批准国家统计局《关于建立国家普查制度改革统计调查体系的请示》,确立了以周期性普查为基础、以经常性抽样调查为主体的统计调查方法体系。

二、专门调查

(一)普查

普查(census)是专门组织的一次性的全面调查。它通过逐个调查属于一定时点或时期内的社会经济现象的情况,全面、系统地搜集整理和提供反映国情国力基本情况的统计数据。

我国调查方法经过重大改革,确定以周期性普查为基础。之所以这样,其一,因为人口、工业、农业、第三产业、基本统计单位等重要国情国力统计资料，必须通过普查来取得；其二，开展抽样调查需要以普查数据作为基础资料，建立科学的抽样框；其三，有些社会经济现象不适于用全国统计报表的调查方式，且全面定期统计报表因其具有前述的缺点，而只能作为一种补充的调查方法。

普查的优点在于：①普查所取得的统计数据，一般比经常性的全面统计报表取得的数据更为全面、系统、准确、可靠。②普查可以进行更详细地分组，而这些分组在定期统计报表中是得不到的。例如，人口普查提供按性别、年龄、职业、行业、文化程度、婚姻状况等多方面的统计资料。③一种特殊的普查——快速普查，可以使国家或部门直接从企事业单位在很短的时间内取得某种急需的全面统计资料。

实践也证明，普查的工作量大，需要投入大量的人力、物力和财力。新中国成立以来，我国已经开展过的六次人口普查、三次工业普查、两次农业普查和两次第三产业普查都是组织动员多达几百万经过专门培训的调查人员，按普查表的要求，深入到被调查单位直接进行采访登记或指导调查单位填报，然后采取逐级汇总或越级汇总方式来取得统计数据。正因如此，不能年年搞普查，事事搞普查，只能对重大的反映国情国力基本情况的项目，每隔若干年（通常是10年或5年）进行一次，即周期性地进行。目前经国务院批准的周期性普查有人口普查、工业普查、农业普查、第三产业普查和基本统计单位普查等。其中，人口普查、第三产业普查、工业普查和农业普查每隔10年进行一次，分别在逢0、3、5、7年份进行；而基本统计单位普查每隔5年进行一次，逢1、6年份进行。

普查的组织方式基本有两种：一是组织专门的调查机构，配备一定数量的普查人员对调查单位直接进行登记；二是利用调查单位的原始记录和核算资料，调发一定的调查表由调查单位填报。但即使是后一种方式，也要组织一定的普查机构，配备一定的专门人员对整个普查工作进行组织领导，这是不同于统计报表调查方式的地方。

普查的组织工作要遵循如下原则：

（1）要确定统一的调查时间。如我国在2010年进行的第六次人口普查，以2010年11月1日0时作为调查的标准时点。

（2）在普查范围内调查单位要同时进行登记，尽可能在最短期限内完成，以保证普查资料的准确性、及时性。

（3）重大普查要经过试点，以便总结组织实施经验，为普查的全面展开创造条件。

（4）同一种普查各次的调查项目和指标尽可能保持一致，以便历次普查资料具有可比性和进行动态分析。

普查后应进行抽样调查或典型调查，以核对和矫正普查中的误差。

（二）重点调查

重点调查（major unit investigation）是一种非全面调查，它是从调查对象的全部调查单位中选择一部分重点单位进行调查的一种调查方法。重点单位是指在调查总体中举足轻重的那些单位。这些单位虽然可能为数不多，但在所调查的标志总量中却占有绝大部分，能反映出总体的基本情况。当调查目的是为了了解主要情况的发展趋势，而调查的标志总量绝大部分集中在少数单位时，可采用重点调查方法。例如，为了掌握全国钢铁生产的基本情况，可以选择首钢、鞍钢、宝钢、武钢等几个重点单位进行调查，因为它们在选定标志（钢产量）总量上占有绝大部分。

选取重点单位，应遵循两个原则：一是要根据调查任务的要求和调查对象的基本情况确定选取的重点单位和数量。一般来说，重点单位应尽可能少，而其标志值在总体中所占的比重应尽可能大，以保证有足够的代表性。二是要注意选取那些管理比较健全、统计工作基础较好的单位作为重点单位。

重点调查的适用条件：

（1）调查任务在于反映调查总体的主要情况或基本趋势。因此，重点调查通常用于不定期的一次性调查，但有时也用于经常性的连续调查。

（2）要有重点单位。重点调查中重点单位的选择着眼于标志量的比重，因而重点单位的选择具有客观性。当调查目的是掌握现象的基本情况，而部分单位又能比较集中地反映所研究的项目和指标时，可用重点调查。

（三）典型调查

典型调查（typical investigation）是根据研究的目的，在对总体进行初步的全面分析基础上，从调查总体中有意识地选择一个或几个具有代表性的单位（即典型单位）而进行的调查。

典型调查是从个别中了解一般，由个性中了解共性的一种调查方法，它在对社会经济现象发展趋势的定性分析中发挥着重要作用。另外，典型调查可以搜集到全面调查及其他非全面调查中不可能取得的资料。因而，典型调查可以加深对全面调查资料的认识。在实践中常把典型调查与全面调查相结合，核对并验证全面调查中数字的真实程度。

典型调查大体上可分为两种：一种是对个别典型单位进行调查和研究，在这种调查中只要选出几个典型单位就可以了，其目的主要在于通过典型单位来说明事物的一般情况或事物发展的一般规律性；另一种典型调查是从总体中选择一部分典型单位，这部分单位形成一个总体，通过对这个总体的观察，可以从数量上推断总体。由于社会现象的复杂性和要求推断结果尽可能准确一些，这种典型调查采取划类选典的方法。

典型调查的中心问题在于如何正确地选择典型单位，要保证被选中的单位具有充分的代表性。根据调查研究目的的不同，选择典型单位的方法也不同。

如果是为了近似地估算总体的数值，可以在了解总体大略情况的基础上，把总体分成若干类型，从每一类型中按它在总体中所占比例的大小，选出若干典型单位进行调查。如果是为了了解总体的一般数量表现，则可以选中等的典型单位作为调查单位。

如果是为了研究成功的经验和失败的教训，则可以选出先进的典型单位和后进的典型单位，或选择上、中、下各类典型单位进行调查、比较。

总之，选择典型必须从全面着眼、分析。掌握调查对象的全面情况和平均水平，然后对比各个可供选择的调查单位的具体情况和具体水平，从中选择几个代表性较大的单位。

（四）抽样调查

抽样调查（sampling investigation）也是一种非全面调查。它是根据概率理论，从调查对象总体中应用随机原则抽取一部分调查单位构成样本,由样本指标值(统计量)推断总体相应指标值(参数)的一种调查方法。

按照社会主义市场经济制度的要求,借鉴国际上的成功做法,我国已经确立了"以周期性普查为基础,以经常性抽样调查为主体"的统计调查方法体系。抽样调查方法已经成为我国取得统计资料的重要手段。目前,已有相当多的调查项目应用了抽样调查方法,如农产品产量调查、城乡住户调查、价格调查和人口变动调查等,效果相当好。另外,我国在工业、建筑业、交通运输业、批发零售贸易业等统计调查中,也积极推广应用抽样调查方法。

抽样调查有很多优点:

(1)社会投入少,即能以较少的投入取得必要的统计数据。

(2)由于抽样单位的确定完全按随机原则抽取,没有主观意愿,因而,抽样结果具有很高的精确度。

(3)抽样误差可以进行测算,选择恰当的抽样方式,确定必要的样本容量,可以将误差控制在可接受的范围。就这种意义来说,它可以起到全面调查的作用。

(4)由于目前我国统计机构设置中,国家统计局直属国务院领导,各省区市、地区、市、州、盟、县、县级市、区、旗垂直下设农村社会经济调查队和城市社会经济调查队,因而从组织上减少了层层汇总上报过程中的行政干预,使统计数据具有较高的准确性和真实性。

抽样调查和重点调查都是专门组织的非全面调查,具有调查单位少、投入少、调查速度快、省时省力的特点,在选取调查单位时不受主观因素的影响。但两者之间有明显的区别:首先是调查单位的意义和取得方式不同。重点调查是选择为数不多但标志量占总体标志总量绝大比重的单位进行调查;抽样调查中的样本单位是按照随机原则从研究总体中抽取的、具有较高代表性。其次是研究目的不同。重点调查是为了了解现象总体的基本情况,但不能推断总体总量;抽样调查的目的在于以样本量来推断总体总量。再次是适用场合不同。重点调查适用于部分单位能比较集中地反映所研究的项目或指标的场合;抽样调查最适合于不能或很难进行全面调查,而又需要全面数值的场合。

为了使抽样调查方法得到科学的应用,国家对如何科学开展抽样调查作了明确的规定:一是在调查前查明基本统计单位的分布情况,建立科学的抽样框;二是必须按照经批准的抽样调查方案组织抽样调查。

第五节 统计调查误差

一般来讲,观察值不等于真值即有误差。但统计研究具有大量性的特点,它不去研究个体单位观察或测量而产生的误差,而是从大量的平均的角度加以探讨。因而统计调查误差(error of statistical investigation)是指调查结果所得的统计指标与调查总体指标之间的差异,一般有两种:系统误差和代表性误差。

一、系统误差

系统误差是由于调查过程的各个环节上的工作不准确(如计量、登录、计算或仪器设备不精准等方面错误)而造成的,但这绝不是指故意性行为。有意识地虚报、瞒报、拒报、迟报、伪造、篡改等是违法行为,是不允许的,所造成的误差不属于系统误差。系统误差在全面调查和非全面调查中都存在。为了保证统计资料准确性,应采取措施避免和尽量减少系统误差。

二、代表性误差

代表性误差是指用部分调查单位的统计资料计算出的指标值(样本统计量)来估计总体指标值(总体参数)所产生的误差。例如,抽样调查中,由随机样本观察值计算的样本平均数与总体平均数之间的差异、样本成数与总体成数之间的差异等,都是代表性误差。可见,这种误差是绝对存在的,不可避免的,且只出现在非全面调查之中。抽样误差越小,样本指标与总体指标差异越小,估计精度越高,样本的代表性越强,这也是代表性误差名称的由来。抽样调查中产生的代表性误差也称为抽样误差,虽然其不可避免,但可以进行计算,并且通过合理的试验设计,将其控制在一定范围之内,从而达到我们所要求的抽样估计精确度。正是因为这个原因,抽样调查在整个调查方法体系中占据主导地位。

既然全面调查中只存在登记性误差,而非全面调查中既存在登记性误差,也存在着代表性误差,那么,是否非全面调查的误差就一定比全面调查的误差大呢?回答是否定的,这是因为当全面调查的总体单位特别多时,所产生的系统误差也会随之增大。

第六节 调查问卷

调查问卷(questionnaire)又称调查表,是调查者(surveyor)根据一定的目的精心设计的一种特殊形式的调查表格。它把所要调查的内容以问题及其可能的答案按照一定的形式顺序排列,是收集调查数据(survey data)的常用工具。问卷调查是获得统计资料的基本方法,而在问卷调查中,问卷设计(questionnaire design)又是其中的关键。问卷设计的是否合理,将直接决定着能否获得准确可靠的统计资料。因此,调查问卷的设计有别于一般的调查表。

一、调查问卷设计的原则

1. 明确调查目的,选好调查主题

明确调查目的,选好调查主题是问卷设计的基础。问卷调查是为统计分析和结论提供数据支持的有效方式。在进行问卷设计时首先必须明确为什么要调查?通过调查了解什么?调查问卷只有明确了调查主题,才能有针对性地选择调查题目,制订调查方案,确定调查对象,拟定调查项目,完成调查任务。

2. 结构合理,逻辑性强

问卷的设计要有整体感,问题的排列应有一定的逻辑顺序,通常是按先易后难,先简后繁,先封闭式后开放式问题的次序提问,要从易到难,由浅入深,以符合被调查者的思维习惯。对调查中所涉及的敏感问题,如个人隐私、经济收入等应采用一定的调查技巧,

如采用不记名问卷形式,保证为被调查者保守秘密等。

3. 问卷简捷,通俗易懂

整份答卷要尽可能简捷,使被调查者对调查问题一目了然,对调查内容易于理解,便于回答。一般来讲,一份问卷的回答时间以不超过 20 分钟为宜。避免被调查者因问题过多或对问题不好理解而拒绝回答或中途放弃。

4. 具有非诱导性

问卷中提出的问题要客观,问卷设计的问题及提供的答案要易于理解和回答,语言措辞要选择得当,不使用专业术语,不使用模糊的或可能产生诱导的语言,不能带有倾向性,也不应暗示被调查者该作何种回答或如何选择,以免影响答案的准确性。

5. 问卷具有可操作性

回收后的问卷要便于统计、整理与分析。

二、问卷的结构

一份完整的调查问卷通常由说明词、主题问句、结尾三大部分组成。

1. 说明词

说明词列在问卷开头,语言简明扼要。说明词的主要作用在于向被调查者介绍和说明调查的目的、意义、内容、要求、调查者的身份等方面的情况,以及对被调查者的请求和感谢。由于问卷调查具有非强制性,能否获得准确可靠的资料完全取决于被调查者的合作态度,所以,为了取得被调查者的合作,说明词的语气要亲切、诚恳、礼貌,内容要简明扼要,切忌啰嗦。说明词的内容主要包括以下几个方面:

(1)称呼、问候,例如"××先生/女士:您好";
(2)自我介绍(让被调查者明白调查者的身份或调查的主办单位);
(3)简要说明调查的目的、内容、填写方法;
(4)说明对问卷作答的意义或重要性;
(5)回收问卷的时间、方式及其他事项(如本次调查不会对被调查者产生不利影响,替他保密,真诚的感谢对方的合作,问卷填写注意事项等);
(6)对被调查者的合作表示真诚的感谢。

2. 主题问句

主题问句是指调查问卷包括的各类问题,是调查问卷的主要内容。在设计时必须对问题的表述、回答的方式、问题的排序等各环节仔细推敲、合理安排。问卷的正文主要包括两个方面的内容:一是向被调查者了解一般性的问题。这些问题应适用于所有的被调查者,而且是对方能很快很容易回答的问题。在这类问题中不要设计对方难回答或敏感的问题,以免使被调查者产生心理压力,拒绝合作。二是主要问题的内容,这是问卷的核心部分。在设计问题的内容时,要将问题内容和调查目的以及被调查对象联系起来,使调查内容更具有针对性,对被调查者来说更有意义,以便获得预期的调查效果。

3. 结　尾

结尾一般放在问卷的最后面,用来对被调查者的合作表示感谢。同时还可以征询一下被调查者对问卷设计和问卷调查本身的看法和建议,给被调查者一个自由发表意见的机会。在问卷的末尾也可以署上调查者的姓名、编号和必要的联系地址、电话号码、问卷编码、调查访问时间等。

三、问题与回答的设计

问题与回答是调查问卷的核心内容,包括调查所要了解的问题和回答问题的方式。因此对这一环节设计的好坏、质量水平的高低对整个问卷调查工作都会产生重要而直接的影响。

根据问题内容和调查目的的不同,问题与回答的设计可有多种形式,其中最基本的形式有开放式和封闭式两种。

1. 开放式问题

开放式问题又称无结构的问答题。用这种形式的问题时,调查者只提出问题,不提供任何可供选择的标准答案,被调查者可自由回答。例如,您认为目前农民生活水平提高的程度如何?您怎样看待当前房价的走势?您对××企业的产品售后服务是否满意?这种形式的问题其优势在于:一方面,不设标准或可选择的答案,被调查者的答题思路不受限制,能充分反映被调查者的想法、态度、观点,因而能获得比较真实、丰富的资料,可以从中获得许多有益的启示。但其缺点也十分明显:由于被调查者回答的答案各不相同,使所收集资料整理分析的难度较大;另一方面,由于此类问卷填写比较麻烦,当被调查者不愿意花费时间来填写答卷时,就可能使问卷的回收率较低,从而影响对问题的准确判断,因此在一份调查问卷中,开放式问题不能太多。

2. 封闭式问题

封闭式问题又称有结构的问答题。它是在提出问题的同时给出标准答案,让被调查者根据自己的实际情况在几个答案中选择。封闭式问题的优点在于:能快速获取调查资料,便于统计资料的整理分析;因为所提供的答案有助于理解题意容易回答,这样可以避免被调查者在填写问卷时由于不理解题意而难以回答或拒绝回答的现象出现。

封闭式问题的缺点是:由于提供选择答案本身限制了问题回答的范围和方式,得到的信息量有限,问卷难以对被调查者的态度做出详细、准确的判断,对所收集资料的质量难免会产生一定的影响。

封闭式问题根据答案设计的类型不同可分为以下几种类型:

(1)单项选择题

一般设置相互对立的两个答案让被调查者选择其中一个回答。

例如:请问您喜欢旅游吗?①喜欢;②不喜欢。您经常看电影吗?①是;②否。类似这种问题简便易答,但提供的信息量较少。

(2)多项选择题

一般设置三个以上的标准答案,让被调查者选择其中的一项或多项作答。

例如:请问您购买××牌电视机的主要原因是什么?①图像清晰;②价格适宜;③质量好;④外观漂亮。

通过上述例句可以看出，这样的问题给了被调查者较大的选择范围，便于对收集的资料作较细的分类。

(3) 顺位式问答题

顺位式问答题又称序列式问答题。它是在多项选择的基础上，让被调查者对问题的答案按照自己认为的重要程度和喜欢程度顺位排序。

例如，与同类产品相比较，您认为新飞冰箱最大的优点是什么？答：①耗电量低；②噪音小；③价格便宜；④质量可靠；⑤售后服务好。

四、问卷设计应注意的问题

1. 语言要得当

由于被调查者的年龄、文化程度、职业、对问题的理解不同，所以问卷设计在说明词中语言要措词得当，亲切诚恳，使被调查者愿意参与调查和回答问题。

2. 问题的表述要清晰

对问卷中所涉及的问题表述，第一要注意语言的简洁性、通俗性；第二要持"中立"立场，不能带任何倾向性或暗示；第三要做到一个问号前只问一个问题，不要在一个问号前设多个问题。

3. 提问题要有针对性，数量要适度

避免被调查者因问题的难理解或时间过长而产生厌烦情绪，拒绝参与或中途放弃，填答一般不超过20分钟。

4. 问卷回收后要易于整理、分析

由于被调查者的具体情况不同，对问题的理解不同，同样的问题可能会有不同的答案。如何使问卷收回后便于整理、分析，尽快得出调查结论，也是问卷设计应考虑的内容。

▲ 本章小结

统计设计是指根据统计研究对象的性质和统计研究的目的，对统计工作各个方面和各个环节的通盘考虑和安排，是统计工作的第一阶段。

统计调查是根据统计研究的目的和任务，依据科学的统计指标体系，采用科学的调查方法，有组织、有计划地向被调查者搜集统计资料的工作过程；统计调查的基本要求是准确性、及时性、全面性和系统性。

统计调查按组织形式不同，分为统计报表和专门调查；统计调查按调查对象包括的范围不同，分为全面调查和非全面调查；统计调查按调查登记的时间是否连续，可分为经常性调查和一次性调查；在搜集统计资料的过程中，通常采用的方法有直接观察法、报告法、采访法和网上调查法。

一个完整的统计调查方案应包括以下几项内容：确定调查目的，确定调查对象和调查单位，拟定调查提纲，制定调查表，确定调查时间和调查期限，调查工作的组织实施。

统计调查误差是指调查结果所得的统计指标与调查总体指标之间的差异。一般有两种：系统误差和代表性误差。

调查问卷设计的原则：明确调查目的，选好调查主题；结构合理，逻辑性强；问卷简捷，通俗易懂；具有非诱导性；问卷具有可操作性。一份完整的调查问卷通常由说明词、主题问句、结尾三大部分组成。

思考与练习

一、选择题

1. 对某地区工业企业职工进行调查，调查对象是（   ）。
   A. 各个工业企业
   B. 该地区工业企业的全体职工
   C. 一个工业企业
   D. 每位职工
2. 调查农民人均纯收入，最适合的调查方式是（   ）。
   A. 普查
   B. 重点调查
   C. 典型调查
   D. 抽样调查
3. 填报单位是指（   ）。
   A. 调查项目的承担者
   B. 构成调查对象的具体单位
   C. 负责向上级报告调查内容的单位
   D. 调查对象
4. 调查人员亲自深入到实地进行调查，这种收集资料的方法是（   ）。
   A. 直接观察法
   B. 报告法
   C. 采访法
   D. 网络调查法
5. 重点调查中的重点单位是指（   ）。
   A. 这些单位很重要，是工作重点
   B. 这些单位数量占总体单位数量比重很大
   C. 这些单位的标志总量占总体标志总量的比重很大
   D. 这些单位属于中等水平单位
6. 统计调查的要求是（   ）。
   A. 准确性
   B. 及时性
   C. 全面性
   D. 系统性
   E. 完整性
7. 一份完整的调查方案应包括下列内容（   ）。
   A. 确定调查的任务与目的
   B. 确定调查对象和调查单位
   C. 拟定调查提纲，制定调查表
   D. 确定调查时间
   E. 制定调查工作的组织实施计划
8. 调查表的构成一般包括（   ）。
   A. 表头
   B. 表体
   C. 表脚
   D. 单一表
   E. 一览表
9. 按组织形式不同，统计调查可分为（   ）。
   A. 统计报表
   B. 统计报表制度
   C. 专门调查
   D. 经常性调查
   E. 一次性调查
10. 统计调查误差有（   ）。
    A. 抽样误差
    B. 系统误差
    C. 随机误差
    D. 计算误差
    E. 测量误差

11. 在实际调查中，搜集数据的具体方法主要有（   ）。
    A. 直接观察法   B. 报告法
    C. 采访法   D. 网络调查法
    E. 卫星遥感法
12. 统计报表按内容和实施范围不同，可分为（   ）。
    A. 国家统计报表   B. 综合统计报表
    C. 基层统计报表   D. 部门统计报表
    E. 地方统计报表
13. 问卷的组成部分是（   ）。
    A. 说明词   B. 主题问句
    C. 主题答句   D. 结尾
    E. 问卷填写者签名
14. 普查必须注意的原则是（   ）。
    A. 规定统一的标准时点   B. 规定统一的普查期限
    C. 规定统一的普查人员   D. 规定统一的普查费用
    E. 规定普查的项目和指标
15. 专门组织的调查包括（   ）。
    A. 典型调查   B. 统计报表
    C. 重点调查   D. 抽样调查
    E. 普查

二、判断题

1. 统计调查就是指对原始资料进行调查。   （   ）
2. 统计调查要求做到准确、及时、全面、系统。   （   ）
3. 全面调查不会产生误差。   （   ）
4. 统计调查按组织形式不同，分为统计报表和专门调查。 （   ）
5. 观测单位就是统计数据的提供单位。   （   ）
6. 为了尽可能收集统计数据，调查问卷应尽可能地长。   （   ）
7. 统计报表制度是我国取得国民经济统计资料的主要方法。（   ）
8. 统计调查方案的首要问题是明确调查目的。   （   ）
9. 大量观测法是统计调查的一种方法。   （   ）
10. 统计报表制度属于一种全面调查。   （   ）

三、简答题

1. 什么是统计调查，其作用是什么？
2. 重点调查与抽样调查的区别是什么？
3. 重点调查中重点单位的含义是什么？
4. 统计调查可划分为哪些种类？
5. 编制统计调查方案应确定哪几项内容？
6. 统计调查误差有几种，是什么？
7. 调查问卷设计的基本原则是什么？应注意什么问题？

第三章 统计整理

本章提要

通过本章学习，了解统计数据整理与显示的基本内容，重点掌握选择分组标志、编制变量数列、制作基本统计图表的技术和方法。要求利用所学的方法，能够按照研究目的的要求，对所给的实际资料进行整理。

统计数据整理是统计调查的延续，统计分析的前提，是推进统计工作的重要环节。统计数据的整理包括：统计数据的审核、统计分组与汇总以及统计数据的显示。统计整理在整个统计研究中占有重要的地位。资料整理的是否正确，直接决定着整个统计研究任务能否顺利完成，不恰当的加工整理，不完善的整理方法，往往使调查来的丰富、完备的资料失去价值，蒙蔽了现象的真相，得不到正确的结论。因此，必须十分重视统计整理工作。

第一节 统计整理的意义和步骤

统计整理是统计分析的基础，是遵循一定的原则和步骤，由审核、分组、汇总、显示等一系列连续的工作构成，最终使原始资料呈现总体基本特征，以利于进一步的统计分析。

一、统计整理的概念和意义

统计整理(statistical processing)是指根据统计研究的目的，对统计调查所得的原始资料进行科学的分类和汇总；或对已经加工的综合资料进行再加工，使其系统化、条理化、科学化，以反映所研究现象的总体特征的工作过程。

统计整理是统计工作的第三个阶段，它是统计调查的继续，统计分析的前提。统计整理在统计研究工作中具有十分重要的意义。通过统计调查，搜集到被调查单位大量的、零散的、不规范的具体情况，只反映事物的局部现象，不能说明事物的总体情况，这些资料不可能使我们认识现象的全体，更不能从数量方面归纳出事物的规律性，因此必须按照研究问题的需要，或是事先拟定的汇总提纲，对这些资料进行整理。统计资料整理的任务就是把搜集到的大量个体单位的原始资料，经过科学的综合、加工，使它系统化，成为能够反映总体特征的综合数字资料。

二、统计整理的内容与步骤

统计整理的全过程包括对统计资料的审核、分组、汇总和统计图表编制四个环节，需要按一定的步骤进行。具体步骤如下：

1. 制定整理方案

统计整理方案是对整理的各个环节做出的具体规定与安排，是统计整理的指导性文件。它确定了汇总的指标、分组方法、汇总形式等内容，体现了整理工作的具体要求。在实际整理中，整理方案是一系列汇总表的总称，具体表现为一套综合汇总表、填表说明与统一的分类标准或目录。

2. 审核、订正调查资料

为了确保统计工作的质量，在统计资料整理工作过程中首先要做好原始资料的审核工作。这是因为资料一经汇总，原始资料中的各种差错就会被掩盖起来，会影响到统计资料的质量。

对调查资料进行审核包括以下内容：

（1）审核资料的完整性

审核资料的完整性，就是检查调查单位或填报单位是否齐全，规定的项目是否都有答案，应报资料的份数是否符合规定。

（2）审核资料的及时性

审核资料的及时性，是看填报单位是否按规定的时间报送了有关资料，对未报、漏报或迟报的现象都要及时查清。

（3）审核资料的正确性

审核资料的正确性，是检查所填报的资料是否准确可靠。常用的审核方法主要有：①逻辑性审核。从理论上或常识上审核资料是否有悖常理、有无不切实际或不符合逻辑的地方，各项目或数量之间是否有矛盾。例如，一张调查表中，被调查者填写的年龄是9岁，职业是教师，其中必有一个是错误的。又如，在人口调查表中，"与户主的关系"填写"父子"，而在"性别"却填"女"，这其中必有一栏填错。②计算审核。审核资料的统计口径、范围、计算方法和计量单位是否符合要求，统计的数字有无错误。例如，各分项数字之和是否等于相应的合计数，各结构之和是否等于1或100%，出现在不同表格上的同一指标数值是否相同等。

3. 分组与汇总

统计分组是统计整理的主要内容，可以对比、分析各种现象之间的关系，找出现象的本质及发展规律。根据研究目的和统计分析的需要，选择整理的标志，并进行划类分组。统计分组是统计整理的重要内容和统计分析的基础，只有正确的分组才能整理出有科学价值的综合指标，并借助这些指标来揭示现象的本质与规律。

统计汇总就是对分组后的各项指标进行汇总，并计算各组的单位数和合计数，计算出说明总体和各组情况的统计指标数值。从汇总技术上看，统计资料的汇总有手工汇总与计算机汇总两种形式。手工汇总常用的方法有划记法、折叠法、过录法与卡片法等四种方法。利用现代电子计算技术来进行统计汇总和计算工作，是统计汇总技术的新发展，也是统计现代化的重要标志。

4. 编制图表

制作统计表和统计图是统计整理的一项重要内容。在对统计资料进行整理汇总完成后，采用统计表或统计图的形式，可以准确、清晰、直观和灵活地表达统计资料。

5. 积累统计资料

在积累统计资料时，一般要把经过整理汇总的统计资料存入数据库，也可以把原始资料存入数据库，以便于进一步加工资料，来满足不同方面对统计资料的需求。

第二节　统计分组

统计分组是一种基本的统计方法，是以能够揭示现象的类型、结构和关系等性质差异的标志作为分组工具，将总体单位区分成不同性质的组别，并通过数量差异将性质差异更为显著地呈现出来，从而为认识现象的本质和规律奠定基础。

一、统计分组的概念

统计分组(statistical grouping)就是根据统计研究的需要，将统计总体按照一定的标志区分为若干个组成部分的一种统计方法。其目的就是把同质总体中具有不同性质的单位分开，把性质相同的单位合在一起，保持各组内统计资料的一致性和组与组之间资料的差异性，以便进一步运用各种统计方法，研究现象的数量表现和数量关系，从而正确地认识事物的本质及其规律性。例如，在工业企业这一同质总体中，就存在着所有制、生产项目和规模等方面的差别，为了研究需要，就必须对总体进行各种分组，以便从数量方面深入了解和研究总体的特征。

统计整理的主要工作内容是对调查得到的资料进行分组、汇总和计算，统计分组是其中最基本的，是保证分类、汇总科学合理的基础。能够对统计总体进行分组，是由统计总体中各单位所具有的差异性的特点决定的。统计总体中的各单位，一方面在某一个或几个标志上具有相同的性质，可以被结合在同一性质的总体中；另一方面，又在其他标志上具有彼此相异的性质，从而又可以被区分为性质不同的若干个组成部分。因此，统计分组是在统计总体内部进行的一种特定分类，它同时具有两方面的含义：对总体而言是"分"，即将总体分为性质相异的若干部分；对个体而言是"合"，即将在某些方面性质相同的个体组合起来。

统计分组是统计数据整理的基本内容之一，分组标准的选择、分组方式和分组的结果直接影响统计数据的整理和统计分析，只有正确地进行统计分组才能保证统计整理和统计分析的正确性。

二、统计分组的作用

统计分组是基本的统计方法之一，在资料整理和统计分析中都要广泛应用分组。分组的好坏直接关系到统计能否整理出正确的、中肯的统计资料，关系到统计能否得出正确的结论。即从某种意义上讲，没有统计分组，就没有统计资料的科学整理，也就没有统计分析的科学性。因此，统计分组绝不是一个单纯的技术问题，而是具有高度原则性和理论性的问题。

统计分组在统计研究中占有重要地位，其基本作用有以下三个方面：

1. 划分现象的类型

社会经济现象存在着复杂多样的类型，各种不同的类型有着不同的特点以及不同的发展规律。在整理大量统计资料时，有必要运用统计分组法将所研究的现象总体划分为不同类型来研究。

社会经济现象的类型各异，其中最重要的类型是指直接反映社会生产关系的类型，因为它可以直接反映一定的社会经济结构的特点。例如，我国经济成分分为公有经济和非公有经济两大类型，公有经济包括国有及国有控股经济和集体经济，非公有经济包括私营经济、股份制经济、外商及港澳台商投资经济等；工业划分为重工业和轻工业两大类型；社会产品划分为生产资料和消费资料两大类；农业划分为农、林、牧、渔四大类型；轻工业又可分为以农产品为原料的轻工业和以非农产品为原料的轻工业等。

2. 研究现象的内部结构

社会经济现象所包括的大量单位，不但在性质上不尽相同，而且在总体中所占比重也不一样。各组比重数大小不同，说明它们在总体中所处地位不同，对总体分布特征的影响也不同；其中比重数相对大的部分，决定着总体的性质或结构类型。假设一个国家或地区的工农业总产值中，农业总产值所占比重在百分之八九十，则说明这个国家或地区的经济性质是农业经济。在社会经济问题的分析和研究中，经常分析研究的结构有经济类型结构、产业结构、产品结构、投资结构、消费结构、技术结构、人才结构，农业生产活动中的种植业、林业、畜牧业和渔业结构，畜牧业生产中的畜群结构等。可见，研究总体的结构是十分重要的。

将总体的结构分组资料按时间的推移联系起来分析，可以反映由于各组比重变化速度不同而引起各组地位改变的状况，从而认识现象发展变化的规律性。从表3-1我们可以了解我国国内生产总值的结构，可以看出第一产业所占比重呈下降趋势，第二产业所占比重呈波动上升趋势、第三产业所产比重呈明显的上升趋势，由1990年的31.5%上升到2012年的44.6%。

3. 分析现象间的依存关系

社会经济现象之间存在着广泛的联系和制约关系。但现象之间发生联系的方向和程度各不相同，其中现象间的依存关系是关系比较紧密的一种联系。研究现象之间依存关系有多种统计方法，如相关与回归分析法、指数因素分析法、分组分析法等，其中统计分组分析法是最基本的方法，是其他分析法的基础。

用统计分组法确定现象之间的依存关系，通常是把那些表现为事物变化发展原因的因素称为影响因素，而把表现事物发展结果的因素称为结果因素。

在社会经济现象中，例如，商店规模与其经营效果也有一定的联系，商店规模的扩大一般可增加商店的营业额。这些现象之间的依存关系均表现为正依存关系。此外，在商品流转额、商品流转速度与流通费之间也存在着一种依存关系。一般地说，商品流转额越

表 3-1　1990—2012 年我国国内生产总值构成表　　单位:%

年份	国内生产总值	第一产业	第二产业	其　中		第三产业
				工　业	建筑业	
1990	100.0	27.1	41.3	36.7	4.6	31.5
1991	100.0	24.5	41.8	37.1	4.7	33.7
1992	100.0	21.8	43.5	38.2	5.3	34.8
1993	100.0	19.7	46.6	40.2	6.4	33.7
1994	100.0	19.9	46.6	40.4	6.2	33.6
1995	100.0	20.0	47.2	41.0	6.1	32.9
1996	100.0	19.7	47.5	41.4	6.2	32.8
1997	100.0	18.3	47.5	41.7	5.9	34.2
1998	100.0	17.6	46.2	40.3	5.9	36.2
1999	100.0	16.5	45.8	40.0	5.8	37.8
2000	100.0	15.1	45.9	40.4	5.6	39.0
2001	100.0	14.4	45.2	39.7	5.4	40.5
2002	100.0	13.7	44.8	39.4	5.4	41.5
2003	100.0	12.8	46.0	40.5	5.5	41.2
2004	100.0	13.4	46.2	40.8	5.4	40.4
2005	100.0	12.1	47.4	41.8	5.6	40.5
2006	100.0	11.1	47.9	42.2	5.7	40.9
2007	100.0	10.8	47.3	41.6	5.8	41.9
2008	100.0	10.7	47.4	41.5	6.0	41.8
2009	100.0	10.3	46.2	39.7	6.6	43.4
2010	100.0	10.1	46.7	40.0	6.6	43.2
2011	100.0	10.0	46.6	39.8	6.8	43.4
2012	100.0	10.1	45.3	38.5	6.8	44.6

大,流通费也就越低,这表现为负依存关系。职工家庭生活水平与家庭人口数之间的关系、人口的文化程度与生育率水平之间的关系等,均表现为负依存关系。又例如,收入与食品消费结构之间的联系,一般来讲,收入越高,食品消费的比重也越低。著名的恩格尔定律就表明了这个关系。从表 3-2 可以看出,随着我国城乡居民收入的增加,恩格尔系数呈现下降趋势。

统计分组的上述三方面作用是分别从类型分组、结构分组和分析分组角度来说明的,它们不是彼此孤立的,而是相辅相成、相互补充、配合运用的。

表 3-2　1990—2012 年我国城乡居民家庭人均收入及恩格尔系数

年份	城镇居民家庭人均可支配收入（元）	城镇居民家庭恩格尔系数（%）	农村居民家庭人均纯收入(元)	农村居民家庭恩格尔系数（%）
1990	1 510.2	54.2	686.3	58.8
1991	1700.6	53.8	708.6	57.6
1992	2 026.6	53.0	784.0	57.6
1993	2 577.4	50.3	921.6	58.1
1994	3 496.2	50.0	1 221.0	58.9
1995	4 283.0	50.1	1 577.7	58.6
1996	4 838.9	48.8	1 926.1	56.3
1997	5 160.3	46.6	2 090.1	55.1
1998	5 425.1	44.7	2 162.0	53.4
1999	5 854.0	42.1	2 210.3	52.6
2000	6 280.0	39.4	2 253.4	49.1
2001	6 859.6	38.2	2 366.4	47.7
2002	7 702.8	37.7	2 475.6	46.2
2003	8 472.2	37.1	2 622.2	45.6
2004	9 421.6	37.7	2 936.4	47.2
2005	10 493.0	36.7	3 254.9	45.5
2006	11 759.5	35.8	3 587.0	43.0
2007	13 785.8	36.3	4 140.4	43.1
2008	15 780.8	37.9	4 760.6	43.7
2009	17 174.7	36.5	5 153.2	41.0
2010	19 109.4	35.7	5 919.0	41.1
2011	21 809.8	36.3	6 977.3	40.4
2012	24 564.7	36.2	7 916.6	39.3

三、选择分组标志和分组界限的确定

(一) 选择分组标志

分组标志是统计分组的依据。正确选择分组标志，能使分组作用得以充分发挥，也是使统计研究获得正确结论的前提。正确选择分组标志，须考虑到以下三点：

1. 根据研究目的和要求来选择分组标志

任何事物都有许多标志，标志选择不当，分组结果必然不能正确反映总体的性质特征。这就要我们根据统计研究的目的，采取不同的分组标志。例如，如果对工业企业进行研究，目的是了解工业企业生产计划的完成情况，那就以工业企业计划完成的程度作为分组标志；如果目的是要了解工业企业生产内部结构，那就以生产部门作为分组标志；如果目的是了解工业企业盈亏情况，那就以盈亏作为分组标志；如果目的变为了解工业生产技术力量状况，那就以职工技术等级、技术装备水平等为分组标志。

2. 选择最能反映现象本质特征的分组标志

这就须以有关经济理论分析和对客观事物的分析为依据，在相同的研究目的下选择好分组标志。例如，在研究国民经济的现状、发展和平衡关系时，按所有制的分组、按国民经济部门的分类都是最基本的分组或分类。又例如，工业企业规模划分时，新标准参照国际通行惯例，确定了以从业人员数、销售额和资产总额三项指标共同将企业归类。

3. 结合现象所处的具体历史条件及经济条件来选择分组标志

社会经济现象随着时间、地点、条件的变化而变化，历史条件不同，事物特征也会有变化。因此，随着历史条件的变化，分组标志也应作相应改变。

（二）分组界限的确定

分组标志确定之后，正确地确定分组组数和划定各组界限，就涉及分组的具体方法。组限的确定应遵循穷尽和互斥的原则，即一个数据必须能分配进入一个特定的组，并且一个数据只能分配进入一个特定的组。根据分组标志的特征不同，统计总体可以按品质标志分组，也可以按数量标志分组。

1. 按品质标志分组

按品质标志分组，就是选择反映事物属性差异的品质标志作为分组的依据，并在品质标志的变异范围内按属性不同划定各组界限，将总体区分为若干性质不同的组成部分。例如，根据企业性质不同，可将被调查的企业分为国有企业、集体企业、三资企业等；根据劳动力所处行业不同，可分为第一产业劳动力、第二产业劳动力、第三产业劳动力等。

品质标志包含的各种不同变异，其社会经济性质的差异比较明确，区分也比较容易，如表3-4企业按规模分组。因而根据变异的性质不同来划分各组界限也不十分困难。一般情况下，品质标志一旦选定，分组的组数和各组的界限仅取决于统计分析对分组粗细的要求。但是，有时也会遇到困难。因为存在着两种性质的变异之间的过渡形态，使组限不易划分，例如，调查城市居民的生活状况，在选择调查对象的时候，处于城乡结合部的居民就是介于城市居民和农村居民之间的过渡形态，对于这种存在过渡形态的情况，在调查之前就应对其做出明确的界定。在我国统计工作实践中，对重要的品质标志分组，往往编有标准的分类目录，以统一全国的分组口径。例如，新的国民经济行业分类标准（GB/T 4754—2002）就是国家标准分类。

2. 按数量标志分组

按数量标志分组，就是选择反映事物数量差异的数量标志作为分组的依据，并在数量标志的变异范围内划定各组的界限，将总体划分为性质不同的若干组成部分。

按数量标志分组，应当根据统计研究目的，先研究确定总体在已选定的数量标志的特征下有多少个组，然后再仔细研究确定各组之间的数量界限。例如，对学生按考试成绩分组，研究学生的学习情况。若进行粗略的划分，可分为及格与不及格这样性质不同的两个组，而区分及格与不及格的数量界限一般为60分，在确定各组数量界限时，应考虑在不影响准确性的前提下，表明各组数量界限的数值应尽可能取整齐的数值，以方便计算。

四、统计分组体系

统计分组体系是根据统计任务与分组的要求，对同一总体进行多种不同分组而形成的体系。它具体包括两种形式：平行分组体系和复合分组体系。

1. 平行分组体系

平行分组体系是将同一总体选择两个或两个以上的标志分别进行简单分组，排列起来就形成平行分组体系。其特点是：每一个分组固定一个分组标志，以观察总体内部的分布情况。例如，为了解人口的状况，可以分别选择性别、民族、文化程度、年龄四个标志进行分组，得到平行分组如下：

①按性别分组　　　　　　　　　　②按民族分组
　　男　　　　　　　　　　　　　　汉族
　　女　　　　　　　　　　　　　　少数民族
③按年龄分组　　　　　　　　　　④文化程度
　　0~14 岁　　　　　　　　　　　文盲半文盲
　　15~64 岁　　　　　　　　　　 小学
　　65 岁以上　　　　　　　　　　 初中
　　　　　　　　　　　　　　　　　高中
　　　　　　　　　　　　　　　　　大专及以上

2. 复合分组体系

复合分组体系是对同一总体选择两个或两个以上的标志重叠起来进行分组所组成的体系。其特点是：先按主要标志对总体进行第一次分组，然后，再按次要标志进行第二次、第三次分组。例如，对人口总体选择按性别和年龄重叠分组形成的复合分组体系如下：

　　　　男　　　　　　　　　　　　　　女
　　0~14 岁　　　　　　　　　　　　0~14 岁
　　15~64 岁　　　　　　　　　　　 15~64 岁
　　65 岁以上　　　　　　　　　　　 65 岁以上

第三节　次数分布

次数分布是统计整理的重要表现形式，是统计分组以后，对各组的总体单位数进行汇总，并将总体单位数在各组的分布呈现出来；在此基础上，可以进一步研究分布类型及其特征和变化规律，是统计分析的重要手段。

一、次数分布的概念

分布数列(distribution series)是在统计分组的基础上,将总体的所有单位按某个标志分组归类,将各组的总体单位数汇总,并按一定的顺序排列,形成总体单位在各组的分布,又称为次数分布。分布在各组的单位数称为次数或频数,各组次数与总次数之比称为频率。频数分布的一般形式见表3-3。

表3-3　频数分布的一般形式

分组标志	单位数(频数或次数)	百分比(频率)(%)
⋮	⋮	⋮
合计	总体单位数	100.00

次数分布可以表明总体中所有单位在各组的分布特征,并据以研究总体某一标志的平均水平及其变动规律。例如,人口按性别分组后形成的人口数在各组分布情况的数列;学生按年龄分组后形成的学生人数在各组分布情况的数列等,都是次数分布数列。

次数分布数列主要由各组名称(或各组变量值)与各组单位数(次数)两部分构成。有时也可以把比重列入分布数列中。次数分布数列的形式很简单,但它是统计整理的重要表现形式,在统计研究中具有十分重要的意义。次数分布数列直观地表明了总体单位的分布特征和结构状况,在此基础上还可以进一步研究其构成、平均水平及其变动规律,它是进行统计分析的一种重要手段。

根据分组标志特征的不同,次数分布数列可以分为品质分布数列和变量分布数列。按品质标志分组形成的次数分布数列称为品质分布数列,简称品质数列;按数量标志分组形成的次数分布数列称为变量分布数列,简称变量数列。

对于品质数列,如果分组标志选择的恰当,现象性质上的差异就表现得比较明显,总体中各组的划分也就比较容易。对于变量数列,现象在数量上的差异表现得比较明显,而在性质上的差异却不显著。决定现象性质差异的数量界限往往依赖于人的主观认识。按同一数量标志进行分组,也可能形成多种变量数列。

二、分布数列的种类

按分组标志的不同,分布数列有品质数列和变量数列两种。

(一)品质数列

按品质标志分组形成的分配数列称为品质数列。例如,工业企业的类型,它的分组标志可以按轻重工业、企业规模、等级注册类型等分组。品质数列的各个组名都是用文字表示的,如果分组标志选择恰当,则总体分组比较容易,组与组之间的性质差异也很明确。表3-4企业按规模分组就是品质数列。

表 3-4　2012 年我国工业企业按规模分组情况

按企业规模分	企业单位数（个）	比重（%）
大型企业	9448	2.75
中型企业	53866	15.67
小型企业	280455	81.58
合计	343769	100.00

（二）变量数列

按数量标志分组形成的分布数列称为变量数列。变量数列可以反映总体各单位在某一数量特征方面的分布情况及总体内部的数量差异。变量数列又可分为单项式数列和组距式数列两种。

1. 单项式变量数列

单项式变量数列是把一个变量值作为一组。这种方法一般适用于离散变量且变量值较少的情况。离散变量是这样一种数量标志，其标志值（即变量值）可以按一定次序一一列举（通常取整数值），例如学校的学生数、企业的设备台数、地区的商店个数等均属离散变量。表 3-5 中工人的日产量最高是 30 件，最低是 25 件，最大相差数仅 5 件，且变量值只有 6 个，因而可以采用单项变量数列来反映。

表 3-5　某企业工人日产量完成情况

按日产量分组（件）	工人人数（人）	比重（%）
25	10	6
26	20	10
27	30	17
28	50	28
29	40	22
30	30	17
合计	180	100.0

2. 组距式变量数列

在连续变量或变量值较多的情况下，可采用组距分组，它是将全部变量值依次划分为若干个区间，并将这一区间的变量值作为一组。在组距分组中，一个组的最小值称为下限（low limit），最大值称为上限（upper limit）。采用组距分组时，一定要遵循"不重不漏"的原则。"不重"是指一项数据只能分在其中的某一组，不能在其他组中重复出现；"不漏"是指在所分的全部组别中每项数据都能分在其中的某一组，不能遗漏。

为解决"不重"的问题，统计分组时习惯上规定"上组限不在内"，即当相邻两组的上下限重叠时，恰好等于某一组上限的变量值不算在本组内，而算在下一组内。但是，在实际工作中，为了保证不重复不遗漏总体单位，对于离散型变量也常常采用连续型变量的组限表示方法。

对于连续变量，可以采取相邻两组组限重叠的方法，根据"上组限不在内"的规定解决"不重"的问题，也可以对一个组的上限值采用小数点的形式，小数点的位数根据所要求的精度具体确定。例如，对零件尺寸可以分组为 10~11.99，12~12.99，14~15.99 等。

在组距分组中，如果全部数据中的最大值和最小值与其他数据相差悬殊，为避免出现空白组（即没有变量值的组）或个别极端值被漏掉，第一组和最后一组可以采用"××以下"及"××以上"这样的开口组，以解决"不漏"问题，见表 3-6 所列。

表 3-6 某车间 50 名工人日加工零件数分组表

按零件数分组（个）	频数（人）	频率（%）
110 以下	3	6
110~115	5	10
115~120	8	16
120~125	14	28
125~130	10	20
130~135	6	12
135 以上	4	8
合计	50	100

组距变量数列根据各组的组距是否相等可以分为等距数列和异距数列。在等距数列中，各组的组距均相等，而在异距数列中，各组的组距并不都相等。编制组距变量数列时，采用等距数列还是异距数列，要根据研究目的和现象的特点来决定。等距数列能清楚地反映总体的分布特征，而异距数列则能比较准确地反映总体内部各组成部分的性质差异。

组距变量数列的次数分布情况还可以用次数分布曲线图表示。次数分布曲线图除了具有曲线图的形式外，还具有面积图的性质，即以次数分布曲线下覆盖的面积代表总体单位总数。

绘制次数分布曲线图，首先绘制直方图。直方图是以横轴表示各组的组限，纵轴表示次数，依据各组组距的宽度与次数的高度来绘制。例如，表 3-6 的资料绘制的直方图如图 3-1 中的虚线所示。在直方图的基础上，把相邻条形的顶边中点连接起来形成一条折线，再把折线两端与横轴上直方图两侧延伸的假想组中点相连，就形成了次数分布曲线（折线）图，如图 3-1 中的实线所示。

对于等距分组的数据，可以用矩形的高度直接表示频数的分布。如果是不等距分组数据，可以用矩形的面积来表示各组的频数分布，从而准确地表示各组数据分布的特征。

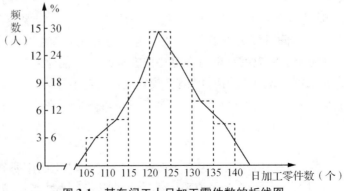

图 3-1 某车间工人日加工零件数的折线图

三、变量数列的编制

采用组距分组需要经过以下几个步骤：

第一步：将原始资料按数值大小依次排序。

第二步，确定组数。一组数据分多少组合适？这一般与数据本身的特点及数据的多少有关。由于分组目的之一是为了观察数据分布的特征，因此组数的多少应适中。若组数太少，数据的分布就会过于集中，而组数太多，数据的分布就会过于分散，这都不便于观察数据分布的特征和规律。组数的确定应以能够显示数据的分布特征和规律为目的。在实际分组时，可以按 Sturges 提出的经验公式来确定组数 K：

$$K = 1 + \frac{\lg n}{\lg 2}$$

式中，n 为数据的个数，对结果用四舍五入的办法取整数即为组数。当然，这只是一个经验公式，实际应用时，可根据数据的多少和特点及分析的要求，参考这一标准灵活确定组数。

第三步：确定各组的组距。组距(class width)是一个组的上限与下限之差，可根据全部数据的最大值和最小值及所分的组数来确定，全距 R 是全部变量的最大值 $x_{\max}$ 与最小值 $x_{\min}$ 之差，反映变量值的变动范围，又称为极差。

$$全距(R) = 极大值 - 极小值 = x_{\max} - x_{\min}$$

$$组距 = \frac{最大值 - 最小值}{组数}$$

为便于计算，组距宜取 5 或 10 的倍数，而且第一组的下限应低于最小变量值，最后一组的上限应高于最大变量值。各组上限与下限之间的中点值叫组中值。即：

$$组距 = 上限 - 下限$$

$$组中值 = \frac{上限 + 下限}{2}$$

对缺少上限开口组而言，其组中值的计算按下列公式为：

$$上开口组组中值 = 本组下限 + \frac{邻组组距}{2}$$

对缺少下限的开口组而言，其组中值的计算按下列公式为：

$$下开口组组中值 = 本组上限 - \frac{邻组组距}{2}$$

确定组距和组数应考虑下列原则：

(1)要尽量能反映出总体单位的分布情况及总体单位的集中趋势；

(2)要尽可能区分出组与组性质上的差异。

第四步：确定组限和组限的表示方法。

组限的确定主要考虑下列几点：

(1)最小组的下限要略低于最小变量值，最大组的上限要略高于最大变量值；

(2)组限的确定应当有利于表现总体单位分布的规律性；

(3)对于等距数列，如果组距是 5, 10, …, 100, …, 则每组的下限最好是它们的倍数。

表 3-7　某生产车间 50 名工人日加工零件数分布数列

按零件数分组(个)	频数(人)	频率(%)
100～110	4	8
110～120	14	28
120～130	23	46
130～140	9	18
合计	50	100

第五步：根据分组整理成频数分布表。比如对表 3-6 的数据进行分组，可得到下面的频数分布表，见表 3-7 所列。

【例 3-1】　某生产车间 50 名工人日加工零件数(单位：个)如下。试对零件数编制分布数列。

117	122	124	129	139	107	117	130	122	125
108	131	125	117	122	133	126	122	118	108
110	118	123	126	133	134	127	123	118	112
112	134	127	123	119	113	120	123	127	135
137	114	120	128	124	115	139	128	124	121

解：为便于分组，可先对上面的数据进行排序，结果如下：

107	108	108	110	112	112	113	114	115	117
117	117	118	118	118	119	120	120	121	122
122	122	122	123	123	123	123	124	124	124
125	125	126	126	127	127	127	128	128	129
130	131	133	133	134	134	135	137	139	139

这里共有 50 个变量，最大值是 139，最小值是 107，标志变动范围为 107～139，全距为 32，如果取组距为 10，则可以编制出表 3-7 的组距式变量数列。如果取组距为 5，则可以编制出表 3-8 的组距式变量数列。

表 3-7、表 3-8 都显示了总体内部分布的特征，而表 3-8 比表 3-7 显示总体内部分布的特征更加明显。

表 3-8　某生产车间 50 名工人日加工零件数分布数列

按零件数分组(个)	频数(人)	频率(%)
105～110	3	6
110～115	5	10
115～120	8	16
120～125	14	28
125～130	10	20
130～135	6	12
135～140	4	8
合计	50	100

四、次数分布的类型

1. 钟形分布

钟形分布的特点是"中间大，两头小"，即靠近中间的变量值分布的次数多，靠两边的变量值分布的次数少。因其次数分布曲线如钟形而得名。根据变量值的分布情况钟形分布又分为对称的钟形分布和非对称的钟形分布。

对称的钟形分布的特征是中间变量值分布的次数最多，其余的变量值对称地分布在中间变量值的两边，对称的钟形分布也称为正态分布。社会经济现象中有些现象的次数分布是正态分布，例如，人的身高、体重、智力、收入分配等。

对称的钟形分布是钟形分布的特殊情况。一般情况下的钟形分布都是非对称的，即中等变量值分布的次数最多，其余的变量值非对称地分布在两边。根据变量值分布的具体情况，非对称的钟形分布有以下两种：左偏分布，如果多数变量值落在左半边区域或当变量值存在极端小值时，次数分布曲线就会向左延伸，这种分布称为左偏形分布，如图 3-3 所示；右偏分布，如果多数变量值落在右半边区域或当变量值存在极端大值时次数分布曲线就会向右延伸，这种分布称为右偏形分布，如图 3-4 所示。

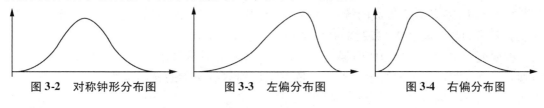

图 3-2　对称钟形分布图　　　图 3-3　左偏分布图　　　图 3-4　右偏分布图

2. U 形分布

U 形分布的特点是"中间小，两头大"，如图 3-5 所示。与钟形分布相反，U 形分布是指较大和较小的变量值出现的次数都偏大，而中等大的变量值出现的次数最少，其次数分布曲线很像英文字母 U，故形象地称为 U 形分布。U 形分布的基本特征是"两头大，中间小"。例如，社会经济现象中，婴儿的自然死亡率较高，老年人的自然死亡率也较高，而中年人的自然死亡率偏低，所以人口自然死亡率的次数分布就是 U 形分布。

3. J 形分布

J 形分布有正 J 形分布（图 3-6）和反 J 形分布（图 3-7）两种，正 J 形分布是指随着变量值的增大，分布的次数也随之增多，变量值与次数同向变化，大部分变量值集中分布在右边，曲线形就如英文字母 J。比如，老年人的自然死亡率次数分布就呈正 J 形分布，商品的价格与供给量也服从 J 形分布。

反 J 形分布是指随着变量值的增大，分布的次数却随之减少，变量值与分布次数反向变化，其大部分变量值集中分布在左边，曲线形如反写的英文字母 J，所以称为反 J 形分布。例如，婴儿的自然死亡次数分布就呈反 J 形分布，商品的价格与需求量也呈反 J 形分布。

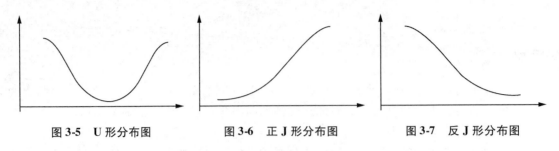

图 3-5　U形分布图　　　图 3-6　正J形分布图　　　图 3-7　反J形分布图

五、累积频数和累计频率

频数与频率作为分布数列的要素，前面已经提到。这里进一步来说明它们的意义和作用。在变量数列中，变量值构成的数列表示变量值的变动幅度，而频数构成的数列，则表示相应变量值的作用程度。频数越大，则组的变量值对于全体标志水平所起的作用也越大；反之，频数越小，则组的变量值所起的作用也越小。因此，在整理和分析的时候，我们不但要注意各组变量值的变动范围，而且，也要注意各组变量值的作用大小，即频数大小。将各组单位数和总体单位数相比求得的频率，表明各组变量值对总体的相对作用程度，也可以表明各组变量值出现的频率大小。按顺序列出各组变量值范围（或以各组组中值来代表）和相应的频率形成的统计分布，亦称频率分布。很显然，任何一个分布都必须满足：各组的频率大于0，各组的频率总和等于1（100%）。

在研究频数和频率分布的时候，常常还需要编制累计频数数列和累计频率数列。其方法通常是首先列出各组的组限，然后，依次累计到本组为止的各组频数，求得累计频数。将累计频数除以频数总和即为累计频率。

累计频数和累计频率的意义是很明显的。表3-9中左边是将各组频数和频率由变量值低的组向变量值高的组累计，故称为向上累计。各累计数的意义是各组上限以下的累计频率，当我们所关心的是标志值比较小的现象的次数分配情况时，通常用次数向上累计，以表明在这些数值以下所有数值所占的比例。例如，表3-9中第一组说明在50名工人中，日加工零件数在110个以下有3人，占总数的6%；第二组说明日加工零件数在115个以下有8人，占总数的16%等。有时为表示在一定变量值以上的累计频数和累计频率，则应采用分组的下限，并从变量值高的最后一组的频率开始按相反的顺序向变量值低的组累计，

表3-9　某车间50名工人日加工零件数的累计频数数列和累计频率数列

按零件数分组（个）	频数（人）	频率（%）	向上累计		向下累计	
			频数（人）	频率（%）	频数（人）	频率（%）
105～110	3	6	3	6	50	100
110～115	5	10	8	16	47	94
115～120	8	16	16	32	42	84
120～125	14	28	30	60	34	68
125～130	10	20	40	80	20	40
130～135	6	12	46	92	10	20
135～140	4	8	50	100	4	8
合计	50	100	—	—	—	—

来求得累计频数和累计频率，称为向下累计，如表3-9中第六列、第七列。各累计数的意义是各组下限以上的累计频数或累计频率。当我们所关心的是变量值比较高的现象的次数分布情况时，通常用次数向下累计，以表明在这些数值以上所有数值所占的比重。例如，表中第五组表示在50名工人中，日加工零件数在125个以上有20人，占总数的40%；第三组表示日加工零件数在115个以上有42人，占总数的84%等。以上可见，累计次数和累计频率可以更简便地概括总体各单位的分布特征。

第四节　数据显示

经过审核、分组、汇总等步骤，统计整理的最终成果就是数据的显示。统计表和统计图是统计资料显示的最基本形式，具有简洁、明了、直观和形象的特点。统计表是将统计资料按一定顺序填列在一定格式的表格内，用数字说话的一种最常用的形式，既是调查整理的工具，又是分析研究的工具。统计图是以点、线、面或体积、模型来表现统计资料的方法，可以使统计数字简单化、通俗化、形象化，使人一目了然，便于理解和比较，从而有效地传递信息。

一、统计表

(一) 统计表的概念

统计表 (statistical table) 是统计用数字说话的一种最常用的形式，是用来展示经过整理的统计资料的表格。把搜集到的统计资料，经过汇总整理后，得出一些系统化的统计资料，将其按一定顺序填列在一定格式的表格内，这个表格就是统计表。统计表既是调查整理的工具，又是分析研究的工具，广义的统计表包括统计工作各个阶段中所用的一切表格，如调查表、整理表、计算表等，它们都是用来提供统计资料的重要工具。

统计表有以下几方面的作用：
(1) 能使大量的统计资料系统化、条理化，因而能更清晰地表述统计资料的内容；
(2) 利用统计表便于比较各项目 (指标) 之间的关系，而且也便于计算；
(3) 采用统计表表述统计资料显得紧凑、简明、醒目，使人一目了然；
(4) 利用统计表易于检查统计资料的完整性和正确性。

(二) 统计表的结构

统计表的形式多种多样，根据使用者的要求和数据资料本身的特点，可以绘制形式多样的统计表。

从表的形式上看，统计表一般由总标题、纵栏标题、横行标题和指标数值四个主要部分构成，见表3-10。总标题是统计表的名称，应放在表的上方中央，代表统计表所说明的对象，是展示统计资料内容的概括。纵栏标题常用来表示指标系列的名称，一般置于表内的上方第一行。横行标题常用来表示分组标志下的对总体所作的各种分组，或者是现象所属的时间，一般置于表内的左方第一列。指标数值由其性质决定，处于列标题与行标题的交点位置,它以列标题量的确定性来表示行标题的属性和特征。它的表现形式是用绝对数、相对数或平均数表示的指标值或总体单位数。

附加说明必要时可以在统计表的下方加上表外附加。表外附加通常放在统计表的下方,主要包括资料来源、指标的注释和必要的说明等内容。

从表的内容看,统计表可由主词和宾词两个部分构成:

表 3-10　2012 年我国国内生产总值及三次产业比重

三次产业	国内生产总值(亿元)	国内生产总值比重(%)
第一产业	52373.6	10.1
第二产业	235162.0	45.3
第三产业	231406.5	44.6
合计	518942.1	100.0

主词是统计表所要说明的总体,它可以是各个总体单位的名称,总体的各个组成是总体单位的全部。

宾词包含指标名称及其数值,用以说明总体及其分组的属性与特征在某方面的数值表现,是从属于主词栏的。

(三)统计表的种类

由于使用者的研究目的以及统计数据的特点不同,统计表的设计在形式和结构上多种多样,一般按照主词是否分组和如何进行分组,可以将统计表分成简单表、分组表和复合表三种形式,不同的统计表,设计的基本要求则是一致的,即"科学、实用、简练、美观"。

1. 简单表

简单表是指总体未经任何分组,仅排列各单位名称或按时间或指标的主次先后顺序排列的统计表。简单表可以根据主词不分组和宾词不分组两种情况进行设计。主词不分组的简单表一般将主词按时间顺序排列或按总体各单位名称排列,通常是对调查来的原始资料作初步整理所采用的形式,见表 3-11。

表 3-11　2006—2012 年我国国内生产总值

年份	国内生产总值(亿元)
2006	216314.4
2007	265810.3
2008	314045.4
2009	340902.8
2010	401512.8
2011	473104.0
2012	518942.1

2. 分组表

分组表是指总体仅按一个标志分组的统计表,可以根据主词简单分组和宾词简单分组两种情况设计分组表。利用主词分组表可以提示不同类型现象的特征,说明现象内部的结构,分析现象之间的相互关系等。利用宾词分组表可以从不同角度分别按某一标志分组,各种分组平行排列,见表 3-10。

3. 复合表

总体按两个或两个以上标志进行层叠分组，并在此基础上形成统计表。可以根据主词和宾词两种情况设计复合分组表。应用主词按照两个或两个以上标志进行复合分组的统计表，见表3-12，这种表能更深刻更详细地反映客观现象，但要恰如其分地使用复合表，并不是分组越细越好，因为复合表中多进行一次分组，组数将成倍增加，分组太细反而不利于研究现象的特征。应用宾词设计复合分组表，宾词指标的设计分为简单设计和复合设计。宾词指标的简单设计是将宾词中的各个指标作平行的设置，即指标与指标之间彼此独立，见表3-13。宾词指标的复合设计是将统计指标同时有层次地按两个以上标志分组，各种分组重叠在一起，见表3-14。

表3-12　2012年我国工业企业按轻重和规模划分单位数

项目	企业单位数（个）
按轻重工业分	
轻工业	139177
重工业	204592
按企业规模分	
大型企业	9448
中型企业	53866
小型企业	280455
总计	343769

表3-13　某企业职工性别及文化程度情况　　　　　　　　单位：人

类别	职工总人数	性别		文化程度		
		男	女	小学	中学	大学
生产人员	638	290	348	254	308	76
管理人员	334	108	226	118	176	40
合计	972	398	574	372	484	116

表3-14　某企业职工性别及文化程度情况　　　　　　　　单位：人

类别	小学		初中			高中			大专以上（含大专）		
	男	女	男	女	小计	男	女	小计	男	女	小计
生产人员	290	348	110	144	254	138	170	308	42	34	76
管理人员	108	226	28	90	118	64	112	176	16	24	40
合计	398	574	138	234	372	202	282	484	58	58	116

（四）统计表的编制原则

（1）统计表的总标题，应当用简明确切的文字概括地表述统计表的基本内容、时间、空间范围。

（2）纵栏、横行标题应按一定的顺序，如时间的先后、空间的位置、指标之间的逻辑关系等合理排列。

（3）必须注明指标的计量单位。若统计表只有一个计量单位，可写在表的右上角。如果各行的计量单位不同，可在横行标题后添一个计量单位栏；如果各列的计量单位不同，则可在纵栏标题下方或右侧标明。

（4）表的横竖比例要适当，各纵栏之间画细线，各横行之间可不画线；表的上下两端的端线一般用粗线，表的左右两端一般不封口。

（5）如果表的栏数较多时，可以编号。通常用文字表示的栏目以甲、乙、丙等表示；以数字表示的栏目，一般用1、2、3等数字表示。

（6）表中的相同数字不得以"同上"、"同左"等表示。表中一般不留下空格，当数字极少或不详时用"……"表示，当某项资料未填时，用"×"表示；无数时用"—"表示。

（7）表中数字要填写工整，数位对齐。统计数字一般不用分节号，分节号处可空半个字格表示。

（8）统计表的资料来源或其他需要说明的事项可作为注释，置于表下，以便查考。

（9）统计表中各横行的合计一般列在最后一行，各纵栏的合计应列在最前一栏。

二、统计图

统计图（statistical chart）是根据经过整理的统计数据资料，运用几何图形或具体事物的形象绘制的表现研究对象数量关系和数据特征的图形。与统计表相比，它对问题的表现具有更为鲜明、形象、生动、直观的特点，在实际工作中被广泛使用，因而绘制并使用好统计图就成为统计分析的基本功。

统计图按照不同类别又可以分为平面图、立体图、实物图。平面图一般采用直角坐标系，横坐标用来表示事物的组别或自变量 x，纵坐标常用来表示事物出现的次数或因变量 y；或采用角度坐标（如圆形图）、地理坐标（如地形图）等。按图尺的数字性质分类，统计图有实数图、累积数图、百分数图、对数图、指数图等。最常见的统计图有条形图、直方图、圆形图、折线图、散点图等。

利用各种图形来表现统计资料的形式具有非常广泛的应用价值，其主要作用有：反映总体单位的分配情况与分布状况；揭示事物变动方向；表示现象间的数据差异；揭露总体结构与逻辑关系；检查计划的完成情况；研究现象间的依存关系。

1. 条形图

条形图是用宽度相同的条形的长度或高度表示一定的数量，根据数量的多少，画成长短高低相应成比例的直条，按一定顺序排列起来形成的图形。条形统计图可以清楚地表明各种数量的多少，条形的长度越长，表示数据频数和频率越大。条形图是统计图资料分析中最常用的图形。按照排列方式的不同，条形图可分为纵置条形图和横置条形图，纵置条形图也称为柱状图，例如，根据表3-10的数据资料绘制柱状图，如图3-8所示。按照分析作用的不同，可分为条形比较图和条形结构图。常用来比较总体各部分数值的大小；比较不同时间总体数量的大小；比较同一时间不同总体数量的大小。条形图非常形象直观，应用广泛，制作简单，在定类数据显示中有重要意义。

其特点如下：能够使人们一眼看出各个数据的大小；易于比较数据之间的差别。

2. 曲线图

以折线的上升或下降来表示统计数量的增减变化的统计图称为折线统计图。与条形统计图比较，折线统计图不仅可以表示数量的多少，而且可以反映同一事物在不同时间里发展变化的情况。折线图在生活中运用得非常普遍，虽然它不直接给出精确的数据，但只要掌握了一定的技巧，熟练运用"坐标法"也可以很快地确定某个具体的数据。折线统计图最大的特点就是能够显示数据的变化趋势，反映事物的变化情况，特别适合时序数据。例如，根据表3-11的数据资料绘制曲线图，如图3-9所示。

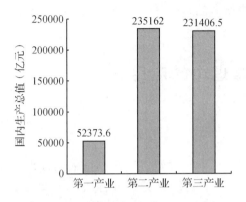

图3-8　2012年我国三次产业产值

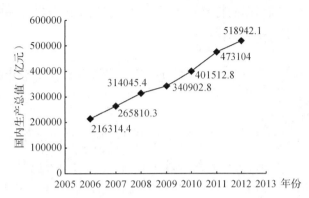

图3-9　2006—2012年我国国内生产总值

3. 直方图

直方图是一种统计报告图，它是由一系列高度不等的纵向条纹或线段来表示数据分布的情况。一般用横轴表示数据类型，纵轴表示分布情况。这种将一个变量的不同等级或区间的次数或频数用矩形块紧密标绘的图表称为直方图。它与柱状图有明显的不同，首先，条形图是用条形的长度（横置时）表示各类别频数的多少，其宽度则是固定的，无实际意义；直方图是用面积表示各组频数的多少，矩形的高度表示每一组的频数或频率，宽度则表示各组的组距，因此其高度与宽度均有意义。其次，条形图是分开排列的，而直方图的分组数据具有连续性，因此各矩形通常是连续排列。最后，条形图主要用于展示分类数据，而直方图则主要用于展示数值型数据（详见图3-1）。

4. 散点图

在回归分析过程中，经常需要先根据数据画散点图，依照散点图的图形特点拟合不同的方程。散点图表示因变量随自变量而变化的大致趋势，据此可以选择合适的函数对数据点进行拟合。散点图可以从总体上描述一个变量与另一个变量之间的数量变化关系，是一种常用的图形。

散点图通常用于显示和比较数值。散点图特别适合在不考虑时间变化的情况下比较大量数据，散点图中包含的数据越多，比较的效果就越好。默认情况下，散点图以圆圈显示数据点。如果在散点图中有多个序列，可考虑将每个点的标记形状更改为方形、三角形、菱形或其他形状。

5. 圆形图

圆形图又称为饼图，是用圆形及圆内的扇形的角度来表示数值大小的图形，主要用于表示一个样本（或总体）中各组成部分的数据占全部数据的比例。圆形图可以比较清楚地反映出部分与部分、部分与整体之间的数

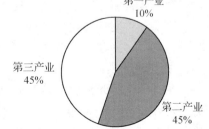

图3-10　2012年我国三次产业结构图

量关系，对研究结构性问题十分有用。在绘图时，样本中各部分所占的百分比用圆内的各个扇形角度来表示，这些扇形的中心角度，是按各部分百分比占 360°的相应比例来确定的。例如，根据表 3-10 的数据资料三次产业的比重绘制圆形图，如图 3-10 所示。

圆形图的特点：用饼形的面积表示部分在总体中所占的百分比；易于显示每组数据相对于总数的大小。

第五节　Excel 在统计整理中的应用

一、利用 Frequency 函数进行统计分组

用 Excel 进行统计分组有两种方法，一是利用"Frequency"函数，二是利用数据分析中的"直方图"工具。这里我们先介绍利用"Frequency"函数进行统计分组的方法。函数向导"Frequency"可用来对一系列数据进行分组，并自动计算各级的分配次数。"Frequency"的参数为"Data—array"和"Bins—array"。其中，"Data—array"为待分组的数据的单元地址，存放方式为一个向量区域，用来计算频率的数组，或对数组单元区域的引用。"Bins—array"为用于对前述数据系列进行分组的间隔点的单元地址，存放方式也为一个向量区域，用来接收数据的区间，为一数组或对数组区域的引用，设定对 data—array 进行频率计算的分段点。

1. 对品质数列编制分布数列，用 Frequency 函数操作

【例 3-2】　对某村随机选择 60 农户进行问卷调查，调查内容包括文化程度一项，标志值包括文盲、小学、初中、高中、大学及以上。用调查得到的原始资料编制分布数列，资料如下：

小学	初中	高中	初中	初中	初中	初中	高中	初中
高中	初中	初中	初中	高中	小学	初中	初中	小学
初中	初中	小学	小学	小学	文盲	小学	高中	高中
初中	小学	小学	高中	初中	高中	小学	小学	初中
小学	高中	小学	高中	初中	高中	初中	初中	初中
初中	高中	初中	初中	高中	初中	高中	小学	初中	初中

具体计算步骤如下：

第一步，将原始数据输入到 A 列，拟划分的组别输在 C 列，如图 3-11 所示。

第二步，对各文化程度编码，以便于计算机处理。按由高到低的顺序分别编码为 1，2，3，4，5，并输入到 D 列。同时将 A 列的原始数据按 D 列编码，形成新的数列，放在 B 列，如图 3-11 所示。

第三步，将光标放在拟存放首组频数的单元格 E2 上，启动函数向导"Frequency"，然后确定。在"data—array"中，引用 B2：B61。在"bins—array"中，引用 D2：D6，如图 3-12 所示。

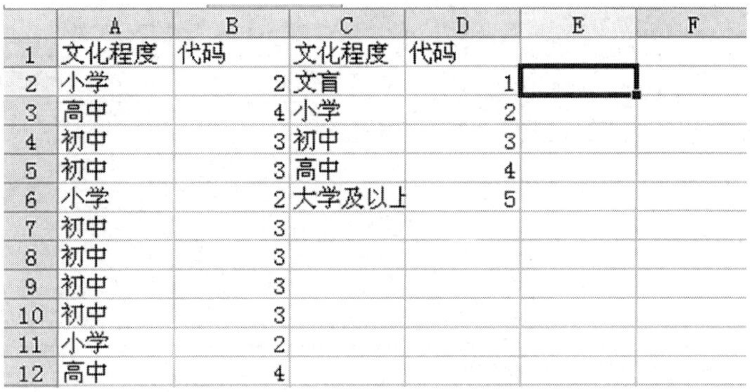

	A	B	C	D	E	F
1	文化程度	代码	文化程度	代码		
2	小学	2	文盲	1		
3	高中	4	小学	2		
4	初中	3	初中	3		
5	初中	3	高中	4		
6	小学	2	大学及以上	5		
7	初中	3				
8	初中	3				
9	初中	3				
10	初中	3				
11	小学	2				
12	高中	4				

图 3-11 将文化程度录入后的结果

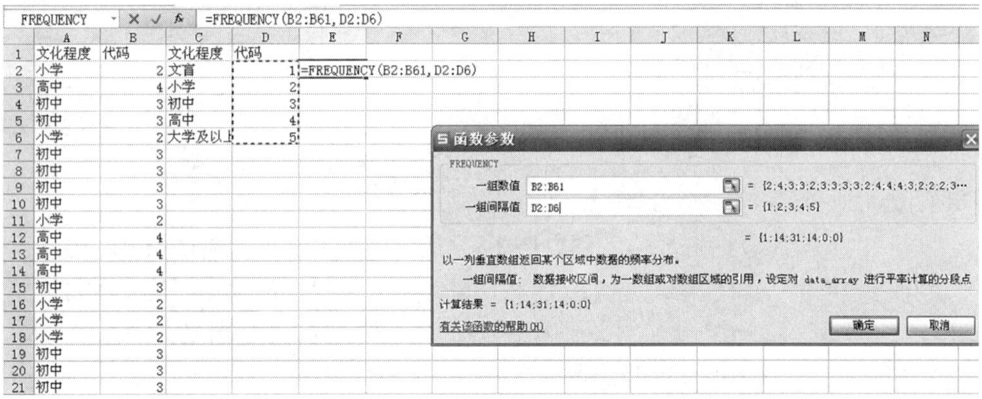

图 3-12 Frequency 函数参数对话框

第四步，点击确定，得到首组的次数，然后从首组次数单元格也拉动光框到 D6，得一反白区域，如图 3-13 所示。

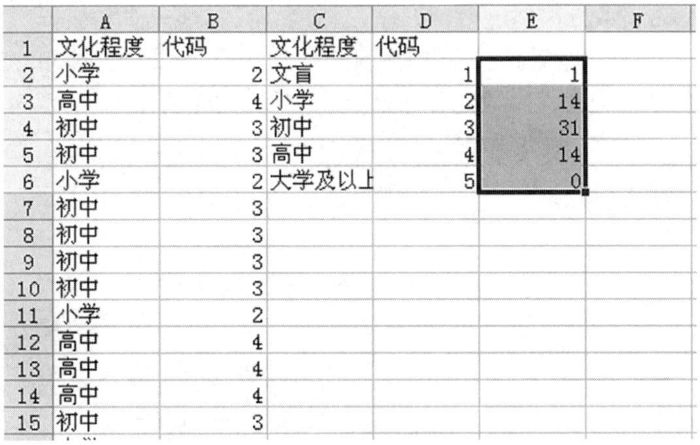

	A	B	C	D	E	F
1	文化程度	代码	文化程度	代码		
2	小学	2	文盲	1	1	
3	高中	4	小学	2	14	
4	初中	3	初中	3	31	
5	初中	3	高中	4	14	
6	小学	2	大学及以上	5	0	
7	初中	3				
8	初中	3				
9	初中	3				
10	初中	3				
11	小学	2				
12	高中	4				
13	高中	4				
14	高中	4				
15	初中	3				

图 3-13 分布数列

第五步，按下 F2 键，然后按住"Ctrl + Shift + Enter"组合键，即可获得各组相应的次数，得到关于该村 60 户文化程度的分布数列，如图 3-13 所示。

根据 Excel 输出的频数分布，可以整理出统计表见表 3-15。

2. 对变量数列编制频数分布，用 Frequency 函数操作

表 3-15 某村农户文化程度分组表

文化程度	人数	人数比重(%)
文盲	1	1.7
小学	14	23.3
初中	31	51.7
高中	14	23.3
大学及以上	0	0.0
合计	60	100.0

【例 3-3】 30 名同学的统计学成绩统计如下：

48	62	70	75	80	88
50	65	71	75	81	89
58	65	73	76	82	91
60	66	73	77	84	92
61	68	75	80	85	95

具体计算步骤如下：

第一步，将上面的数据资料输入到表格中，如图 3-14 中的单元格区域 A2:F6。

第二步，确定每一组的上限值。确定上限值是编制分配数列的关键，确定了每一组的上限值，即确定了每一组的组限和组距。本例中，输入的上限值分别是：59、69、79、89、100，把这些值输入到 H2:H6 中，将选取的结果存放的单元格区域为 I2:I6，如图 3-14 所示。

第三步，将光标移至拟存放首组频数的单元格 I2 上，启动函数向导"Frequency"，然后点击"确定"。

第四步，在"data—array"中，引用 A2:F6；在"bins—array"中，引用 H2:H6。

第五步，点击确定，得到首组的次数为 3，放在 I2，然后从首组次数单元格拉动光框到 I6，得一反白区域，如图 3-14 所示。

第六步，按下 F2 键，然后按住"Ctrl + Shift + Enter"组合键，即可获得各组相应的次数，得到关于该班级"统计学"成绩的分布数列，如图 3-15 所示。

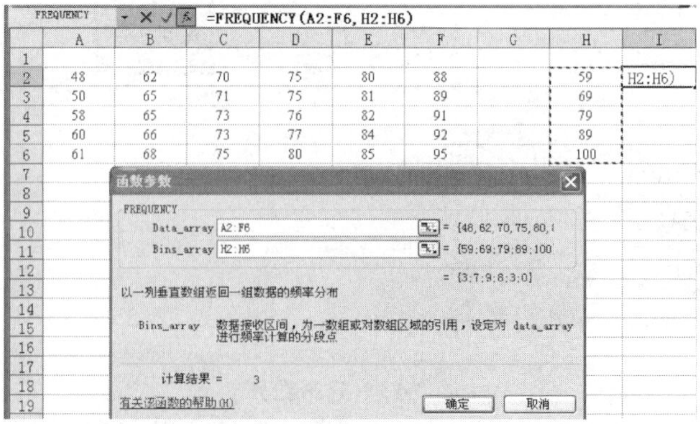

图 3-14 统计学成绩分布数列计算过程

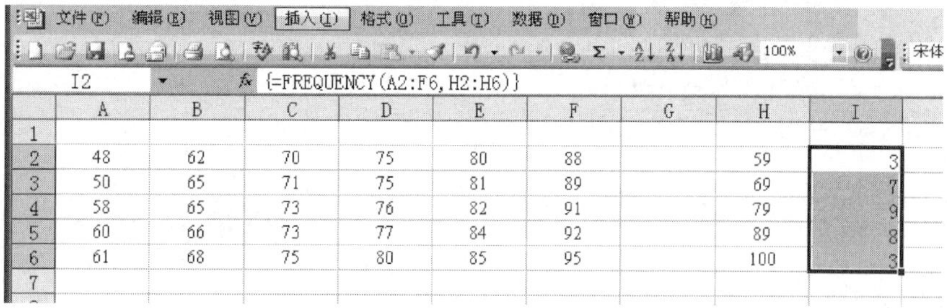

图 3-15 统计学成绩分布数列

二、利用"直方图"工具进行统计分组

仍以【例 3-3】某村文化程度调查为例。

计算步骤如下：

第一步，将原始数据输入到 A 列，拟划分的组别输在 C 列，如图 3-16 所示。

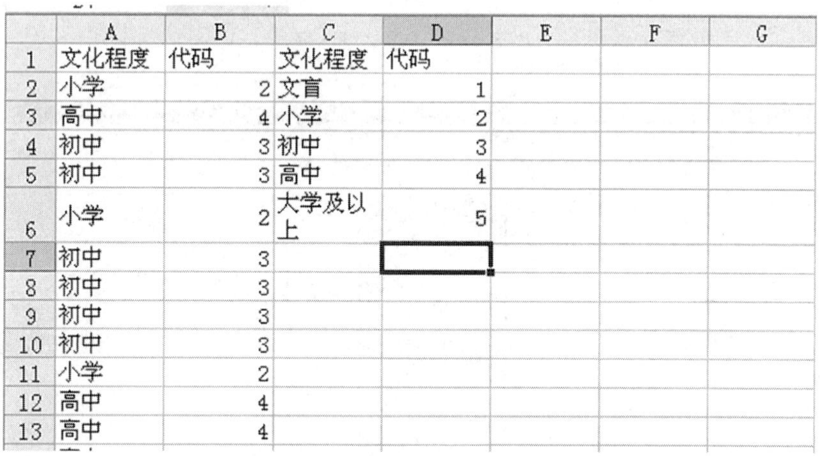

图 3-16 将文化程度录入后的结果

第二步，由于"工具"菜单的函数不识别非数值型数据，故要对各文化程度进行编码，以便计算机处理。对不同文化程度按由高到低的顺序分别编码为 1、2、3、4、5，并输入 Excel，将原始数据按这样的编码输入 B 列，如图 3-16 所示。

第三步，顺次单击"工具"、"数据分析"；在出现的函数中选择"直方图"、单击"确定"，出现"直方图"对话框，如图 3-17 所示。

第四步，填写"直方图"对话框：在"输入区域"中引用对各户主文化程度的编码，如 B1:B61；在"接收区域"引用文化程度的代码，即 D1:D6；勾选"标志"；选择"输出区域"，并在相应的空格中引用一个单元格名称，如 F1；勾选"图表输出"，如图 3-17 所示。

图 3-17 直方图对话框

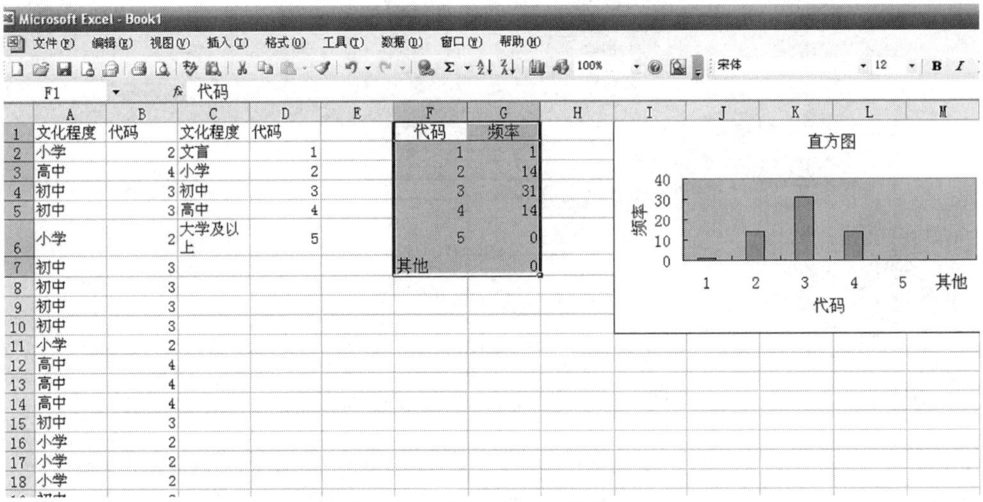

图 3-18 分布数列及直方图

第五步,单击"确定",得到所需要的统计图和统计表,如图 3-18 所示。

三、利用 Excel 绘制统计图

利用 Excel 制作统计图,是一种非常快捷、有效的方法。在统计整理中常用的统计图有柱形图或条形图、折线图、饼图、雷达图等。利用 Excel 的图表向导可以很方便地绘制所需统计图。下面仅说明柱形图、折线图和饼状图的绘制方法。

1. 利用 Excel 绘制柱形图

计算步骤如下：

第一步，将表 3-16 中资料输入 Excel 表中。

第二步，顺次单击图表"图表向导"，选择"柱状图"。单击下一步，出现"数据源"对话框。

第三步，顺次点击"下一步"，然后点击"数据区域"图标，将要显示的数据及标题选中，如图 C9:D16，就会出现图形预览，如图 3-19 所示。

表 3-16　60 户农户年人均纯收入分布表

农户年纯收入（元）	户数	户数比重(%)
5000 以下	3	5
5000～6000	2	3.3
6000～7000	6	10.0
7000～8000	13	21.7
8000～10000	21	35.0
10000～20000	11	18.3
20000 以上	4	6.7
合计	60	100

第四步，点击"下一步"，在"图标标题"中填上"农户年人均纯收入分布"，在分类(x)轴填上"收入"，在数值(y)轴填上"户数"，点击完成。还可以对图表格式进行一些加工和美化，如图 3-20 所示。

图 3-19　图表向导对话框

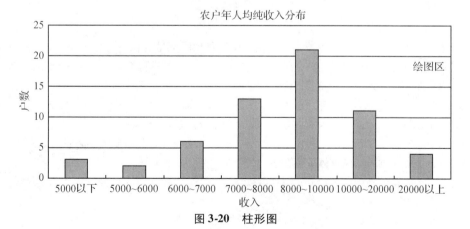

图 3-20　柱形图

2. 利用 Excel 绘制折线图

以表 3-2 我国 1990—2012 年三次产业比重的数据来说明折线图的制作，如图 3-21

所示。

3. 利用 Excel 绘制饼状图

同样方法可以绘制出饼图。以表 3-10 中 2012 年我国国内生产总值的按三次产业划分的数据制作饼图，如图 3-22 所示。

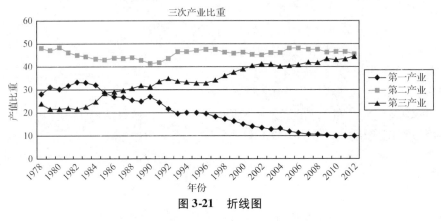

图 3-21　折线图

图 3-22　饼图

本章小结

统计整理是根据统计研究的任务要求，对调查所搜集到的原始资料进行分组、汇总，使其条理化、系统化的工作过程。主要整理原始资料，对于已整理过的初级资料进行再整理，也属于统计整理。

统计分组就是根据统计研究的需要，将统计总体按照一定的标志区分为若干个组成部分的一种统计方法。按照分组标志的特征不同，统计总体可以按品质标志分组，也可以按数量标志分组；按照统计分组中所选择的标志数目不同，可分为简单分组、复合分组及体系分组。

分布数列是在统计分组的基础上，将总体的所有单位按某个标志分组归类，将各组的总体单位数汇总，并按一定的顺序排列，形成总体单位在各组的分布，又称次数分布。

按照分组标志特征的不同，次数分布数列可以分为品质分布数列和变量分布数列。变量数列有单项变量数列和组距变量数列两种。

次数分布概括起来讲主要有钟形、U 形和 J 形分布三种类型。

统计表和统计图是统计资料显示的最基本形式，具有简洁、明了、直观和形象的特点。统计表是将统计资料按一定顺序填列在一定格式的表格内，用数字说话的一种最常用的形式，既是调查整理的工具，又是分析研究的工具。统计图是以点、线、面或体积、模型来表现统计资料的方法。

统计表从表的形式上看，一般由总标题、纵栏标题、横行标题和指标数值四个主要部分构成；从表的内容看，统计表可由主词和宾词两个部分构成。

统计表分成简单表、分组表和复合表三种形式。

最常见的统计图有条形图、直方图、圆形图、折线图和散点图等。

▲ 思考与练习

一、选择题

1. 统计分组的关键问题是( )。
   A. 确定分组标志和划分各组界限　　B. 确定组距和组数
   C. 确定组距和组中值　　　　　　　D. 确定全距和组距
2. 按品质标志分组，分组界限的确定有时会发生困难，这是由于( )。
   A. 组数较多　　　　　　　　　　　B. 标志变异不明显
   C. 两种性质变异间存在过渡形态　　D. 分组有粗有细
3. 某连续变量数列，其末组为开口组，下限为200，又知其邻组的组中值为170，则末组组中值为( )。
   A. 260　　　　B. 215　　　　C. 230　　　　D. 185
4. 下列分组中按品质标志分组的是( )。
   A. 人口按年龄分组　　　　　　　　B. 产品按质量优劣分组
   C. 企业按固定资产原值分组　　　　D. 乡镇按工业产值分组
5. 对企业先按经济类型分组，再按企业规模分组，这样的分组属于( )。
   A. 简单分组　　B. 平行分组　　C. 复合分组　　D. 再分组
6. 用组中值代表各组内的一般水平的假定条件是( )。
   A. 各组的次数均相等　　　　　　　B. 各组的组距均相等
   C. 各组的变量值均相等　　　　　　D. 各组次数在本组内呈均匀分布
7. 对统计总体按两个及以上标志分组后形成的统计表称为( )。
   A. 简单表　　B. 简单分组表　　C. 复合分组表　　D. 汇总表
8. 对某地区的全部商业企业按实现的销售额多少进行分组，这种分组属于( )。
   A. 变量分组　　B. 属性分组　　C. 分组体系　　D. 复合分组
9. 在频数分布中，频率是指( )。
   A. 各组频数之比　　　　　　　　　B. 各组频率之比
   C. 各组频数与总频数之比　　　　　D. 各组频数与各组次数之比
10. 频数分布用来表明( )。
    A. 总体单位在各组的分布状况　　　B. 各组变量值构成情况
    C. 各组标志值分布情况　　　　　　D. 各组变量值的变动程度
11. 下列分组哪些是按数量标志分组( )。
    A. 职工按工龄分组　　　　　　　　B. 科技人员按职称分组
    C. 人口按民族分组　　　　　　　　D. 企业按所有制分组
    E. 人口按身高分组
12. 统计表按分组的情况分类，可分为( )。
    A. 调查表　　　　　　　　　　　　B. 简单表
    C. 汇总表　　　　　　　　　　　　D. 分组表

E. 复合分组表
13. 统计分组的主要作用在于(　　　)。
　　A. 反映总体的基本情况　　　　　　B. 划分现象的类型
　　C. 区分事物的本质　　　　　　　　D. 反映总体内部的结构
　　E. 研究现象之间的依存关系
14. 在组距数列中，组距数列的种类有(　　　)。
　　A. 闭口式　　　　　　　　　　　　B. 开口式
　　C. 等距式　　　　　　　　　　　　D. 不等距式
　　E. 有组限
15. 各种不同性质的社会经济现象都有着特殊的统计分布类型，常见的主要(　　　)。
　　A. 钟形分布　　　　　　　　　　　B. S 形分布
　　C. 双曲线分布　　　　　　　　　　D. J 形分布
　　E. U 形分布

二、判断题

1. 统计数据整理就是对原始资料的整理。　　　　　　　　　　　　　　　　　　(　　)
2. 能够对统计总体进行分组，是由统计总体中各个单位所具有的差异性特点决定的。(　　)
3. 统计分组的关键是正确选择分组标志和划分各组的界限。　　　　　　　　　　(　　)
4. 简单分组涉及总体的某一个标志，复合分组则涉及总体两个以上标志，因此，将两个简单分组排列起来，就是复合分组。　　　　　　　　　　　　　　　　　　　　　　　　　　(　　)
5. 单项式频数分布的组数等于变量所包含的变量值的种数。　　　　　　　　　　(　　)
6. 异距数列是各组组距不都相等的组距数列。　　　　　　　　　　　　　　　　(　　)
7. 统计表的主词是说明总体的各种指标。　　　　　　　　　　　　　　　　　　(　　)
8. 统计表是表达统计数据整理结果的唯一形式。　　　　　　　　　　　　　　　(　　)
9. 年代都是以数字表示的，所以按年代排列各种指标属于按数量标志分组。　　　(　　)
10. 圆形图是以圆的面积或圆内各扇形的面积来表示数值大小或总体内部结构的一种图形。(　　)

三、简答题

1. 什么是统计数据整理？简述统计数据整理的原则和步骤。
2. 统计数据分组的方法是什么？
3. 统计分组的关键是什么？怎样正确选择分组标志？
4. 简要说明单项数列、组距数列的适用范围。
5. 编制组距数列时怎样确定组数和组距？
6. 统计表的构成要素有哪些？
7. 直方图和柱形图有什么区别？

四、计算题

1. 有一个班组日生产零件如下：

89	88	76	99	74	60	82	60	93	99
94	82	77	79	97	78	87	84	79	65
98	67	59	72	56	81	77	73	65	66
83	63	89	86	95	92	84	85	79	70

要求：编制一张次数分布表。

2. 某班学生统计学原理考试成绩次数分布如下表：

考分	人数	比率	向上累计		向下累计	
			人数（人）	比率（%）	人数（人）	比率（%）
60以下	2					
60~70	7					
70~80	11					
80~90	12					
90以上	8					
合计	40					

要求：根据上表资料，计算相应的数字，填入表中空格，并说明各指标的意义。

3. 对下面职工家庭基本情况调查表中的答案进行逻辑检查，找出相互矛盾的地方，并进行修改。

姓名	性别	年龄	与被调查者的关系	工作单位	参加工作年月	职务或工种	固定工或临时工	级别
刘 盛	男	24	被调查者本人	长城机电公司	1973	干部	临时	20
陈心华	女	40	夫妻	市第一针织厂	1975	工人	固定	5
刘淑影	女	18	长女	待业青年	1999	无	临时	2
刘平路	男	16	长子	医学院	2000	学生	无	无

4. 某公司所属20家企业某月工业增加值资料如下：

企业编号	工业增加值（万元）	企业编号	工业增加值（万元）
A	46	K	24
B	68	L	78
C	118	M	92
D	33	N	57
E	79	O	40
F	50	P	60
G	89	Q	72
H	27	R	58
I	127	S	66
J	99	T	74

要求：进行汇总，编制组距数列。

5. 某企业生产某产品需经过六道工序，为了提高该产品质量，检查了一季度全部废品产生的原因，结果如下：

工序名称	A	B	C	D	E	F	合计
废品数（件）	2606	1024	355	59	28	25	4097

要求：做出累计频率分布图，并进行分析。

第四章 总量指标和相对指标

本章提要

通过本章学习，掌握总量指标的概念、作用及种类；相对指标的概念、作用及常见相对指标的特点及计算方法。掌握每种相对指标的作用，保持分子分母可比性、正确选择对比的基数和总量指标及其他相对指标相结合的应用条件。

统计分析是统计工作中非常重要的工作之一，而统计描述是利用综合指标对研究对象进行分析，故又称为综合指标分析法。综合指标分析法是统计分析工作中的基本数量分析方法，是统计分析的基础。经过统计整理，将大量反映总体单位数量特征的原始资料进行加工汇总，就可以得到反映社会总体经济现象的统计指标。本章主要介绍总量指标和相对指标。

第一节 总量指标

一、总量指标的概念和作用

1. 总量指标的概念

反映社会经济现象在一定时间、地点、条件下的总规模或总水平的统计指标，称为总量指标(total amount indicator)。因其表现形式为绝对数，故又称为绝对指标(absolute indicator)或绝对数(absolute number)。总规模是指全部研究对象的大小、多少等方面的特征。例如，反映一个国家或地区大小的总人口数、土地总面积等指标。总水平则是指能在一定程度上反映或含有现象的本质性特征的总量指标。例如，某商场某年某月的商品销售总额为 206 万元，它反映该商场在某月份的销售总成果，也表明该商场的当月工作总量。又如，反映发电机的大小用 5 万千瓦或 50 万千瓦等绝对数指标。这里的总量指标不仅反映了发电机的生产能力总规模，而且更重要的是反映了发电机本身所达到和具备的技术这一本质性特征。这类现象使用总水平指标能够更为全面和准确地体现总量指标的作用，因而比简单地从总规模角度统计总量指标更为科学合理。如上例中，简单地用重量、占地面积或体积来反映发电机的大小，显然不如用总功率指标更为准确和科学。可以看出，总量指标的这种不同含义和表述方式，是由现象的本质要求所决定的。例如，一个国家(地区)在一定时间上的社会总产值、国内生产总值、粮食产量、钢产量和原煤产量等都是总量指标；一个企业在一定时间上的产值、产量、利润总额和固定资产价值等也是总量指标。有时总量指标也表现为总体发展变化的绝对差数,表现为总量的增加或减少。例如,某工业企业 2012 年的利润总额为 12.37 亿元,比上年增加了 1.58 亿元。

总量指标的特点是其数值大小会随着总体规模范围的变化而变化,一般而言,总体范围越大,总量指标数值也越大;总体范围越小,总量指标数值也越小。只有对有限总体才能计算总量指标。

总量指标是社会经济统计中最基本的指标,社会经济状况的基本数字资料一般最先表现为总量指标,在统计分析中有着十分重要的意义。

2. 总量指标的作用

(1) 总量指标是认识社会的起点。它能直接反映一个国家或地区的经济总体情况,反映一个企业或者部门的经济实力和经营情况。认识社会总体经济现象必然从认识它的总量开始,这是因为现象的基本情况总是以总量的形式表现出来,人们要想了解某种现象的基本情况,首先就要准确地掌握该现象在一定时间、地点条件下的发展规模或水平,才能更深入地认识它。例如,要了解一个国家的基本国情国力,就必须了解其人口数、土地面积、粮食产量、钢产量、国内生产总值和进出口贸易额等总量指标;要了解一个企业的基本情况,就要掌握企业的员工人数、产量、产值、利润和固定资产等总量指标。

(2) 总量指标是国家实施宏观经济政策的重要依据,是企事业单位进行科学管理的基础。对一个国家或一个企业进行计划、分析、决策和预测的管理活动,应该做到心中有数,这个"数",首先就是总量指标。首先必须掌握反映国民经济基本状况的一些总量指标,或反映企业经济活动的一些总量指标,才能以此为依据作一些计划、分析、决策和预测的相关管理工作。例如,城乡居民储蓄存款余额、全社会固定资产投资总额、货币流通量等总量指标是国家制定货币发行量、存贷款利率、存贷款额度、基本建设投资规模等各项金融政策和财政政策的基础;一个国家的资源储藏量、人口数、生产力水平和消费水平等总量指标是该国资源开发、利用和管理的重要参考依据。因此,要对生产经营活动所需的各种资源进行有效管理,没有总量指标是无法进行的。

(3) 总量指标是计算其他指标并进行统计分析的基础。在各种综合指标中,总量指标是基础指标,相对指标和平均指标一般是两个总量指标对比的结果,变异指标的计算也是在总量指标的基础上派生出来的。因此,总量指标的计算是否科学合理,将直接影响相对指标、平均指标及变异指标的计算结果。各种分析指标都是由总量指标加工后而得的派生指标。例如,我们掌握了某地区的人口数和国内生产总值,就可以计算出人均国内生产总值;掌握了某地的地方财政支出和用于教育的经费支出,就可以计算出教育经费占财政支出的比重,衡量该地区对教育的投入力度;掌握了人口总数与国土面积总数,就可以计算出人口密度。其中若有一个总量指标不准确,必将影响到派生指标的准确性。

二、总量指标的种类

根据划分标准的不同,对总量指标可以做不同的划分:

1. 总体单位总量和总体标志总量

总量指标按其反映的总体内容不同,可分为总体单位总量和总体标志总量。总体单位总量简称为单位总量，它是总体中所包含的总体单位数的总和，用来说明总体本身的规模大小。例如，研究我国的人口状况时，统计总体是所有中华人民共和国公民，总体单位是每一位公民，那么我国的人口数表明总体单位的个数，是总体单位总量。又如，研究某地区的煤炭工业发展状况，统计总体是该地区所有的煤炭工业企业，假如该地区拥有煤炭企业 3000 家，3000 家即为总体单位总量。

总体标志总量简称标志总量，它是总体中总体单位某一数量标志值的总和。例如，要了解某市工业企业的状况，该市的工业企业数是单位总量，而该市工业企业职工人数、工业总产值、工业固定资产价值等是标志总量。

对于一个特定的总体而言，单位总量是确定的、唯一的，而标志总量可以有多个。此外，一个总量指标是单位总量还是标志总量，并不是固定不变的，它随着研究目的的不同而不同。如上例中，若研究目的变为了解该市工业企业职工的生活水平，那么该市工业企业职工人数则不再是标志总量而是单位总量，而该市工业企业职工工资总额等是标志总量。

2. 时期指标和时点指标

总量指标按其反映的时间状况不同，可以分为时期指标和时点指标。

时期指标是反映社会经济现象在一段时间内发展过程的累计总量。其特征有三点：①指标的数值严格随时间长短呈正方向变化，一般来讲，时期越长，指标越大。一年的固定资产投资总额要大于一个季度的固定资产投资总额，一个季度的固定资产投资总额又要大于一个月的固定资产投资总额。②指标数值具有可加性，即若干短时段的总量可相加，相加后的结果具有独立存在的意义，成为一个较长时段的总量，相加的结果仍然是一个指标。例如，一年的工业总产值是四个季度的工业总产值的加总，一个企业一年的年销售总额是十二个月的月销售总额的加总。③必须连续登记而得。时期指标数值的大小取决于整个时期内所有时间上的发展状况，只有连续登记的时期指标才会准确。例如，要登记"十一五"期间全国轻工业总产值，但是最后两年的相关总量指标还没有登记，那么整个"十一五"期间的轻工业总产值就没办法得出，就是不具有可信度的总量指标。

时点指标是反映社会经济现象在某一时刻（瞬间）所达到的总量。它反映总体已经存在并经常变化的数量状态在某一个具体时刻的表现。其基本特征有三点：①指标的数值不严格随时间长短变化，时点指标仅仅反映社会经济现象在一瞬间上的数量，每隔多长时间登记一次对它没有影响。一个企业本季度末的在职职工总人数不一定比本季度的一个月的在职职工总人数在数值上大，但它们都是具有意义的时点指标。②指标数值不具有可加性，即各个时点上的数值相加后没有独立的存在意义。③指标数值是间断计数的。时点指标没有必要连续登记，有的是不可能连续进行登记的。例如，华北地区的年小麦产量不可能连续登记，因为在华北地区一年中只有两个季度收获小麦，其他时间的总产量毫无意义更不可以加总。例如，人口数、商品库存额（数）、粮食储备总量、居民储蓄存款余额、外汇储备等是时点指标。

三、总量指标的计量单位

总量指标都是有名数，其计量单位问题也可以说是对总量指标从计量单位方面所做的又一种分类，或者说是总量指标在计量单位方面的表现形式。归纳起来，总量指标的计量单位有实物单位、货币单位和劳动单位三种。由于采用的计量单位不同，总量指标又分为实物指标、价值指标和劳动量指标。

(一) 实物单位

实物单位是指根据现象的自然、物理或化学属性而确定的计量单位，具体包括自然单位、度量衡单位、标准实物单位和复合单位。

1. 自然单位

自然单位是指人们在长期的社会实践活动中自然形成而不是人为规定的计量单位。例如，人口数以"人"为单位、冰箱以"台"为单位、鞋以"双"为单位，电脑以"台"为单位，大楼以"幢"为单位，桥梁以"座"为单位，教室以"间"为单位等。

2. 度量衡单位

度量衡单位是以使用价值为基础而人为规定或设计的单位。广义上包括人类所使用的所有度量衡单位，狭义上是指现行法定的度量衡单位。例如，重量用"克""千克"，距离长度用"米""千米"，面积用"平方米""平方千米"，体积用"立方米"等。度量衡单位的重要意义在于，它克服了自然单位的不准确问题，使计量单位规范化、统一化。

3. 标准实物单位

标准实物单位是指按照一定标准，对同类现象中使用价值水平不同的实物量进行折算时所形成的实物单位。标准实物量可以更准确地反映统计对象的实际使用价值。名称中必须带"标准"二字。例如，我国以煤为标准物，按发热量7000卡/千克的标准，把各种能源统一折算为标准煤(吨)；以拖拉机为标准物，按15马力/台为标准，把农业生产的各种机械工具统一折算为标准(台)拖拉机等。

4. 复合单位

复合单位是指两种或两种以上不同性质的单位组合在一起所形成的实物单位。例如，运输业采用"吨公里"来反映运输工作量的大小，电力企业用"千瓦时"计量其产品产量，客运量为"人次"来反映人口流动量的大小等。复合单位克服了单一计量单位在反映某些问题时存在的片面性，使统计指标更加全面、科学、合理。

以实物单位计量的总量指标称为实物指标。实物指标反映了同类产品或商品使用价值量的大小和具体的实物内容。但对于不同种类产品或商品，出于它们的使用价值不同、性质不同、计量单位不同，无法按实物单位直接进行汇总，所以实物单位综合性较差。在实际应用中，为了方便起见，也可以把规模不同、含量不等的同类产品的实物量直接加总，得到混合实物量。例如，将不同规格大小的电视机产量直接相加，可确切地反映实际情况。将同类产品中不同规格或含量的产品按一定的折合系数，折算成标准实物产量，然后再加总，可得标准实物总产量。

(二) 价值单位

价值单位也称为货币单位，它是以货币作为价值尺度来计量社会财产和劳动成果。例如，国内生产总值、城乡居民储蓄额、外汇收入、财政收入都必须用货币单位来计量，常见的货币单位有美元、人民币元、欧元等。用货币单位计量的总量指标称为价值指标。价值指标具有十分广泛的综合能力，在国民经济管理中起着重要的作用。例如，2012年，四川地区生产总值23872.8亿元，青海省农民人均纯收入5364.38元，广东固定资产投资额18751.5亿元，上海公共财政预算收入3743.71亿元等指标。这些指标计量单位分别用元、万元、亿元等来表示。

按价值单位计量的指标的最大特点是它具有最广泛的综合性和概括能力，可以表示现象的总规模和总水平。但它脱离了物质内容，比较抽象，有时甚至不能正确反映实际情况。因此，实际工作中常常需要把价值指标和实物指标结合起来应用。价值指标按计算价格的不同分为两种：一是按现行价格计算的价值指标，如工业总产值的计算是用报告期内销售产品的实际出厂价格计算的，反映现象实际的水平，是研究国民经济现实经济关系和一些重要比例的依据；二是按不变价格计算的价值指标，它消除了价格变动因素的影响，可以真实地反映事物发展的水平和规模。

（三）劳动单位

劳动单位主要用于企业内部计量工业产品的数量，它是用生产工业产品所必需的劳动时间来计量生产工人的劳动成果。企业首先根据自身的生产状况制定出生产单位产品所需的工时定额，再乘以产品的实物即得以劳动单位计量的产量指标——劳动量指标，也称为定额工时总产量，如工日、工时等。

四、总量指标的应用原则

要正确地计算和应用总量指标，必须遵循以下原则：

1. 正确确定指标的含义与计算范围

指标含义与计算范围界定了总量指标所反映的事物某方面的特征、总体范围与计算口径。例如，在统计人口时，只有在分清现有人口和常住人口含义的基础上，才能正确统计一个地区的人口总数。又如，统计职工工资总额，必须明确确定职工的哪些收入应列入工资总额的统计范围。只有这样，计算的总量指标才能反映社会经济现象总体内容的真实情况。

2. 计算实物总量指标时只有同类才能相加

实物指标的同类性是由产品的使用价值决定的。只有使用价值相同的产品才能加总起来计算其总量指标。把不同使用价值的产品产量简单加总，例如，简单地把钢铁、石油、粮食等产品产量相加是没有意义的。

3. 使用统一计量单位

总量指标的计量单位必须按照国家统一规定的计量单位进行计量，只有这样，才不会造成统计计量方面的差错或混乱，才能客观地统计社会经济现象总体的数量。我国一些地区习惯用市斤作为基本的重量计量单位，但是国家统一的重量计量基本单位是千克，在正式的统计登记中市斤必须换算为千克进行登记。

4. 总量指标要与相对指标、平均指标结合运用

总量指标虽然是综合指标的基本指标，但它只能说明事物的规模、水平，而不能说明现象之间的相互联系、发展变化的程度和效益的高低。因此，要全面地说明事物的规模水平、相互联系、发展变化的程度、内部构成等，必须把总量指标与相对指标，平均指标相结合起来运用。例如，2012 年全年国内生产总值 519322 亿元，比上年增长 7.8%。其中，第一产业增加值 52377 亿元，增长 4.5%；第二产业增加值 235319 亿元，增长 8.1%；第三产业增加值 231626 亿元，增长 8.1%。第一产业增加值占国内生产总值的比重为 10.1%，第二产业增加值比重为 45.3%，第三产业增加值比重为 44.6%。在这个统计数据中，既有总量指标，又有相对指标和平均指标，全方位显示了我国经济总量规模不断扩大，发展速度明显加快的总体发展状况。

第二节　相对指标

总量指标本身只能反映现象在具体时间、地点、条件下的总规模、总水平，不能反映现象间的对比关系、现象的内部结构、现象的计划完成情况，也不能反映现象的动态变动方向和变动程度等，而客观现象之间的普遍联系是客观存在的，要解决这些问题，就必须计算相对指标。

一、相对指标的概念和作用

相对指标（relative indicator）是将两个相互联系的统计指标相对比，用来反映现象间数量联系程度的统计指标，也称为相对数（relative number）。它反映社会经济现象之间数量上的对比关系。例如，2012 年中国国内生产总值为 2011 年的 107.7%，2012 年中国国内生产总值中第三产业所占比重为 44.6%。第六次人口普查表明，中国每万人中拥有大专以上文化程度的人口数由 2000 年的 3611 人上升为 2010 年的 8930 人，文盲率为 4.08%，城镇化率为 49.68%；2012 年全国人口出生率 12.1‰，人口死亡率 7.15‰，人口自然增长率 4.95‰。这些都是两个有联系的统计指标的比率，即相对指标。

相对指标广泛应用于国民经济、社会发展和企事业单位生产经营活动分析，用以反映现象的发展速度、结构、强度、普遍程度或对比关系。在统计分析中，相对指标的作用主要表现在以下两个方面：

（1）利用相对指标可以使一些不能直接对比的指标找到共同的比较基础。例如，甲、乙两个企业，由于其产品、生产规模、技术力量等条件不同，它们的销售额、总成本、利润总额等指标不可比，但计算它们的销售额计划完成相对指标、销售利润率、成本利润率等相对指标，可使其找到共同的比较基础，用以比较两个企业的计划完成情况、经济效益的高低。

（2）利用相对指标，把相关指标联系起来分析，有助于达到对总体全貌和本质的认识。例如，我国海关出口总额 1980 年为 181.19 亿美元，其中初级产品占 50.30%，工业制成品占 49.70%；2012 年海关出口总额为 20487.1 亿美元，其中初级产品占 4.91%，工业制成品占 95.09%，这些相对指标说明了从 1980—2012 年，我国出口商品的结构有了根本的

改善，已经从主要出口初级产品转变为主要出口工业制成品。又如，2000年末全国就业人员72085万人，其中，第一产业就业人员36043万人，占全国就业人员的50.0%；第二产业16219万人，占22.5%；第三产业19823万人，占27.5%。2012年末全国就业人员76704万人，比上年末增加284万人，其中，第一产业就业人员25773万人，占全国就业人员的33.6%；第二产业23241万人，占30.3%；第三产业27609万人，占36.1%。可以从上述相对指标看出，伴随着产业结构调整，我国的就业结构进一步趋向合理。

二、相对指标的表现形式

相对指标的基本计算公式就是数学上的分数式，即：

$$相对指标 = \frac{子项指标}{母项指标}$$

式中的子项指标是比数，母项指标是基数。相对指标的一个重要性质就是将基数的绝对差异抽象化，根据对比基数抽象化为不同的数值。从表现形式上来看，相对指标有有名数和无名数两种形式。大部分相对指标使用无名数的形式表示。

（一）无名数

相同单位的比数和基数相比而得到的相对指标表现为无名数，是一种抽象化的数值。无名数有以下几种：

1. 系数或倍数

系数或倍数是把对比的基数抽象为1而计算的相对数。例如，根据海关统计，2012年我国货物出口总额20487.1亿美元，比上年增长7.92%；货物进口总额18184.1亿美元，比上年增长4.30%，顺差2303亿美元，比上年增长一倍多。一倍就是倍数。系数和倍数之间没有绝对的区分，一般情况下，当两个指标相对比，子项指标和母项指标数值相差不大时常用系数，子项指标较母项指标大得多时用倍数。还有一种比较常用的倍数是翻番数，即用2作倍数，例如，某跨国集团2006年的销售总额为100亿元，打算2009年翻一番，就是200亿元，2012年再翻一番，就是400亿元。

2. 成　数

成数是把对比的基数抽象为10而计算的相对数，一成就是10%。在反映农作物产量增减变化时，常用这种表现形式。例如，某村2012年的小麦可望比2011年增产两成，即有希望增产20%。

3. 百分数

百分数是把对比的基数抽象为100而计算的相对数，常用符号"%"来表示。百分数是相对指标中最常用的一种表现形式，如发展速度、增长速度、物价指数、产品合格率、工人出勤率、计划完成程度等都用百分数表示。例如，2012年末，我国共有法人单位1061.65万个，比2006年增加454.76万个，增长74.9%。其中，企业法人828.67万个，占78.1%；事业法人72.97万个，占6.87%；机关法人25.03万个，占2.36%；社会团体法人21.56万个，占2.03%；其他法人113.43万个，占10.68%。

4. 千分数

如果相对数的分子数值比分母数值小很多的话，可用千分数表示。千分数是将比较基础抽象为 1000 而计算的，通常以"‰"表示。如人口死亡率、人口自然增长率、保险率等，一般用千分数表示。

(二) 有名数

有名数是用比数的单位和基数的单位结合起来表示的相对数，通常是复名数。主要用来表示强度、密度或普遍程度的相对指标。如人口密度以"人/平方千米"表示，每人平均粮食产量用"千克/人"表示等。

三、相对指标的计算

根据研究目的和任务以及对比基础的不同，相对指标可以分为六种，即：计划完成程度相对指标、结构相对指标、比例相对指标、比较相对指标、强度相对指标和动态相对指标。

(一) 计划完成程度相对指标

检查计划的执行情况，需要用计划完成程度相对指标来进行。计划完成程度相对指标是统计总体在计划期内的实际完成程度与相应的计划任务数相比，用来考核计划完成情况的相对指标，简称计划完成程度。这类指标用百分数表示，所以又称计划完成百分比。其基本计算公式如下：

$$计划完成程度相对指标 = \frac{实际完成数}{计划完成数} \times 100\%$$

【例 4-1】 2012 年某地区服装生产业计划完成销售收入 200 亿元，实际完成收入 220 亿元，则：

解：该地区服装生产业销售收入计划完成程度 $= \frac{220}{200} \times 100\% = 110\%$

计算结果表明，2012 年该地区服装生产业销售收入超额完成 10%。

在使用这一公式时，要注意以下几点：

第一，实际完成数和计划完成数在指标涵义、计算口径、计算方法、计量单位、时间长度及空间范围等方面具有可比性。

第二，该指标的分子、分母不能互换。因为计划数是用来衡量计划完成情况的标准。所以分子总是实际完成数，而分母总是计划完成数。

第三，判断计划完成程度的好坏应视指标的类型而定。当为正指标时(即数值越大越好的指标，如利润、产值、财政收入、商品销售额等)，等于和大于 100% 为完成和超额完成计划，小于 100% 为未完成计划；而为逆指标时(即数值越小越好的指标，如单位产品成本、原材料消耗、商品流通费用等)，等于和小于 100% 为完成和超额完成计划，大于 100% 为未完成计划。

【例 4-2】 某跨国公司 2012 年计划完成销售收入 200 亿美元，实际到 2012 年底完成销售收入 208 亿美元，试求该公司 2012 年计划完成相对指标。

解：计划完成相对指标 $= \dfrac{208}{200} \times 100\% = 104\%$

计算结果表明该公司 2012 年度销售收入计划超额完成 4%。

【例 4-3】 某企业 2011 年产品单位成本为 420 元，计划规定 2012 年成本降低 5%，实际执行结果降低 6%。试计算降低成本计划完成程度指标。

解：2012 年单位成本的计划数 $= 420 \times (1 - 5\%) = 399$（元）

2012 年单位成本的实际数 $= 420 \times (1 - 6\%) = 394.8$（元）

降低成本计划完成程度指标 $= \dfrac{\text{实际数}}{\text{计划数}} = \dfrac{394.8}{399} \times 100\% = 98.95\%$

或 $= \dfrac{1 - 6\%}{1 - 5\%} \times 100\% = 98.95\%$

由于计划时期有短期和长期之分，我们既要检查短期计划的完成情况，又要检查长期计划的完成情况。为了保证顺利完成计划，还需要对计划执行进度进行检查。

1. 短期计划完成程度的检查

计划任务数是计算计划完成程度指标的基数，由于计划任务下达的形式不同，计划完成程度相对指标有以下几种不同的计算方法：

(1) 计划数为绝对数时，具体计算公式为：

$$\text{计划完成相对指标} = \dfrac{\text{实际完成水平}}{\text{计划任务水平}} \times 100\%$$

【例 4-4】 某企业 2012 年实际销售收入为 350 万元，计划销售收入为 320 万元，则该企业销售收入的计划完成程度相对指标为：

解：计划完成程度相对指标 $= \dfrac{350}{320} \times 100\% = 109.4\%$

表明该企业超额 9.4% 完成了计划任务。

(2) 计划数为相对数时，具体计算公式为：

$$\text{计划完成相对指标} = \dfrac{\text{实际达到百分数}}{\text{计划规定百分数}} \times 100\%$$

【例 4-5】 某企业 2012 年计划规定单位产品成本在去年基础上下降 6%，而实际下降 4%，则该企业单位产品成本的计划完成程度相对指标为：

解：单位产品计划完成程度相对指标 $= \dfrac{100\% - 4\%}{100\% - 6\%} \times 100\% = \dfrac{96\%}{94\%} = 102.13\%$

表明该企业实际单位成本为计划单位成本的 102.13%，没有完成降低成本的计划任务。

【例 4-6】 某农业大县计划 2012 年比 2011 年的粮食产量提高 3%，每亩耕地的基本生产建设投入减少 2%，实际到 2012 年底，粮食喜获丰收，总产量比上年提高 15%，但是因新建了一批现代化仓库，基本生产建设投入反而比上年提高了 4%，求该县农业生产计划的完成情况。

解：粮食产量计划完成程度相对指标 $= \dfrac{1 + 15\%}{1 + 3\%} \times 100\% = 111.7\%$

基本生产建设投资计划完成程度相对指标 $= \dfrac{1+4\%}{1-2\%} \times 100\% = 106.1\%$

计算结果表明该县实际粮食产量比计划超额完成 11.7%，但基本生产建设投资的降低计划没有完成，差 6.1%。

在实际工作中，相对数的变动分析也常用相减的方法反映计划完成情况。两个相对数相减，其结果用百分点表示。这里应该注意，"百分点"和"百分比"是两个不同的概念。

(3)计划数为平均数时，具体计算公式为：

$$计划完成相对指标 = \dfrac{实际达到平均数}{计划规定平均数} \times 100\%$$

它适用于考核以平均水平表示的技术经济指标的计划完成情况，如工业企业中的劳动生产率、单位产品原材料消耗量、单位产品成本等。

【例 4-7】 某企业生产某种产品，计划单位产品某种原材料的消耗量为 50 千克，实际消耗量为 48 千克，则

解：单位产品原材料消耗量计划完成程度相对指标 $= \dfrac{48}{50} \times 100\% = 96\%$

表明该企业实际消耗量未超过计划水平，仅为计划的 96%，超额完成了计划任务。

2. 长期计划(一般指五年及以上计划)完成程度的检查

对长期计划完成程度的检查一般分为两个方面，即计划完成的程度和提前完成任务的时间。由于长期计划任务下达的形式有两种，一种是规定计划末年应达到的水平，另一种是规定计划期间累计应完成的数量，因而有两种检查计划完成情况的方法：水平法和累计法。

(1)水平法

如果长期计划规定计划期末年应达到的水平，应该用水平法检查计划完成情况，计算公式为：

$$计划完成相对指标 = \dfrac{中长期计划末期实际达到的水平}{中长期计划末期计划达到的水平} \times 100\%$$

按水平法计算提前完成任务的时间：如果计划期间连续 12 个月(可以跨年度)实际完成的水平达到了计划期末年规定的水平，则以后的时间即为提前完成任务的时间。

【例 4-8】 某粮食生产基地按五年计划规定，计划期末年产量应达到 630 万吨，计划执行情况见表 4-1。

该粮食生产基地第五年共产粮食 693 万吨(161 + 168 + 182 + 182)，因此其计划完成情况计算如下：

表 4-1 某粮食生产基地五年计划各年实际产量　　　　单位：万吨

时间	第一年	第二年	第三年		第四年				第五年			
			上半年	下半年	一季度	二季度	三季度	四季度	一季度	二季度	三季度	四季度
产量	420	448	238	266	140	140	147	154	161	168	182	182

解：计划完成相对指标 $= \dfrac{693}{630} \times 100\% = 110\%$

表明超额10%完成粮食产量的五年计划。从第四年第三季度起到第五年第二季度，粮食总产量已达630万吨，表明到此时已完成计划，剩下的两个季度是提前完成计划的时间。

（2）累计法

另有一些长期计划是规定在整个计划期内累计应达到某一水平。如"十二五"期间，我国经济社会发展的目标之一是经济平稳较快发展，即国内生产总值年均增长7%，按2010年价格计算，2015年国内生产总值将超过55万亿元；城镇新增就业4500万人，城镇登记失业率控制在5%以内等。这类计划的完成情况受计划期内各年实际完成情况的影响，而不仅仅取决于最后一年所达到的水平，所以其执行情况的检查宜用累计法，如基本建设投资总额、新建铁路、新增生产力、造林面积等。其计划完成程度计算公式如下：

$$\text{计划完成相对指标} = \dfrac{\text{实际全期累计数}}{\text{计划全期累计数}} \times 100\%$$

按累计法计算提前完成任务的时间：将计划期时间减去自计划执行之日起，至累计完成任务之日止所需时间，即为提前完成任务的时间。

【例4-9】 某地区实施廉租房建设计划，计划在2011、2012两年内投资400亿元用于低收入人群的住房条件改善。计划的执行情况见表4-2。

表4-2 某地区廉租房建设投资情况表

第一季度	第二季度	第三季度	第四季度	第五季度	第六季度	第七季度	第八季度
100亿	150亿	180亿	260亿	300亿	308亿	400亿	430亿

解：计划完成相对指标 $= \dfrac{430}{400} \times 100\% = 107.5\%$

表明超额7.5%完成计划任务。该地区廉租房建设投资总额在计划期第二年第三季度就达到了400亿元。因此，提前一季度完成了计划任务。

3. 计划执行进度的检查

在定期检查计划完成程度的同时，要根据需要检查计划执行的进度，以保证计划的顺利完成。若计划任务按时间均衡分配，则计划执行的进度要与时间的推进相适应。一般情况下，若计划期为1年，则前六个月应完成全年计划任务的50%以上，即时间过半，任务过半，这是考核计划执行进度的最低要求。计算公式为：

$$\text{计划执行进度相对指标} = \dfrac{\text{累计至检查时的实际数}}{\text{全期计划任务数}} \times 100\%$$

【例4-10】 某企业全年计划产值为1000万元，各季度任务是平均分配的，到第二季度末累计实际产值已达600万元。

解：计划执行进度相对指标 $= \dfrac{600}{1000} \times 100\% = 60\%$

计算结果表明，时间过半，任务也过半，上半年计划执行的进度较快。

(二)结构相对指标

研究总体,通常需要认识其内部结构,也就是认识总体由哪些部分构成的,其中每一部分在总体中的比重有多大。这种认识要通过计算结构相对指标来进行。结构相对指标(structural relative indicator)是在统计分组的基础上,通过计算总体各部分指标数值占总体全部指标数值的比重而得到的比重或比率,简称结构相对数。结构相对指标的应用十分广泛,如产品合格率、职工出勤率、失业率、恩格尔系数等都是结构相对数。其计算公式如下:

$$结构相对指标 = \frac{总体的部分数值}{总体的全部数值} \times 100\%$$

结构相对数具有以下特点:

(1)一般用百分数表示;

(2)由于结构相对指标是总体部分数值与总体全部数值之比,总体各部分的结构相对数之和等于100%或1;

(3)结构相对数的分子分母不可互换。

结构相对指标主要用来反映现象的结构、比例关系及其发展变化规律。具体来说,结构相对指标主要有三个方面的作用:

(1)利用结构相对指标,对事物的内部结构进行分析,可以反映事物发展的不同阶段和量变引起质变的过程。

表4-3反映了2001年以来我国国内生产总值构成情况的变化。可以看出,第一产业产值在总产值中的比例明显下降,第二、三产业产值所占比重逐步上升,表明了我国国内生产结构变动的趋势。

表4-3 2001—2012年我国国内生产总值构成变化情况   单位:亿元

年份	生产总值	第一产业	第二产业	第三产业	年份	生产总值	第一产业	第二产业	第三产业
2001	100	18.48	40.7	40.82	2007	100	14.33	47.31	38.35
2002	100	17.49	40.72	41.79	2008	100	14.60	46.43	38.97
2003	100	17.00	40.86	42.14	2009	100	14.67	45.08	40.24
2004	100	16.99	42.24	40.77	2010	100	14.54	48.17	37.29
2005	100	15.93	43.36	40.71	2011	100	13.52	47.36	39.12
2006	100	14.67	45.81	39.53	2012	100	13.81	46.02	40.17

(2)利用结构相对指标,对事物总体结构进行分析,可以说明事物的性质和特征。例如,我国农村居民生活消费支出结构变化见表4-4。从表4-4中可以看出,2006年以来,我国农村居民发展性和享受性消费比重不断提高,食品支出比重持续下降。食品消费比重由2006年的43.02%下降为2012年的39.33%。用于交通通讯、文教娱乐、医疗保健三项消费的支出比重分别为11.05%、7.54%和8.70%,三项支出比重合计比2006年下降了0.47%,这说明我国农村居民生活水平有了较大的提高。

表 4-4 2006—2012 年全国农村居民生活消费支出结构变化   单位:%

年份	生活消费	食品	衣着	居住	家庭设备	交通通信	文教娱乐	医疗保健	其他
2006	100.0	43.02	5.94	16.58	4.48	10.21	10.78	6.77	2.23
2007	100.0	43.08	6.00	17.80	4.62	10.19	9.48	6.52	2.30
2008	100.0	43.67	5.79	18.54	4.75	9.84	8.59	6.72	2.10
2009	100.0	40.97	5.82	20.16	5.13	10.09	8.53	7.20	2.11
2010	100.0	41.09	6.02	19.06	5.34	10.52	8.37	7.44	2.15
2011	100.0	40.36	6.54	18.42	5.92	10.48	7.59	8.37	2.34
2012	100.0	39.33	6.71	18.39	5.78	11.05	7.54	8.70	2.50

(3)利用结构相对指标,可以反映事物总体的质量或工作的质量,反映人力、物力、财力的利用情况。例如,根据产品合格率、总和废品率、商品消耗率等指标,可以考核工业和商业部门的工作质量;通过工时利用率等结构相对指标能够反映企业的人力、物力和财力的利用状况。

(三)比例相对指标

总体内部各个组成部分之间存在着一定的联系,并保持一定的比例关系,总体要有步骤、按比例协调发展,就必须首先认识和分析总体各部分之间的比例关系,以帮助我们了解客观事物按比例发展的要求,判断比例关系正常与否。这种总体内部各部分之间的比例关系的计算即比例相对指标(proportional relative indicator),其计算公式为:

$$比例相对指标 = \frac{总体的一部分数值}{总体的另一部分数值} \times 100\%$$

比例相对指标具有以下特点:

(1)比例相对指标一般用百分数表示。例如,2012 年年末我国总人口为 136072 万人,其中,男性人口 69728 万人,女性人口 66344 万人,城镇人口 73111 万人,农村人口 62961 万人,则男性人口数为女性人口数的 105.1%(69728/66344),城镇人口数为农村人口数的 116.12%(73111/62961)。也有将比较单位作为 1 的形式表示,例如,男性人口与女性人口比例为 105.1∶100,城镇人口与农村人口比例为 116.12∶100。

(2)因为比例相对指标是同一总体内部各部分的比值,其分子分母可以互换。例如,也可以将男性人口和女性人口作为比较基础,分别计算出 2012 年女性人口与男性人口的比例相对指标为 95.15∶100,农村人口与城镇人口的比例关系为 86.12∶100。

(3)当总体由若干部分构成时,可以用连续作比的形式反映国民经济发展过程中总体内部各部分之间的比例关系。例如,国内生产总值由第一、二、三产业总值构成,则可以连续作比,计算第一、二、三产业之间的比例关系,如 2000 年三次产业产值之比为 1∶3.0∶2.6,2006 年为 1∶4.2∶3.4,2012 年为 1∶4.4∶4.6。

(四)比较相对指标

比较相对指标(comparative relative indicator)又称"比较相对数"或"同类相对数",是将不同地区、单位或企业之间的同类指标数值作静态对比而得出的综合指标,表明同类事物在不同空间条件下的差异程度或相对状态。其计算公式为：

$$比较相对指标 = \frac{甲总体的某一指标数值}{乙总体的同一指标数值} \times 100\%$$

例如，2012年我国国内生产总值达到82270亿美元，美国为156848亿美元，日本为59640亿美元，韩国为11559亿美元，则中国GDP分别相当于美国、日本和韩国的52.5%、137.9%和711.74%。

比较相对指标具有以下特点：

(1)可以用百分数、倍数和系数表示。如前所述，当子项指标比母项指标数值略小时常用系数，子项指标比母项指标数值小得多时用百分数，子项指标较母项指标大得多时用倍数。例如，中国、美国、日本、韩国四国的GDP对比可以表述为：2012年，中国GDP相当于美国的52.5%，日本GDP相当于中国GDP的0.73，韩国GDP相当于美国的7.37%，美国GDP是韩国的13.57倍，是日本的2.63倍。

(2)用来对比的两个性质相同的指标数值，其表现形式不一定仅限于绝对数，也可以是其他的相对数或平均数。例如，两个类型相同的工业企业，甲企业全员劳动生产率为18542元/(人·年)，乙企业全员劳动生产率为21560元/(人·年)，则两个企业全员劳动生产率的比较相对数为 $86\% \left(\frac{18542}{21560} \times 100\% \right)$。

(3)比较相对指标既可用于不同国家、地区、单位的比较，也可用于先进和落后的比较，还可用于平均水平或标准水平的比较。例如，2012年全国城镇人均可支配收入为24565元，农村人均纯收入为7917元，东北地区城镇人均可支配收入为20759元，农村人均纯收入为8846元，则东北地区城镇人均可支配收入为全国的 $84.51\% \left(\frac{20759}{24565} \times 100\% \right)$，其农村人均纯收入为全国的1.12倍。

(4)比较相对指标的分子与分母可以互换，采用哪个数值为比较基础可根据研究目的而定。如上例是以乙企业的全员劳动生产率作为比较标准，计算结果说明甲企业全员劳动生产率是乙企业的86%；如以甲企业全员劳动生产率作为比1.005∶1.008∶1.44，农村人均纯收入的比较相对数为1∶1.2∶1.5∶1.8。

(五)动态相对指标

社会经济现象处于不断运动和发展变化之中，因此，认识和掌握现象随时间发展变化的规律性十分重要。动态相对指标(dynamic relative indicator)也称为动态相对数或发展速度，是同一经济现象在不同时间上的数值表现之比，可以用来说明现象发展方向和程度。通常把用来作为比较的时期称为基期，与基期相对比的时期或所要研究的时期称为报告期。动态相对指标一般用百分数表示，其计算公式为：

$$动态相对指标 = \frac{报告期水平}{基期水平} \times 100\%$$

【例4-11】 2011年我国国内生产总值为473104亿元，2012年国内生产总值为518942.1亿元，求2012年国内生产总值相对于2011年的动态相对数。

解：动态相对指标 $= \dfrac{518942.1}{473104} = 109.69\%$

计算结果表明我国2012年国内生产总值发展速度较快。

(六) 强度相对指标

社会经济现象之间的数量关系，不仅存在于某一总体的组成部分之间，或者同类现象不同空间之间，还存在于有相互联系的不同事物之间。分析互有联系的不同事物之间的数量关系，以表明现象的强度、密度、普遍程度或保证程度，就需要计算强度相对指标。

强度相对指标(intensive relative indicator)是两个性质不同但有一定联系的总量指标对比所得到的相对指标，如人均某产品产量、人口密度、商业网点密度、每千人拥有医院床位数(卫生技术人员数)等。其计算公式为：

$$\text{强度相对指标} = \dfrac{\text{某一总量指标数值}}{\text{另一有联系的总量指标数值}}$$

例如，我国2012年粮食产量为58958万吨，当年的年末总人口为135404万人，则2012年的人均粮食产量为435.4千克/人。

强度相对指标具有以下特点：

(1) 多数强度相对指标一般用复名数表示，即以相对比的两个指标数值的单位作为计量单位。如人口密度的单位是"人/平方千米"，每人拥有的天然气储量单位是"立方米/人"，人均产量用"千克/人"等。但也有用百分数或千分数表示的强度相对指标，如资产负债率、成本费用利润率用百分数表示，人口自然增长率用千分数表示等。

(2) 有些强度相对指标计算公式的分子分母可以互换。强度相对指标是反映性质不同，但又有联系的两个总量指标数对比关系的，所以其分子分母有可能转换，这就使得部分强度相对指标有正指标和逆指标两种形式，若强度相对指标的数值与其所反映事物的强度成正相关，即为正指标，反之为逆指标。

【例4-12】 2012年我国年末人口总数为136072万人，医疗卫生机构床位数为618.19万张。

解：每千人口医疗卫生机构床位数 $= \dfrac{618.19}{136072} = 4.54$（张/千人）

每张床位负担人数 $= \dfrac{136072}{618.19} = 220.1$（人/张）

每千人口医疗卫生机构床位数越多，表明医疗条件越好，人们的健康保障程度越高，是正指标；而每张床位负担人数越多，则表明医疗条件越差，人们健康保障程度越低，故为逆指标。

但并不是所有的强度相对指标分子分母可以互换，如人均产品产量、人口出生率等指标的分子分母是不能互换的。

(3) 选择哪两个总量指标计算强度相对指标，取决于现象之间的内在联系和统计研究目的。如人口数与粮食产量、钢铁产量、商业网点、国土面积等有联系，可以对比，而钢铁产量与国土面积不宜对比。

社会经济现象之间的联系是广泛存在、千丝万缕的，在此基础上建立的强度相对指标

也因此被应用于很多方面,主要作用:

(1)强度相对指标能够说明社会经济现象的强弱程度。例如,按人口平均的产量指标,如人均粮食产量、人均煤炭产量等,反映了某一国家或地区在某方面如粮食、煤炭生产方面的强弱程度,是衡量一个国家或地区经济发展水平和经济实力的重要指标。

(2)强度相对指标可以用来反映现象的密度或普遍程度。如人口密度、公共设施分布密度等。人口密度是人口数与土地面积对比得到的强度相对指标,它反映了人口的密集程度。公共设施分布密度是人口数与公共设施数量对比得到的强度相对指标,它反映了公共设施的普遍程度和对居民的保证程度。

(3)强度相对指标还可以反映社会生产活动的条件或效果。这类指标,一般是各种经济技术指标。如为了说明企业资金的利用效果,可将资金占用额与利润对比求得资金利润率;为了说明流通费与销售额之间的关系,可将二者对比,计算流通费用率。

注意:有些强度相对指标,如人均 GDP、人均粮食占有量等,虽然与平均指标一样,都是两个总量指标的对比关系,具有平均的含义,但不是平均指标,而是强度相对指标。二者之间的区别将在后面章节介绍。

第三节 总量指标和相对指标的运用原则

一、分子分母可比性原则

由于相对指标是由两个有联系的数值对比得来,因此,这两个指标的可比性是计算相对指标的重要前提。所谓可比性,是在计算相对指标时,其分子分母在指标内容、统计范围、计算方法、计算价格和计量单位等方面必须一致,以符合统计分析研究的要求,从而正确反映社会经济现象的实质。

如果各个时期的统计数据因行政区划、组织机构、隶属关系的变更,或因统计制度方法的改变而不能直接对比的,就应以报告期的口径为准,调整基期的数字。将统计资料进行国与国之间对比时,尤其要慎重研究不同社会制度国家所采用的指标计算方法的可比性问题。因为指标计算方法不仅涉及实际的技术处理方法上的问题,主要还反映出理论观点上的原则区别,从而影响指标所包含的内容。例如,世界各国三次产业的划分标准不尽相同,我国第一产业中不包括采掘业,而许多国家把采掘业划入第一产业范围,这样我国与这些国家的三次产业增加值是不能直接对比的。

同时,由于社会经济现象相当繁多而复杂,相对指标的种类又多,结合对比分析的不同任务和目的,对比指标的可比性具有一定的相对性,不能绝对化。以动态相对指标来说,报告期与基期的时期长短应该相同,才是可比的。但根据统计研究的任务,为了说明某些具体问题,不能过于强求指标数值的可比性。

二、正确选择对比的基数

基数是指标对比的标准。一个指标究竟和哪些指标相对比,选择什么样的基数,必须从现象的性质特点出发,并结合分析研究的目的,才可能得到解决。不合理的对比基数会歪曲现象的真实联系而导致得出似是而非或错误的结论，甚至歪曲真相。例如，计算居民识字的普及程度指标，对比基数就不能用全部人口，因为全部人口中包含着不属于识字普及对象的学龄前儿童，正确的基数应该是全部人口数扣除学龄前儿童后的数字；又如，计算粮食产量发展速度，选取歉收年份或丰收年份为基期都不合适，应该选取正常收成年份为基期或选取具有重要代表意义的时期为基期，才能说明问题。一般说来，应结合研究问题的目的来选择基数，选择的基数应当具有典型性，例如，计算比较相对数时，对比的分母可以是平均水平、先进水平或国家制定的有关标准。基数与基期密切相联，一般应选择经济与社会发展比较稳定，能说明国民经济生活方面重要意义的时期作为基期（如我国1978年），以便通过和这些时期进行对比，反映各个部门、各个环节和各个方面的发展情况。

三、相对指标和总量指标相结合原则

总量指标能够反映事物发展的总规模和总水平，却不易看清事物差别的程度；相对指标以基数为基础，反映了现象之间的数量对比关系和差异程度，能够帮助我们进一步认清现象本身，但却又将现象的具体规模和水平抽象化了，所以相对量分析应和总量分析结合运用。例如，我国2012年的人口增长率为0.48%，这与澳大利亚的人口自然增长率1.17%相比，并不算高，但是我国2011年的人口数为134735万人，增长0.48%，就是增加646.7万人，而澳大利亚2011年人口数约为2232万人，增长1.17%，仅增加26.1万人。

由此可见，计算和运用相对指标，不能只根据相对指标的大小来判断，因为较大的相对数背后可能隐藏着较小的绝对数，而较小的相对数背后却可能隐藏着较大的绝对数。只有将相对指标和总量指标结合起来才能对问题的实质做出正确判断。

四、多项指标结合运用原则

每一个相对指标都是从不同的侧面来说明现象内部以及现象之间复杂联系的，为了全面而深入地说明现象及其发展过程的规律性，应该根据统计研究的目的，综合应用各种相对指标，从不同角度去分析事物。例如，要认识人口总体，就必须应用性别比例、年龄结构、文化结构、职业结构等一系列指标。又如，研究一个工业企业的生产经营情况，可以通过计划完成程度相对指标说明企业生产经营计划的完成情况；可以用动态相对指标将本期总产值与上期（或上年同期）总产值进行对比，反映企业生产经营发展变化的趋势；还可以用比较相对指标分析本企业与同行业的平均水平和先进水平的差距，揭示本企业在同行业企业中的地位；还可以计算强度相对数，如企业的资金利润率，来反映企业资金的利用效果等。

第四节　Excel在总量指标和相对指标中的应用

在Excel中，要进行各种指标统计分析，都离不开总量指标作基础。

【例4-13】 2011—2012年我国按区域划分的国民经济和社会发展有关数据资料见表4-5。试用Excel计算相应的相对指标，并将各个地区的总量指标和相对指标分别进行对比。

表 4-5　2011—2012 年我国按区域划分的国民经济和社会发展指标

指标	单位	全国总计		东部地区		中部地区		西部地区		东北地区	
		2011	2012	2011	2012	2011	2012	2011	2012	2011	2012
土地面积	万平方千米	960	960	91.6	91.6	102.8	102.8	686.7	686.7	78.8	78.8
年底总人口	万人	134735	135404	51062.6	51460.9	35790.5	35926.7	36221.7	36427.5	10966.4	10973.4
国内(地区)生产总值	亿元	472881.6	518942.1	271354.8	295892	104473.9	116277.7	100235	113904.8	45377.5	50477.3
第一产业	亿元	47486.2	52373.6	16885	18339.6	12897.4	14019.8	12771.2	14332.6	4894.5	5681.6
第二产业	亿元	220412.8	235162	132742.6	141448.8	55940.2	61450.7	51039.3	57104.2	24094.2	25644.9
第三产业	亿元	204982.5	231406.5	121727.2	136103.6	35636.3	40807.2	36424.5	42468	16388.9	19150.8
地方财政收入	亿元	52547.1	61078.3	28741.1	32679.1	8496.2	10326.6	10819	12762.8	4490.8	5309.8
本专科毕业生数	万人	608.2	624.7	247.1	253.6	171.5	175.5	132.1	137	57.4	58.6
卫生技术人员	万人	620.3	667.6	252.5	273.1	152.2	163	157.7	171.6	57	59.2
城镇人均可支配收入	元	21810	24565	26406	29622	18323	20697	18159	20600	18301	20759
农村人均纯收入	元	6977	7917	9585	10817	6530	7435	5247	6027	7791	8846

计算步骤如下：

第一步：启动 Excel，编制计算工作表，输入表 4-5 中的初始数据。

第二步：比较总量指标。比较四大区域在土地面积、年底总人口、地区生产总值、地方财政收入、本专科毕业生数、卫生技术人员等总量指标方面存在的差距，区分时期指标（如国内生产总值、地方财政收入）与时点指标（如土地面积、年底总人口等）、实物指标（如土地面积、年底总人口等）与价值指标（如国内生产总值、地方财政收入）等。从以上资料可以看出，东部地区除土地面积外，其总人口数、国内生产总值、三次产业增加值等总量指标均高于其他区域。

第三步：计算结构相对指标。在 B3 单元格输入公式"=C15/B15*100"，确认后向下填充到 B11 单元格，计算东部地区各指标数值占全国比重；在 C3 单元格输入公式"=D15/B15*100"，确认后向下填充到 C11 单元格，计算中部地区各指标数值占全国比重；在 D3 单元格输入公式"=E15/B15*100"，确认后向下填充到 D11 单元格，计算西部地区各指标数值占全国比重；在 E3 单元格输入公式"=F15/B15*100"，确认后向下填充到 E11 单元格，计算东北地区各指标数值占全国比重，如图 4-1 所示。

第四步：计算比例相对指标。用构成国内(地区)生产总值的第一、二、三产业产值分别作比，计算比例相对指标。在 C4 单元格输入公式"=C16/C15"，用第二产业总产值除以第一产业总产值，确认后向右填充到 L4 单元格，计算第二产业与第一产业总产值的比例相对指标；在 C5 单元格输入公式"=C17/C15"，用第三产业总产值除以第一产业总产值，确认后向右填充到 L5 单元格，计算第三产业与第一产业总产值的比例相对指标；在

	A	B	C	D	E	F
			fx	=C15/B15*100		
1		2012年四大区域各指标占全国比重（%）				
2		东部地区	中部地区	西部地区	东北地区	
3	土地面积	9.54	10.71	71.53	8.21	
4	年底总人口	38.01	26.53	26.90	8.10	
5	国内（地区）生产总值	57.02	22.41	21.95	9.73	
6	第一产业	35.02	26.77	27.37	10.85	
7	第二产业	60.15	26.13	24.28	10.91	
8	第三产业	58.82	17.63	18.35	8.28	
9	地方财政收入	53.50	16.91	20.90	8.69	
10	本专科毕业生数	40.60	28.09	21.93	9.38	
11	卫生技术人员	40.91	24.42	25.70	8.87	
12						
13		2012年四大区域国民经济和社会发展指标				
14		全国总计	东部地区	中部地区	西部地区	东北地区
15	土地面积	960	91.6	102.8	686.7	78.8
16	年底总人口	135404	51460.9	35926.7	36427.5	10973.4
17	国内（地区）生产总值	518942.1	295892	116277.7	113904.8	50477.3
18	第一产业	52373.6	18339.6	14019.8	14332.6	5681.6
19	第二产业	235162	141448.8	61450.7	57104.2	25644.9
20	第三产业	231406.5	136103.6	40807.2	42468	19150.9
21	地方财政收入	61078.3	32679.1	10326.6	12762.8	5309.8
22	本专科毕业生数	624.7	253.6	175.5	137	58.6
23	卫生技术人员	667.6	273.1	163	171.6	59.2

图 4-1　2012 年我国四大区域各指标占全国比重计算图

C6 单元格输入公式"＝C17/C16"，用第三产业总产值除以第二产业总产值，确认后向右填充到 L6 单元格，计算第三产业与第二产业总产值的比例相对指标。当然，也可将第一产业地区总产值抽象为 1，根据第四、五行计算第一、二、三产业产值的比例关系，如图4-2 所示。

第五步：计算比较相对指标。因东部地区社会经济发展速度较快，故以其作为先进水平，用其他三大区域指标数值与东部地区作比，计算比较相对指标。新建表后，利用结构相对指标计算表中原始数据，在 B3 单元格输入公式"＝结构相对指标计算！C15/结构相

	A	B	C	D	E	F	G	H	I	J	K	L
			C4		fx	=C16/C15						
1			2011-2012年全国及各区域三次产业的比例相对指标计算									
2			全国总计		东部地区		中部地区		西部地区		东北地区	
3			2011	2012	2011	2012	2011	2012	2011	2012	2011	2012
4	二产：一产		4.64	4.49	7.86	7.71	4.34	4.38	4.00	3.98	4.92	4.51
5	三产：一产		4.32	4.42	7.21	7.42	2.76	2.91	2.85	2.96	3.35	3.37
6	三产：二产		0.93	0.98	0.92	0.96	0.64	0.66	0.71	0.74	0.68	0.75
7	一产：二产：三产		1:4.6:4.3	1:4.5:4.4	1:7.9:7.2	1:7.7:7.4	1:4.3:2.8	1:4.4:2.9	1:4.0:2.9	1:4.0:3.0	1:4.9:3.4	1:4.5:3.4
8												
9			2011-2012年我国按区域划分的国民经济和社会发展指标									
10	指标	单位	全国总计		东部地区		中部地区		西部地区		东北地区	
11			2011	2012	2011	2012	2011	2012	2011	2012	2011	2012
12	土地面积	万km²	960	960	91.6	91.6	102.8	102.8	686.7	686.7	78.8	78.8
13	年底总人口		134735	135404	55790.5	35926.7	36221.7	36427.5	10966.4	10973.4		
14	国内（地区）生产总值	亿元	472881.6	518942.1	271354.8	295892	104473.9	116277.7	100235	113904.8	45377.5	50477.3
15	第一产业		47486.2	52373.6	16885	18339.6	12897.4	14019.8	12771.2	14332.6	4894.5	5681.6
16	第二产业		220412.8	235162	132742.6	141448.8	55940.2	61450.7	51039.3	57104.2	24094.2	25644.9
17	第三产业		204982.5	231406.5	121727.3	136103.6	35636.3	40807.2	36424.5	42468	16388.9	19150.8
18	地方财政收入	亿元	52547.1	61078.3	28741.1	32679.1	8496.2	10326.6	10819	12762.8	4490.8	5309.8
19	本专科毕业生数	万人	608.2	624.7	247.1	253.6	171.5	175.5	132.1	137	57.4	58.6
20	卫生技术人员	万人	620.3	667.6	252.5	273.1	152.2	163	157.7	171.6	57	59.2
21	城镇居民人均可支配收入	元	21810	24565	26406	29622	18323	20697	18159	20600	18301	20759
22	农村居民人均纯收入	元	6977	7917	9585	10817	6530	7435	5247	6027	7791	8846

图 4-2　2011—2012 年全国及各区域三次产业的比例相对指标计算图

对指标计算！D15*100",确认后向下填充到 B13 单元格,计算东部与中部地区各指标数值对比的比较相对指标;在 C3 单元格输入公式"=结构相对指标计算！C15/结构相对指标计算！E15*100",确认后向下填充到 C13 单元格,计算东部与西部地区各指标数值对比的比较相对指标;在 D3 单元格输入公式"=结构相对指标计算！C15/结构相对指标计算！F15*100",确认后向下填充到 D13 单元格,计算东部与东北地区各指标数值对比的比较相对指标,如图 4-3 所示。

	A	B	C	D	E	F
1	2012年东部地区与其他三大区域的比较相对指标计算表(%)					
2		东部:中部	东部:西部	东部:东北		
3	土地面积	89.11	13.34	116.24		
4	年底总人口	143.24	141.27	468.96		
5	国内(地区)生产总值	254.47	259.77	586.19		
6	第一产业	130.81	127.96	322.79		
7	第二产业	230.18	247.70	551.57		
8	第三产业	333.53	320.49	710.69		
9	地方财政收入	316.46	256.05	615.45		
10	本专科毕业生数	144.50	185.11	432.76		
11	卫生技术人员	167.55	159.15	461.32		
12	城镇居民人均可支配收入	143.12	143.80	142.69		
13	农村居民人均纯收入	145.49	179.48	122.28		

图 4-3 2012 年东部地区与其他三大区域的比较相对指标计算图

第六步:计算强度相对指标。新建表单后,利用比例相对指标计算表单中的原始数据,在 C4 单元格输入公式"=比例相对指标计算！C13/比例相对指标计算！C12",确认后向右填充到 L4 单元格,计算 2011、2012 年的人口密度指标;在 C5 单元格输入公式"=比例相对指标计算！C18/比例相对指标计算！C13*10000",确认后向右填充到 L5 单元格,计算人均地方财政收入指标;在 C6 单元格输入公式"=比例相对指标计算！C19/比例相对指标计算！C13*10000",确认后向右填充到 L6 单元格,计算每万人中本专科毕业生数;在 C7 单元格输入公式"=比例相对指标计算！C20/比例相对指标计算！C13*1000",确认后向右填充到 L7 单元格,计算每千人口卫生技术人员数,如图 4-4 所示。

	A	B	C	D	E	F	G	H	I	J	K	L
1	2011-2012年全国及各区域强度相对指标计算											
2			全国总计		东部地区		中部地区		西部地区		东北地区	
3			2011	2012	2011	2012	2011	2012	2011	2012	2011	2012
4	人口密度(人/km2)		140.35	141.05	557.45	561.80	348.16	349.48	52.75	53.05	139.17	139.26
5	人均地方财政收入(元)		3900.03	4510.82	5628.60	6350.28	2373.87	2874.35	2986.88	3503.62	4095.05	4838.79
6	每万人中本专科毕业生数(人/万人)		45.14	46.14	48.39	49.28	47.92	48.85	36.47	37.61	52.34	53.40
7	每千人口卫生技术人员(人/千人)		4.60	4.93	4.94	5.31	4.25	4.54	4.35	4.71	5.20	5.39

图 4-4 2011—2012 年全国及各区域强度相对指标计算图

第七步:计算动态相对指标。新建表单后,利用比例相对指标计算表单中的原始数据,在 B3 单元格输入公式"=比例相对指标计算！D12/比例相对指标计算！C12*100",确认后向下填充至 B13 单元格,以 2012 年为报告期,2011 年为基期,分别计算全国土地面积、年底总人口等指标的动态相对指标;东部、中部、西部、东北地区各指标动态相对指标的计算只需分别在 C3、D3、E3、F3 单元格输入公式"=比例相对指标计算！F12/比例相对指标计算！E12*100""=比例相对指标计算！H12/比例相对指标计算！G12*100"" =比例相对指标计算！J12/比例相对指标计算！I12*100""=比例相对指标计算！L12/

	A	B	C	D	E	F
			全国及各区域动态相对指标计算表(%)			
1		全国	东部地区	中部地区	西部地区	东北地区
2						
3	土地面积	100.00	100.00	100.00	100.00	100.00
4	年底总人口	100.50	100.78	100.38	100.57	100.06
5	国内(地区)生产总值	109.74	109.04	111.30	113.64	111.24
6	第一产业	110.29	108.61	108.70	112.23	116.08
7	第二产业	106.69	106.56	109.85	111.88	106.44
8	第三产业	112.89	111.81	114.51	116.59	116.85
9	地方财政收入	116.24	113.70	121.54	117.97	118.24
10	本专科毕业生数	102.71	102.63	102.33	103.71	102.09
11	卫生技术人员	107.63	108.16	107.10	108.81	103.86
12	城镇居民人均可支配收入	112.63	112.18	112.96	113.44	113.43
13	农村居民人均纯收入	113.47	112.85	113.86	114.87	113.54

图 4-5　全国及各区域动态相对指标计算图

比例相对指标计算!K12*100",确认后分别向下填充至 C13、D13、E13、F13 即可,如图 4-5 所示。

第八步:计算计划完成程度相对指标。根据我国第十二个五年规划,到 2015 年底,我国国内生产总值需达到 55.8 万亿元,城镇人均可支配收入需大于 26810 元,农村人均纯收入需大于 8310 元,年底总人口需小于 139000 万人,若 2012 年进行计划完成程度的中期检查,则国内生产总值的计划完成程度指标为 $\frac{51.89}{55.8} \times 100\% = 93\%$,城镇人均可支配收入的计划完成程度指标为 $\frac{24565}{26810} \times 100\% = 92.6\%$,农村人均纯收入的计划完成程度指标为 $\frac{7917}{8310} \times 100\% = 95.3\%$,年底总人口的计划完成程度指标为 $\frac{135404}{139000} \times 100\% = 97.4\%$,初步判断,上述指标可按期完成计划任务。

本章小结

总量指标是反映社会经济现象在一定时间、地点、条件下的总规模或总水平的统计指标,其表现形式为绝对数。总量指标的数值大小会随着总体规模范围的变化而变化,一般而言,总体范围越大,总量指标数值也越大;总体范围越小,总量指标数值也越小。只有对有限总体才能计算总量指标。

根据划分标准的不同,对总量指标可以做不同的划分:总量指标按其反映的总体内容不同,可分为总体单位总量和总体标志总量;按其反映的时间状况不同,总量指标可以分为时期指标和时点指标。

总量指标都是有名数,其计量单位有实物单位、货币单位和劳动单位三种。由于采用的计量单位不同,总量指标又分为实物指标、价值指标和劳动量指标。

要正确地计算和应用总量指标,必须正确确定指标的含义与计算范围、使用统一计量单位,注意计算实物总量指标时只有同类才能相加,并要与相对指标、平均指标结合运用。

相对指标是将两个相互联系的统计指标相对比,用来反映现象间数量联系程度的统计指标。相对指标的基本计算公式就是数学上的分数式。从表现形式上来看,相对指标有名数和无名数两种形式。大部分相对指标使用无名数的形式表示。

根据研究目的和任务以及对比基础的不同,相对指标可以分为六种,即:计划完成程度相对指标、结构相对指标、比例相对指标、比较相对指标、强度相对指标和动态相对指标。每个相对指标都是从不同的侧面来说明现象内部以及现象之间的复杂联系的,因此必须掌握每种相对指标的特点及其作用,保持分子分母可比性、正确选择对比的基数和总量指标及其他相对指标结合应用,以达到认识事物全貌的目的。

思考与练习

一、选择题

1. 总量指标数值大小（　　）。
   A. 随总体范围扩大而增大
   B. 随总体范围扩大而减小
   C. 随总体范围缩小而增大
   D. 与总体范围大小无关

2. 直接反映社会经济现象总规模、总水平的指标是（　　）。
   A. 平均指标
   B. 相对指标
   C. 总量指标
   D. 变异指标

3. 总量指标按其反映的时间状况不同可以分为（　　）。
   A. 数量指标和质量指标
   B. 实物指标和价值指标
   C. 总体单位总量和总体标志总量
   D. 时期指标和时点指标

4. 由反映总体各单位数量特征的标志值汇总得出的指标是（　　）。
   A. 总体单位总量
   B. 总体标志总量
   C. 质量指标
   D. 相对指标

5. 计算结构相对指标时，总体各部分数值与总体数值对比求得的比重之和（　　）。
   A. 小于100%
   B. 大于100%
   C. 等于100%
   D. 小于或大于100%

6. 相对指标数值的表现形式有（　　）。
   A. 无名数
   B. 实物单位与货币单位
   C. 有名数
   D. 无名数与有名数

7. 下列相对数中，属于不同时期对比的指标有（　　）。
   A. 结构相对数
   B. 动态相对数
   C. 比较相对数
   D. 强度相对数

8. 假设计划任务数是五年计划中规定最后一年应达到的水平，计算计划完成程度相对指标可采用（　　）。
   A. 累计法
   B. 水平法
   C. 简单平均法
   D. 加权平均法

9. 按照计划，今年产量比上年增加30%，实际比计划少完成10%，同上年比今年产量实际增长程度为（　　）。
   A. 75%
   B. 40%
   C. 13%
   D. 17%

10. 某地2012年轻工业增加值为重工业增加值的90.8%，该指标为（　　）。
    A. 比较相对指标
    B. 结构相对指标
    C. 比例相对指标
    D. 计划相对指标

11. 下列指标中，属于时点指标的有（　　）。
    A. 企业个数
    B. 机器台数
    C. 电视机销售量
    D. 某地区某年人口数
    E. 产品产量

12. 在相对指标中，分子分母可以互换的指标有（　　）。
    A. 比较相对指标
    B. 强度相对指标
    C. 比例相对指标
    D. 结构相对指标
    E. 动态相对指标

13. 时点指标的特点有( )。
    A. 可以连续计数　　　　　　　　　　B. 只能间断计数
    C. 数值的大小与时期长短有关　　　　D. 数值可以直接相加
    E. 数值不能直接相加
14. 下列指标属于相对指标的是( )。
    A. 某地区平均每人生活费 245 元　　　B. 某地区人口出生率 14.3‰
    C. 某地区粮食总产量 4000 万吨　　　 D. 某产品产量计划完成程度为 113%
    E. 某地区人口自然增长率 11.5‰
15. 下列指标中强度相对指标是( )。
    A. 人口密度　　　　　　　　　　　　B. 人均粮食产量
    C. 人口自然增长率　　　　　　　　　D. 人均国内生产总值
    E. 生产工人劳动生产率

二、判断题

1. 总体单位总量和总体标志总量是固定不变的，不能互相变换。　　　　　　　　(　)
2. 相对指标都是用无名数形式表现出来的。　　　　　　　　　　　　　　　　　(　)
3. 某企业生产某种产品的单位成本，计划在上年的基础上降低 2%，实际降低了 3%，则该企业差一个百分点没有完成计划任务。　　　　　　　　　　　　　　　　　　　　　　(　)
4. 用总体部分数值与总体全部数值对比求得的相对指标说明总体内部的组成状况，这个相对指标是比例相对指标。　　　　　　　　　　　　　　　　　　　　　　　　　　　　(　)
5. 国民收入中积累额与消费额之比为 1∶3，这是一个比较相对指标。　　　　　　(　)
6. 同一个总体，时期指标值的大小与时期长短成正比，时点指标值的大小与时点间隔成反比。　　　　　　　　　　　　　　　　　　　　　　　　　　　　　　　　　　　(　)
7. 全国粮食总产量与全国人口对比计算的人均粮食产量是平均指标。　　　　　　(　)
8. 同一总体的一部分数值与另一部分数值对比得到的相对指标是比较相对指标。　(　)
9. 某年甲、乙两地社会商品零售额之比为 1∶3，这是一个比例相对指标。　　　　(　)
10. 甲企业工人劳动生产率是乙企业的一倍，这是比较相对指标。　　　　　　　 (　)

三、简答题

1. 什么是总量指标，总量指标有什么作用？
2. 总体总量和标志总量有什么区别？
3. 什么是时期指标和时点指标，它们各自的特点是什么？
4. 相对指标的含义是什么？有哪些表现形式？
5. 相对指标有哪些作用？
6. 常见的相对指标有哪些？
7. 简述强度相对指标与其他相对指标的区别。
8. 试指出下列指标是总量指标还是相对指标，是总量指标时请指出是时期指标还是时点指标，是相对指标时请指出具体是哪种相对数。

　　国民生产总值　　国民收入与消费积累比　　销售总额　　外汇储备额　　居民住房总面积　　每年沙漠化面积　　平均每年沙漠化增长速率　　每百户居民拥有汽车量　　商品库存额　　恩格尔系数　　资金利用率　　资金周转速度

四、计算题

1. 甲乙两地某年有下表所示资料：

指标	甲地	乙地
工业总产值(万元)	18000	16000
粮食产量(万千克)	1600	2200
国民生产总值(万元)	34000	37000
人口数(万人)	2	3

要求：分析比较两地经济状况，并指出两地的相对差距。

2. 某企业2008—2012年的销售资料如下表所示：

年份	2008	2009	2010	2011	2012
销售额(万元)	600	650	720	770	830

要求：分析该企业销售额逐年的增长速度，并说明销售额的变化趋势。

3. 某县2012年人口为120万，银行网点有400个，医生人数为2000人，根据资料计算：

(1)银行网点密度的正、逆指标；

(2)医生密度的正、逆指标。

4. 某企业2011年某产品单位成本500元，计划规定2012年成本降低5%，实际降低了8%。试计算2012年单位成本的计划数和实际数，并计算成本降低计划完成程度指标。

5. 某电视机厂要求五年计划最后一年产量达到400万台，该电视机厂在五年计划最后一年的每月实际产量(单位：万台)如下：

月份	1	2	3	4	5	6	7	8	9	10	11	12
第五年	34	35	36	39	38	41	42	44	40	44	44	47

要求：根据表中所列资料计算该电视机厂五年计划完成程度。

第五章 平均指标和标志变异指标

本章提要

通过本章学习，掌握数值平均数和位置平均数的含义、表现形式、计算方法及其应用条件等；掌握各种变异指标的概念、计算方法、应用条件以及平均指标与变异指标的关系。

对统计数据分布的特征，可以从三个方面进行测度和描述：一是数据分布的集中趋势，二是数据分布的离中趋势，三是数据分布的偏度和峰度。这三个方面分别反映数据分布特征的不同侧面。本章将重点讨论这些代表值的计算方法、特点及其应用场合。

第一节 平均指标

一、平均指标概述

（一）平均指标的意义

平均指标（mean）是社会经济统计中广泛应用的一种综合指标，它是指在同质总体中，表明某一数量标志在一定时间、地点条件下所达到的一般水平的综合指标。例如，当我们要了解某地区某一行业的一般收入水平时，往往运用该行业每个劳动者的平均收入来说明，反映某一区域的粮食生产情况，常用该区域每亩耕地的平均亩产量来表示。平均指标的数值表现形式是平均数，所以平均指标通常称为统计平均数。

就多数社会经济变量数列的分布来看，通常是接近平均指标的变量值的次数较多，而远离平均指标的变量值的次数较少，而且与平均指标离差越小的变量值的次数越多，而离差越大的变量值的次数越少，形成正、负离差大致相等的状态。整个变量数列以平均指标为中心而上下波动，所以，平均指标反映了变量分布的集中趋势，它是变量分布的重要特征值。

平均指标按其反映的时间不同，可以分为静态平均数和动态平均数。静态平均数反映在同一时间范围内总体各单位某一数量变量值的一般水平，又称一般平均数。而动态平均数反映同一空间不同时间某一指标值的一般水平，也称序时平均数。本章着重介绍静态平均数的计算问题，动态平均数将在第六章时间序列分析中介绍。

平均指标按其度量方法的不同，可以分为数值平均数和位置平均数。数值平均数是根据数列中的每一个数值或变量值计算的平均数，包括算术平均数、调和平均数和几何平均数；位置平均数是根据某数值在数列中所处的特殊位置而确定的平均数，包括众数、中位数、四分位数等。

（二）平均指标的特点

1. 将数量差异抽象化

平均指标是将总体单位的数量差异抽象化，用一个数值来反映现象的一般水平。例如，某班学生考试的平均成绩就是把每个学生之间不同的考试分数差异抽象化，用以说明学生考试的一般水平。又如，某企业产品的平均成本，就是把各种产品在成本上的差异抽象化，以反映该企业各种产品成本的一般水平。值得注意的是，平均指标的抽象性只能对总体单位的数量变量值进行，对品质标志一般不能计算其平均数。

2. 各单位必须具有同质性

计算平均指标的各单位必须具有相同的性质，这是计算平均指标的前提，只有本质相同的现象计算出的平均指标，才能正确反映客观实际情况。

3. 反映总体变量值的集中趋势

社会经济现象中的变量，大多数服从正态分布，其分布特征是"中间大，两头小"，因而其各种平均数都靠近分布的中间，这说明多数变量值集中在平均数附近，所以，平均指标测度变量值的集中趋势，是反映总体变量集中趋势的代表值，代表总体变量值的一般水平。

（三）平均指标的作用

1. 平均指标可以说明现象的一般水平

一般社会经济及相关现象，甚至在自然领域，其变量的分布都呈现出一定的规律，其中的一个重要特征是各变量值围绕某一中心点（值）呈现规律性分布，这一中心点就是平均指标。这一特征为其他统计分析以及许多管理活动提供了依据。

2. 平均指标是统计分析中常用的对比、评价标准

在统计分析、社会经济管理以及日常生活当中，平均指标经常作为对比、衡量高低、大小、多少等差距性问题的标准，这是由平均指标的一般性所决定的。例如，评价不同工业企业的生产情况，不宜用工业总产值或其他总量指标进行比较，因为受到企业规模大小不同的影响。若用平均指标，如平均劳动生产率进行比较，就可以很好地评价企业的生产情况，反映其工作成绩或存在的问题，对于开展竞争、寻找差距等都有重要的作用。

3. 平均指标可以用来研究现象之间的依存关系

平均指标是一般性的代表指标，在不同现象之间，通过对比或应用平均指标，可以揭示现象之间的相互影响、相互作用，克服个别变量之间的特殊作用对准确判定和认识的影响。例如，将耕地按地形条件或施肥等标志进行分组，再计算各组的农作物收获率，就可以反映出地形不同或施肥多少与收获率之间的依存关系。

此外，平均指标经常被作为评价事物和问题决策的数量标准或参考。例如，对工人劳动效率评定，通常以他们的平均劳动生产率水平为依据。

还可以利用平均指标进行推算和估计。例如，在统计抽样中，往往通过计算样本平均数来推断和估计总体平均数，进而推算总体的总量指标。

(四)平均指标的种类

平均指标按照计算方法的不同可以分为算术平均数、调和平均数、几何平均数、众数、中位数等。其中，前三种平均数是根据总体中的各单位变量值来计算的，所以也被称为数值平均数，后三种平均数则是根据总体单位变量值所处的位置来确定的，所以被称为位置平均数。本节将在以下内容中依次介绍它们的计算方法和特点。

二、算术平均数

(一)算术平均数的表现形式

算术平均数(arithmetic mean)也称为均值(mean)，是全部数据算术平均的结果。算术平均数是最常用的平均指标和方法，通常，人们提及平均数时，往往是指算术平均数。算术平均数的表现形式为有名数。根据内容，其计量单位有时全部表示出来，是一种复合单位。有时只写一个，表现为单名数。

算术平均数是集中趋势的最主要度量值，通常用 $\bar{X}$ 或 $\bar{x}$ 表示。根据所掌握数据形式的不同，算术平均数有简单算术平均数和加权算术平均数之分。

(二)算术平均数的计算方法

1. 算术平均数的基本计算公式

算术平均数的基本计算公式是：将各个变量值的数据加总后除以变量值的个数。若计算总体平均数，则用总体全部变量值之和除以总体变量值的个数。

$$\text{算术平均数} = \frac{\text{总体标志总量}}{\text{总体单位总量}} \tag{5-1}$$

用符号表示：

$$\bar{X} = \frac{\sum_{i=1}^{N} X_i}{N} \tag{5-2}$$

简写成：

$$\bar{X} = \frac{\sum X}{N} \tag{5-3}$$

式中　$\bar{X}$——总体平均数；

X_i——总体内各个变量值($i = 1,2,3,\cdots,N$)；

N——总体变量值的个数,总体单位总量；

$\sum$——加总求和的符号。

若要计算样本平均数，则用样本的全部变量值之和除以样本变量值的个数。用符号表示：

$$\bar{x} = \frac{\sum x}{n} \tag{5-4}$$

式中　$\bar{x}$——样本平均数；
　　　x——各个样本变量值；
　　　n——样本变量值的个数。

在实际工作中，根据掌握的资料不同，或对资料分组整理程度的不同，算术平均数的计算可分为简单算术平均数、加权算术平均数、调和平均数等，但不管计算形式如何变化，它们使用的仍然是算术平均数的基本计算公式。

在利用上式计算算术平均数时，要注意总体标志总量（分子）与总体单位总量（分母）必须属于同一个总体，两者要具有可比性，否则，计算的平均数就会失去意义。这也是算术平均数与强度相对指标本质上的区别。前者是同一总体的标志总量与总体单位数之比，它要求标志总量和单位总量相适应（或一一对应），即标志总量必须是总体各单位变量值的总和。而后者则是两个性质不同而又有联系的总量指标之比，不存在各个变量值与各个单位相适应（或一一对应）的关系。

例如，某一地区人群的平均身高、人均收入水平是平均数指标，而该地区的人均粮食产量和人口密度就是强度相对指标。

2. 简单算术平均数

在总体或样本的变量值未经分组整理的情况下计算算术平均数，可直接用基本公式计算，即用求算术和的方法先将各个变量值加总，然后除以相应的变量值个数，这种方法求得的平均数为简单算术平均数，即：

$$\bar{x} = \frac{x_1 + x_2 + \cdots + x_n}{n} = \frac{\sum x}{n} \tag{5-5}$$

式中　x_i——总体各单位的变量值，$i = 1,2,3,\cdots,n$；其他符号表示同上。

【例5-1】　某班组5名工人日产量分别为7件、8件、9件、10件、11件，要求计算该班工人平均日产量。

解：

$$\bar{x} = \frac{x_1 + x_2 + \cdots + x_n}{n} = \frac{\sum x}{n} = \frac{7+8+9+10+11}{5} = 9（件）$$

计算结果表明，简单算术平均数的大小只受各单位变量值大小这一个因素的影响。

3. 加权算术平均数

如果被研究的现象总体单位过多，且各总体单位又有相同或相近的变量值时，往往需要将已获得的统计资料分组，编制成变量数列后，采用加权平均数法来计算平均数。

加权算术平均是在一般的统计分组基础上，各变量值有相应的单位个数，即各变量值有对应的次数。此时，求总体标志总量可以更简便地计算。计算方法是将变量数列中各组变量值乘以相应各组次数，相加求出总体标志总量，然后再除以各组单位数之和，所得平均数就是加权算术平均数。计算公式如下：

$$\bar{x} = \frac{x_1f_1 + x_2f_2 + x_3f_3 + \cdots + x_nf_n}{f_1 + f_2 + f_3 + \cdots + f_n} = \frac{\sum xf}{\sum f} \tag{5-6}$$

式中　f_i——各组的次数，$i = 1, 2, 3, \cdots, n$。

从公式中可以看出，加权算术平均数 $\bar{x}$ 受两个因素的影响：一是各组的变量值 x，二是各组的次数 f。次数越多的变量值对平均数的影响就越大，反之，影响就越小。鉴于各组中的次数 f 在平均数的计算中具有权衡轻重的作用，所以又将其称为权数，将这种用权数计算算术平均数的方法称为加权算术平均数法。

【例5-2】　某机械修配车间50个工人生产某种零件，他们每人的日产零件数情况见表5-1。

表5-1　某车间工人日产量资料表

日产量 x（件）	工人人数 f（人）	总产量 xf
7	7	49
8	9	72
9	13	117
10	12	120
11	9	99
合计	50	457

解：根据表5-1中的资料计算，该车间工人平均日产量为：

$$\bar{x} = \frac{x_1f_1 + x_2f_2 + x_3f_3 + \cdots + x_nf_n}{f_1 + f_2 + f_3 + \cdots + f_n} = \frac{\sum xf}{\sum f} = \frac{457}{50} = 9.14 （件）$$

从以上计算可以看出，变量值为9的组权数最大，故计算出的平均数9.14件就十分地接近该组的变量值。

在计算中，变量数列采用的权数有两种形式：一种是以绝对数表示，称为次数或频数；另一种是以比重表示的权数，称为频率。在已知各组变量值与其相应各组单位数与总体单位数的比重，而不知道各组次数时，可以直接用比重权数来求加权算术平均数，计算结果同用绝对数权数计算的加权算术平均数相同。

把公式(5-6)加以变形：

$$\begin{aligned}\bar{x} &= \frac{\sum xf}{\sum f} = \frac{x_1f_1 + x_2f_2 + x_3f_3 + \cdots + x_nf_n}{\sum f} \\ &= x_1\frac{f_1}{\sum f} + x_2\frac{f_2}{\sum f} + x_3\frac{f_3}{\sum f} + \cdots + x_n\frac{f_n}{\sum f} \\ &= \sum x\frac{f}{\sum f}\end{aligned} \tag{5-7}$$

现仍用表5-1中的资料，采用公式(5-7)中的权数系数形式来计算加权算术平均数：

表 5-2　某车间工人日产量资料表

日产量 x（件）	工人人数 f（人）	比重权数 $\dfrac{f}{\sum f}$	$x\dfrac{f}{\sum f}$
7	7	0.14	0.98
8	9	0.18	1.44
9	13	0.26	2.34
10	12	0.24	2.40
11	9	0.18	1.98
合计	50	1.00	9.14

解：

$$\bar{x} = \sum x \dfrac{f}{\sum f} = 9.14(件)$$

计算结果与用公式(5-6)计算的结果是完全一致的。

另外，当变量数列中各组次数相等，即各组比重权数也相等时，权数就失去了权衡轻重的作用。这时的加权算术平均数就等于简单算术平均数。用公式表示如下：

$$\because f_1 = f_2 = \cdots = f_n = A$$

$$\bar{x} = \dfrac{x_1 f_1 + x_2 f_2 + x_3 f_3 + \cdots + x_n f_n}{f_1 + f_2 + f_3 + \cdots + f_n} = \dfrac{A(x_1 + x_2 + x_3 + \cdots + x_n)}{A \cdot n} = \dfrac{\sum x}{n} \quad (5\text{-}8)$$

由此可见，简单算术平均数是加权算术平均数的特例。

以上讲述的是根据单项数列来计算平均数，而在有些情况下需要用组距数列来计算平均数。在组距数列中，各组的变量值是一个变动范围，而不再是一个具体的数值。在计算平均数时，从理论上讲，应先计算各组的平均数，再乘以相应的权数，计算加权算术平均数。但在实际操作中，很难计算组平均数，因此常用组中值作为该组的代表值，然后加权计算。

另外，根据组距数列计算算术平均数时，有时会遇到开口组组距数列的情况，例如表 5-3 中第一组的"60 以下"缺下限，最后一组"90 以上"缺上限，在这种情况下，一般假定开口组的组距与相邻组的组距相同来计算它们的组中值，此时组中值作为代表值与实际情况相差更大。因此，用组中值计算获得的平均数只能是近似值。下面以表 5-3 的资料为例说明组距数列计算平均数的方法：

表 5-3　某班学生成绩的算术平均数计算表

学生成绩（分）	学生人数 f（人）	组中值 x（分）	得分总数 xf（分）
60 以下	8	55	440
60 ~ 70	10	65	650
70 ~ 80	12	75	900
80 ~ 90	10	85	850
90 以上	10	95	950
合计	50	—	3790

解：

$$学生平均成绩 \bar{x} = \frac{\sum xf}{\sum f} = \frac{3790}{50} = 75.8（分）$$

需要注意的是，利用组中值代替各组平均数的这种计算方法具有一定的假定性，即假设各单位变量值在组内是均匀分布的，但实际上并非完全如此。这样，组中值与组平均数就可能存在一定的误差，因此在组距数列中按组中值计算的加权算术平均数只是一个近似值。组距越小，组中值越接近实际的平均数，计算误差也就越小。另外，根据开口组计算的算术平均数也就具有假定性，会产生误差。尽管如此，就整个数列而言，由于分组引起的影响变量值大小的各种因素会起到相互抵消的作用，所以，由此计算的平均数仍然具有足够的代表性。

综上所述，加权算术平均数与简单算术平均数的不同之处在于：加权算术平均数受到两个因素的影响，即变量值大小和次数多少的影响，而简单算术平均数只反映变量值大小这一因素的影响。

算术平均数适合用代数方法运算，在实践中应用很广，但它也有两点不足：

（1）算术平均数易受到极端值的影响，使平均数的代表性变小；而且受极大值的影响大于受极小值的影响。

（2）当组距数列为开口组时，由于组中值不易确定，使平均数的代表性不是十分可靠。

（三）算术平均数的数学性质

1. **总体各单位变量值与算术平均数的离差之和等于零**

简单算术平均数：

$$\sum (x - \bar{x}) = 0 \tag{5-9}$$

加权算术平均数：

$$\sum (x - \bar{x})f = 0 \tag{5-10}$$

证明：

$$\sum (x - \bar{x}) = \sum x - n\bar{x} = \sum x - n\frac{\sum x}{n} = \sum x - \sum x = 0$$

$$\sum (x - \bar{x})f = \sum xf - \bar{x}\sum f = \sum xf - \frac{\sum xf}{\sum f} \cdot \sum f = \sum xf - \sum xf = 0$$

2. **总体各单位变量值与算术平均数的离差平方之和最小**

这里的所谓最小是指变量值与算术平均数的离差平方和比减去任何不等于平方数的常数离差平方之和最小，即：

简单算术平均数：

$$\sum (x - \bar{x})^2 = \min（最小值） \tag{5-11}$$

加权算术平均数：

$$\sum (x - \bar{x})^2 f = \min(\text{最小值}) \qquad (5\text{-}12)$$

证明：设 x_0 为任意数，$\bar{x} - x_0 = c$，则 $x_0 = \bar{x} - c$

以 x_0 为中心的离差的平方之和为：

$$\begin{aligned}
\sum (x - x_0)^2 &= \sum [x - (\bar{x} - c)]^2 = \sum [(x - \bar{x}) + c]^2 \\
&= \sum (x - \bar{x})^2 + 2c \sum (x - \bar{x}) + nc^2 \\
&= \sum (x - \bar{x})^2 + nc^2
\end{aligned}$$

$\because nc^2 \geq 0 \qquad \therefore \sum (x - x_0)^2 \geq \sum (x - \bar{x})^2$

即，

$$\sum (x - \bar{x})^2 = \min$$

同理，

$$\sum (x - \bar{x})^2 f = \min$$

（四）运用算术平均数应注意的问题

算术平均数通俗易懂，便于计算和分析，因而应用十分广泛，但同其他统计量一样，算术平均数也有它的应用局限性，对此需予以充分注意。

1. 应注意极端数值对算术平均数产生的影响

算术平均数是根据掌握的全部变量值计算的，这无疑使算术平均数具有很强的客观代表性。但当变量值中存在远离一般水平的极端数值时，这些极端数值会对计算平均数的代表性产生很大的干扰。

【例 5-3】 某地 10 户居民人均月收入分别为 1200 元、1350 元、1500 元、1640 元、1800 元、2000 元、2150 元、2200 元、2500 元、50000 元。假定居民家庭人口数相同，求该 10 户居民平均人均月收入。

用算术平均数计算，该 10 户居民平均人均月收入为 6634 元，远远超出其中 9 户居民的人均月收入水平，因而该平均数不可能被多数居民所接受。如果剔除极大值 50000 元之后计算平均数，该地居民平均人均月收入为 1815.6 元，此平均数能较好地反映这些居民人均收入的一般水平。

上述剔除极端值后计算算术平均数的方法称为切尾平均法。从应用的角度理解，它不失为一种灵活的变通方法，但从理论的角度分析，该方法并不科学。当全体变量值中，极端数值不止一两个时，能否同时剔除两个、三个甚至更多的极端数值呢？因此，从科学的角度出发，当变量值中存在极端数值时，用算术平均的方法计算的平均数不一定能正确反映现象的一般水平，往往要以后面介绍的中位数或众数作为一般水平的代表值。

2. 应注意正确选择算术平均数的权数

在算术平均数的形成过程中，权数对平均数大小起重要的影响作用，凡是由分布数列求平均指标时都有加权问题。但实际工作中常会遇到真假权数相混的现象。例如，已知某县 20 个乡的粮食单产分组资料，求全县粮食平均单产时，不能以乡的个数作为各组的权数,而应以播种面积作为各组的权数。因为各乡的粮食种植规模并不相同,乡的个数不能对粮食单产起权衡轻重作用。正确选择权数时应注意:真正的权数与各组变量值的乘积,应是客观存在、具有实际意义的总量指标。上述粮食单产和播种面积的乘积构成粮食总产量,而粮食单产和乡的个数相乘,却不具有此意义。

3. 应注意用组平均数补充说明总平均数

根据总体各单位的变量值计算出来的平均数能反映该总体的一般水平,但它没有进一步阐明总体内各部分的特点及各部分之间质的差异。如果用各组的平均数与总体平均数结合起来进行分析,不仅可以对比其总平均数水平,而且进一步对比各组平均数,还能揭示总体内部的结构变化对总平均数的影响。这样,能够更深入地揭示总体的内部矛盾,得出比单一的总体平均数更符合实际情况的分析结论。

【例5-4】 有甲、乙两个鸭场,饲养规模和饲养条件大体相同,甲鸭场平均每只鸭年产蛋144.5个,乙鸭场平均每只鸭年产蛋142.0个,见表5-4。能否就此判定甲鸭场的饲养管理优于乙鸭场呢?

表5-4 甲、乙两鸭场平均产蛋量对比分析表

品种	甲鸭场			乙鸭场		
	总产蛋量(个)	饲养数量(只)	平均每只鸭产蛋量(个)	总产蛋量(个)	饲养数量(只)	平均每只鸭产蛋量(个)
本地鸭	97500	750	130	248400	1800	138
改良鸭	70000	500	140	48960	340	144
引进鸭	193750	1250	155	57600	360	160
合计	361250	2500	144.5	354960	2500	142.0

从表5-4中可以看出,甲鸭场的总平均产蛋量高于乙鸭场,但乙鸭场三种鸭的平均产蛋量都比甲鸭场高。为什么组平均数的比较结果和总平均数的比较结果相矛盾呢?原因在于两个鸭场的鸭群结构不一样。甲鸭场产蛋量较高的"引进鸭"数量占总饲养量的50%,乙鸭场只占14.4%;产蛋量较低的"本地鸭"甲鸭场只占30%,乙鸭场却占72%。虽然每种鸭群的平均产蛋量水平乙鸭场都高于甲鸭场,但受总体内部鸭群结构的影响,使乙鸭场产蛋量的总平均水平反而低于甲鸭场。由此可以判断,乙鸭场在内部饲养管理方面并不亚于甲鸭场,而甲鸭场在引进、改良品种,调整鸭群结构方面走在乙鸭场的前面。

因此,运用平均数进行分析,不仅要看到总平均数的差异,还应该看到各组平均数的差别以及各组结构对总平均数的影响,用组平均数来补充说明总平均数。

三、调和平均数

调和平均数(harmonic mean)是计算平均指标方法之一,通常用 H 表示。它是各单位变量值倒数的算术平均数的倒数,故又称为倒数平均数。调和平均数可以分为简单调和平均数和加权调和平均数。

(一)简单调和平均数

简单调和平均数是总体各单位变量值倒数的简单算术平均数的倒数。

计算公式为：

$$H = \frac{1}{\dfrac{\dfrac{1}{x_1}+\dfrac{1}{x_2}+\cdots+\dfrac{1}{x_n}}{n}} = \frac{n}{\dfrac{1}{x_1}+\dfrac{1}{x_2}+\cdots+\dfrac{1}{x_n}} = \frac{n}{\sum\dfrac{1}{x}} \quad (5\text{-}13)$$

式中　H——调和平均数；

　　　x_i——总体各单位变量值，$i = 1,2,3\cdots,n$。

【例 5-5】 买同一种蔬菜，每次买 1 元钱，早市的价格为 5.0 元/千克，午市的价格为 4 元/千克，晚市购买的价格为 2.5 元/千克，问蔬菜的平均价格。

解：三次购买的平均价格为：

$$H = \frac{n}{\sum\dfrac{1}{x}} = \frac{3}{\dfrac{1}{5}+\dfrac{1}{4}+\dfrac{1}{2.5}} = 3.5 \text{（元／千克）}$$

（二）加权调和平均数

在实际工作中，加权调和平均数往往使用较多，它适用于已分组的资料。加权调和平均数是总体各单位变量值倒数的加权算术平均数的倒数。计算公式为：

$$H = \frac{1}{\dfrac{\dfrac{m_1}{x_1}+\dfrac{m_2}{x_2}+\cdots+\dfrac{m_n}{x_n}}{m_1+m_2+\cdots m_n}} = \frac{m_1+m_2+\cdots+m_n}{\dfrac{m_1}{x_1}+\dfrac{m_2}{x_2}+\cdots+\dfrac{m_n}{x_n}} = \frac{\sum m}{\sum\dfrac{m}{x}} \quad (5\text{-}14)$$

式中　m——各组的标志总量，也称为各组的权数。

加权调和平均数实际上是加权算术平均数的变形，虽然他们计算方法不同，但其在实质上是一样的，都是用标志总量除以总体单位数，所以计算的结果也完全相同。

将调和平均数的权数 m 看做是算术平均数中的各组变量值 x 乘以总体单位数 f 所得到的标志总量，即 $m = xf$，则有：

$$\bar{x} = \frac{\sum xf}{\sum f} = \frac{\sum xf}{\sum\dfrac{1}{x}xf} = \frac{\sum m}{\sum\dfrac{m}{x}} = H \quad (5\text{-}15)$$

在这里 m 是一种特定权数，它不是各组变量值出现的次数，而是各组标志总量。但是 m 具有加权算术平均数权数的数学性质，即各组权数同时扩大或缩小若干倍数，平均数值不变。

【例 5-6】 买同一种蔬菜，早市的价格为 5.0 元/千克，买 1 元钱，午市的价格为 4 元/千克，买 2 元钱，晚市购买的价格为 2.5 元/千克，买 5 元钱，计算蔬菜的平均价格。

解：三次购买的平均价格为：

$$H = \frac{\sum m}{\sum\dfrac{m}{x}} = \frac{1+2+5}{\dfrac{1}{5}+\dfrac{2}{4}+\dfrac{5}{2.5}} = 2.96 \text{（元／千克）}$$

（三）由相对数或平均数计算平均数

在统计中，经常遇到被平均的对象是相对数或平均数的情况。例如，某公司要根据其下属各企业的计划完成程度计算平均的计划完成程度，或要根据下属各企业的劳动生产率计算平均的劳动生产率等。在这种情况下，不能用简单平均数方法直接计算平均数，应根据掌握的资料情况来决定选用算术平均数还是调和平均数来反映其平均水平，包括被平均指标的性质和权数资料，必须寻找有意义的权数，使其加权还原为求相对数或平均数的基本公式，然后再计算平均数。

1. 根据相对指标计算平均数

【例 5-7】 某公司下属三个企业，某年产值的计划完成情况分别为 95%、100% 和 105%，求该公司的平均计划完成程度。

在本例中，由于该公司三个企业的计划产值各不相同，不能简单利用 (95% + 100% + 105%) ÷ 3 = 100% 计算平均计划完成度，必须用计划产值作权数，用加权方法算出三个企业的实际产值，然后用三个企业的实际产值除以计划产值，才能求得产值平均计划完成程度，见表 5-5。

表 5-5　某公司各企业计划完成程度情况

企业	计划完成程度 x(%)	计划产值 f(万元)	实际产值 xf(万元)
甲	95	800	760
乙	100	1500	1500
丙	105	1000	1050
合计	—	3300	3310

解：平均计划完成程度 $\bar{x} = \dfrac{\sum xf}{\sum f} = \dfrac{3310}{3300} \times 100\% = 100.3\%$

表明该公司产值计划平均完成程度为 100.3%，已完成计划。

上例中，若计划完成程度和实际产值已知，而计划产值未知，则应采用加权调和平均数法来计算平均数，见表 5-6。

表 5-6　某公司各企业平均计划完成程度计算表

企业	计划完成程度 x(%)	实际产值 m(万元)	计划产值 m/x(万元)
甲	95	760	800
乙	100	1500	1500
丙	105	1050	1000
合计	—	3310	3300

解：平均计划完成程度 $H = \dfrac{\sum m}{\sum \dfrac{m}{x}} = \dfrac{3310}{3300} \times 100\% = 103.3\%$

从以上计算过程可以看出，由于掌握的资料不同，分别采用了算术平均数法和调和平均数法来计算平均计划完成程度，但两种方法计算的结果是一致的。两者在计算中采用的权数不同,算术平均数法是以计划产值(基本公式的分母)为权数的,而调和平均数法是以实际产值(基本公式的分子)为权数的。

2. 根据平均指标计算平均数

【例 5-8】 某地农贸市场上 A、B、C 三种蔬菜的平均价格及销售量情况资料见表 5-7,求该市场上三种蔬菜的总平均价格。

表 5-7 某地市场上三种蔬菜的价格与销售情况

品种	平均价格 x(元/千克)	销售量 f(千克)	销售额 xf(元)
A	2.00	6000	12000
B	2.50	4000	10000
C	3.00	5000	15000
合计	—	15000	37000

在本例中,已知每种蔬菜的平均价格和销售量,所以应采用加权算术平均数法计算平均数

解:总平均价格 $\bar{x} = \dfrac{\sum xf}{\sum f} = \dfrac{37000}{15000} = 2.47$(元/千克)

上例中,若平均价格和销售额已知,而销售量未知,则应采用加权调和平均数法来计算平均数。见表 5-8。

表 5-8 某地市场上三种蔬菜的平均价格计算表

品种	平均价格 x(元/千克)	销售额 m(元)	销售量 m/x(千克)
A	2.00	12000	6000
B	2.50	10000	4000
C	3.00	15000	5000
合计	—	37000	15000

解:总平均价格 $H = \dfrac{\sum m}{\sum \dfrac{m}{x}} = \dfrac{37000}{15000} = 2.47$(元/千克)

从上述两例中可以归纳出以下结论:在由相对数或平均数计算平均数时,首先要分清所掌握的权数资料是母项数值还是子项数值。若权数作为分母出现,则为母项数值,应采用加权算术平均数形式;若权数作为分子出现,则为子项数值,应采用加权调和平均数形式。

四、几何平均数

几何平均数(geometric mean)又称几何均值或对数平均数,它是若干个变量值的乘积然后开其项数次方的算术根,一般用 G 表示。当各个变量值的连乘积等于总比率或总速度时,适宜运用几何平均数计算平均比率或平均速度。例如,隔年的发展速度,生产流水线各道工序的产成品合格率,按复利计息的各年利率等。

几何平均数根据资料情况的不同,可分为简单几何平均数和加权几何平均数两种。前

者适用于未分组资料,后者适用于分组资料或变量数列。

(一)简单几何平均数

简单几何平均数是 n 个变量值连乘积的 n 次方根,其计算公式为:

$$G = \sqrt[n]{x_1 x_2 \cdots x_n} = \sqrt[n]{\prod x} \tag{5-16}$$

式中　G——几何平均数;
　　　x_n——总体各单位变量值;
　　　$\prod$——连乘符号。

【例 5-9】 某企业生产流水线有四道工序,第一道工序的产品合格率为 98%,第二道工序为 95%,第三道工序 93%,第四道工序为 95%,求平均的工序产品合格率。

解: 平均的工序产品合格率 = $\sqrt[4]{0.98 \times 0.95 \times 0.93 \times 0.95}$ = 95.23%

在实际计算工作中,当变量值个数 n 较大时,为了避免开高次方,通常要对几何平均数公式两边取对数来进行计算,即

$$\lg G = \frac{1}{n}(\lg x_1 + \lg x_2 + \cdots + \lg x_{n-1} + \lg x_n) = \frac{1}{n}\sum \lg x$$

由此可见,几何平均数是各个变量值对数的算术平均数的反对数。

(二)加权几何平均数

当数据资料已分组时,要用加权几何平均法计算其几何平均数,加权几何平均数的计算公式为:

$$G = \sqrt[f_1+f_2+\cdots+f_n]{x_1^{f_1} x_2^{f_2} \cdots x_n^{f_n}} = \sqrt[\sum f]{\prod x^f} \tag{5-17}$$

式中　f——各个变量值的次数或权数。

【例 5-10】 某银行有一笔贷款,贷款期为 10 年,以复利计息,10 年的利率分别为:第一年至第二年为 5%,第三年至第五年为 6%,第六年至第八年为 8%,第九年至第十年为 10%,求平均年利率。

解: 由于是以复利计息,各年的利息是在前一年的累计存款(本金加利息)的基础上计息,因此首先将年利率换算为各年本利率(1 + 年利率),这样,各年本利率的连乘积就是总的本利率,又因为各年本利率所属时间不同,所以应采取加权几何平均数法计算。计算过程如下:

$$G = \sqrt[f_1+f_2+\cdots+f_n]{x_1^{f_1} x_2^{f_2} \cdots x_n^{f_n}} = \sqrt[\sum f]{\prod x^f}$$

$$= \sqrt[2+3+3+2]{(105\%)^2 \times (106\%)^3 \times (108\%)^3 \times (110\%)^2}$$

$$= 107.2\%$$

所以,平均年利率 = 107.2% - 100% = 7.2%

在计算和使用几何平均数时,应注意以下几点:一是被计算的总体中的任意一个变量值均不能为零或负值(即 $x > 0$),否则计算出的几何平均数没有实际意义;二是几何平均数适用于反映特定现象的平均水平,受极端值的影响较小,因此相对而言较为稳健;三是

对于某些特定的经济现象，其总变量值不是各单位变量值的总和，而是各单位变量值的连乘积。在此情况下，只能采用几何平均数来反映其一般水平，而不能采用算术平均数来反映。

五、位置平均数

(一) 众　数

众数(mode)是指总体中出现次数最多的变量值，通常以符号 M_o 表示。

众数也是一种平均数，它在总体中具有普遍性，代表了现象的一般水平，并且不像算术平均数那样会受到极端值的影响。它只跟变量值所在的位置有关，因此是一种位置平均数。

在实际工作中，当没有掌握总体的所有资料，或为研究问题的需要，只需掌握总体中普遍的、一般水平的情况下，可以用到众数。例如，为了掌握集贸市场上某种农副产品的价格，不必逐个调查，也不可能掌握该种产品的全部成交额与成交量，可以采用该日集市上最普遍的成交价格作为平均价格。假定该日番茄零售价格较多的摊位都定为每千克 2.40 元，就可以把 2.40 元作为集贸市场番茄的一般价格水平，即众数；大多数消费者所需要的服装和鞋帽尺寸，多数家庭的人口数等都是众数，它具有一般水平或代表值的意义。在各种选举或决策中，"少数服从多数"或"过半数则通过"的游戏规则，也是众数的实际应用。

计算众数必须满足一定的条件，即总体单位数较多，并有明显的集中趋势。如果总体单位数不多，各变量值大小不一，各组出现的次数相等，则无法测定众数；当数列中出现两个众数，称为"复众数"；如果有多个分散的集中趋势，就难以用众数代表总体的一般水平，此时应将各组频数依次双双合并，求得一个明显的集中趋势来确定众数。

1. 未分组数据及单项数列

根据未分组数据或单项数列确定众数时，方法很简单，只需要找出出现次数最多的变量值即可。例如，某百货商店的女式运动鞋，23.5 码销售量最多，则运动鞋码的众数为 23.5。

【例 5-11】　某班学生年龄分组资料见表 5-9，求众数。

表 5-9　某大学大一某班学生年龄分组表

年龄(岁)	17	18	19	20	21	22
学生人数(人)	2	10	15	7	4	2

根据观察发现，19 岁的学生人数最多(15 人)，因此众数为 19 岁。

2. 组距数列

组距式变量数列众数的确定复杂一些。首先要将频数最多的变量值所在组确定为众数组，然后利用下面的上限或下限公式来近似推算具体的众数值。计算方法有下限公式和上限公式两种，计算结果相同。其公式为：

下限公式：

$$M_o = L + \frac{\Delta_1}{\Delta_1 + \Delta_2} \times d \tag{5-18}$$

上限公式：

$$M_o = U - \frac{\Delta_2}{\Delta_1 + \Delta_2} \times d \tag{5-19}$$

式中　L——众数组的下限；

　　　U——众数组的上限；

　　　Δ_1——众数组与前一组的次数之差；

　　　Δ_2——众数组与后一组的次数之差；

　　　d——众数组的组距。

【例 5-12】　某地区农民家庭年人均纯收入情况见表 5-10，求众数。

表 5-10　农民家庭年纯收入分组表

年人均纯收入（元）	农民家庭数（户）
1000 以下	90
1000～1500	750（前一组次数）
1500～2000	1080（众数组次数）
2000～2500	520（后一组次数）
2500～3000	360
3000 以上	180
合计	2980

解：第一步：确定众数组。年人均纯收入在 1500～2000 组的次数最多（1080 户），该组即为众数组。

第二步：利用下限公式计算：

$$M_o = L + \frac{\Delta_1}{\Delta_1 + \Delta_2} \times d = 1500 + \frac{330}{330 + 560} \times 500 = 1685.39（元）$$

所以，该地区农民家庭年人均纯收入的众数为 1685.39 元。

利用上限公式计算的农民家庭年人均纯收入的众数也是 1685.39 元：

$$M_o = U - \frac{\Delta_2}{\Delta_1 + \Delta_2} \times d = 2000 - \frac{560}{330 + 560} \times 500 = 1685.39（元）$$

众数的数值是在总体分布高度集中的变量值上，能够明显地反映集中的趋势，所以它不受极端值和开口组组距的影响，仅受其前后相邻两组次数大小的影响。上例中，由于比众数小一组的家庭户数为 750，大于比众数组大一组的家庭户数 520，受相邻次数较大一组的影响，众数 1685.39 元小于众数组的组中值 1750，向组内偏低处移动。如果情况相反，众数一定会大于众数组的组中值，向组内偏高处移动。如果众数组相邻上下两组的次数相同，众数就是众数的组中值。这就是根据组距数列计算众数时的邻组加权原理。当然，若被计算的变量数列各组次数均相等时，则无众数可言。

(二) 中位数

将总体各单位的变量值按大小顺序加以排列，居于中点位置的那个变量值就是中位数 (median)，通常用符号 M_e 表示。例如，某班一个学习小组共 7 名学生，考试成绩按由低到高的顺序排列为：55，60，62，68，70，88，95，则第四名学生的成绩 68 分即为该小组学习成绩的中位数。

中位数是一种典型的位置平均数，它主要不是通过计算，而是通过排队观察来确定总体的一般水平。与众数一样，中位数的最大优点也是不受数列中极端数值和开口组距的影响。当总体的次数分布呈明显的偏态分布时，中位数能比算术平均数更准确地反映该现象的集中趋势，具有更好的代表性。

测定中位数的方法，根据资料的分组情况不同，分为如下三种：

1. 由未分组资料确定中位数

把变量值资料由小到大或由大到小顺序排列，按 $(n+1) \div 2$ 确定中点位置（n 为变量值的个数）。当 n 为奇数时，居于中点位置的数值就是中位数；当 n 为偶数时，则取数列最中间两个数值的算术平均数为中位数。

【例 5-13】 某车间 7 名工人生产某种零件，日产量（单位：件）从低到高分别为：16，20，25，30，32，38，40，求中位数。

解：确定中位数的位置 $= \dfrac{n+1}{2} = \dfrac{7+1}{2} = 4$

∴ 中位数位于第四项，第四项的变量值是 30，则中位数 $M_e = 30$（件）

【例 5-14】 有 10 户居民人均月收入资料如下，按由小到大排列，顺序为：1200 元、1350 元、1500 元、1640 元、1800 元、2000 元、2150 元、2200 元、2500 元、50000 元。

$$\text{中点位置} = \frac{n+1}{2} = \frac{10+1}{2} = 5.5$$

第五、六项的算术平均数为中位数，即：$M_e = \dfrac{1800+2000}{2} = 1900$ （元）

2. 由单项式分组资料确定中位数

先根据单项式数列计算累计次数，然后根据 $\dfrac{\sum f}{2}$ 确定中位数组的所在位置，相对应的分组变量值即是中位数。

【例 5-15】 根据表 5-11 的资料，确定中位数。

中位数组所在位置 $= \dfrac{\sum f}{2} = \dfrac{50}{2} = 25$，即第 25 位职工处于中位数的位置。月工资额 2250 元及 2250 元以下的职工共有 19 人，2650 元及 2650 元以下的职工共有 34 人，第三组的累计次数正好包含了中点位置第 25 人，所以中位数应在第三组的范围之内，该组的月工资额 2650 元即为中位数。

表 5-11　某公司职工平均月工资计算表

月工资额(元)	职工数(人)	累计职工数(人)
1850	7	7
2250	12	19
2650	15	34
3050	8	42
3500	5	47
4000	2	49
5100	1	50
合计	50	50

3. 由组距式分组资料计算中位数

由组距式分组资料计算中位数的方法步骤同单项式分组资料类似，只是由于组距式资料变量值是一个跨度，在确定中位数组后，要根据下限公式或上限公式计算中位数的近似值。公式如下：

下限公式：

$$M_e = L + \frac{\frac{\sum f}{2} - S_{m-1}}{f_m} \times d \text{（向上累计）} \tag{5-20}$$

上限公式：

$$M_e = U - \frac{\frac{\sum f}{2} - S_{m+1}}{f_m} \times d \text{（向下累计）} \tag{5-21}$$

式中　L——中位数所在组下限；
　　　U——中位数所在组上限；
　　　f_m——中位数所在组的次数；
　　　S_{m-1}——中位数所在组之前各组的(向上)累积次数；
　　　S_{m+1}——中位数所在组之后各组的(向下)累积次数；
　　　d——中位数所在组的组距。

【例 5-16】 以表 5-12 某乡镇企业工人的年龄资料，计算中位数。

表 5-12　某乡镇企业工人的平均年龄计算表

按年龄分组(岁)	工人数(人)	组中值(人)	向上累计工人数(人)	向下累计工人数(人)	比重(%)	向上累计比重(%)	向下累计比重(%)
25 以下	30	20	30(S_{m-1})	150	20	20	100
25~35	54(f_m)	30	84	120	36	56	80
35~45	27	40	111	66(S_{m+1})	18	74	44
45~55	24	50	135	39	16	90	26
55 以上	15	60	150	15	10	100	10
合计	150	—			100	—	—

按年龄顺序排列,该企业工人的中点位置在 $\frac{\sum f}{2} = \frac{150}{2} = 75$,第二组累计工人数 84 包含了 75,可以确定第二组为中位数组,根据下限公式计算:

$$M_e = L + \frac{\frac{\sum f}{2} - S_{m-1}}{f_m} \times d = 25 + \frac{\frac{150}{2} - 30}{54} \times 10 = 33.33 \text{(岁)}$$

即该乡镇企业工人年龄的中位数近似值为 33 岁。

若根据上限公式计算,则:

$$M_e = U - \frac{\frac{\sum f}{2} - S_{m+1}}{f_m} \times d = 35 - \frac{\frac{150}{2} - 66}{54} \times 10 = 33.33 \text{(岁)}$$

如果分布数列用比重权数表示各组的次数,可把百分比看做是各组的分配次数,将其累计进而测定中位数。如上例根据表 5-12 第七栏、第八栏资料计算中位数位置:

$$\frac{\sum f}{2} = \frac{100\%}{2} = 50\%$$

第二组累计频率 56%,包含了 50%,确定第二组为中位数组。可采用下列公式:

$$M_e = L + \frac{\frac{\sum f}{2} - S_{m-1}}{f_m} \times d = 25 + \frac{0.5 - 0.2}{0.36} \times 10 = 33.33 \text{(岁)}$$

两种方法的计算结果一致。

六、众数、中位数和算术平均数的关系

中位数、众数和算术平均数都反映被研究总体的数量分布的集中趋势,它们之间存在一定的关系,利用这种关系既可以用于反映总体数量分布的特征,又可以用于三者之间的相互估算。

1. 运用中位数、众数和算术平均数的数量关系来判断总体分布的特征

这三者之间的关系,与总体分布的特征有关。具体可以分为以下三种表现形式:

(1)当总体的次数分布呈完全对称态时,三者完全相等,即 $\bar{x} = M_o = M_e$,如图 5-1 所示。

(2)当总体的次数分布呈右偏态时,算术平均数大于中位数,且大于众数,即 $M_o < M_e < \bar{x}$,如图 5-2 所示。

此时数据中的极大值会使 $\bar{x}$ 偏向较大一方,极大值虽不影响中位数,但其所占项数会影响数据的中间位置而略使其偏大,众数则完全不受极大值大小和位置的影响。

(3)当总体的次数分布呈左偏态时,算术平均数小于中位数,且小于众数,即 $\bar{x} < M_e < M_o$,如图 5-3 所示。

此时数据中的极小值会使 $\bar{x}$ 偏向较小一方,极小值虽不影响中位数,但其所占项数会影响数据中间位置而略使其偏小,众数则完全不受极小值大小和位置的影响。

后两种情况均为总体分布呈非对称状态，此时，三者之间存在着差别，总体分布越不对称，差别就越大。

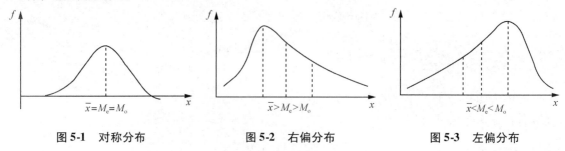

图 5-1　对称分布　　　　图 5-2　右偏分布　　　　图 5-3　左偏分布

2. 利用中位数、众数和算术平均数的关系进行数量上的近似估算

英国统计学家卡尔·皮尔逊认为，当分布只是适当偏态时，三种平均数之间的关系是：中位数与算术平均数的距离是众数与算术平均数距离的三分之一，即：

$$\bar{x} - M_o = 3(\bar{x} - M_e) \tag{5-22}$$

根据上面的经验公式，还可以推出以下三个公式：

$$M_o = 3M_e - 2\bar{x} \tag{5-23}$$

$$M_e = \frac{M_o + 2\bar{x}}{3} \tag{5-24}$$

$$\bar{x} = \frac{3M_e - M_o}{2} \tag{5-25}$$

由此，在适当偏态的次数分布中，一旦三者之中的两者确定时，就可以根据公式近似地估算出第三个数值。

【例 5-17】　某地区居民月收入的众数为 1000 元，月收入的算术平均数为 1300 元，则月收入的中位数的近似值是多少？

解：$M_e = \frac{M_o + 2\bar{x}}{3} = \frac{1}{3} \times (1000 + 2 \times 1300) = 1200$（元）

∵ $M_o < M_e < \bar{x}$　　∴ 总体分布为右偏

第二节　标志变异指标

一、标志变异指标的概述

(一) 标志变异指标的概念

变异指标（variation index）又称标志变动度，它是反映总体各单位变量值之间差异程度或离散趋势的指标。

与平均指标一样，变异指标也是统计分析和一般经济分析中广泛应用的指标形式，但两者的分析作用却互不相同。平均指标是将总体各单位变量值之间的差异抽象化，以反映总体各单位变量值的一般水平和集中趋势，但却忽略了它们之间的差异性。而变异指标则着重表明总体各单位变量值的差别程度,以反映变量值的离中趋势。在统计分析中,往往将变异指标与平均指标结合起来加以应用,从不同角度反映同质总体的某些共同特征,对于全面认识总体的特征和变化规律有着重要的意义。

（二）变异指标的作用

变异指标在统计分析中的作用主要有以下两个方面：

1. 变异指标是衡量平均指标代表性大小的依据

平均指标对于总体某一数量标志的一般水平的代表性大小,取决于总体各单位变量值的离散程度,即变异指标的大小。变异指标越大,则平均数的代表性越小；反之,变异指标越小,则平均数的代表性越大。

【例5-18】 某车间有甲、乙两个生产小组,每组5名工人,他们日产零件的情况如下：

| 甲组： | 8 | 10 | 12 | 14 | 16 |
| 乙组： | 4 | 9 | 13 | 15 | 19 |

甲乙两组工人的平均日产零件数相等,都是12件。但两组工人的日产零件数的离散程度不一样,甲组工人日产零件数相差不大,分布比较集中；而乙组工人日产零件数相差较大,分布比较分散。因此,虽然两组工人日产零件数的平均数都是12件,但对甲组来说,其代表性要比乙大得多。

2. 变异指标可用来反映社会经济活动过程的均衡性或协调性

一般说来,变异指标越小,说明在某一经济活动中总体各单位的变量值与其平均数的离散程度就越小,那么在此经济活动过程中的均衡性和稳定性就越高；反之,变异指标越大,均衡性和稳定性就越低。

变异指标的这一作用通常用来考察产品质量的稳定性、生产过程的节奏性能及各种社会工作、社会生活中存在的问题。

【例5-19】 某厂甲、乙两生产车间2012年第一季度生产计划完成情况见表5-13。

表5-13　甲、乙两车间第一季度生产计划完成情况统计表

车间	计划完成程度(%)			
	第一季度	1月	2月	3月
甲车间	100	32	33	35
乙车间	100	20	30	50

从表5-13中资料可以看出,虽然两车间在第一季度内都完成了生产计划,但计划执行的均衡性却不同。甲车间按月平稳地完成了规定的生产计划,而乙车间则明显地存在前松后紧,1、2月份总共只完成计划的50%,3月份一个月便完成计划的50%,这样缺乏均衡性的计划执行情况可能会影响生产经营活动的正常进行。

另外,变异指标也经常用于产品的质量检验,如果被检验的标志变异指标较大,说明产品质量的稳定性较差；反之,如果标志变异指标较小,说明产品质量的稳定性较好。

按照变异指标计算方法的不同,可将其分为:全距、平均差、标准差以及离散系数等几种常用类型。

二、标志变异指标的计算

(一) 全 距

全距(Range)又称极差,它是总体中各单位变量值最大值与最小值之差,用以说明总体中各单位变量值的变动范围,通常用 R 表示。极差大说明变量值分散,平均数的代表性小,极差小说明变量值集中,平均数的代表性大。计算公式为:

$$R = x_{\max} - x_{\min} \tag{5-26}$$

式中 $x_{\max}$ ——总体各单位中最大的变量值;

$x_{\min}$ ——总体各单位中最小的变量值。

以前面【例 5-18】中的资料为例计算全距:

甲组日产件数的 $R = 16 - 8 = 8$(件)　　乙组日产件数的 $R = 19 - 4 = 15$(件)

可以看出,甲组工人日产量的差异小于乙组工人日产量的差异,甲组的变量值更集中,平均数的代表性更强。

对于组距数列,可以用数列中变量值最大组的上限减去变量值最小组的下限,求出极差的近似值,即:

$$R = 末组上限 - 首组下限$$

但对于开口组来说,若不知道其极端数值,则无法求出极差。

用全距测定标志变异程度的优点是计算方法简单,缺点是由于它只考虑数列中两端值的差异,而没有反映其他变量值之间的差异,因此全距很容易受极端变量值的影响,不能全面反映所有变量值的差异大小及分布状况,准确程度较差。在生产实践中,人们根据全距与标准差的关系,常应用它来绘制产品质量控制图,并配合抽样方法来检验产品质量,从而实现对产品的质量控制。

(二) 平均差

平均差(average deviation)是总体各单位变量值对其算术平均数的离差的绝对值的算术平均数,一般用字母 $A.D$ 表示。由于总体各单位变量值与其算术平均数的离差之和等于零(即 $\sum(x - \bar{x}) = 0$),故采用离差的绝对值($|x - \bar{x}|$)。平均差越大,说明变量值分布越分散,平均指标的代表性就越小;反之,说明变量值分布越集中,平均指标的代表性越大。

平均差的计算方法,根据所掌握的资料不同,分为简单平均法和加权平均法两种。

1. 简单平均法

对于未分组资料和单项式变量数列,采用简单平均法计算平均差。计算公式为:

$$A.D = \frac{\sum |x - \bar{x}|}{n} \tag{5-27}$$

【例 5-20】 有甲、乙两个篮球队进行比赛,上场的两组队员的身高情况见表 5-14 所列,

表 5-14　甲、乙两组队员身高资料表

甲队			乙队		
身高 x（cm）	$x - \bar{x}$	$\lvert x - \bar{x} \rvert$	身高 x（cm）	$x - \bar{x}$	$\lvert x - \bar{x} \rvert$
176	-7	7	177	-5	5
180	-3	3	179	-3	3
183	0	0	182	0	0
186	3	3	184	2	2
190	7	7	188	6	6
合计	—	20	合计	—	16

求甲、乙两组队员身高的平均差。

解：根据表 5-14 中资料计算：$\bar{x}_{甲} = \dfrac{\sum x}{n} = 183$（cm）　$\bar{x}_{乙} = \dfrac{\sum x}{n} = 182$（cm）

$$A.D_{甲} = \frac{\sum \lvert x - \bar{x} \rvert}{n} = \frac{20}{5} = 4 \text{（cm）}$$

$$A.D_{乙} = \frac{\sum \lvert x - \bar{x} \rvert}{n} = \frac{16}{5} = 3.2 \text{（cm）}$$

计算结果表明，甲队的平均差大于乙队，因此乙队队员平均身高的代表性要高于甲队。

2. 加权平均法

对于分组资料，应采用加权平均法计算平均差，计算公式为：

$$A.D = \frac{\sum \lvert x - \bar{x} \rvert f}{\sum f} \tag{5-28}$$

或

$$A.D = \sum \lvert x - \bar{x} \rvert \frac{f}{\sum f} \tag{5-29}$$

【例 5-21】 某企业一生产部门 50 个工人的日产零件数资料见表 5-15，试计算平均差。

表 5-15　某企业工人日产量资料表

日产量（件）	工人数 f（人）	组中值 x（件）	$x - \bar{x}$	$\lvert x - \bar{x} \rvert f$
10～20	5	15	-17	85
20～30	15	25	-7	105
30～40	20	35	3	60
40～50	10	45	13	130
合计	50	—	—	380

解：$\bar{x} = \dfrac{\sum xf}{\sum f} = \dfrac{5 \times 15 + 15 \times 25 + 20 \times 35 + 10 \times 45}{5 + 15 + 20 + 10} = \dfrac{1600}{50} = 32$（件）

$$\therefore A.D = \frac{\sum |x - \bar{x}|f}{\sum f} = \frac{380}{50} = 7.6 \quad (件)$$

计算结果表明，该生产部门 50 个工人的日产量平均差为 7.6 件。若有另一个生产部门工人的平均日产量也为 32 件，平均差为 8.5 件，则平均差较大的生产部门日产量的离散程度大，平均数的代表性差。

与全距相比，平均差不受极端数值的影响，能比较全面、客观地反映全部单位变量值对其算术平均数的实际差异情况；同时，以绝对离差的形式来直观地表现各单位变量值与其平均数存在的平均差异，含义明确，易于理解和掌握。但是，由于平均绝对离差的形式不方便进行代数运算，因此，在实际应用中也受到一定限制。

(三) 标准差

标准差(standard deviation)是总体各单位变量值与其算术平均数离差的平方和的算术平均数的平方根，又称均方差，一般用 σ 表示总体标准差，用 S 表示样本标准差。标准差的平方称为方差，用 σ^2 或 S^2 表示。在抽样估计中，样本方差 S^2 是总体方差 σ^2 的无偏估计。

标准差的意义与平均差基本相同，都是表示总体各单位变量值对其算术平均数的平均离差。但在数学处理上，标准差与平均差有所不同，它采用计算平方的方法来消除离差的正负号。标准差是统计中最常用的标志变异指标。

根据掌握的资料不同，标准差采用简单平均法和加权平均法两种计算方法。

1. 简单平均法

对于未分组的资料，计算标准差采用简单平均法，计算公式为：

$$\sigma = \sqrt{\frac{\sum (x - \bar{x})^2}{n}} \tag{5-30}$$

【例 5-22】 仍以【例 5-20】中的资料为例，说明用简单平均法计算标准差的方法，见表 5-16。

表 5-16 甲、乙两组队员身高标准差计算表

甲队			乙队		
身高 x (cm)	$x - \bar{x}$	$(x - \bar{x})^2$	身高 x (cm)	$x - \bar{x}$	$(x - \bar{x})^2$
176	-7	49	177	-5	25
180	-3	9	179	-3	9
183	0	0	182	0	0
186	3	9	184	2	4
190	7	49	188	6	36
合计	—	116	合计	—	74

解：根据表 5-16 资料计算：

$$\bar{x}_甲 = \frac{\sum x}{n} = 183 \quad (cm) \qquad \bar{x}_乙 = \frac{\sum x}{n} = 182 \quad (cm)$$

$$\sigma = \sqrt{\frac{\sum (x - \bar{x})^2}{n}} = \sqrt{\frac{116}{5}} = 48.2 \text{ (cm)}$$

$$\sigma = \sqrt{\frac{\sum (x - \bar{x})^2}{n}} = \sqrt{\frac{74}{5}} = 3.85 \text{ (cm)}$$

甲组队员身高的标准差大于乙组队员，说明乙组队员的身高差异程度比甲组小，其平均数的代表性要好于甲组。

2. 加权平均法

对于已分组资料，计算标准差采用的是加权平均法。计算公式为：

$$\sigma = \sqrt{\frac{\sum (x - \bar{x})^2 f}{\sum f}} \tag{5-31}$$

【例5-23】 仍以【例5-21】中的资料为例，说明用加权平均法计算标准差的方法，见表5-17。

表5-17 某企业工人日产量标准差计算表

日产量(件)	工人数(人)f	组中值(件)x	$x - \bar{x}$	$(x - \bar{x})^2$	$(x - \bar{x})^2 f$
10～20	5	15	-17	289	1445
20～30	15	25	-7	49	735
30～40	20	35	3	9	180
40～50	10	45	13	169	1690
合计	50	—	—	—	4050

解：由5-17表中资料计算各组组中值分别为：15，25，35，45。

$$\bar{x} = \frac{\sum xf}{\sum f} = \frac{5 \times 15 + 15 \times 25 + 20 \times 35 + 10 \times 45}{5 + 15 + 20 + 10} = \frac{1600}{50} = 32 (\text{件})$$

$$\sigma = \sqrt{\frac{\sum (x - \bar{x})^2 f}{\sum f}} = \sqrt{\frac{4050}{50}} = 9 (\text{件})$$

计算结果表明，该生产部门50个工人的日产量的标准差为9件。

(四) 变异系数

以上计算的各种变异指标，包括全距、平均差和标准差都是反映标志变异程度的绝对指标，必须在两个数列平均数基本一致，以及两个数列的性质、内容、计算单位一致的情况下，才能直接进行分析对比。这些变异指标的大小不仅受总体各单位变量值离散程度的影响，而且还受到变量值自身水平高低的影响。对于两组数据而言，数值偏大的组和数值偏小的组不能直接利用标准差反映其变动的差异程度，例如，标准差都是2kg，对猪和鸡的体重变化来说，意义是不同的，2kg的标准差对50kg以上的猪的体重来说，不显其变动剧烈，但对鸡的体重来说影响就很大了。

因此，当两个数列的平均水平、内容或计量单位不一样时，要比较数列变异程度的大小,不能简单地用绝对值变异指标进行差异程度对比,而必须采用反映变量值变异程度的相对指标,即变异系数来比较。

变异系数(coefficient of variation),又称离散系数或标志变动系数,它是各种标志变异指标与其相应的平均指标对比得到的相对指标,从而反映总体各单位变量值之间离散的相对程度,一般用字母 V 表示。反映标志变异程度的各种绝对指标都可以计算变异系数,有全距系数、平均差系数和标准差系数,其中,以标准差系数在实际应用中较为普遍。下面分别对三种标志变异系数予以介绍:

1. 全距系数

全距系数是全距与其相应的平均数相对比得到的相对指标,用 V_R 表示。

$$V_R = \frac{R}{\bar{x}} \times 100\% \tag{5-32}$$

2. 平均差系数

平均差系数是平均差与其相应的平均数相对比得到的相对指标,用 $V_{A.D}$ 表示。

$$V_{A.D} = \frac{A.D}{\bar{x}} \times 100\% \tag{5-33}$$

3. 标准差系数

标准差系数是标准差与其相应的平均数相对比得到的相对指标,用 V_σ 表示。

$$V_\sigma = \frac{\sigma}{\bar{x}} \times 100\% \tag{5-34}$$

【例 5-24】 有两组工人日产量见表 5-18。

表 5-18 甲、乙组工人日产量表

甲组日产量(件)	60	65	70	75	80
乙组日产量(件)	2	5	7	9	12

要求:计算比较甲乙两组哪个工人的日产量水平代表性更高?

解: $\bar{x}_甲 = \frac{350}{5} = 70$ (件) $\bar{x}_乙 = \frac{35}{5} = 7$ (件)

$\sigma_甲 = 7.07$ (件) $\sigma_乙 = 3.41$ (件)

计算两者的标准差系数分别为:

$$V_甲 = \frac{7.07}{70} \times 100\% = 10.1\%$$

$$V_乙 = \frac{3.41}{7} \times 100\% = 48.7\%$$

计算结果表明,甲组工人日产量的标准差系数比乙组的小,说明甲组工人日产量的离散程度低于乙组。因此,甲组工人的日产量代表性比乙组高。

三、交替标志的标准差和方差

(一) 交替标志的概念

有些社会经济现象的特征，只表现为两种性质上的差异，例如，产品的质量表现为合格或不合格；对某一电视节目，观众表现为收看或不看；农田按灌溉情况分为水浇田或旱田等。这些只表现为是或否、有或无的标志称为交替标志，也称作是非标志。在进行抽样估计时，交替标志的标准差或方差有重要意义。

(二) 成数

总体中，交替标志只有两种表现，我们把具有某种表现或不具有某种表现的单位数占全部总体单位数的比重称为成数。例如，一批产品共2000件，合格品1900件，不合格品100件，合格品占全部产品的95%（1900/2000），不合格品占全部产品的5%（100/2000），在这里95%和5%均为成数。若用N_1表示具有某种标志表现的单位数，N_0表示不具有这种标志表现的单位数，N表示总体单位数，成数可写为：

$$p = \frac{N_1}{N} \text{ 或 } q = \frac{N_0}{N} \tag{5-35}$$

式中　p——具有某种标志的成数；

　　　q——不具有某种标志的成数。

同一总体两种成数之和等于1，用公式表示为：

$$p + q = 1 \text{ 或 } q = 1 - p \tag{5-36}$$

如上例中产品的合格品率(95%)与不合格品率(5%)之和等于1。

(三) 交替标志的平均数

交替标志体现了现象质的差别，因此计算其平均数首先需要将交替标志的两种表现进行量化处理。一般用"1"表示具有某种表现，用"0"表示不具有某种表现，如在前例中，以"1"代表合格，以"0"代表不合格，然后以"1"和"0"作为变量值x_i，计算其加权算术平均数。其公式为：

$$\bar{x} = \frac{\sum xf}{\sum f} = \frac{1 \times N_1 + 0 \times N_0}{N_1 + N_0} = \frac{N_1}{N_1 + N_0} = \frac{N_1}{N} = p \tag{5-37}$$

或

$$\bar{x} = \sum x \frac{f}{\sum f} = 1 \times p + 0 \times q = p$$

【例 5-25】 仍用前面例子说明，见表5-19。

表 5-19 交替标志平均数计算表

交替标志	变量 x	单位数 N(件)	成数(%)
合格	1	1900	95
不合格	0	100	5
合计	—	2000	100

解：

$$\bar{x} = \frac{\sum xf}{\sum f} = \frac{1 \times 1900 + 0 \times 100}{1900 + 100} = \frac{1900}{2000} = 95\%$$

或

$$\bar{x} = \sum x \frac{f}{\sum f} = 1 \times 95\% + 0 \times 5\% = 95\%$$

可以看出，交替标志的平均数即为被研究标志表现的成数（此例为合格品占全部产品的比重，即合格率）。

(四) 交替标志的标准差

根据前面所述标准差的计算方法，交替标志的标准差是将变量值"1""0"分别减去其平均数"p"的离差平方的平均数再开平方，具体计算公式为：

$$\begin{aligned}\sigma &= \sqrt{\frac{\sum(x-\bar{x})^2 f}{\sum f}} = \sqrt{\frac{(1-p)^2 N_1 + (0-p)^2 N_0}{\sum f}} \\ &= \sqrt{(1-p)^2 \frac{N_1}{N} + (0-p)^2 \frac{N_0}{N}} \\ &= \sqrt{(1-p)^2 p + (0-p)^2 q} \\ &= \sqrt{pq(q+p)} = \sqrt{pq} = \sqrt{p(1-p)}\end{aligned} \quad (5\text{-}38)$$

由此可见，交替标志的标准差是被研究的标志表现的成数 p 与另一种表现 $(1-p)$ 乘积的算术平方根。

根据前述计算已知合格品的成数（即合格率）为 95%，所以其标准差为：

$$\sigma = \sqrt{p(1-p)} = \sqrt{95\% \times 5\%} = 21.79\%$$

第三节 偏度与峰度

集中趋势和离中趋势是数据分布的两个重要特征，分布数列的集中趋势一般用平均指标来反映，分散程度则用标准差等变异指标反映。但是，即使是平均数与标准差相同的两个总体，其分布的形式也可能不完全相同，原因是分布数列的对称程度不同。因此，要全面了解数据分布的特点，还需要知道数据分布的形状是否对称、偏斜的程度以及分布的扁平程度等。偏度和峰度就是对这些分布特征的描述。

一、偏 度

偏度(skewness)是表示分布数列的分布特征的指标之一，指数据分布的偏斜方向及程度。从前面的内容中我们已经知道，分布数列有对称分布和不对称分布的，不对称分布即是有偏度。在有偏度的分布中，又有两种不同的形态，即左偏和右偏。我们可以利用众数、中位数和算术平均数之间的关系判断分布数列是左偏还是右偏，但要度量分布偏斜的程度，就需要计算偏度系数 α。

偏度系数的计算方法很多，这里仅介绍两种：算术平均数与众数比较法、动差法。

1. 算术平均数与众数比较法

任何一个分布数列的算术平均数与众数之间的差异情况，与这个分布数列的形态有固定关系。若分布数列是对称的，则算术平均数、众数和中位数三者是一致的。若分布数列为偏态分布，算术平均数、众数和中位数是彼此分离的，但中位数始终处在均值与众数之间，因此将算术平均数与众数的距离作为测定偏斜程度的一个尺度。即：

$$\alpha = \bar{x} - M_o \tag{5-39}$$

当 $\bar{x} = M_o$ 时，$\alpha = 0$，分布数列是对称的正态分布；当 $\bar{x} > M_o$ 时，$\alpha > 0$，说明总体的算术平均数大于众数，算术平均数在中位数的右边，众数在中位数的左边，分布数列属于右偏分布（或正偏斜）；反之，当 $\bar{x} < M_o$，$\alpha < 0$ 时，分布数列属于左偏分布（或负偏斜）。$|\alpha|$ 的大小可以说明分布数列的偏斜程度的大小。$|\alpha|$ 越大，说明分布数列的偏斜程度越大，反之则越小。

若各总体的平均水平不同，就不能仅用绝对数形式的偏度系数来比较总体之间的偏斜程度，而必须采用其相对数形式来测量。用算术平均数与众数之间的差除以标准差，即可求得偏度系数，计算公式为：

$$\alpha = \frac{\bar{x} - M_o}{\sigma} \tag{5-40}$$

当 $\bar{x} = M_o$ 时，$\alpha = 0$，表明频数分布是对称的；当 $\bar{x} > M_o$ 时，$\alpha > 0$ 时，表明频数分布右偏，偏度系数越大，表明右偏程度越大；若 $\bar{x} < M_o$，$\alpha < 0$，表明频数分布左偏，偏度系数越小，表示左偏程度越大。

2. 动差法

动差又称矩，原是物理学上用以表示力与力臂对重心关系的术语，这个关系和统计学中变量与权数对平均数的关系在性质上很类似，所以统计学也用动差来说明频数分布的性质。

一般地说，取变量的 a 值为中点，所有变量值与 a 之差的 K 次方的平均数称为变量 X 关于 a 的 K 阶动差。用公式表示即为：

$$\frac{\sum (X - a)^K}{N}$$

当 $a = 0$ 时，即变量以原点为中心，上式称为 K 阶原点动差，用大写英文字母 M 表示。

一阶原点动差：$M_1 = \frac{\sum X}{N}$，即算术平均数；

二阶原点动差：$M_2 = \dfrac{\sum X^2}{N}$，即平方平均数；

三阶原点动差：$M_3 = \dfrac{\sum X^3}{N}$，等。

当 $a = \bar{X}$ 时，即变量以算术平均数为中心，上式称为 K 阶中心动差，用小写英文字母 m 表示。

一阶中心动差：$m_1 = \dfrac{\sum (X - \bar{X})}{N} = 0$；

二阶中心动差：$m_2 = \dfrac{\sum (X - \bar{X})^2}{N} = \sigma^2$；

三阶中心动差：$m_3 = \dfrac{\sum (X - \bar{X})^3}{N}$，等。

需要注意的是，计算各阶原点动差和各阶中心动差，如果依据的资料是分组资料，则应用各组的频数或频率加权平均。由于中心动差计算起来比较繁杂，而计算原点动差相对比较简单，通常多从原点动差来推算中心动差。只要展开中心动差的各项，就容易求得它与原点动差的关系。

$m_1 = M_1 - M_1 = 0$；
$m_2 = M_2 - M_1^2$；
$m_3 = M_3 - 3M_2 M_1 + 2M_1^3$；
$m_4 = M_4 - 4M_3 M_1 + 6M_2 M_1^2 - 3M_1^4$，等。

采用动差法计算偏度系数是用变量的三阶中心动差 m_3 与 σ^3 进行对比，计算公式为：

$$\alpha = \dfrac{m_3}{\sigma^3} \tag{5-41}$$

当分布对称时，变量的三阶中心动差 m_3 由于离差三次方后正负相互抵消而取得 0 值，则 $\alpha = 0$；当分布不对称时，正负离差不能抵消，就形成正的或负的三阶中心动差 m_3。当 m_3 为正值时，表示正偏离差值比负偏离差值要大，可以判断为正偏或右偏；反之，当 m_3 为负值时，表示负偏离差值比正偏离差值要大，可以判断为负偏或左偏。$|m_3|$ 越大，表示偏斜的程度就越大。由于三阶中心动差 m_3 含有计量单位，为消除计量单位的影响，就用 σ^3 去除 m_3，使其转化为相对数。同样地，α 的绝对值越大，表示偏斜的程度就越大。

【例 5-26】 某地区农民家庭人均收入数据见表 5-20，试利用表中资料计算偏度系数。

表 5-20　某地区农民家庭人均收入数据偏度计算表

按年人均收入分组（元）	组中值 X_i	户数比重 P_i	$X_i P_i$	$(X_i - \bar{X})^3 P_i$	$(X_i - \bar{X})^4 P_i$
1000 ~ 1200	1100	0.08	88	−9761914.9	4841909780.0
1200 ~ 1400	1300	0.16	208	−4149493.8	1228250153.0
1400 ~ 1600	1500	0.35	525	−309657.6	29727129.6
1600 ~ 1800	1700	0.20	340	224972.8	23397171.2
1800 ~ 2000	1900	0.09	171	2528501.8	768664535.0

(续)

按年人均收入分组(元)	组中值 X_i	户数比重 P_i	$X_i P_i$	$(X_i - \overline{X})^3 P_i$	$(X_i - \overline{X})^4 P_i$
2000～2200	2100	0.07	147	8961684.5	4516688978.0
2200～2400	2300	0.04	92	13956546.6	9825408778.0
2400～2600	2500	0.01	25	7387632.6	6678419907.0
合计	—	1.0	1596	18838272.0	27912466431.8

解: $\overline{X} = \sum X_i \dfrac{f}{\sum f} = \sum X_i P_i = 1596$（元）

$$\sigma = \sqrt{\sum (X_i - \overline{X})^2 \dfrac{f}{\sum f}} = \sqrt{\sum (X_i - \overline{X})^2 P_i} = 305.26 \text{（元）}$$

$$m_3 = \sum (X_i - \overline{X})^3 \dfrac{f}{\sum f} = \sum (X_i - \overline{X})^3 P_i = 18838272 \text{（元）}$$

将计算结果代入式(5-41)得:

$$\alpha = \dfrac{m_3}{\sigma^3} = \dfrac{18838272}{(305.26)^3} = 0.662$$

从计算结果可以看出，偏度系数为正值，而且数值较大，说明该地区农民家庭人均收入的分布为右偏分布，即人均收入较少的家庭占多数，而人均收入较高的家庭则占少数，而且偏斜的程度较大。

二、峰 度

峰度(kurtosis)是用来衡量分布的集中程度或分布曲线的尖峭程度的指标，一般用 β 来表示。

峰度的计算公式如下:

$$\beta = \dfrac{m_4}{\sigma^4} - 3 \tag{5-42}$$

分布曲线的尖峭程度与偶数阶中心动差的数值大小有直接的关系，m_2 是方差，于是就以四阶中心动差 m_4 来度量分布曲线的尖峭程度。m_4 是绝对数，含有计量单位，为消除计量单位的影响，将 m_4 除以 σ^4，就得到无量纲的相对数。衡量分布的集中程度或分布曲线的尖峭程度往往是以正态分布的峰度作为比较标准的。在正态分布条件下，$m_4/\sigma^4 = 3$，将各种不同分布的尖峭程度与正态分布比较，即 m_4/σ^4 减 3，就得到了峰度 β 的测定公式。

当峰度 $\beta > 0$ 时，表示分布的形状比正态分布更瘦更高，这意味着分布比正态分布更集中在平均数周围，这样的分布称为尖峰分布，如图 5-4(a) 所示；$\beta = 0$ 时，分布为正态分布；$\beta < 0$，表示分布比正态分布更矮更胖，意味着分布比正态分布更分散，这样的分布称为平峰分布如图 5-4(b) 所示。

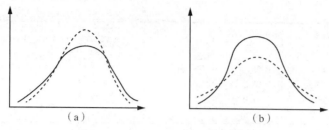

图 5-4 尖峰分布与平峰分布示意图
(a)尖峰分布(虚线)　(b)平峰分布(虚线)

【例 5-27】 根据【例 5-26】中的数据，计算农民家庭人均收入分布的峰度系数。

解：$m_4 = \sum (X_i - \bar{X})^4 \dfrac{f}{\sum f} = \sum (X_i - \bar{X})^4 P_i = 27912466431.8$ （元）

$$\beta = \dfrac{m_4}{\sigma^4} - 3 = \dfrac{27912466431.8}{(305.26)^4} - 3 = 3.22 - 3 = 0.22$$

由于 $\beta = 0.22 > 0$，说明该地区农民家庭人均收入的分布为尖峰分布，说明低收入家庭占有较大的比重。

第四节　Excel 在平均指标和标志变异指标中的应用

一、用集中趋势函数和变异函数计算

(一)集中趋势函数

常用的集中趋势函数有：AVERAGE(算术平均数)，HARMEAN(调和平均数)，GEOMEAN(几何平均数)，MEDIAN(中位数)，MODE(众数)，QUARTILE(四分位数)等。

【例 5-28】 2010 级统计班 50 名学生统计学考试成绩见表 5-21，利用 Excel 计算集中趋势函数。

表 5-21　50 名同学统计学成绩

序号	成绩	序号	成绩	序号	成绩	序号	成绩	序号	成绩
1	50	11	62	21	67	31	76	41	80
2	58	12	66	22	69	32	77	42	82
3	59	13	91	23	70	33	91	43	72
4	64	14	54	24	72	34	95	44	73
5	72	15	61	25	74	35	85	45	84
6	71	16	86	26	87	36	51	46	75
7	69	17	61	27	74	37	97	47	86
8	68	18	81	28	75	38	99	48	75
9	74	19	63	29	75	39	83	49	88
10	84	20	65	30	78	40	79	50	90

计算步骤如下：

第一步：打开新建的 Excel 工作表，选择 B 列作为输入列，在 B 列的第二个单元格中输入"成绩"，在 B3 到 B52 中输入 2010 级统计班 50 名学生统计学的考试成绩。

第二步：选择 F 列作为输出列，依次进行函数运算。在此以算术平均数为例，首先将鼠标停在输出单元格 F4 上，单击插入函数 f_x，弹出插入函数对话框。

第三步，在插入函数对话框中，选择函数类别"统计"，在出现的统计函数名称中，双击算术平均数的计算函数 AVERAGE，出现函数参数对话框，如图 5-5 所示。在"Number1"中输入数值范围"b3：b52"，按"确定"即可得到计算的 AVERAGE 值，即算术平均数，其值为 74.76，如图 5-6 所示。

按照同样的方法可以得到调和平均数、几何平均数、中位数和众数。

图 5-5　插入函数对话框

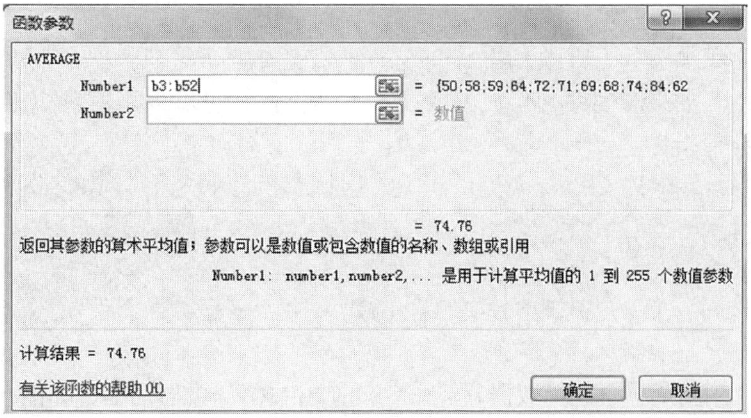

图 5-6　算术平均数的函数参数输入对话框

（二）变异函数

常用的集中趋势函数有：AVEDEV（平均差），STDEV（标准差），VAR（方差），KURT（峰度），SKEW（偏度）。

用 Excel 计算变异函数的步骤与集中趋势值的计算完全相同，在此从略。集中趋势函数和变异函数的输出结果如图 5-7 所示。

	A	B	C	D	E	F
1			2010级统计班50名学生统计学考试成绩及函数计算表			
2	序号	成绩		指标名称	输入函数	计算结果
3	1	50				
4	2	58		算术平均数	=AVERAGE(B3:B52)	74.76
5	3	59		调和平均数	HARMEAN(B3:B52)	72.89485939
6	4	64		几何平均数	GEOMEAN(B3:B52)	73.84164136
7	5	72		众 数	MODE(B3:B52)	75
8	6	71		中位数	MEDIAN(B3:B52)	74.5
9	7	69		四分位数(Q1)	QUARTILE(B3:B52,1)	67.25
10	8	68		四分位数(Q2)	QUARTILE(B3:B52,2)	74.5
11	9	74		四分位数(Q3)	QUARTILE(B3:B52,3)	83.75
12	10	84				
13	11	62				
14	12	66		平均差	AVEDEV(B3:B52)	9.2
15	13	91		标准差	STDEV(B3:B52)	11.66638289
16	14	54		方 差	VAR(B3:B52)	136.1044898
17	15	61		偏 度	SKEW(B3:B52)	-0.034508798
18	16	86		峰 度	KURT(B3:B52)	-0.394813481

图 5-7　2010 级统计班 50 名学生统计学考试成绩及函数计算结果

当然，各函数的计算也可以直接采用输入函数的办法，如算术平均数的计算可以在输出单元格中直接输入函数"＝AVERAGE(B3：B52)"，按回车键"Enter"即可得到计算结果。

二、用"描述性统计"进行计算

除利用统计函数完成基本统计计算外，Excel 还在"数据分析"宏程序中提供了一个"描述性统计"过程，"描述性统计"宏过程通常适用于静态空间分布的单变量数列特征值指标的计算，如果测定的是反映动态时间变动的单因素时间序列数据，则应先检验时间序列数据的随机性，如果时间序列形成的曲线具有随机性，也可以用此分析工具测定其动态变动趋势的特征值指标。

【例 5-29】　对【例 5-28】，用 Excel 提供的"描述性统计"宏过程，计算变量数列分布的特征值指标。

计算步骤如下：

第一步：打开一个 Excel 新工作表，在 A 列中输入序号，B 列中输入成绩，并在第一个数值上方的单元格中键入序号和成绩。

第二步：从工具菜单中选择数据分析命令，弹出数据分析对话框，如图 5-8 所示。双击"描述统计"，显示对话框，对话框是带有输入、输出和有关测定项目的选择框，如图 5-9 所示。

图 5-8　数据分析对话框

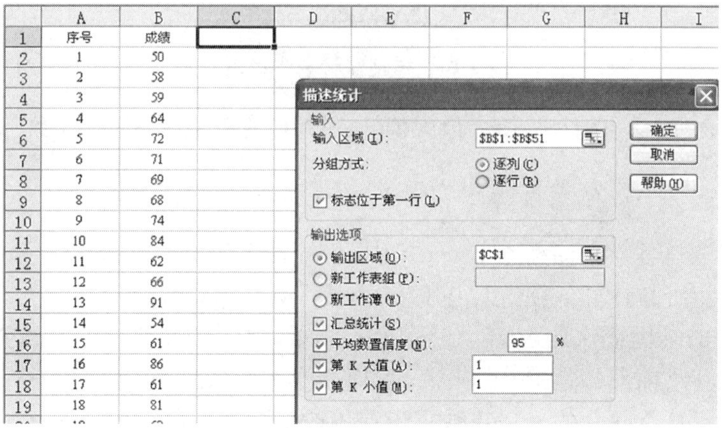

图 5-9　描述统计对话框

第四步：勾选标志这一选项。选择该项是为了说明输入区域和接收区域的单元格范围引用中，第一行为标志名称，而非数据，如图 5-9 所示。

第五步：为了得到分布特征值的测定结果，必须在输出选项中勾选"汇总统计"，而置信度选项默认值的置信水平为 95%。如果用户还想知道分析数据中排列为第 K 个最大变量值，可选"第 K 大值"的选项，一般的默认值为 1，即最大值。此外，也可以在"第 K 小值"的选项中作同样的选择，以得到第 K 个最小值，如图 5-9 所示。

第六步：在"描述统计"的输出选项中必须确定所要显示的输出结果所处的工作表区域，有两种选择，即新设工作表和原始工作表。如果输出结果位于原始数据所在的原始工作表上，可以把光标点定在选定范围的左上角的某个单元格上，但须注意防止输出内容与原始数据覆盖和重叠。如果输出结果将位于新设工作表上，可以在选项框中输入新设工作表的名称。

第七步：单击确定。Excel 的"描述统计"分析工具将计算出数据数列的分布特征值指标并将结果显示在输出区域中，如图 5-10 所示。"描述统计"分析工具输出结果有关指标的解释：平均（算术平均数）；标准误差（抽样平均误差）；中值（中位数）；模式（众数）；标准偏差（标准差）；样本方差（方差）；峰值（峰度）；偏斜度（偏度）；区域（全距）；最小

	A	B	C	D	E
1	序号	成绩	成绩		
2	1	50			
3	2	58	平均	74.76	
4	3	59	标准误差	1.649875691	
5	4	64	中位数	74.5	
6	5	72	众数	75	
7	6	71	标准差	11.66638289	
8	7	69	方差	136.1044898	
9	8	68	峰度	-0.394813481	
10	9	74	偏度	-0.034508798	
11	10	84	区域	49	
12	11	62	最小值	50	
13	12	66	最大值	99	
14	13	91	求和	3738	
15	14	54	观测数	50	
16	15	61	最大(1)	99	
17	16	86	最小(1)	50	
18	17	61	置信度(95.0%)	3.315549271	

图 5-10 描述统计量计算表

值(第 K 个最小值);最大值(第 K 个最大值);求和(变量值求和);计数(总频数)。

三、用 Excel 构造公式计算

根据未分组资料可以直接利用 Excel 提供的"统计函数"或"数据分析"计算相应的指标数值,但根据分组资料计算各项统计指标,可通过构造公式来完成。

公式中元素的结构或次序决定了最终计算结果。Microsoft Excel 中的公式遵循一个特定的语法或次序:最前面的是等号(=),后面是参与计算的元素(运算数),这些参与运算的元素是通过运算符隔开的,运算数可以是不改变的数值(常数数值),也可以是单元格或单元格区域等。常用的运算符有: + (加号)、- (减号)、* (乘号)、/(除号)、^(乘方)、%(百分比)等。

【例 5-30】 对某地大学生月消费支出情况进行了问卷调查,资料见表 5-22,用 Excel 计算月消费支出额的算术平均数、方差和标准差。

表 5-22 对某地大学生月消费支出情况资料

月消费支出额(元)	组中值(元)	调查人数(人)	月消费总额(元)
200 以下	150	80	12000
200～300	250	200	50000
300～400	350	280	98000
400～500	450	190	85500
500～600	550	110	60500
600 以上	650	60	39000
合计	—	920	345000

计算步骤如下:

第一步:打开一个 Excel 新工作表,在 A 列的第一个单元格中输入"月消费支出额"这一分组标志,从 A 列的第二个单元格开始输入分好的各组;在 B 列的第一个单元格中输入"组中值"字样,从 B 列的第二个单元格开始输入各组的组中值;同样,在 C 列的第一个

单元格输入"调查人数"字样，从第二个单元格开始输入各组的调查人数，如图 5-11 所示。

第二步：用鼠标单击单元格 B12，输入构造公式：=SUM((B4:B9)*(C4:C9))/SUM(C4:C9)，然后同时按下"Ctrl、Shift、Enter"键，就得到加权算术平均数 375 元；鼠标单击单元格 D12，然后单击编辑公式"="，输入构造的公式：SUM((((B4:B9)-375)^2)*(C4:C9))/C10，同时按下"Ctrl、Shift、Enter"键，就得到方差 17744.57；同样，用鼠标框住单元格 F12，输入构造的公式：=D12^(1/2)，并按下"确定"就得到标准差 133.21。计算结果如图 5-11 所示。

当然，也可以分步计算，请自己设计并操作。

	A	B	C	D	E	F	G
1			大学生月消费支出额的算术平均数、方差和标准差Excel计算表				
2	月消费支出额（元）	组中值（元）	调查人数（人）	月消费总额（元）	$x-\bar{x}$	$(x-\bar{x})^2$	$(x-\bar{x})^2 f$
3		x	f	xf			
4	200以下	150	80	12000	-225	50625	4050000
5	200-300	250	200	50000	-125	15625	3125000
6	300-400	350	280	98000	-25	625	175000
7	400-500	450	190	85500	75	5625	1068750
8	500-600	550	110	60500	175	30625	3368750
9	600以上	650	60	39000	275	75625	4537500
10	合计	—	920	345000	150	178750	16325000
11							
12	算术平均数	375	方差	17744.57	标准差	133.21	

图 5-11 Excel 构造公式计算表

本章小结

平均指标是指在同质总体中，表明某一数量标志在一定时间、地点条件下所达到的一般水平的综合指标，它的数值表现形式是平均数，所以通常称为统计平均数。平均指标反映了变量分布的集中趋势，它是变量分布的重要特征值。平均指标按其反映的时态不同，可以分为静态平均数和动态平均数。静态平均数按其度量方法的不同，又分为数值平均数和位置平均数。数值平均数是根据数列中的每一个数值或变量值计算的平均数，包括算术平均数、调和平均数和几何平均数。位置平均数是根据某数值在数列中所处的特殊位置而确定的平均数，包括众数、中位数等。

变异指标又称标志变动度，它是反映总体各单位变量值之间差异程度或离散趋势的指标。变异指标着重表明总体各单位变量值的差别程度，以反映变量值的离中趋势。按照变异指标计算方法的不同，可将其分为：全距、平均差、标准差以及离散系数等。

交替标志是只表现为是或否、有或无的标志，也称作是非标志。在进行抽样估计时，交替标志的标准差或方差有重要意义。交替标志的平均数 $\bar{x}=p$，交替标志的标准差 $\sigma=\sqrt{pq}$，p 和 q 分别表示具有与不具有某种标志的成数。

偏度指数据分布的偏斜方向及程度。偏度系数的计算方法有算术平均数与众数比较法、动差法等，一般用 α 来表示。峰度是用来衡量分布的集中程度或分布曲线的尖峭程度的指标，一般用 β 来表示，$\beta=\dfrac{m_4}{\sigma^4}-3$。

▲ 思考与练习

一、选择题

1. 平均指标反映了（　　）。
   A. 总体分布的集中趋势 B. 总体分布的离中趋势
   C. 总体分布的离散趋势 D. 总体变动的趋势
2. 加权算术平均数的大小（　　）。
   A. 受各组次数 f 的影响最大 B. 受各组变量值 x 的影响最大
   C. 只受各组变量值 x 的影响 D. 受各组次数 f 和各组变量值 x 的共同影响
3. 根据变量数列计算平均数时，在下列哪种情况下，加权算术平均数等于简单算术平均数（　　）。
   A. 各组次数递增 B. 各组次数大致相等 C. 各组次数相等 D. 各组次数不相等
4. 已知某局所属 12 个工业企业的职工人数和工资总额，要求计算该局职工的平均工资，应该采用（　　）。
   A. 简单算术平均法 B. 加权算术平均法 C. 加权调和平均法 D. 几何平均法
5. 已知 5 个水果商店苹果的单价和销售额，要求计算 5 个商店苹果的平均单价，应该采用（　　）。
   A. 简单算术平均法 B. 加权算术平均法
   C. 加权调和平均法 D. 几何平均法
6. 在某城市随机抽取 13 个家庭，调查得到每个家庭的人均月收入数据如下：1080、750、1080、850、960、2000、1250、1080、760、1080、950、1080、660，则其众数和中位数分别为（　　）。
   A. 1080，1600 B. 1080，1080 C. 950，1250 D. 750，1080
7. 在下列两两组合的平均指标中，不受极端值影响的两个平均数是（　　）。
   A. 算术平均数和调和平均数 B. 几何平均数和众数
   C. 调和平均数和众数 D. 众数和中位数
8. 对于对称分布的数据，众数、中位数和平均数的关系是（　　）。
   A. 众数 > 中位数 > 平均数 B. 众数 = 中位数 = 平均数
   C. 平均数 > 中位数 > 众数 D. 中位数 > 众数 > 平均数
9. 离中趋势指标中，最容易受极端值影响的是（　　）。
   A. 全距 B. 平均差 C. 标准差 D. 标准差系数
10. 2012 年某地区甲、乙两类职工的月平均收入分别为 1060 元和 3350 元，标准差分别为 230 元和 680 元，则职工平均收入的代表性（　　）。
    A. 甲类较大 B. 乙类较大 C. 两类相同 D. 在两类之间缺乏可比性
11. 加权算术平均数和加权调和平均数计算方法的选择，应根据已知资料的情况而定（　　）。
    A. 如果掌握基本公式的分母用加权算术平均数计算
    B. 如果掌握基本公式的分子用加权算术平均数计算
    C. 如果掌握基本公式的分母用加权调和平均数计算
    D. 如果掌握基本公式的分子用加权调和平均数计算
    E. 如无基本公式的分子、分母，则无法计算平均数
12. 利用全距说明标志变异程度（　　）。
    A. 没有考虑中间变量值的变异程度 B. 能反映所有变量值的变异程度
    C. 容易受极端值的影响 D. 不受极端值的影响
    E. 仅考虑变量值的最大值与最小值

13. 数据的分布特征可以从哪几个方面测度和描述(　　)。
    A. 集中趋势　　　　　　　　　　B. 分布的偏态
    C. 分布的峰态　　　　　　　　　D. 离散程度
    E. 长期趋势

14. 根据变量值在总体中所处的特殊位置确定的平均指标有(　　)。
    A. 算术平均数　　　　　　　　　B. 调和平均数
    C. 几何平均数　　　　　　　　　D. 众数
    E. 中位数

15. 几何平均数的计算公式有(　　)。
    A. $\sqrt[n]{X_1 X_2 \cdots X_{n-1} X_n}$　　　　　　B. $\dfrac{X_1 X_2 \cdots X_{n-1} X_n}{n}$
    C. $\dfrac{\dfrac{X_1}{2} + X_2 + \cdots + X_{n-1} + \dfrac{X_n}{2}}{n-1}$　　　D. $\sqrt[\sum f]{\prod X^f}$
    E. $\sqrt[n]{\prod X}$

二、判断题

1. 总量指标和平均指标反映了现象总体的规模和一般水平，但掩盖了总体各单位的差异情况，因此通过这两个指标不能全面认识总体的特征。　　　　　　　　　　　　　　　　　　　　(　　)
2. 按人口平均的粮食产量是一个平均数。　　　　　　　　　　　　　　　　　　　　　(　　)
3. 权数可以是一个有经济含义的指标。　　　　　　　　　　　　　　　　　　　　　　(　　)
4. 在频数分布中，无论是向上累计还是向下累计，最后累计次数都等于总体单位数，累计频率都等于100%。　　　　　　　　　　　　　　　　　　　　　　　　　　　　　　　　　　　　(　　)
5. 各个变量值与算术平均数的离差之和等于零。　　　　　　　　　　　　　　　　　　(　　)
6. 当各变量值的连乘积等于总比率或总速度时，宜采用几何平均法计算平均数。　　　　(　　)
7. 是非标志的标准差是总体中两个成数的几何平均数。　　　　　　　　　　　　　　　(　　)
8. 总体中各变量值之间的差异程度越大，标准差就越小。　　　　　　　　　　　　　　(　　)
9. 若两组数据的平均数与标准差均相同，则其分布也是相同的。　　　　　　　　　　　(　　)
10. 平均指标反映总体的离中趋势，标志变异指标反映总体的集中趋势。　　　　　　　(　　)

三、简答题

1. 什么是平均指标？在社会经济统计中，平均指标有哪些作用？
2. 什么是权数？其实质是什么？
3. 加权算术平均数和加权调和平均数有什么关系？它们分别都在哪些条件下应用？
4. 什么是几何平均数？它一般运用于哪些条件下？应如何计算？
5. 什么是众数和中位数？它们与算术平均数三者之间的关系如何？
6. 什么是变异指标？它有什么作用？常见的变异指标有哪几种形式？
7. 为什么要计算离散系数？如何运用离散系数判断平均数的代表性？
8. 什么是偏度和峰度？如何度量？

四、计算题

1. 某地区销售某种商品的价格和销售量资料如下：

商品规格	销售价格(元)	各组商品销售量占总销售量的比重(%)
甲	20~30	20
乙	30~40	50
丙	40~50	30

要求：根据资料计算三种规格商品的平均销售价格。

2. 某厂三个车间一季度生产情况如下：

品种	价格(元/千克)	甲市场成交额(万元)	乙市场成交量(万千克)
甲	1.2	2	2
乙	1.4	2.8	1
丙	1.5	1.5	1

试问该农产品哪一个市场的平均价格比较高。

3. 某乡镇3000户农户年收入额的分组资料如下表，要求：计算确定其中位数及众数。

年收入额(元)	农户数(户)	年收入额(元)	农户数(户)
500~600	240	900~1000	270
600~700	480	1000~1100	210
700~800	1050	1100~1200	120
800~900	600	1200~1300	30

4. 甲、乙两个生产小组，甲组平均每个工人的日产量为36件，标准差为9.6件；乙组工人日产量资料如下表，要求计算乙组平均每个工人的日产量，并比较甲、乙两个生产小组中哪个组的日产量更有代表性？

日产量(件)	工人数(人)
10~20	18
20~30	39
30~40	31
40~50	12

5. 某班级25名学生的统计学考试成绩数据如下：
89，95，98，95，73，86，78，67，69，82，84，89，93
91，75，86，88，82，53，80，79，81，70，87，60
要求：(1)计算该班统计学成绩的均值、中位数；
(2)计算该班统计学成绩的方差、标准差。

第六章 时间序列分析

本章提要

通过本章学习,掌握时间序列分析的概念、编制原则;掌握时间序列的水平指标和速度指标计算方法和应用条件;掌握长期趋势的概念及各种测定方法;掌握季节变动和循环变动的概念及测定方法。

客观现象都是处在不断发展变化之中,对现象发展变化的规律,不仅要从内部结构、相互关联去认识,而且还应随时间演变的过程去研究,这就需要运用时间序列分析方法。时间序列分析是一种广泛应用的数量分析方法,它主要用于描述和探索现象随时间发展变化的数量规律。时间序列就其发展的历史阶段和所使用的统计分析方法来看,有传统的时间序列分析和现代时间序列分析。本章主要讨论一些传统的时间序列分析方法。

第一节 时间序列分析的编制

时间序列分析法是统计分析的一种重要方法。要进行时间序列分析,就需要积累和掌握现象在各个时期的统计资料。

一、时间序列的意义

时间序列(time series)是将某种现象在时间上发展变化的一系列同类的统计指标,按时间先后顺序排列,就形成了一个时间序列,又称为动态序列,表 6-1 中的资料,就是将我国 2000 年至 2012 年的国内生产总值、年末人口数等数据按年度顺序排列起来的。

由表 6-1 可以看出,时间序列一般由两个基本要素构成:一个是现象所属的时间,如表 6-1 中的 2000 年、2012 年等各年年份;另一个要素是现象在不同时间上的观察值,如表 6-1 中的各年国内生产总值、年末人口数等。有了时间序列,就可以进行各种比较分析,来研究社会经济现象发展变化的方向、速度、趋势和规律性。所以时间序列是进行动态分析时所必须具备的统计资料。时间序列在统计分析中有着重要的作用:首先,时间序列可以描述社会经济现象在不同时间的发展状态和过程,如表 6-1 可以表明我国自 2000 年以来的国内生产总值发展状况,我国国内生产总值不断增长的过程;其次,通过对时间序列的研究可以说明社会经济现象发展变化的速度和趋势;再次,通过对时间序列的研究可以探索社会经济现象发展变化的规律性;最后,通过时间序列资料,可以研究长期趋势、季节变动、循环变动和不规则变动的影响,对社会经济现象的发展进行预测。

表 6-1　2000—2012 年中国国内生产总值、人口等资料

年份	国内生产总值(亿元)	年末总人口(万人)	人均国内生产总值(元)	职工平均工资(元)
2000	99215	126743	7858	9333
2001	109655	127627	8622	10834
2002	120333	128453	9398	12373
2003	135823	129227	10542	13969
2004	159878	129988	12336	15920
2005	184937	130756	14185	18200
2006	216314	131448	16500	20856
2007	265810	132129	20169	24721
2008	314045	132802	23708	28898
2009	340903	133450	25608	32244
2010	401513	134091	30015	36539
2011	473104	134735	35198	41799
2012	518942	135404	38420	46769

二、时间序列的种类

根据研究任务的不同，时间序列可分为绝对数时间序列、相对数时间序列和平均数时间序列三种。其中，绝对数时间序列是基本序列，其余两种时间序列是根据绝对数时间序列计算而派生的序列。

(一)绝对数时间序列

绝对数时间序列(absolute time series)又称总量指标序列，是指将反映现象总规模、总水平的某一总量指标在不同时间上的观察数值按时间先后顺序排列起来所形成的序列。总量指标序列是计算相对指标和平均指标、进行各种时间序列分析的基础。

按其指标所反映时间状况的不同，绝对数时间序列又分为时期序列(见表 6-1 第 2 栏)和时点序列(见表 6-1 第 3 栏)。时期序列中所排列的指标为时期指标，各时期上的数值分别反映现象在这一段时期内所达到的总规模、总水平，是现象在这一段时期内发展过程的累积总量。观察值具有可加性及数值大小与所属时期长短有密切联系的特点。时点序列中所排列的指标为时点指标，各时点上的数值分别反映现象在各时点上所达到的总规模、总水平，是现象在某一时点上的数量表现。观察值具有时间上的不可加性及各时点上观察值大小与相邻两时点间间隔长短无密切联系的特点。

(二)相对数时间序列

相对数时间序列(relative time series)是把一系列同类的相对指标按时间先后顺序排列而形成的时间序列。它反映社会经济现象间的联系和发展变化过程。如表 6-1 人均国内生产总值是相对数时间序列。相对数时间序列包括：由两个时期序列对比所形成的相对数时间序列，由两个时点序列对比所形成的相对数时间序列，由一个时期序列和一个时点序列对比所形成的相对数时间序列。

相对数时间序列中的各个指标都是相对数,其计算基础不同,因此不能直接相加。

(三) 平均数时间序列

平均数时间序列(average time series)是把一系列同类的平均指标,按时间先后顺序排列而形成的时间序列。它可以反映社会经济现象一般水平的发展变化过程,包括静态平均数时间序列和动态平均数时间序列。静态平均数是根据同一时间的变量值计算的平均数;动态平均数是根据不同时间的变量值计算的平均数,也称为序时平均数。如表6-1 职工平均工资是平均数时间序列。

从表6-1 可看出,我国历年的人均国内生产总值和职工平均工资逐年增加,反映我国经济发展水平和职工收入显著提高。以上各种时间序列从不同方面表明了社会经济现象的发展变化情况,为了对社会经济现象进行全面分析,各种时间序列应该结合运用。

三、时间序列的编制

编制时间序列的目的是为了通过各时间上观察值的对比,研究现象发展变化的过程和规律。因此,保证序列中各项观察值具有充分的可比性,是编制时间序列的基本原则。具体应注意以下几点:

(1) 各观察值所属时间可比。时期序列中由于观察值大小与时期长短直接相关,一般来说各观察值所属时间长度应当一致。时点序列中观察值虽与时点间隔无直接关系,但为了更好地反映发展变化过程,一般来说也尽可能使时点间隔相等。

(2) 各观察值总体范围可比,即在序列中各时间上现象所属空间范围必须一致,否则观察值不能直接对比。

(3) 各观察值的经济内容、计算口径、计算方法可比。同一名称的统计指标在不同时间的经济内容、计算口径、计算方法可能不同,例如,我国的工业总产值指标,有的年份包括乡镇企业的工业产值,有的年份则不包括。又如由于行政区划变动会影响历史统计数据的可比性。

第二节 时间序列水平指标

为了研究社会经济的发展水平和速度,认识事物发展的规律性,需要对时间序列的主要分析指标进行计算。主要有运用于现象发展的水平分析和运用于现象发展的速度分析两种。本节介绍时间序列的水平指标。

一、发展水平

发展水平(development level)是指时间序列中的每一项具体观察值。它反映某种社会经济现象在一定时期或时点上所达到的规模或水平,是计算其他时间序列指标的基础。发展水平一般是总量指标,如国内生产总值、粮食总产量、年末人口数等;也可用平均数来表示,如职工平均工资、职工平均年龄等;或用相对指标来表示,例如人均国内生产总值、人均粮食产量、国有企业职工占全部职工的比重等。

时间序列中第一个指标数值称为最初水平，表 6-1 中的开始年份（即 2000 年）的发展水平即为最初水平，以符号 a_0 表示；最后一个指标数值称为最末水平，以符号 a_n 表示，最初期与最末期之间各期的指标数值称为中间发展水平，以符号 $a_1, a_2, \cdots, a_{n-1}$ 表示。在统计分析中，通常将所研究的那一时期指标水平称为报告期水平，将用来进行比较的基础时期的水平称为基期水平。

二、平均发展水平

平均发展水平（average development level）是现象在时间 $t_i (i = 1, 2, \cdots, n)$ 上取值的平均数，又称为序时平均数或动态平均数。它可以概括性地描述出现象在一段时期内所达到的一般水平。序时平均数作为一种平均数，与静态平均数有相同点，即它们都抽象了现象的个别差异，以反映现象总体的一般水平。但二者又有明显的区别，主要表现在：序时平均数抽象的是现象在不同时间上的数量差异，因而它能够从动态上说明现象在一定时期内发展变化的一般趋势；静态平均数抽象的是总体各单位某一变量值在同一时间上的差异，因此，它是从静态上说明现象总体各单位的一般水平。由于不同时间序列中观察值的表现形式不同，序时平均数有不同的计算方法。

（一）绝对数时间序列的序时平均数

绝对数时间序列序时平均数的计算方法是最基本的，它是计算相对数或平均数时间序列序时平均数的基础。绝对数时间序列有时期序列和时点序列之分，序时平均数的计算方法也有所区别。

1. 时期序列计算序时平均数

其计算公式为：

$$\bar{a} = \frac{a_1 + a_2 + \cdots + a_n}{n} = \frac{\sum a}{n} \tag{6-1}$$

式中　$\bar{a}$——序时平均数；
　　　n——观察值的个数。

【例 6-1】　对表 6-1 中的国内生产总值序列，计算年平均国内生产总值。

解：根据时期序列序时平均数公式为：

$$\bar{a} = \frac{\sum a}{n} = \frac{99215 + 109655 + \cdots + 518942}{13} = 256959（亿元）$$

2. 时点序列计算序时平均数

在统计中一般是将一天看作一个时点，即以"一天"作为最小时间单位。这样时点序列可认为有连续时点和间断时点序列之分；而间断时点序列又有间隔相等与间隔不等之别。其序时平均数的计算方法略有不同，分述如下：

（1）连续时点序列计算序时平均数

在统计中，对于逐日排列的时点资料，视其为连续时点资料。这样的连续时点序列，其序时平均数公式可按式（6-2）计算，即

$$\bar{a} = \frac{\sum a}{n} \qquad (6\text{-}2)$$

例如，存款(贷款)平均余额指标，通常就是由报告期内每日存款(贷款)余额之和除以报告期日历数而求得。

另一种情形是，资料登记的时间单位仍然是 1 天，但实际上只在观察值发生变动时才记录一次。此时需采用加权算术平均数的方法计算序时平均数，权数是每一观察值的持续天数。

其计算公式为：

$$\bar{a} = \frac{\sum af}{\sum f} \qquad (6\text{-}3)$$

【例 6-2】 某种商品 6 月份的库存量记录见表 6-2，计算 6 月份日平均库存量。

表 6-2 某商品 6 月份库存量资料

日期	1~4	5~7	8~13	14~20	21~23	24~28	29~30
库存量(台)	49	52	39	29	43	38	51

解： 该商品 6 月份平均日库存量为：

$$\bar{a} = \frac{\sum af}{\sum f} = \frac{49 \times 4 + 52 \times 3 + 39 \times 6 + 29 \times 7 + 43 \times 3 + 38 \times 5 + 51 \times 2}{4 + 3 + 6 + 7 + 3 + 5 + 2}$$

$$= 40 \text{（台）}$$

(2) 间断时点序列计算序时平均数

实际统计工作中，很多现象并不是逐日对其时点数据进行统计，而是隔一段时间(如一月、一季度、一年等)对其期末时点数据进行登记。这样得到的时点序列称为间断时点序列。如果每隔相同的时间登记一次，所得序列称为间隔相等的间断时点序列；如果每两次登记时间的间隔不尽相同，所得序列称为间隔不等的间断时点序列。

当时点资料是以月度、季度、年度为时间间隔单位，已不可能像连续时点资料那样求得准确的时点平均数。这种情况下，可以根据资料所属时间的间隔特点，选用不同的计算公式。对于间隔相等的资料，采用"首末折半"。首先假定现象在相邻两个时点之间是均匀变化的，这两个时点之间时间段的代表值为相邻两时点数值除以 2。

其计算公式为：

$$\bar{a} = \frac{\frac{a_1 + a_2}{2} + \frac{a_2 + a_3}{2} + \cdots + \frac{a_{n-1} + a_n}{2}}{n - 1}$$

$$= \frac{\frac{a_1}{2} + a_2 + \cdots + a_{n-1} + \frac{a_n}{2}}{n - 1} \qquad (6\text{-}4)$$

【例 6-3】 某企业 2012 年第二季度某种商品的库存额见表 6-3，试求该商品第二季度月平均库存额。

表 6-3　某企业 2012 年第二季度某商品库存额

时间	3 月末	4 月末	5 月末	6 月末
库存额(万元)	66	72	64	68

解：该商品第二季度月平均库存额为：

$$\text{第二季度平均库存额} = \frac{\frac{66+72}{2} + \frac{72+64}{2} + \frac{64+68}{2}}{3} = \frac{\frac{66}{2} + 72 + 64 + \frac{68}{2}}{3}$$

$$= 67.67 \text{（万元）}$$

该公式形式上表现为首末两项观察值折半，故称为"首末折半法"。这种方法适用于间隔相等的间断时点序列求序时平均数。

对于间隔不等的资料，采用"间隔加权"的方法计算序时平均数。这样的数列同样假定现象在相邻两个时点之间是均匀变化的，这两个时点之间时间段的代表值为相邻两时点数值除以 2。然后根据间隔的时间，采用间隔加权的方法计算序时平均数。其计算公式为：

$$\bar{a} = \frac{\frac{(a_1+a_2)}{2}f_1 + \frac{(a_2+a_3)}{2}f_2 + \cdots + \frac{(a_{n-1}+a_n)}{2}f_{n-1}}{f_1 + f_2 + \cdots + f_{n-1}} \tag{6-5}$$

【例 6-4】 某企业 2012 年某种商品的库存额见表 6-4，试求该商品 2012 年平均库存额。

表 6-4　某企业 2012 年某商品库存额

时间	1 月 1 日	3 月 1 日	10 月 1 日	12 月 31 日
库存额(万元)	50	60	65	55

解：对资料进行观察分析，属间隔不等的间断时点资料，采用"间隔加权"方法。

$$\text{平均库存额} = \frac{\frac{50+60}{2} \times 2 + \frac{60+65}{2} \times 7 + \frac{65+55}{2} \times 3}{2+7+3} = 60.625 \text{（万元）}$$

（二）相对数或平均数时间序列的序时平均数

相对数和平均数是两个有联系的相对数对比求得，用符号表示即 $c = a/b$。因此，由相对数或平均数序列计算序时平均数，不能直接根据该相对数或平均数序列中各项观察值简单平均计算（即不应当用 $\bar{c} = \sum c/n$ 的公式），而应当先分别计算构成该相对数或平均数序列的分子序列和分母序列的序时平均数，再对比求得。其计算公式为：

$$\bar{c} = \frac{\bar{a}}{\bar{b}} \tag{6-6}$$

【例 6-5】 某公司 2012 年第一季度各月份商品销售资料见表 6-5，计算第一季度商品月平均流转次数。

表 6-5　某公司 2012 年第一季度商品销售资料

时间	1月	2月	3月
商品销售额(a)	120	143	289
平均库存额(b)	60	65	85
商品流转次数(c)	2.0	2.2	3.4

解：$\bar{c} = \dfrac{\bar{a}}{\bar{b}} = \dfrac{(120+143+289) \div 3}{(60+65+85) \div 3} = \dfrac{184}{70} = 2.63$（次）

三、增长量

增长量（increaser decrease level）是报告期水平与基期水平之差，用以说明现象在一定时期内增减的绝对数量。由于所选择基期的不同，增长量可分为逐期增长量和累计增长量。

逐期增长量是报告期水平与其前一期水平之差，说明本期较上期增减的绝对数量，其计算公式为：

$$\text{逐期增长量} = a_i - a_{i-1} \quad (i=1,2,\cdots,n) \tag{6-7}$$

累计增长量是报告期水平与某一固定基期水平之差，说明报告期与某一固定时期相比增减的绝对数量。用公式表示为：

$$\text{累计增长量} = a_i - a_0 \quad (i=1,2,\cdots,n) \tag{6-8}$$

逐期增长量与累计增长量之间存在一定的关系：各逐期增长量的和等于相应时期的累计增长量；两相邻时期累计增长量之差等于相应时期的逐期增长量。其计算公式分别为：

$$\sum_{i=1}^{n}(a_i - a_{i-1}) = a_n - a_0 \tag{6-9}$$

$$a_i - a_0 - (a_{i-1} - a_0) = a_i - a_{i-1} \quad (i=1,2,\cdots,n)$$

具体计算实例见表 6-6。

表 6-6　国内生产总值计算表

年 份		2005	2006	2007	2008	2009	2010	2011	2012
国内生产总值(亿元)		184937	216314	265810	314045	340903	401513	473104	518942
增长量 （亿元）	逐期	—	31377	49496	48235	26857	60610	71591	45838
	累计	—	31377	80873	129108	155966	216576	288167	334005
发展速度 （%）	环比	—	116.97	122.88	118.15	108.55	117.78	117.83	109.69
	定基	—	116.97	143.73	169.81	184.33	217.11	255.82	280.60
增长速度 （%）	环比	—	16.97	22.88	18.15	8.55	17.78	17.83	9.69
	定基	—	16.97	43.73	69.81	84.33	117.11	155.82	180.60

四、平均增长量

平均增长量是观察期各逐期增长量的序时平均数，用于描述现象在观察期内平均每期增减的数量。它可以根据逐期增长量求得，也可以根据累计增长量求得。其计算公式为：

$$\text{平均增长量} = \frac{\sum_{i=1}^{n}(a_i - a_{i-1})}{n} = \frac{a_n - a_0}{n} \tag{6-10}$$

式中：n —— 逐期增长量个数。

【例6-6】 以表6-1资料，计算国内生产总值平均增长量。

解：国内生产总值平均增长 $= \dfrac{518942 - 99215}{12} = \dfrac{419728}{12} = 34977$（亿元）

第三节 时间序列的速度指标

时间序列的速度指标有：发展速度、增长速度、平均发展速度、平均增长速度。

一、发展速度

发展速度(development rate)是报告期发展水平与基期发展水平之比，用于描述现象在观察期内的相对发展变化程度。

由于采用的基期不同，发展速度可以分为环比发展速度和定基发展速度。环比发展速度是报告期水平与前一时期水平之比，说明现象逐期发展变化的程度；定基发展速度是报告期水平与某一固定时期水平之比，说明现象在整个观察期内总的发展变化程度。

设时间序列的观察值为 $a_i(i=1,2,\cdots,n)$，发展速度为 R，环比发展速度和定基发展速度的一般形式可以写为：

环比发展速度：

$$R_i = \frac{a_i}{a_{i-1}} \quad (i=1,2,\cdots,n) \tag{6-11}$$

定基发展速度：

$$R_i = \frac{a_i}{a_0} \quad (i=1,2,\cdots,n) \tag{6-12}$$

环比发展速度与定基发展速度之间存在着重要的数量关系：观察期内各个环比发展速度的连乘积等于相应时期的定基发展速度；两个相邻的定基发展速度，用后者除以前者，等于相应时期的环比发展速度。即

$$\prod \frac{a_i}{a_{i-1}} = \frac{a_n}{a_0} \quad (\prod \text{为连乘符号}) \tag{6-13}$$

$$\frac{a_i}{a_0} \div \frac{a_{i-1}}{a_0} = \frac{a_i}{a_{i-1}} \tag{6-14}$$

利用上述关系，可以根据一种发展速度去推算另一种发展速度。

二、增长速度

增长速度也称增减率，是增长量与基期水平之比，用于说明报告期水平较基期水平的相对增长程度。它可以根据增长量求得，也可以根据发展速度求得。其基本计算公式为：

$$增长速度 = \frac{增长量}{基期水平} = \frac{报告期水平 - 基期水平}{基期水平}$$
$$= 发展速度 - 1 \tag{6-15}$$

从上式可以看出,增长速度等于发展速度减1,但说明的问题是不同的。发展速度说明报告期水平较基期发展到多少;而增长速度说明报告期水平较基期增减多少(扣除了基数)。当发展速度大于1时,增长速度为正值,表示现象的增长程度;当发展速度小于1时,增长速度为负值,表示现象的降低程度。

由于采用的基期不同,增长速度也可分为环比增长速度和定基增长速度。前者是逐期增长量与前一时期水平之比,用于描述现象逐期增减的程度,后者是累计增长量与某一固定时期水平之比,用于描述现象在观察期内总的增减程度。

设增长速度为 G,环比增长速度和定基增长速度的公式可写为:

环比增长速度:

$$G_i = \frac{a_i - a_{i-1}}{a_{i-1}} = \frac{a_i}{a_{i-1}} - 1 \ (i = 1, 2, \cdots, n) \tag{6-16}$$

定基增长速度:

$$G_I = \frac{a_i - a_0}{a_0} = \frac{a_i}{a_0} - 1 \ (i = 1, 2, \cdots, n) \tag{6-17}$$

需要指出,环比增长速度与定基增长速度之间没有直接换算关系。在由环比增长速度推算定基增长速度时,可先将各环比增长速度加1后连乘,再将结果减1,即得定基增长速度。

【例6-7】 以2005—2012年中国国内生产总值为例,计算速度指标详见表6-6。

三、平均发展速度和平均增长速度

(一)平均发展速度

平均发展速度(average rate of development)是各个时期环比发展速度的平均数,用于描述现象在整个观察期内平均发展变化的程度。

计算平均发展速度常用的方法有水平法和累计法。

1. 水平法

水平法又称几何平均法,它是根据各期的环比发展速度采用几何平均法计算出来的。计算公式为:

$$\bar{R} = \sqrt[n]{\frac{a_1}{a_0} \times \frac{a_2}{a_1} \times \cdots \times \frac{a_n}{a_{n-1}}} = \sqrt[n]{\frac{a_n}{a_0}} \tag{6-18}$$

式中 $\bar{R}$ ——平均发展速度;

n ——环比发展速度的个数,它等于观察值的个数减1。

【例6-8】 已知我国国内生产总值2005—2012年环比发展速度详见表6-6,计算平均发展速度。

解：

$$\bar{R} = \sqrt[7]{116.79\% \times 122.88\% \times \cdots \times 109.69\%}$$
$$= \sqrt[7]{280.60\%}$$
$$= 115.88\%$$

从水平法计算平均发展速度的公式中可以看出，$\bar{R}$ 实际上只与序列的最初观察值 a_0 和最末观察值 a_n 有关，而与其他观察值无关，这一特点表明，水平法旨在考察现象在最后一期所达到的发展水平。因此，如果所关心的是现象在最后一期应达到的水平，采用水平法计算平均发展速度比较合适。

2. 累计法

累计法又称方程法。在一个时间序列中，各期实际水平之和为

$$Y_1 + Y_2 + \cdots + Y_n = \sum_{i=1}^{n} Y_i \tag{6-19}$$

在最初水平 Y_0 的基础上，若各期的发展速度为 $R_i (i = 1, 2, \cdots, n)$，那么 $\sum_{i=1}^{n} Y_i$ 也可以表示为：$Y_0 R_1 + Y_0 R_1 R_2 + \cdots + Y_0 R_1 R_2 \cdots R_n = \sum_{i=1}^{n} Y_i$

如果在最初水平 Y_0 的基础上，每一期均按固定的平均发展速度 $\bar{R}$ 去发展，各期按固定平均发展速度计算的水平分别为 $Y_0 \bar{R}^i (i = 1, 2, \cdots, n)$，并设定计算期的各期发展水平之和等于各期实际水平总和 $\sum_{i=1}^{n} Y_i$，那么 $Y_0 \bar{R} + Y_0 \bar{R}^2 + \cdots + Y_0 \bar{R}^n = \sum_{i=1}^{n} Y_i$，将两边同除以 Y_0，则有

$$\bar{R} + \bar{R}^2 + \cdots + \bar{R}^n = \frac{\sum_{i=1}^{n} Y_i}{Y_0} \tag{6-20}$$

解此高次方程所得 R 的正根，就是按累计法所求得的平均发展速度。由于解高次方程比较麻烦，在实际工作中有事先编好的《平均增长速度查对表》供查对。使用查对表时要先判定序列是递增发展还是递减发展。若 $\sum_{i=1}^{n} \frac{Y_i}{Y_0} \div n$ 的结果大于 1，即为递增型发展，应在递增速度部分查找 $\sum_{i=1}^{n} Y_i$ 的数值，与此对应的百分比即为所求的平均递增速度；若结果小于 1，即为递减型，查表中的递减部分。

【例 6-9】 已知某地 2007—2012 各年的基本建设投资额分别为 10、15、20、13、8、9 亿元，计算 2007—2012 年该地基本建设的年平均增长速度。

解： 已知 $Y_0 = 10, n = 5$

则

$$\frac{\sum_{i=1}^{5} Y_i}{Y_0} = \frac{15 + 20 + 13 + 8 + 9}{10} = 6.5 = 650\%$$

$$\sum_{i=1}^{n} \frac{Y_i}{Y_0} \div n = 650\% \div 5 > 1$$

为增长速度，查《平均增长速度查对表》中的增长速度部分。根据 $n = 5$，找到与 650% 最接近的数是 650.44%，与之对应的增长速度为 8.9%，即该地区 5 年的基建投资额平均增长速度为 8.9%，平均发展速度 $\bar{R}$ 为 108.9%。

应用累计法计算平均发展速度的特点，是着眼于各期发展水平的累计之和。若在实际中侧重于考察现象各期发展水平的总和，例如累计新增固定资产数、累计毕业生人数等，则应采用累计法比较合适。

(二) 平均增长速度

平均增长速度说明现象逐期增减的平均程度。平均增长速度 ($\bar{G}$) 与平均发展速度仅相差一个基数，即：

$$\bar{G} = \bar{R} - 1 \tag{6-21}$$

平均增长速度为正值，表明现象在某段时期内逐期平均递增的程度，也称为平均递增率；若为负值，表明现象在某段时间内逐期平均递减的程度，也称为平均递减率。

四、速度的分析与应用

对于大多数时间序列，特别是有关社会经济现象的时间序列，我们经常利用速度来描述其发展的数量特征。尽管速度的计算与分析都比较简单，但实际应用中，有时会出现误用甚至滥用速度的现象。因此，在应用速度分析实际问题时，应注意以下几方面的问题。

首先，当时间序列中的观察值出现 0 或负数时，不宜计算速度。例如，假定某企业连续五年的利润额分别为 5 万元、2 万元、0 万元、-3 万元、2 万元，对这一序列计算速度，要么不符合数学公理，要么无法解释其实际意义。在这种情况下，适宜直接用绝对数进行分析。其次，在有些情况下，不能单纯就速度论速度，要注意速度与绝对水平的结合分析。

【例 6-10】 假定有两个生产条件基本相同的企业，报告期与基期的利润额及有关速度资料见表 6-7。

表 6-7 甲、乙两企业的有关资料

时间	甲企业		乙企业	
	利润额(万元)	增长率(%)	利润额(万元)	增长率(%)
报告期	1100	—	15	—
基期	1000	10	10	50

解： 如果不看利润额的绝对值，仅就速度对甲乙两个企业进行分析评价，可以看出乙企业的利润增长速度比甲企业高出 4 倍。如果就此得出乙企业的生产经营业绩比甲企业要好得多，这样的结论就是不切实际的。因为速度是一个相对数，它与对比的基期值的大小有很大的关系。大的速度背后，其隐含的增长绝对值可能很小；小的速度背后，其隐含的

增长绝对值可能很大。这就是说，由于对比的基点不同，可能会造成速度数值上的较大差异，进而造成速度上的虚假现象。上述例子表明，由于两个企业的生产起点不同，基期的利润额不同，才造成二者速度上的较大差异。从利润的绝对额来看，两个企业的速度每增长一个百分点所增加的利润绝对额是不同的。在这种情况下，我们需要将速度和绝对水平结合起来进行分析，通常要计算增长1%的绝对值来弥补速度分析中的局限性。

增长1%的绝对值表示速度每增长一个百分点而增加的绝对数量，其计算公式为：

$$\text{增长1\%绝对值} = \frac{\text{逐期增长量}}{\text{环比增长速度} \times 100} = \frac{\text{前期水平}}{100} \quad (6-22)$$

根据表6-7的资料计算，甲企业速度每增长1%的利润额为10万元，而乙企业则为0.1万元，甲企业远高于乙企业。这说明甲企业的生产经营业绩不是比乙企业差，而是更好。

第四节 时间序列的分解分析

一、时间序列的构成因素

(一) 时间序列构成因素的图形描述

时间序列可以在直角坐标系里用散点图或折线图来描绘。客观事物随着时间推移而发生变化，是受多种因素共同影响的结果。在分析时间序列的变动规律时，事实上不可能将每一个影响因素都一一划分开来进行精确分析。但是可以按照对现象变化影响的类型，将众多影响因素划分为若干时间序列的构成要素，对这几类构成要素分别用图形进行描述。

1. 长期趋势

长期趋势(long term trend)是时间序列的主要构成要素，它是指现象在较长时期内持续发展变化的一种趋势或状态。长期趋势可能呈现为不断增长的态势，也可能呈现为不断降低的趋势，或者还可能呈现为不变的水平趋势。长期趋势是受某种长期的起根本性作用的因素影响的结果。例如，中国改革开放以来经济持续增长的趋势。如图6-1就是一种长期趋势的图形。

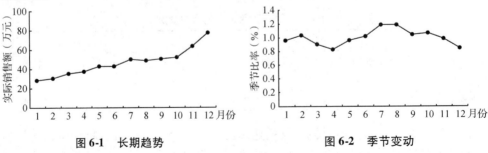

图6-1 长期趋势　　　　　图6-2 季节变动

2. 季节变动

季节变动(seasonal variation)是指一些现象由于受自然条件或经济条件的影响在一个年

度内随着季节的更替而发生比较有规律的变动,例如,农产品的生产量、某些商品的销售量等,都会因时间的变化而分为农忙农闲、淡季旺季。季节型时间序列中包含了现象的季节变动和不规则变动。如图6-2就是一年内随月份变动的一种态势的图形。

3. 循环波动

循环波动(circle variation)是在一个较长的时期中近乎规律性的从低到高再从高到低的周而复始的变动。循环波动不同于趋势变动,它不是朝着单一的方向达到持续运动,而是涨落相间的交替波动;它也不同于季节变动,季节变动有比较固定的规律,且变动周期大多为1年,而循环波动则无固定规律,变动周期多在一年以上,且周期长短、变动形态、波动的大小也不固定。如产品通常有试销期、成长期、成熟期、衰退期等经济寿命周期;又如由于周期性因素的影响,宏观经济的增长通常产生周期性的波动。图6-3就是若干年中循环变动态势的一种图形。

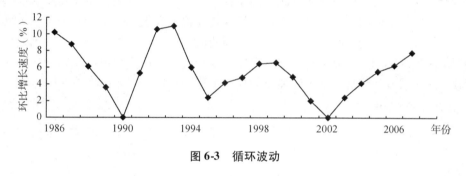

图 6-3 循环波动

4. 偶然变动

偶然变动(irregular variation)是时间序列分离了长期趋势、季节变动、循环变动以后的波动。不规则变动是由那些影响时间序列的短期的、不可预测的和不重复出现的众多偶然因素引起的,呈现为无规则的随机变动,如战争、自然灾害等。

识别时间序列类型的最基本方法是绘制散点图或折线图,观察资料的变动特征,同时结合实际情况做出判断。

(二)时间序列构成因素的组合模型

进行时间序列分析时,需要用数学模型来对时间序列作一些在定性认识基础上的定量分析,找出制约现象发展的基本因素,时间序列的变动主要受四种因素的变动影响。

Y代表时间序列的各项数值,四种因素长期趋势(T)、季节变动(S)、循环变动(C)和不规则变动(I)对时间序列的影响可用下面两个数学模型来表示:

加法模型:
$$Y = T + S + C + I \tag{6-23}$$

乘法模型:
$$Y = T \times S \times C \times I \tag{6-24}$$

其中最常用的是乘法模型。乘法模型的基本假设是,四个因素是由不同的原因形成的,但相互之间存在一定的关系,它们对事物的影响是相互的,因此时间序列中各观察值表现为各种因素的乘积。利用乘法模型可以将四个因素很容易地从时间序列中分离出来，因而乘法模型在时间序列分析中被广泛应用。

二、时间序列的长期趋势变动分析

通过对时间序列长期趋势变动的分析，可以掌握现象活动的规律性，并对其未来的发展趋势做出判断或预测。测定长期趋势的分析方法有许多，如时距扩大法、半数平均法、部分平均法、移动平均法、最小平方法等。由于后两种方法较常用，故主要介绍移动平均法和最小平方法。通过这两种方法的介绍，以熟悉测定长期趋势的基本方法及各自的特点。

（一）移动平均法

移动平均法是趋势变动分析的一种较简单的常用方法。该方法的基本思想和原理是，通过扩大原时间序列的时间间隔，并按一定的间隔长度逐期移动，分别计算出一系列移动平均数，这些平均数形成新的时间序列对原时间序列的波动起到一定的修匀作用，削弱了原序列中短期偶然因素的影响，从而呈现出现象发展的变动趋势。该方法可以用来分析预测销售情况、库存、股价或其他趋势。该方法又可分为简单移动平均法和加权移动平均法两种。

1. 简单移动平均法

它是直接用简单算术平均数作为移动平均趋势值的一种方法。设移动间隔长度为 k，则移动平均数序列可以写为：

$$\bar{Y}_i = \frac{Y_i + Y_{i+1} + \cdots + Y_{i+k-1}}{k} \tag{6-25}$$

式中　$\bar{Y}_i$ ——移动平均趋势值；

　　　k ——大于 1 小于 n 的正整数。

【例 6-11】　某企业 2012 年 1 ~ 12 月的总产值资料见表 6-8，分别计算 3 个月，4 个月的移动平均趋势值，并进行比较。

表 6-8　某企业 2012 年各月总产值　　　　　单位：万元

月份	总产值	趋势值（$k=3$）	趋势值（$k=4$）	二次移动平均
1	506	—		—
2	473	507.00		—
3	542	520.33	516.75	526.63
4	546	557.67	536.50	545.75
5	585	559.33	555.00	558.50
6	547	567.33	562.00	565.75
7	570	564.33	569.50	567.50
8	576	571.67	565.50	573.38
9	569	585.00	581.25	582.88
10	610	587.33	584.50	589.38
11	583	602.67	594.25	—
12	615	—		—

解：根据简单移动平均公式，当 $k=3$ 时，移动平均趋势值 $\bar{Y}_1 = 507.00$；$k=4$ 时，$\bar{Y}_1 = 526.63$ 其余各期同理，结果见表 6-8。

2. 加权移动平均法

这是在简单移动平均法的基础上给近期数据以较大的权数，给远期的数据以较小的权数，计算加权移动平均数作为下一期的移动平均趋势值的一种方法。公式为：

$$\bar{Y}_i = \frac{Y_i f_i + Y_{i+1} f_{i+1} + \cdots + Y_{i+k-1} f_{i+k-1}}{f_i + f_{i+1} + \cdots + f_{i+k-1}} \tag{6-26}$$

仍以表 6-8 中的已知数据为例，设 $k=3$，
则

$$\bar{Y}_1 = \frac{506 \times 1 + 473 \times 2 + 542 \times 3}{6} = 513 \text{（万元）}$$

其余类推。

利用移动平均法分析趋势变动时，应注意以下几个问题：

（1）移动间隔的长度应适中。分析表 6-8 中各列数据，不难看出，通过移动平均所得到的移动平均数序列，要比原始数据序列匀滑，并且 4 项移动平均数序列又比 3 项移动平均数序列匀滑，因此，为了更好地消除不规则波动，达到修匀的目的，可以适当增加移动的步长。移动的步长越大，所得趋势值越少，个别观察值影响作用就越弱，移动平均序列所表现的趋势越明显，但移动间隔过长，有时会脱离现象发展的真实趋势；若移动间隔越短，个别观察值的影响作用就越大，有时又不能完全消除序列中短期偶然因素的影响，从而看不出现象发展的变动趋势。一般来说，如果现象的发展具有一定的周期性，应以长度为移动间隔的长度；若时间序列是季度资料，应采用 4 项移动平均，若时间序列是月度资料，应采用 12 项移动平均。

（2）在利用移动平均法分析趋势变动时，要注意应把移动平均后的趋势值放在各移动项的中间位置。比如 3 项移动平均的趋势值应放在第 2 项对应的位置上，5 项移动平均的趋势值应放在第 3 项对应的位置上，其余类推。因此，若移动间隔长度 k 为奇数时，一次移动即得趋势值；若 k 为偶数时，需将第一次得到的移动平均值再作一次 2 项移动平均，才能得到最后的趋势值。因此，该趋势值也可以称为移正趋势值。

例如，若 $k=4$，$\bar{Y}_1 = \dfrac{506 + 473 + 542 + 546}{4} = 516.75$（万元）

$$\bar{Y}_i = \frac{473 + 542 + 546 + 585}{4} = 536.50 \text{（万元）}$$

故 $\bar{Y}_i = \dfrac{516.75 + 536.50}{2} = 526.63$（万元）

（二）数学曲线拟合法

假定有一个多年的数据序列，为了算出逐年的趋势值，可以考虑对原始数据拟合一条数学曲线。假如趋势是线性的，就可以用最小平方法拟合直线方程；如果趋势是指数曲线型的，则可考虑拟合指数曲线方程。在用数学曲线拟合法测定趋势值时首先要解决的问题是曲线方程的选择。选择曲线方程有两个途径：一是在以时间 t 为横轴，变量 Y 为纵轴的

直角坐标图上作时间序列数值的散点图,根据散点的分布形状来确定应拟合的曲线方程;二是对时间序列的数值作分析,根据分析的结果来确定应选择的曲线方程。选择合适的方程,是评估人员在分析预测时应特别注意的问题。下面结合常用的趋势曲线来讨论曲线方程的选择和拟合。

1. 直线趋势的拟合

根据线性函数的特性:
$$\Delta Y_t = Y_{t+1} - Y_t = a + b(t+1) - a - bt = b$$

如果一个多年的数据序列,其相邻两年数据的一级阶差近似为一常数,就可以配合一条直线:$Y_t = a + bt$,然后,用最小平方法来求解参数 a,b。

由于所求的趋势线 $Y_t = a + bt$,可求得:
$$\sum (Y - Y_t)^2 = \sum (Y - a - bt) = 最小值$$

式中　t——时间;

a——直线趋势方程的起点值;

b——直线趋势方程的斜率,即 t 每变动一个单位时,长期趋势值增加(或减少)的数值。

令 $Q = \sum (Y - a - bt)^2$,为使其最小,则对 a 和 b 的偏导数应等于 0,

整理得
$$\begin{cases} \sum Y = na + b \sum t \\ \sum tY = a \sum t + b \sum t^2 \end{cases} \tag{6-27}$$

解得
$$\begin{cases} b = \dfrac{n \sum tY - \sum t \sum Y}{n \sum t^2 - (\sum t)^2} \\ a = \bar{Y} - b\bar{t} = \dfrac{\sum Y}{n} - b \dfrac{\sum t}{n} \end{cases} \tag{6-28}$$

式中　n——时间的项数;

$\bar{Y}$——$\bar{Y} = \sum Y/n$;

$\bar{t}$——$\bar{t} = \sum t/n$,其他符号所代表的意义不变。

在对时间序列按最小平方法进行趋势配合的运算时,为使计算更简便些,将各年份(或其他时间单位)简记为 1,2,3,4,…,并用坐标移位方法将原点 O 移到时间序列的中间项,使 $\sum t = 0$。当项数 n 为奇数时,中间项为 0,间隔为 1;当为偶数时,中间的两项分别设 -1,1,间隔为 2,各项依次设成:…,-5,-3,-1;1,3,5,…。这样求解公式便可简化为:

$$\begin{cases} \sum Y = na \\ \sum tY = b\sum t^2 \end{cases} \qquad \begin{cases} a = \sum \dfrac{Y}{n} = \bar{Y} \\ b = \dfrac{\sum tY}{\sum t^2} \end{cases} \tag{6-29}$$

【例 6-12】 某化肥厂历年化肥产量资料见表 6-9，用最小平方法进行长期趋势分析。

表 6-9　某化肥厂产量的最小平方法计算表

年份	时间 t	产量（万吨）Y	t^2	tY	Y_t
2007	1	580	1	580	576.5
2008	2	685	4	1370	689.5
2009	3	819	9	2457	802.5
2010	4	900	16	3600	915.5
2011	5	1010	25	5050	1028.5
2012	6	1160	36	6960	1141.5

解：由表 6-9 得，$\sum t = 21$，$\sum Y = 5154$，$\sum t^2 = 91$，$\sum tY = 20017$，代入公式得：

$$\begin{cases} b = \dfrac{6 \times 20017 - 21 \times 5154}{6 \times 91 - 21 \times 21} = 113 \\ a = \dfrac{5154}{6} - 113 \times \dfrac{21}{6} = 463.5 \end{cases}$$

从而求得直线趋势方程：$Y_t = 463.5 + 113t$

把各 t 值代入上式，便求得相对应的趋势值 Y_t，见表 6-9 的右栏。这里需要指出的是：对表 6-9 的产量历年数用直线趋势配合，是因为各年的逐期增长量大体相当，具备了直线型时间序列的特征。

特别要提醒注意的是，这里的直线方程 $Y_t = a + bt$，不涉及变量 t 与变量 Y 之间的任何因果关系，也没有考虑误差的任何性质，因此它仅仅是一个直线拟合公式，并不是回归模型。

2. 非线性趋势的拟合

当现象的长期趋势不是线性的，但又有一定的规律性，这时称现象的长期趋势为非线性趋势。若现象呈现出某种非线性状态，就需要配合适当的趋势曲线。趋势曲线的形式很多，有抛物线型、指数曲线型、修正指数曲线型、Gompertz 曲线型、Logistic 曲线型等。下面介绍几种曲线的拟合方法。

（1）二次曲线的拟合

当现象发展趋势呈现抛物线型时，可拟合二次曲线。其方程为：

$$Y_t = a + bt + ct^2 \tag{6-30}$$

该曲线的特点是各期观察值的二次差基本相等。所谓二次差是各观察值逐期增长量的逐期增长量。

曲线中的三个未知参数 a,b,c 可根据最小二乘法求得。根据最小二乘法导出下列三个标准求解方程式：

$$\begin{cases} \sum Y = na + b\sum t + c\sum t^2 \\ \sum tY = a\sum t + b\sum t^2 + c\sum t^3 \\ \sum t^2 Y = a\sum t^2 + b\sum t^3 + c\sum t^4 \end{cases} \quad (6\text{-}31)$$

可以将时间序列中间时期设为原点，即有 $\sum t = 0$，$\sum t^3 = 0$，则式(6-31)可简化为：

$$\begin{cases} \sum Y = na + c\sum t^2 \\ \sum tY = b\sum t^2 \\ \sum t^2 Y = a\sum t^2 + c\sum t^4 \end{cases} \quad (6\text{-}32)$$

【例 6-13】 已知某企业 2004—2012 年某种产品销售量数据见表 6-10。试拟合二次曲线，计算出 2004—2012 年销售量的趋势值，并预测 2014 年的销售量。

表 6-10 某产品销售量资料

年份	2004	2005	2006	2007	2008	2009	2010	2011	2012
销售量(万件)	10	18	25	30.5	35	38	40	39.5	38

表 6-11 销售量二次曲线计算表

年份	时序号 t	销售量 Y(万件)	逐期增长量	二次差	tY	t^2	t^2Y	t^4	趋势值 Y_t
2004	-4	10	—	—	-40	16	160	256	9.73
2005	-3	18	8	—	-54	9	162	81	18.13
2006	-2	25	7	-1	-50	4	100	16	25.15
2007	-1	30.5	5.5	-1.5	-30.5	1	30.5	1	30.79
2008	0	35	5.5	0	0	0	0	0	35.05
2009	1	38	3	-2.5	38	1	38	1	37.93
2010	2	40	2	-1	80	4	160	16	39.43
2011	3	39.5	-0.5	-2.5	118.5	9	355	81	39.55
2012	4	38	-0.5	0	152	16	608	256	38.29
合计	0	274	—	—	214	60	1613.5	708	274

解： 计算结果见表 6-11。

根据式(6-32)，得

$$\begin{cases} 274 = 9a + 60c \\ 214 = 60b \\ 1613.5 = 60a + 708c \end{cases}$$

解得：$a = 35.05$，$b = 3.57$，$c = -0.69$

该企业某产品销售量的二次曲线方程为：

$$Y_t = 35.05 + 3.57t - 0.69t^2$$

将 t 带入上式即得各年的趋势值见表 6-11。将 $t = 6$ 带入方程得 2014 年的销售量为：

$$Y_{2013} = 35.05 + 3.57 \times 6 - 0.69 \times 6^2 = 31.63 \text{（万件）}$$

(2) 指数趋势线的拟合。时间序列的观测值按指数规律变化。一般的自然增长和大多数的经济数列都属于此类。当时间序列的各期数值大致按某一相同比率增长时,可以考虑配合指数方程。其方程为:

$$Y_t = ab^t \tag{6-33}$$

式中　a,b——未知参数;

　　　a——$t=0$ 时的趋势值;

　　　b——趋势值的平均发展速度。

若 $b>1$,增长率随着时间 t 的增加而增加;若 $b<1$,增长率随着时间 t 的增加而降低;若 $a>0$,$b<1$,趋势值逐渐降低到以 0 为极限。

采取"线性化"手段将其化为对数直线形式。在式(6-33)等号两边取对数,得:

$$\lg Y_t = \lg a + t\lg b$$

令 $Y'_t = \lg Y_t$,$A = \lg a$,$B = \lg b$,则指数曲线方程可表示为直线形式:

$$Y'_t = A + tB$$

根据最小二乘法,求解 A、B,再取其反对数,即得算术形式的 a 和 b。

【例 6-14】　现有某企业 2007—2012 年产量见表 6-12,试求该企业产量的长期趋势。

表 6-12　指数趋势函数计算表

年份	产量(万件)	t	环比发展速度(%)	t^2	$Y'_t = \lg Y_t$	tY'_t	Y_t
2007	14.85	−5	123.10	25	1.1717	−5.8586	15.12
2008	18.28	−3	124.95	9	1.2620	−3.7859	18.62
2009	22.84	−1	124.34	1	1.3587	−1.3587	22.95
2010	28.4	1	124.86	1	1.4533	1.4533	28.27
2011	35.46	3	123.49	9	1.5497	4.6492	34.83
2012	43.79	5	123.10	25	1.6414	8.2069	42.92
合计	163.62	0	—	70	8.4368	3.3062	162.71

解:由于各年产量几乎按同一比例增长,所以,可以考虑拟合指数曲线:

$$Y_t = ab^t$$

首先将上式转换为直线方程,取对数 $\lg Y_t = \lg a + t\lg b$,令 $Y'_t = \lg Y_t$,$A = \lg a$,$B = \lg b$,然后利用最小平方法求解参数。具体计算见表 6-12:

根据上面的结果,有:$B = \dfrac{\sum tY'_t}{\sum t^2} = \dfrac{3.3062}{70} = 0.0472$

$$A = \overline{Y'} = \dfrac{8.4368}{6} = 1.4061$$

查反对数得:$a = 25.47$,$b = 1.11$

因此得到产量的长期趋势函数为:

$$Y_t = 25.47 \times 1.11^t$$

将 t 代入方程即得,2007—2012 年销售量的趋势值,见表 6-12。若要预测 2013 年产量,则有:

$$Y_{2013} = 25.47 \times 1.11^7 = 52.88 \quad (万件)$$

3. 趋势线的选择

在实际应用中如何选择所要配合的趋势线的类型是非常重要的问题，它关系到对现象描述及其规律性认识的结论。趋势线选择得不适当，不仅不能正确描述现象的数量规律性，有时还会得出与事实相反的结论。但困难的是，我们往往不能直接根据时间序列的观察值本身判断出现象的发展形态或趋势。在选择趋势线时通常可参考以下作法：

第一，进行定性分析。应了解所研究现象的客观性质及其相关的理论知识，根据现象观察值的发展变化规律及其散点图的形态确定适当的趋势线类型。这在一定程度上取决于研究者的个人经验及理论知识水平。

第二，可根据所观察时间序列的数据特征，按以下标准考虑选择趋势线：

(1) 若观察值的一次差（逐期增长量）大致相同，可配合直线；

(2) 若二次差（逐期增长量的逐期增长量）大致相同，可配合二次曲线；

(3) 若各观察值的环比发展速度大致相同，可配合指数曲线；

(4) 若各观察值一次差的环比速度大致相同，可配合修正指数曲线。

第三，如果对同一时间序列有几种趋势线可供选择，以估计标准误差最小者为宜。估计标准误差（S_y）计算公式为：

$$S_y = \sqrt{\frac{\sum (Y - Y_t)^2}{n - m}} \tag{6-34}$$

式中　Y ——实际观察值；

　　　Y_t ——趋势值；

　　　n ——观察值个数；

　　　m ——趋势方程中未知参数的个数。

第四，分段拟合。现象的实际变化非常复杂，各个阶段可能有不同的变化规律，这时，可将序列分段考察，分别拟合不同的曲线趋势。

三、时间序列的季节变动分析

季节变动往往会给社会生产和人们的经济生活带来一定影响。研究季节变动，就是为了认识这些变动的规律性，以便更好地安排、组织社会生产与生活。

测定季节变动的方法从是否剔除长期趋势的影响看，可分为两种：一是不剔除长期趋势的影响，直接根据原时间序列来测定，二是依据剔除长期趋势后的时间序列来测定。前者常用简单平均法，后者常用移动平均趋势剔除法。但是，不管采用哪种方法，都需具备连续多年的各月（季）资料，一般至少为三年各月（季）的资料，以保证所求的季节比率具有代表性，从而能比较客观地描述现象的季节变动。现将两种测定方法介绍如下。

（一）简单平均法

根据月（季）的时间序列，用简单平均法测定季节变动的计算步骤如下：

第一步：分别就每年各月（季）的数值加总后，计算各年的月（季）的平均数；

第二步：将各年同月（季）的数值加总，计算若干年内同月（季）的平均数；

第三步：根据若干年内每个月的数值总计，计算若干年总的月(季)平均数；

第四步：将若干年内同月(季)的平均数与总的月(季)平均数相比，即求得用百分数表示的各月(季)的季节比率，又可以称为季节指数。

【例 6-15】 某服装厂 2007—2012 年销售额及所计算的各年同季平均和季节比率，见表 6-13。

表 6-13　服装厂销售额的季节变动分析　　　　　　　　　　　　单位：万元

年份	季　度				全年合计
	1	2	3	4	
2007	25	32	37	26	120
2008	30	38	42	30	140
2009	29	39	50	35	153
2010	30	39	51	37	157
2011	29	42	55	38	164
2012	31	43	54	41	169
同季合计	174	233	289	207	903
同季平均	29	38.83	48.17	34.5	37.625
季节比率(%)	77.08	103.2	128.03	91.69	400.00

由表 6-13 的资料可知，该厂的销售额的季节比率以三季度的 128.03% 为最高，二季度的 103.2% 为其次；而以一季度的 77.08% 为最低。

$$季节比率(\%) = \frac{一季度销售额平均数}{各季度销售额总平均数}$$

$$= \frac{29}{37.625} \times 100\% = 77.08\%$$

其余各季度的季节比率依次类推。至于表 6-13 右下角的 400% 是将各季度的季节比率加总后求得的。各季度销售额变化情况如图 6-4 所示。

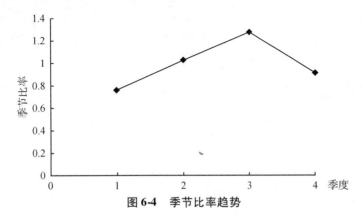

图 6-4　季节比率趋势

(二)移动平均趋势剔除法

该方法是利用移动平均法消除原时间序列中的长期趋势的影响，然后再来测定它的季节变动，序列中的趋势值可采用移动平均法求得，也可采用最小二乘法求得。计算步骤及方法如下：

第一步：根据时间序列中各年按月(季)的数值(计算其12个月的或4个季)移动平均数。如果是偶数项移动平均，趋势值 T 要分两步求得，见表6-14中第4列和第5列。

第二步：用时间序列中各月(季)的数值(Y)与其相对应的趋势值(T)对比，计算 Y/T 的百分比数值，见表6-14中第6列。

第三步：把 Y/T 的百分比数值按月(季)排列，计算出各年同月(季)的总平均数，这个平均数就是各月(季)的季节比率，见表6-15中最后一列。

第四步：把各月(季)的季节比率加起来，其总计数应等于1200%。若为季资料其总计数应等于400%，如果不符，还应把1200%或400%与实际加总的各月(季)季节比率相比求出校正系数，把校正系数分别乘上各月的季节比率。这样求得的季节比率就是一个剔除了长期趋势影响后的季节比率。

【例6-16】 利用【例6-15】服装厂六年分季度的销售额资料，说明如何用移动平均趋势剔除法测定季节变动，见表6-14。

解：有关计算过程见表6-14和表6-15。

表6-14　服装厂销售额的季节平均剔除计算表　　　　　　　　单位：万元

年份	季度	销售额(Y)	四项移动平均	二次移动平均(T)	剔除趋势值(Y/T)
2007	1	25	—	—	—
	2	32	—	—	—
	3	37	30.00	30.625	1.2082
	4	26	31.25	32.000	0.8125
2008	1	30	32.75	33.375	0.8989
	2	38	34.00	34.500	1.1014
	3	42	35.00	34.875	1.2043
	4	30	34.75	34.875	0.8602
2009	1	29	35.00	36.000	0.8056
	2	39	37.00	37.625	1.0365
	3	50	38.25	38.375	1.3029
	4	35	38.50	38.500	0.9091
2010	1	30	38.50	38.625	0.7767
	2	39	38.75	39.000	1.0000
	3	51	39.25	39.125	1.3035
	4	37	39.00	39.375	0.9397
2011	1	29	39.75	40.250	0.7205
	2	42	40.75	40.875	1.0275
	3	55	41.00	41.250	1.3333
	4	38	41.50	41.625	0.9129
2012	1	31	41.75	41.625	0.7447
	2	43	41.50	41.875	1.0269
	3	54	42.25	—	—
	4	41	—	—	—

表 6-15　服装厂销售额的季节比率计算表

季度	1	2	3	4	合计
2007	—	—	1.2082	0.8125	—
2008	0.8989	1.1014	1.2043	0.8602	—
2009	0.8056	1.0365	1.3029	0.9091	—
2010	0.7767	1.0000	1.3035	0.9397	—
2011	0.7205	1.0275	1.3333	0.9129	—
2012	0.7447	1.0269	—	—	—
同季合计	3.9464	5.1923	6.3522	4.4344	19.9253
季节比率(%)	78.928	103.846	127.044	88.688	398.506
调整季节比率(%)	79.224	104.235	127.520	89.020	400.000

从表 6-15 中的季节比率结果我们可以看出，服装厂销售额的旺季是第三季度，达 127.52%，淡季是第一季度，仅 79.22%。

四、循环变动的测定

循环变动各个时期有不同的原因，变动的程度也有自己的特点，这和季节变动基于大体相同的原因和相对稳定的周期形成对照，所以不能用测定季节变动的方法来研究循环变动。通常用剩余法测定循环变动的程度。基本思想是：对各期时间序列资料用长期趋势和季节比率消除趋势变动和季节变动，得到反映循环变动与不规则变动的序列，然后再采用移动平均法消除不规则变动，便可得出反映循环变动程度的各期循环变动系数。

$$Y = T \times S \times C \times I \tag{6-35}$$

$$\frac{Y}{T \times S} = \frac{T \times S \times C \times I}{T \times S} = C \times I \tag{6-36}$$

将 CI 序列进行移动平均修匀，则修匀后的序列即为各期循环变动的系数。

测定循环变动的程度，认识经济波动的某些规律，预测下一个循环变动可能产生的各种影响，以便充分利用有利因素，避免不利因素，对于保持国民经济持续稳定的发展有重要的意义。但是循环变动预测和长期趋势预测不同，循环变动主要属于景气预测，在很大程度上要依靠经济分析，仅仅对历史资料的统计处理是不够的。

第五节　Excel 在时间序列中的应用

一、用 Excel 测定增长量和平均增长量

【例 6-17】　某企业 2012 年 12 个月的总产值资料见表 6-16：

表 6-16　某企业 2012 年 12 个月的总产值资料

月份	1	2	3	4	5	6	7	8	9	10	11	12
总产值(万元)	506	473	542	546	585	547	570	576	569	610	583	615

计算步骤如下：

第一步：在 A 列输入年份，在 B 列输入总产值。

第二步：计算逐期增长量：在 C3 中输入公式：＝B3－B2，并用鼠标拖曳将公式复制到 C4：C13 区域。

第三步：计算累计增长量：在 D3 中输入公式：＝B3－＄B＄2，并用鼠标拖曳公式复制到 D4：D13 区域。

第四步：计算平均增长量（水平法）：在 C14 中输入公式：＝(B13－B2)/11，按回车键，即可得到平均增长量。结果如图 6-5 所示：

	A	B	C	D	E	F
1	月份	总产值				
2	1	506				
3	2	473	-33	-33		
4	3	542	69	36		
5	4	546	4	40		
6	5	585	39	79		
7	6	547	-38	41		
8	7	570	23	64		
9	8	576	6	70		
10	9	569	-7	63		
11	10	610	41	104		
12	11	583	-27	77		
13	12	615	32	109		
14			9.909091			

图 6-5　增长量和平均增长量计算结果

二、用 Excel 测定发展速度和平均发展速度

【例 6-18】 以【例 6-17】某企业 2012 年 12 个月的总产值为例，说明如何计算定基发展速度、环比发展速度和平均发展速度。

计算步骤如下：

第一步：在 A 列输入年份，在 B 列输入总产值。

第二步：计算定基发展速度：在 C3 中输入公式：＝B3/＄B＄2，并用鼠标拖曳将公式复制到 C4：C13 区域。

第三步：计算环比发展速度：在 D3 中输入公式：＝B3/B2，并用鼠标拖曳将公式复制到 D4：D13 区域。

第四步：计算平均发展速度（水平法）：选中 C14 单元格，单击插入菜单，选择函数选项，出现插入函数对话框后，选择 GEOMEAN（返回几何平均值）函数，在数值区域中输入 D3：D13 即可。计算结果如图 6-6 所示。

	A	B	C	D	E	F	G
1	月份	总产值					
2	1	506					
3	2	473	93.48	93.48			
4	3	542	114.59	107.11			
5	4	546	100.74	107.91			
6	5	585	107.14	115.61			
7	6	547	93.50	108.10			
8	7	570	104.20	112.65			
9	8	576	101.05	113.83			
10	9	569	98.78	112.45			
11	10	610	107.21	120.55			
12	11	583	95.57	115.22			
13	12	615	105.49	121.54			
14			111.43				

图 6-6　发展速度和平均发展速度计算结果

三、移动平均法

Excel 在"数据分析"宏中提供了常用的移动平均法，利用这些宏可以计算出估计值、标准差、残差和拟合图。

【例 6-19】　以【例 6-17】为例判断该企业总产值的发展趋势是否接近直线型。

用移动平均法（三期和四期移动平均）计算长期趋势值。

计算步骤如下：

第一步：在 Excel 工作表中 A2：A13 区域中输入月份，B2：B13 区域中输入"某企业 2012 年 12 个月的总产值"资料。

第二步：在数据菜单中单击"数据分析"选项，从其对话框的分析工具列表中选择移动平均，打开移动平均对话框，如图 6-7 所示。

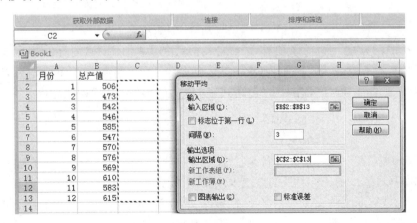

图 6-7　移动平均对话框

第三步：在移动平均宏菜单的"输入区域"中输入"B2：B13"，在"间隔"中输入"3"表示进行 3 项移动平均，选择"输出区域"，并选择输出"图表输出"和"标准差"输出，如图

6-7 所示,点击确定,移动平均宏的计算结果如图 6-8 所示,四项移动平均,只需要在"间隔"中输入"4"表示进行 4 项移动平均,选择"输出区域",并选择输出"图表输出"和"标准差"输出,点击确定即可,移动平均宏的计算结果如图 6-9 所示。

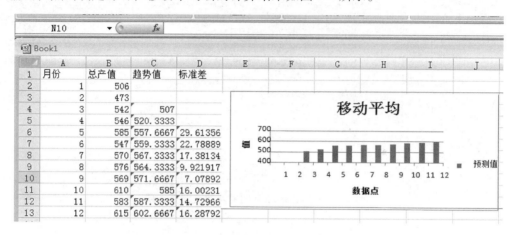

图 6-8　3 项移动平均计算结果

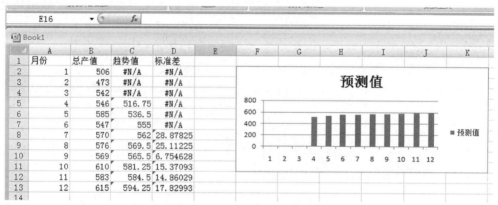

图 6-9　4 项移动平均计算结果

在图 6-8 中,分别产生了 3 项移动平均的估计值 C4：C13 和估计的标准差 D6：D12。正如图中 C4 单元格的表达式所示,C4 中的表达式 = AVERAGE(B2：B4) 是对 B2：B4 单元计算算术平均数,而 D6 单元格中的表达式"= SQRT(SUMXMY2(B4：B6, C4：C6)/3)"相当于标准差公式：$S = \sqrt{\dfrac{\sum (x - \bar{x})^2}{n-1}}$。

关于 Excel 中的"移动平均"的计算,需要说明两点：一是图 6-8 图例说明中的"趋势值",即移动平均值,由于移动平均法是以移动平均值作为趋势估计值,所以也将其称为"趋势值"。二是移动平均值的位置不是在被平均的 N 项数值的中间位置,而是直接排放在这 N 个时期的最后一期,这一点与通常意义上移动平均值应排放在 N 时期的中间时期有所不同。

图 6-8 和图 6-9 还绘制出移动平均估计值的直方图,可以看出,移动平均值削弱了上下波动,如果这种波动不是季节波动而是不规则变动的话,显然,移动平均可以削弱不规

则变动。对于该例进行4项移动平均的结果与3项移动较明显不同。也就是说,当数列有季节周期时,只要移动平均的项数和季节波动的周期长度一致,则移动平均值可以消除季节周期,并在一定程度上消除不规则变动,从而揭示出数列的长期趋势。这一点我们将在季节变动分析中具体讨论。

四、数学模型的测定

(一)直线趋势模型

在 Excel 中虽没有提供数学曲线拟合法的直接计算工具,但是通过配合使用某些宏与函数可以完成直线或曲线趋势的数学拟合。下面将以【例6-20】的数据为例介绍直线趋势的拟合。

【例6-20】 某企业2005—2013年的产品的销售额见表6-17,试用最小平方法估计销售额直线方程。

表6-17 某企业2005—2013年产品的销售额表

年份	2005	2006	2007	2008	2009	2010	2011	2012	2013
销售额(万元)	300	319	356	360	365	410	408	440	459

方法一:利用图形向导和添加趋势线可以完成直线趋势的数学拟合。

计算步骤如下:

第一步:利用图形向导生成散点图。

第二步:在对生成的草图进行必要的修饰后,得到时序图。用鼠标左键选择散点图线,然后点击鼠标右键,选择"添加趋势线"操作,如图6-10所示。

第三步:在"添加趋势线"操作中,选择"线性"趋势线,如图6-11所示,然后点击"选项",在"选项"菜单选择输出"显式公式"和"显示 R 平方值"两项,如图6-11所示。然后点击"确定",得到如图6-12所示趋势线和直线趋势方程及 R 平方值。

图6-10 添加趋势线

图 6-11　趋势线选项

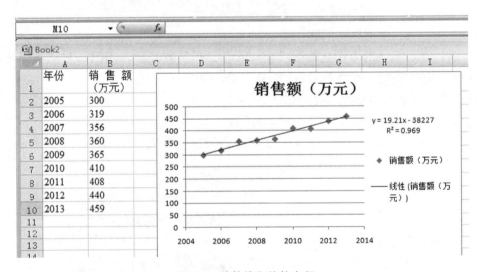

图 6-12　趋势线和趋势方程

方法二：最小平方法。

此工具通过对一组观察值使用"最小平方法"直线拟合，进行线性回归分析。本工具可用来分析单个因变量是如何受一个或几个自变量影响的。例如，观察某个运动员的运动成绩与一系列统计因素的关系，如年龄、身高和体重等。在操作时，可以基于一组已知的体能统计数据，并辅以适当加权，对尚未进行过测试的运动员的表现作出预测。

计算步骤如下：

第一步：利用图形向导生成散点图，使用 Excel 的图表工具观测数据是否接近直线，将数据资料输入到 Excel 表格中，选中某一单元格，单击插入菜单，选择图表选项，在图表类型中选择散点图，然后在子图表类型中选择一种类型，然后单击按钮，结果如图 6-13 所示。

第二步：从图 6-13 中可以看出销售额数据呈直线型。

第三步：单击数据菜单，选择数据分析选项，出现数据分析对话框，在分析工具中选择回归，如图 6-14，选择"数据分析"的"回归"，跳出"回归"对话框。

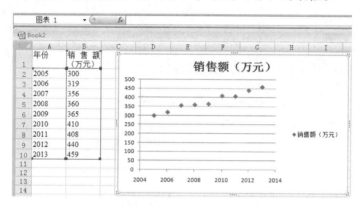

图 6-13　散点图

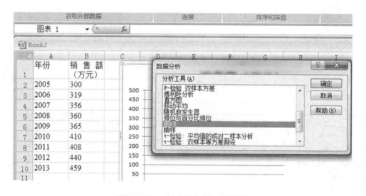

图 6-14　数据分析对话框

第四步：单击确定按钮，弹出回归对话框图 6-15，在 Y 值输入区域选定 B1：B10，在 X 值输入区域输入 A1：A10，在输出选项选择输出区域 A16；如果需要在汇总输出表中包含附加的置信度信息，请选中此复选框，然后在右侧的编辑框中，输入所要使用的置信度。如果为95％，则可省略。常数为零，如果要强制回归线通过原点，请选中此复选框；如果需要以残差输出表的形式查看残差，请选中此复选框；如果需要在残差输出表中包含标准残差，请选中此复选框；如果需要生成一张图表，绘制每个自变量及其残差，请选中此复选框；如果需要为预测值和观察值生成一个图表，请选中此复选框；如果需要绘制正态概率图，请选中此复选框。

第五步：单击确定按钮，得回归分析结果如图 6-16 所示。

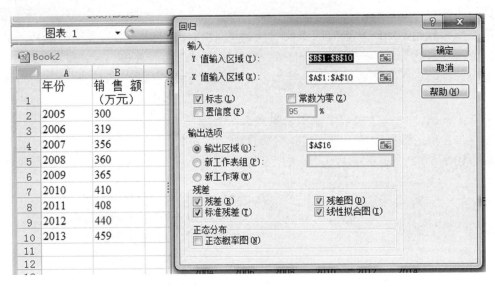

图 6-15 回归对话框

	A	B	C	D	E	F	G	H	I
17	回归统计								
18	Multiple	0.984801							
19	R Square	0.969834							
20	Adjusted	0.965524							
21	标准误差	9.922437							
22	观测值	9							
23	方差分析								
24		df	SS	MS	F	gnificance F			
25	回归分析	1	22156.82	22156.82	225.0457	1.4E-06			
26	残差	7	689.1833	98.45476					
27	总计	8	22846						
28									
29		Coefficien	标准误差	t Stat	P-value	Lower 95%	Upper 95%	下限 95.0%	上限 95.0%
30	Intercept	-38226.6	2573.493	-14.854	1.5E-06	-44312	-32141.3	-44312	-32141.3
31	年份	19.21667	1.280981	15.00152	1.4E-06	16.18763	22.24571	16.18763	22.24571
32	RESIDUAL OUTPUT								
33	观测值	销售额（万	残差	标准残差					
34	1	302.8	-2.8	-0.30167					
35	2	322.0167	-3.01667	-0.32502					
36	3	341.2333	14.76667	1.590963					
37	4	360.45	-0.45	-0.04848					
38	5	379.6667	-14.6667	-1.58019					
39	6	398.8833	11.11667	1.197711					
40	7	418.1	-10.1	-1.08818					

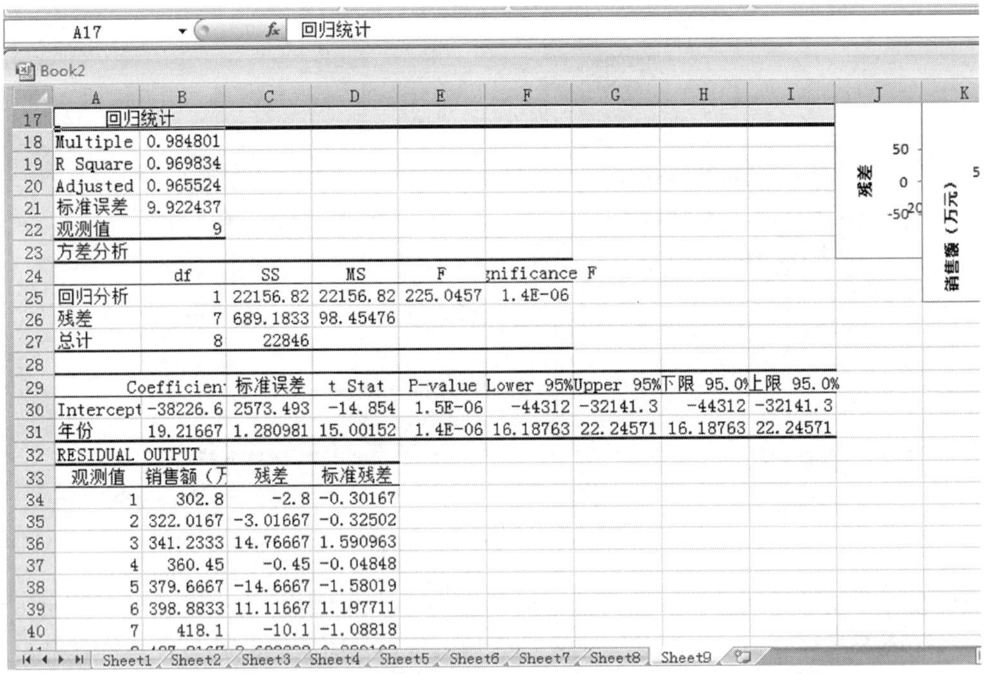

图 6-16 回归分析结果

在上面的输出结果中，第一部分为汇总统计，Multiple R 指相关系数，R Square 指判定系数，Adjusted 指调整的判定系数，标准误差指估计的标准误，观测值指样本容量；第二部分为方差分析，df 指自由度，SS 指平方和，MS 指均方，F 指 F 统计量，Significance of F 指 p 值；第三部分包括：Intercept 指截距，Coefficient 指系数，t stat 指 t 统计量。得到回归方程为：$y = 19.21t - 38226.7$

(二)曲线趋势的测定

当时间序列的各期观察值大致按某一相同比率增长时,可以考虑配合指数方程。其方程为:

$$Y_t = ab^t$$

利用图形向导、添加趋势线与某些函数可以完成操作过程。如果只利用图形向导与添加趋势线可以得到一个对数方程,其具体计算过程与直线趋势的拟合大体相同。

【例 6-21】 现有某企业 2007—2012 年销售量见表 6-18,试求该企业销售量的长期趋势。

表 6-18　某企业 2007—2012 年销售量表

年份	2007	2008	2009	2010	2011	2012
销售量(万件)	14.85	18.28	22.84	28.4	35.46	43.79

计算步骤如下:

第一步:利用图形向导生成散点图,使用 Excel 的图表工具观测数据是否接近指数曲线,将数据资料输入到 Excel 表格中,选中某一单元格,单击插入菜单,选择图表选项,在图表类型中选择散点图,然后在子图表类型中选择一种类型,然后单击按钮,结果如图 6-17 所示。也可利用环比增长速度基本相等,判断可拟合指数曲线,如图 6-17 中 C 列数据大致相等。

图 6-17　散点图

第二步:在对生成的草图进行必要的修饰后,得到时序图。用鼠标左键选择散点图线,然后点击鼠标右键,选择"添加趋势线"。

第三步:在"添加趋势线"操作中,选择"指数"趋势线,如图 6-18 所示,然后点击"选项",在"选项"菜单选择输出"显式公式"和"显示 R 平方值"两项,如图 6-18 所示。然后点击"确定",得到如图 6-19 所示趋势线和指数趋势方程及 R 平方值。

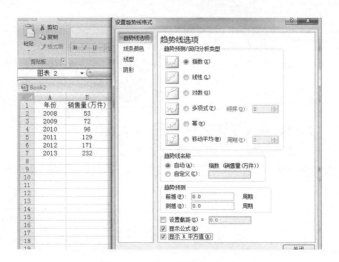

图 6-18 指数趋势线选项

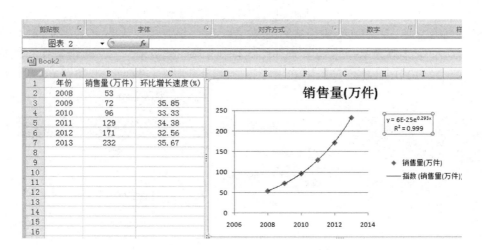

图 6-19 指数趋势拟合的趋势线和趋势方程

五、季节变动的测定方法

测定季节变动的方法从是否剔除长期趋势的影响看，可分为两种；一是不剔除长期趋势的影响，直接根据原时间序列来测定，二是依据剔除长期趋势后的时间序列来测定。

【例 6-22】 某种商品五年分季度的销售额资料见表 6-19。

表 6-19 某种商品五年分季度的销售额资料　　　　　　　　　　　　单位：万元

年份	1 季度	2 季度	3 季度	4 季度
第一年	1861	2203	2415	1908
第二年	1921	2343	2514	1986
第三年	1834	2154	2098	1799
第四年	1837	2025	2304	1965
第五年	2072	2414	2339	1967

用按月(季)平均法和移动平均趋势剔除法测定季节变动，对该商品的销售情况进行季节变动分析。

根据月(季)的时间序列，用简单平均法测定季节变动的计算步骤如下：

第一步：输入数据资料。按表 6-19 的格式在 A 列输入年份，在 B 列到 E 列输入季别。

第二步：计算各年季销售额的平均数。在 F2 中输入“=SUM(B2:E2)/4”，并用鼠标拖曳将公式复制到 F3:F6 区域，得到各年季销售额的平均数。

第三步：计算五年各季合计。在 B7 中输入“=SUM(B2:B6)”，并用鼠标拖曳将公式复制到 C7:F7 区域，得到各季销售额的合计。

第四步：计算各季销售额的平均数。在 B8 中输入“=B7/5”，并用鼠标拖曳将公式复制到 C8:F8 区域，得到各季销售额的平均数。

第五步：计算季节比率。在 B9 中输入“=B8/2097.95*100”，并用鼠标拖曳将公式复制到 C9:F9 区域，求得用百分数表示的各季的季节比率，又可以称为季节指数，如图 6-20 所示。

年 份	1季度	2季度	3季度	4季度	平均
第一年	1861	2203	2415	1908	2096.75
第二年	1921	2343	2514	1986	2191
第三年	1834	2154	2098	1799	1971.25
第四年	1837	2025	2304	1965	2032.75
第五年	2072	2414	2339	1967	2198
合计	9525	11139	11670	9625	10489.75
月平均	1905	2227.8	2334	1925	2097.95
季节比率(%)	90.80	106.19	111.25	91.76	100.00

图 6-20　按月平均法计算过程及结果

第六步：利用图形向导将季节比率生成折线图，如图 6-21 所示。

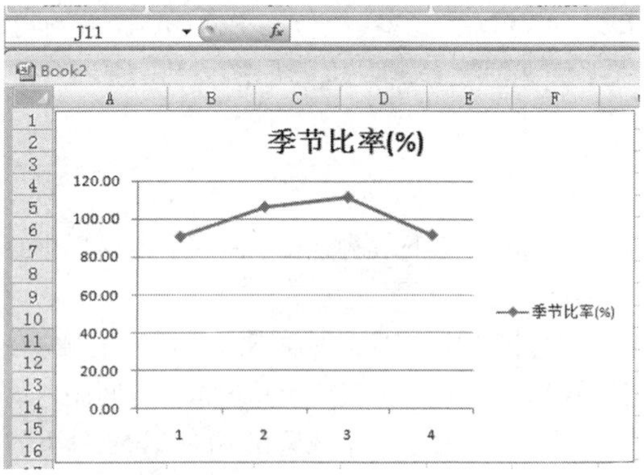

图 6-21　季节比率折线图

利用移动平均法消除原时间序列中的长期趋势的影响，然后再来测定季节变动的方法，计算步骤如下：

第一步：将【例 6-22】的数据录入到 Excel 表格中，在 A 列输入年份，在 B 列输入季度，在 C 列输入销售额，如图 6-22 所示。

第二步：计算 4 项移动平均：在 D3 中输入“=SUM(C2:C5)/4”，并用鼠标拖曳将公式复制到 D4:D19 区域，如图 6-22 所示。

F5　=C5/E5

年份	季度	销售额	四项移动平均	趋势值	Y/T
第一年	1	1861			
	2	2203	2096.75		
	3	2415	2111.75	2104.25	1.147677
	4	1908	2146.75	2129.25	0.89609
第二年	1	1921	2171.5	2159.125	0.889712
	2	2343	2191	2181.25	1.074155
	3	2514	2169.25	2180.125	1.153145
	4	1986	2122	2145.625	0.925604
第三年	1	1834	2018	2070	0.88599
	2	2154	1971.25	1994.625	1.079902
	3	2098	1972	1971.625	1.064097
	4	1799	1939.75	1955.875	0.919793
第四年	1	1837	1991.25	1965.5	0.934622
	2	2025	2032.75	2012	1.006461
	3	2304	2091.5	2062.125	1.117294
	4	1965	2188.75	2140.125	0.918171
第五年	1	2072	2197.5	2193.125	0.944771
	2	2414	2198	2197.75	1.098396
	3	2339			
	4	1967			

图 6-22　趋势剔除法计算过程

第三步：计算趋势值(即二项移动平均)T：在 E4 中输入“=(D3+D4)/2”，并用鼠标拖曳将公式复制到 E5:E19 区域，如图 6-22 所示。

第四步：剔除长期趋势，即计算 Y/T：在 F4 中输入“=C4/E4”，并用鼠标拖曳将公式复制到 F5:F19 区域，如图 6-22 所示。

第五步：重新排列 F4:F19 区域中的数字，使同季的数字位于一列，共排成四列，如

图 6-23 所示。

第六步：计算各年同季平均数：在 B29 单元格中输入公式： = AVERAGE（B25：B28）；在 C29 中输入公式 = AVERAGE（C25：C28）；在 D29 中输入公式 = AVERAGE（D24：27）；在 E29 中输入公式 = AVERAGE（E24：E27）。

第七步：计算调整系数：在 B31 中输入公式： = 4/SUM（B29：E29）。

第八步：计算季节比率：在 B30 中输入公式： = B29 * ＄ B ＄ 31，并用鼠标拖曳将公式复制到单元格区域 C30：E30，就可以得到季节比率的值，具体结果如图 6-23 所示。

F41

Book2

	A	B	C	D	E
23		第一季度	第二季度	第三季度	第四季度
24	第一年			1.14767732	0.89609
25	第二年	0.889712	1.074155	1.153144888	0.925604
26	第三年	0.88599	1.079902	1.064096874	0.919793
27	第四年	0.934622	1.006461	1.117294053	0.918171
28	第五年	0.944771	1.098396		
29	平均	0.913774	1.064729	1.111511939	0.921189
30	调整季节比率(%)	0.911222	1.061755	1.10840737	0.918616
31	调整系数	0.997207			

图 6-23 移动平均剔除法计算季节比率结果

本章小结

时间序列是将某种现象在时间上发展变化的一系列同类的统计指标，按时间先后顺序排列，又称为动态序列。

时间序列按其指标性质不同，可以分为绝对数时间序列、相对数时间序列和平均数时间序列三大类。其中绝对数时间序列又称为总量指标时间序列，是基本数列，其余两种是派生数列。

为了反映社会经济现象在不同时间条件下的发展变化、研究事物的发展变化规律，需要进行各种动态分析，其中基础的方法就是通过对比分析计算各种动态分析指标，来反映社会经济现象在不同时间条件下的发展变化。常见的动态分析指标有水平分析指标和速度分析指标两种。其中水平分析指标有发展水平、平均发展水平、增长量、平均增长量；速度分析指标有发展速度、平均发展速度、增长速度、每增长 1% 的绝对值、平均增长速度。

影响时间序列的因素大体上可以分为四种，即长期趋势、季节变动、循环波动和偶然波动。

测定长期趋势的分析方法有许多，常用的有时距扩大法、移动平均法、最小平方法等。

测定季节变动的方法从是否剔除长期趋势的影响看，可分为两种；一是不剔除长期趋势的影响，直接根据原时间序列来测定，二是依据剔除长期趋势后的时间序列来测定。前者常用简单平均法，后者常用移动平均趋势剔除法。

思考与练习

一、选择题

1. 时间序列的构成要素是(　　)。

A. 变量和次数　　B. 时间和观察值

C. 时间和次数　　D. 主词和宾词

2. 时间序列中每个指标数值可以相加的是(　　)。

A. 相对数动态数列　　B. 时期数列

C. 间断时点数列　　D. 平均数动态数列

3. 1949 年末我国人口为 54167 万人，1989 年末为 111191 万人，年平均增长速度为(　　)。

A. 1.81%　　B. 1.86%

C. 1.77%　　D. 1.89%

4. 按月平均法测定季节比率时，各季的季节比率之和应等于（　　）。
   A. 100%　　　　B. 120%　　　　C. 400%　　　　D. 1200%
5. 定基增长速度与环比增长速度的关系为（　　）。
   A. 定基增长速度等于相应的环比增长速度各个的算术和
   B. 定基增长速度等于相应的环比增长速度各个的连乘积
   C. 定基增长速度等于相应的环比增长速度加 1 后的连乘积再减 1
   D. 定基增长速度等于相应的环比增长速度各个的连乘积加 1
6. 以 1950 年 a_0 为最初水平，1997 年 a_n 为最末水平，计算钢产量的年平均发展速度时，须开（　　）。
   A. 46 次方　　　B. 47 次方　　　C. 48 次方　　　D. 49 次方
7. 下列是一般平均数的是（　　）。
   A. 职工平均工资　　　　　　　　B. 人均粮食产量
   C. 人均 GDP　　　　　　　　　　D. 动态平均数
8. 按月平均法测定季节变动时（　　）。
   A. 不包括长期趋势的影响　　　　B. 不包括不规则变动的影响
   C. 包括长期趋势的影响　　　　　D. 包括循环变动的影响
9. 平均发展速度是各期（　　）的几何平均数。
   A. 发展水平　　　　　　　　　　B. 环比增长速度
   C. 环比发展速度　　　　　　　　D. 定基发展速度
10. 在具有各期的环比发展速度的情况下，各期环比发展速度的连乘积等于（　　）。
    A. 平均发展速度　　　　　　　　B. 总增长速度
    C. 定基增长速度　　　　　　　　D. 定基发展速度
11. 用于分析现象发展水平的指标有（　　）。
    A. 发展速度　　　　　　　　　　B. 发展水平
    C. 增长量　　　　　　　　　　　D. 增长速度
    E. 平均增长量
12. 序时平均数是指（　　）。
    A. 平均发展水平　　　　　　　　B. 平均发展速度
    C. 平均增长速度　　　　　　　　D. 动态平均数
    E. 平均增长量
13. 某企业 2003 年产值为 2000 万元，2012 年产值为 1989 年的 150%，则年平均增长速度及年平均增长量为（　　）。
    A. 年平均增长速度为 6.25%　　　B. 年平均增长速度为 4.6%
    C. 年平均增长速度为 5.2%　　　 D. 年平均增长量为 125 万元
    E. 年平均增长量为 111.11 万元
14. 测定长期趋势的方法有（　　）。
    A. 时距扩大法　　　　　　　　　B. 移动平均法
    C. 最小平方法　　　　　　　　　D. 月平均法
    E. 季平均法
15. 时期序列和时点序列的统计指标（　　）。
    A. 都是绝对数　　　　　　　　　B. 都是总量指标
    C. 既可以是绝对数，也可以是相对数　　D. 既可以是平均数，也可以是绝对数
    E. 都是平均数

二、判断题

1. 测定季节变动的方法主要有时距扩大法和按月平均法两种。（ ）
2. 时间序列按其影响因素的不同分为长期趋势、季节变动、循环波动和不规则变动四种。（ ）
3. 时间序列的时间长度可以一致也可以不一致。（ ）
4. 时间序列的速度指标有发展速度、平均发展速度、增长速度、平均增长速度。（ ）
5. 平均发展速度的测定方法有水平法和累计法两种。（ ）
6. 循环变动就是研究某种现象在一个相当长的时期内持续向上或向下发展变动的趋势。（ ）
7. 相对数时间序列按时间的不同分为时期序列和时点序列两种。（ ）
8. 移动平均法是把原动态数列的时距扩大，再采用逐项移动的方法计算扩大了时距的序时平均数。（ ）
9. "增长1%绝对值"指标其实质是基期水平的1%。（ ）
10. 时间序列的逐期增长量之和等于相应项的累计增长量。（ ）

三、简答题

1. 简述时间序列的概念和种类。
2. 序时平均数与一般平均数有何区别？
3. 简述定基发展速度与环比发展速度之间的关系如何。
4. 简述几何平均法计算平均发展速度的基本原理。具有哪些特点？
5. 如何根据具体的时间序列选择适当的趋势线？
6. 应用移动平均法要解决的问题是什么？
7. 测定季节变动的方法有哪几种？它们有何不同？

四、计算题

1. 某企业2012年上半年职工人数资料如下：

时间	1月初	1月末	2月末	3月末	4月末	5月末	6月末
人数(人)	2100	2160	2140	2300	2400	2480	2500

计算该企业年平均职工人数。

2. 某地区2006—2012年农村居民家庭人均纯收入资料如下：

年 份	2006	2007	2008	2009	2010	2011	2012
人均纯收入(元)	922	1221	1578	1926	2090	2162	2210

要求：(1)计算各年逐期增长量、累计增长量及年平均增长量；(2)计算各年环比发展速度、定基发展速度；(3)计算年平均发展速度及平均增长速度。

3. 已知某厂某种产品的有关资料如下：

年 份	2007	2008	2009	2010	2011	2012
产 量(台)	9500					
环比增长量(台)		500				510
环比发展速度(%)			104			
定基增长速度(%)				10		
增长1%的绝对值(台)						109

利用指标间关系将表中空格数字填上。

4. 某公司 2004—2012 年的某种家电产品销售额资料如下：

年份	2004	2005	2006	2007	2008	2009	2010	2011	2012
销售额（万元）	80	83	87	89	95	101	105	110	125

要求：(1) 应用四年和三年移动平均法计算趋势值；(2) 应用最小平方方法配合趋势直线，并计算出各年的趋势值。

5. 某旅游风景区的旅游收入资料如下：

月份	1	2	3	4	5	6	7	8	9	10	11	12
2010	116	154	220	392	642	1642	2810	1204	384	183	125	95
2011	145	210	312	520	684	1872	3120	1382	482	248	130	112
2012	180	245	325	535	710	1923	3350	1576	625	437	258	166

要求：(1) 按月平均法计算季节比率；(2) 按移动平均趋势剔除法计算季节比率，并做出季节变动图。

第七章 统计指数

本章提要

通过本章学习，掌握综合指数的含义、计算公式和编制的一般原则；掌握平均指数的含义、计算公式和编制的一般原则；熟知综合指数和平均指数是计算总指数的两种形式，各有其特点，理解综合指数与平均指数之间的关系，并能正确应用；深刻理解统计指数体系的意义，熟练掌握利用统计指数体系进行因素分析，正确理解平均指标指数的计算及因素分析方法；了解现实工作中一些重要经济指数的意义及编制方法。

统计指数是研究现象差异或变动的重要统计方法，已被广泛应用于社会经济生活各方面。随着人们生活水平的不断提高以及社会经济活动的不断丰富，指数应用的领域也愈加广阔，如消费品价格指数，生活费用价格指数，同人们的日常生活休戚相关；再如生产资料价格指数，股票价格指数等，则直接影响人们的投资活动，成为社会经济的晴雨表。

第一节 统计指数的概述

一、统计指数的概念

统计指数（index number）是某一社会经济现象在两个不同时间、空间或者实际与计划之间数值上的对比关系。一般用相对数形式表示。用指数对社会经济现象的发展变化进行对比分析，称为统计指数分析。

统计指数又有广义和狭义之分。从广义上说，凡处于不同场合的同类现象对比的相对数都是指数。从这个意义上来说，动态相对数、比较相对数、计划完成程度相对数，都可以称为指数。狭义的指数是一种特殊的相对数，是用来表明不能直接加总的多因素组成的复杂社会经济现象综合对比的相对数。本章所要阐述的统计指数，主要是指这种狭义的统计指数。

二、统计指数的作用

从形式上看，指数是一种相对数；从实质上看，是平均数；从统计数列的角度看，它具有时间数列与变量数列的双重性质。因此统计指数的主要作用是：

(1) 用于研究总体中各个个体不能直接加总的同类现象的综合变动情况。当我们进行统计整理或统计分析时，经常会遇到这样一种情况，即所研究的总体中的各个个体，由于计量单位或使用价值不同，无法直接相加总。因此，各个同类总体无法进行综合对比，搞不清总体前后期的增减变化情况，这时就需要利用指数方法，把这些不能直接加总对比的现象过渡到可以综合对比的数量关系，反映同类总体前后期的差异状况。

(2) 用于分析社会经济现象总变动中，各个构成因素变动对总体变动的影响程度和方向。任何一个经济现象都是由若干因素构成的，例如，工业总产值 = 产品产量 × 出厂价格，或者工业总产值 = 职工平均人数 × 全员劳动生产率 × 出厂价格，职工工资总额 = 平均每人工资 × 职工人数，等。由此可见，处于不同场合的同质现象的两个总体之所以存在差异，必定是组成总体的各个因子存在着差异的结果，将总体差异分解为各个因子进行分析，弄清各个因素差异原因以及对总体的影响程度，也就弄清了总体差异原因，这是统计分析广泛运用的一种方法，也是统计指数的一个重要作用。

(3) 用于研究社会经济现象在长时期内的发展变化趋势。将同类指数按时间顺序排列编制指数数列，用于研究社会经济现象在某一时期变动趋势及其规律性，作为制定规划和经济预测的依据。

三、统计指数的分类

统计指数可以从不同角度进行分类，其中主要的分类有以下几种：

1. 按研究对象的范围不同

按研究对象的范围不同，可分为个体指数(individual index)和总指数(total index)。

个体指数是反映单个事物或个别现象差异程度的相对数。例如，某一种商品报告期价格对比于基期价格的相对数，同一种蔬菜甲市场价格与乙市场价格对比的相对数，某一种产品产量报告期与基期对比的相对数等，都属于个体指数。

所谓总指数是反映多种事物或现象综合差异的相对数。例如，几种不同产品产量报告期与基期综合对比的相对数，2012 年甲县集市贸易价格总水平与乙县对比的相对数，全部商品物价指数等，都属于总指数。

2. 按指标性质不同

按指标性质不同，可分为数量指标指数(quantity index)和质量指标指数(quality index)。

数量指标指数是用来表明社会经济现象总规模、总水平或工作总量变动情况的相对数。例如，产品产量指数、商品销售量指数、职工人数指数、原材料采购量指数等都属于这一类指数。

质量指标指数是用来表明社会经济工作质量或效益的相对数。例如，物价指数、成本指数、劳动生产率指数、商品流通费用率指数等都属于这一类指数。

3. 按所采用基期不同

按所采用基期不同，可分为定基指数和环比指数。指数反映现象的变动，可以单就两个时期进行比较，也可以在动态数列的基础上，就多个时期计算一系列指数，组成指数数列。在指数数列中，计算各个时期的指数时，如果采用某一固定时期作基期，这样计算的一系列指数，称为定基指数；如果采用各报告期前一个时期作基期，这样计算的一系列指数，称为环比指数。定基指数的基期是固定不变的，环比指数的基期是随报告期的变化而变化的。在实际工作中，还广泛编制年距环比指数，一般是以上一年的同期（同季或同月）作为基期，由于年距环比指数不受季节变动影响，所表明的年度环比变动程度更加符合实际。

4. 按所反映现象的特征不同

按所反映现象的特征不同，可分为时间指数、区域指数和计划完成程度指数。

时间指数是反映现象在时间上发展变化的相对数，也称为动态指数，是运用最广泛的指数；区域指数是反映同类现象在同一时间在不同空间上差异程度的相对数，也称为比较指数。对比不同国家、地区、部门、单位在静态条件下某一社会经济现象总体的差异，多采用这类指数；计划完成程度指数是反映静态条件下某一社会经济现象总体实际完成任务数与计划规定数量对比的相对数，用以综合检查分析计划任务完成的程度或进度。

第二节　综合指数

指数方法论的中心内容是探讨总指数的编制及其在统计分析中的应用。总指数的编制又有两种形式：一是综合指数形式；二是平均数指形式。综合指数和平均数指是编制总指数的两种不同形式，各有其特点，其中综合指数是总指数的基本形式。

一、综合指数的概念

综合指数（aggregative index）是用综合法对总体各部分数值进行对比而计算的指数，用于反映总体动态变化。其主要特点是通过对不同时期的两个总量指标的对比以反映现象的动态变化。

综合指数按所表明的社会经济现象性质不同，可分为数量指标指数和质量指标指数。反映总体规模综合变动的指数称为数量指标指数，如产品产量、商品销售量、工人人数、播种面积；反映总体内涵方面综合变动的指数称为质量指标指数，如价格、单位成本、劳动生产率、流通费用率。

二、综合指数的编制

（一）综合指数的编制原则

同度量因素的使用是综合指数编制的基础。当社会经济现象是由多个不能直接相加总的要素构成时，为反映整个复杂总体的变动情况，我们不能简单地将作为研究对象的各要素值直接相加进行对比，因为不同使用价值的东西相加总，没有任何经济意义。另外，不同计量单位的东西，也不能直接相加，为了能使不同使用价值、不同计量单位的复杂社会经济现象的总体能够对比，就要借助"同度量因素"，把不能直接相加或对比的要素过渡为可直接相加或对比的价值形态。这种利用"同度量因素"过渡计算总指数的形式，称为综合指数法，简称"综合法"。

所谓同度量因素，是编制综合指数时，引入的与研究对象具有紧密联系的另一个要素。凡是把不能直接相加总或对比的研究对象，过渡为可直接相加或对比的价值总量，所引入的具有桥梁或媒介作用的要素，就是同度量因素，也称同度量系数。同度量因素可以是质量指标，也可以是数量指标。

在编制综合指数时，引入的同度量因素还要进行固定，以消除同度量因素对研究对象数量变动的影响。同度量因素有两个时期之分，即基期和报告期。从理论上讲，同度量因素可固定在基期，也可固定在报告期。采用什么时期，一般应根据研究目的和任务而定，但在实际工作中，大都主张同度量因素的使用应遵循如下一般原则：在编制不同时间对比的数量指标指数时，要使用基期质量指标作为同度量因素；在编制不同时间对比的质量指标指数时，要使用报告期数量指标作为同度量因素。

遵循上述一般原则，对于质量指标综合指数来说，能使计算公式保持明确的经济内容，使计算结果比较客观地反映社会经济现象发展的实际情况；对于数量指标综合指数来说，能使计算公式与质量指标指数公式一起保持指数体系的严密关系。

(二) 综合指数的编制方法

1. 数量指标综合指数

数量指标综合指数是反映不能直接相加总的社会经济现象在总规模、总水平或工作总量上变动情况的相对数。工业产品产量指数、商品销售量指数、农副产品收购量指数、职工人数指数、出口及进口商品数量指数等，都属于这类指数。

现以工业产品产量综合指数的编制为例，来说明数量指标指数的编制方法。

【例 7-1】 某工业企业生产几种使用价值和计量单位都不同的产品，报告期和基期产量及出厂价格资料见表 7-1。

表 7-1 某企业产量综合指数计算表

产品名称	计量单位	产品产量		出厂价格(元)		工业总产值(万元)		
		基期	报告期	基期	报告期	基期	报告期	假设
		q_0	q_1	p_0	p_1	$q_0 p_0$	$q_1 p_1$	$q_1 p_0$
A	件	6000	5000	110	100	66	50	55
B	台	10000	12000	50	50	50	60	60
C	吨	40000	41000	150	200	600	820	615
合计	—	—	—	—	—	716	930	730

根据综合指数编制的特点和同度量因素使用的一般原则，数量指标指数的编制应采用与之紧密联系的质量指标作为同度量因素，并把其固定在基期上。产品产量指数应采用出厂价格这一质量指标作为同度量因素，并通过如下公式进行计算：

$$\bar{K}_q = \frac{\sum q_1 p_0}{\sum q_0 p_0} \tag{7-1}$$

式中 $\bar{K}_q$ ——总体产量指数；

p_0 ——基期价格；

q_1 ——报告期产量；

q_0 ——基期产量。

解： $$\bar{K}_q = \frac{\sum q_1 p_0}{\sum q_0 p_0} = \frac{730}{716} = 101.96\%$$

结果说明该企业全部产品的总产量，报告期为基期的 101.96%，即报告期比基期综合增长 1.96%。由于总产量增加，使得报告期工业总产值比基期多增加了 14 万元。计算方法如下：

$$\sum q_1 p_0 - \sum q_0 p_0 = 730 - 716 = 14 \text{（万元）}$$

必须指出的是，公式中子项的 $\sum p_0 q_1 = 730$ 是一个假定的数值，也即按基期价格计算的报告期工业总产值。采用这种假设的结果，使得子项母项都同以基期价格 p_0 为同度量因素，从而消除了价格变动的影响，集中反映产量的变动情况，这样更加符合数量指标指数计算的经济含义。如果产品价格不固定在基期水平上，指数值将既受产量变动影响，又受价格变动影响，不符合编制数量指标指数的要求。

2. 质量指标综合指数

质量指标综合指数是反映不能直接相加总的社会经济现象在经济工作质量或效益上综合变动的相对数，如物价指数、成本指数、劳动生产率指数、商品流通费用率指数等都属于这类指数。

【例 7-2】以【例 7-1】工业产品价格综合指数的编制为例，来说明质量指标综合指数的编制方法。

在表 7-1 中，如果要反映该企业几种产品报告期价格水平对比于基期的变动情况，就要计算价格综合指数。价格综合指数属于质量指标综合指数，根据综合指数编制的特点和同度量因素使用的一般原则，应采用与价格紧密联系的产品产量这一数量指标为同度量因素，并把其固定在报告期上。计算公式如下：

$$\bar{K}_p = \frac{\sum p_1 q_1}{\sum p_0 q_1} \tag{7-2}$$

式中 $\bar{K}_p$ ——价格综合指数；

p_0 ——基期价格；

p_1 ——报告期产品价格；

q_1 ——报告期产量；

q_0 ——基期产量。

解： $$\bar{K}_p = \frac{\sum p_1 q_1}{\sum p_0 q_1} = \frac{930}{730} = 127.40\%$$

结果说明该企业全部产品的价格水平，报告期为基期的 127.40%，即报告期价格水平比基期综合增长 27.40%，由于产品价格水平增加，使得该企业报告期工业总产值比基期增加了 200 万元。计算方法如下：

$$\sum p_1q_1 - \sum p_0q_1 = 930 - 730 = 200 \text{（万元）}$$

必须指出的是，公式中母项 $\sum p_0q_1$ 也是一个假定的数值，因为它作为分母使用，其经济内容相当于按报告期产量计算的基期总产值。采用这样假设的结果，使得子项和母项都同以报告期产量为同度量因素，但采用报告期产量 q_1 为同度量因素计算出来的指数值，不但包含了价格变动的单纯影响，也包括了价格和产量变动的共同影响值，看起来似乎不能单纯反映价格的综合变动情况，但质量指标综合指数是用来反映社会经济工作质量或效益的指标，这样做能使计算结果比较客观地反映企业的实际经济效果。

第三节 平均指数

一、平均指数的概念

应用综合指数编制总指数时，往往要求掌握全面的资料，而在实际工作中，由于受到资料的限制，很难编制综合指数，这时可以采用平均指数法编制总指数。平均指数（average index）是以个体指数为基础，通过个体指数进行平均得到的总指数。

二、平均指数的编制

（一）平均指数的编制原则

个体指数的使用是平均数指数编制的基础。在利用综合指数公式编制总指数时，需要有全面的原始资料，但有时往往难以取得。而平均数指数的编制，对计算资料的要求比较简单，并同样可作绝对额增减分析，因此，根据实际情况需要，在保持完整和明确的经济内容前提下，利用个体指数进行加权计算总指数的方法，称为平均数指数法，简称"平均法"。

个体指数是反映复杂社会经济现象总体中的个别要素差异程度的相对数。个体指数按照指标性质不同可分为数量指标个体指数和质量指标个体指数。如以 k 表示某一个别要素的个体指数，以 q,p 分别表示数量指标和质量指标，则数量指标个体指数可表示为：$k_q = \frac{q_1}{q_0}$；质量指标个体指数可表示为：$k_p = \frac{p_1}{p_0}$。

由于个体指数都是同种或同类现象对比的比值或比率，不涉及数值之间不可相加或对比的问题，因此编制平均数指数所使用的个体指数，一般采用简单对比的计算方法取得。

个体指数确定以后，还要正确选择对个体指数进行加权的权数。权数的选择要能够正确评价各要素在复杂总体中的地位，也就是能较好地表明个体指数的重要性。一般可以用某一总量指标为权数，采用绝对权数形式，也可以用某种比重为权数，采用相对权数形式，既可以是实际资料，也可以估计和推算资料。权数条件不同，可将任何一个综合指数形式变为相应的加权算术平均指数和加权调和平均指数形式，其对应关系见表7-2。

表 7-2 平均指数的几种形式

指数名称	综合指数公式	加权算术平均指数公式	加权调和平均指数公式
数量指标指数	$\dfrac{\sum q_1 p_0}{\sum q_0 p_0}$	$\dfrac{\sum k_q q_0 p_0}{\sum q_0 p_0}$	$\dfrac{\sum q_1 p_0}{\sum \dfrac{1}{k_q} q_1 p_0}$
质量指标指数	$\dfrac{\sum q_1 p_1}{\sum q_1 p_0}$	$\dfrac{\sum k_p q_1 p_0}{\sum q_1 p_0}$	$\dfrac{\sum q_1 p_1}{\sum \dfrac{1}{k_p} q_1 p_1}$

从理论上讲，表 7-2 中所列的四种形式均可作为平均数指数的形式运用。但在实际应用中，从掌握资料的可能性看，真正能应用的只有两种形式，即数量指标指数的加权算术平均形式和质量指标指数的加权调和平均形式。这两种形式所需的权数资料是某一时期的实际总量指标，这种资料比较容易取得。而其他两种形式，则需要分别掌握两个不同时期的数量指标和质量指标的资料才能计算，在实际工作中常常难以做到。因此，可得出平均数指数编制的一般原则如下：计算数量指标指数，应采用基期的总量指标（$q_0 p_0$）为权数的加权算术平均指数形式；计算质量指标指数，应采用报告期的总量指标（$q_1 p_1$）为权数的加权调和平均指数形式。

（二）平均指数的编制方法

1. 算术平均数指数的编制方法

根据平均数指数编制的特点及遵循的一般原则，由于数量指标个体指数 $k_q = \dfrac{q_1}{q_0}$，则 $q_1 = k_q q_0$，将其代入数量指标综合指数，得

$$\bar{K}_q = \frac{\sum p_0 q_1}{\sum p_0 q_0} = \frac{\sum k_q p_0 q_0}{\sum p_0 q_0} \tag{7-3}$$

该公式说明 $\bar{K}_q$ 是以 $q_0 p_0$ 为权数并对数量指标个体指数进行加权算术平均后所得的平均值，因此称之为加权算术平均数指数，简称算术平均数指数。

现举例说明算术平均数指数的编制方法。

【例 7-3】 以【例 7-1】某企业生产几种使用价值和计量单位都不同的产品为例，报告期与基期产品产量及有关资料见表 7-3。

表 7-3 某企业几种产品的产量及产量个体指数资料

产品名称	计量单位	产品产量			工业总产值（万元）	以基期总产值为权数对产量个体指数加权
		基期	报告期	个体指数	基期	
		q_0	q_1	$k_q = \dfrac{q_1}{q_0}$	$q_0 p_0$	$k_q q_0 p_0$
A	件	6000	5000	0.833	66	55
B	台	10000	12000	1.200	50	60
C	吨	40000	41000	1.025	600	615
合计	—	—	—	—	716	730

解: $\bar{K}_q = \dfrac{\sum k_q p_0 q_0}{\sum p_0 q_0} = \dfrac{730}{716} = 101.96\%$

结果说明产品产量增加而使总产值增加的绝对额为:

$$\sum K_q p_0 q_0 - \sum p_0 q_0 = 730 - 716 = 14（万元）$$

通过计算结果可以看出,应用算术平均数指数编制数量指标指数时,只要掌握数量指标个体指数,并以基期的总量指标为权数,即可求得与综合指数结果相同的数据,大大简化了对计算资料的要求。这一形式被广泛地运用到国民经济各个领域,例如,我国的消费品零售物价指数、职工生活费指数的计算,以及西方国家的工业生产指数、消费品价格指数都是用这种形式来编制的。

2. 调和平均数指数的编制方法

根据平均数指数编制的特点及遵循的一般原则,由于质量指标个体指数 $k_p = \dfrac{p_1}{p_0}$,则 $p_0 = \dfrac{p_1}{k_p}$,将其代入数量指标综合指数,得

$$\bar{K}_p = \dfrac{\sum p_1 q_1}{\sum p_0 q_1} = \dfrac{\sum p_1 q_1}{\sum \dfrac{1}{k_p} p_1 q_1} \tag{7-4}$$

该公式说明 $\bar{K}_p$ 是以 $q_1 p_1$ 为权数并对质量指标个体指数进行加权调和平均后所得的平均值,因此称之为加权调和平均数指数,简称调和平均数指数。

现举例说明调和平均数指数的编制方法。

【例 7-4】 以【例 7-1】某工业企业生产几种使用价值和计量单位都不同的产品为例,报告期与基期产品出厂价格及有关资料见表 7-4。

表 7-4 某企业几种产品的出厂价格及价格个体指数资料

产品名称	计量单位	出厂价格(元)			工业总产值(万元)	以报告期总产值为权数的价格个体指数加权
		基期 p_0	报告期 p_1	个体指数 $k_p = \dfrac{p_1}{p_0}$	报告期 $q_1 p_1$	$\dfrac{q_1 p_1}{k_p}$
A	件	110	100	0.909	50	55
B	台	50	50	1.000	60	60
C	吨	150	200	1.333	820	615
合计	—	—	—	—	930	730

解:

$$\bar{K}_p = \dfrac{\sum p_1 q_1}{\sum \dfrac{1}{k_p} p_1 q_1} = \dfrac{930}{730} = 127.40\%$$

由于产品价格提高而使总产值增加的绝对额为:

$$\sum p_1 q_1 - \sum \dfrac{1}{k_p} p_1 q_1 = 930 - 730 = 200（万元）$$

通过计算结果可以看出，应用加权调和平均数指数编制质量指标指数时，只要掌握质量指标个体指数资料并以报告期总量指标为权数，即可求得与综合指数形式相同的得数。这一形式也被广泛地应用到国民经济各个领域，如农副产品收购价格指数、进口商品价格指数和出口商品价格指数等的编制。

3. 固定权数加权平均指数

加权平均指数中的权数也可以采取比重形式，其权数（W）可以在一定时期内相对固定下来，连续几年使用，这就是所谓的固定权数加权的平均指数。例如，我国的商品零售价格指数就是采用固定权数加权的算术平均形式计算的，其权数每年根据住户调查资料作相应的调整。有关固定权数加权的平均指数将在本章第四节内容中详细举例说明。

（三）平均数指数与综合指数的联系与区别

1. 二者的联系

平均数指数与综合指数的联系表现在两个方面：

首先，从经济内容看，平均数指数与综合指数同是总指数的不同编制形式，它们的经济内容是一致的，相同范围的计算资料，其计算结果也必然相等。因此在编制总指数时，可根据所掌握的计算资料的特点，按照编制指数的目的和要求，选择所适合的编制形式。

其次从计算形式看，平均数指数计算公式是以综合指数公式为基础，进行代数运算推导而来，因此，平均数指数公式是综合指数公式的变形。

2. 二者的区别

首先，运用资料的条件不同。综合指数要求按全面资料进行编制，对于起综合作用的同度量因素的资料也要求采用与指数化指标有明确经济联系的指标，且要有一一对应的全面实际资料；平均数指数既可根据全面资料进行编制，也可根据非全面资料进行编制，对于起加权作用的权数资料，只要在正确评价各要素重要性的前提下，对资料的要求则比较灵活，不一定非用全面资料。

其次，编制指数的方法不同。综合指数是通过引入同度量因素，先计算出总体的总量，然后进行对比，其特点是先综合后对比。并且同度量因素固定的时期不同，指数数值也不同，同度量因素的使用是编制综合指数的基础；平均数指数是先确定研究对象的个体指数，然后再选择适当的权数对个体指数进行加权平均，其特点是先对比，后综合。权数的选择要能够较好地表明个体指数的重要性，权数不同，指数数值也就不同。个体指数的使用是编制平均数指数的基础。

总之，综合指数和平均数指数既相互联系又相互区别，各有其优点和局限性。在社会实践中，它们应相互补充，而不是相互排斥。

三、常见的几种经济指数

（一）居民消费价格指数

消费价格指数（consumer price index）是世界各国普遍编制的一种指数，但不同国家对这一指数赋予的名称很不一致，我国称之为居民消费价格指数。

居民消费价格指数是反映一定时期内消费者所购买的生活消费品价格和服务项目价格的变动趋势和程度的一种相对数。

通过这一指数，可以观察消费价格的变动水平及对消费者货币支出的影响，研究实际收入和实际消费水平的变动状况。通过居民消费价格指数，可以分析生活消费品和服务项目价格变动对职工货币工资的影响，作为研究职工生活和制定工资政策的依据。

居民消费价格指数可就城乡居民分别编制城市居民消费价格指数和农村居民消费价格指数，也可编制全国居民消费价格总指数。城市居民消费价格指数是反映城市居民所购买的生活消费品价格和服务项目价格变动趋势和程度的相对数；农村居民消费价格指数是反映农村居民所购买的生活消费品价格和服务项目价格变动趋势和程度的相对数。居民消费价格指数的编制过程与零售价格指数类似，不同的是它包括消费品价格和服务项目价格两个部分，其权数的确定是根据9万多户城乡居民家庭消费支出构成确定的。

居民消费价格指数除了能反映城乡居民所购买的生活消费品价格和服务项目价格的变动趋势和程度外，还具有以下几个方面的作用：

1. 用于反映通货膨胀状况

通货膨胀的严重程度是用通货膨胀率来反映的，它说明了一定时期内商品价格持续上升的幅度。通货膨胀率一般以消费价格指数来表示，即

$$通货膨胀率 = \frac{报告期消费价格指数 - 基期消费价格指数}{基期消费价格指数} \times 100\%$$

2. 用于反映货币购买力变动

货币购买力是指单位货币能够购买到的消费品和服务的数量。消费价格指数上涨货币购买力则下降，反之则上升，因此，消费价格指数的倒数就是货币购买力指数，即

$$货币购买力指数 = \frac{1}{消费价格指数} \times 100\%$$

3. 用于反映对职工实际工资的影响

消费价格指数的提高意味着实际工资的减少，消费价格指数下降则意味着实际工资的提高。因此，利用消费价格指数可以将名义工资转化为实际工资，即

$$实际工资 = \frac{名义工资}{消费价格指数}$$

4. 用于缩减经济序列

通过缩减经济序列可以消除价格变动的影响，其方法是将经济序列除以消费价格指数。

(二) 国内生产总值指数

生产的发展是一切经济和社会发展的基础，对社会生产总量变动程度即发展速度的测定是国民经济统计的一项重要内容。国内生产总值指数是用来反映国民经济三大产业所生产的增加值总量变动的指数。国内生产总值指数的编制步骤是先编制国内生产总值物量指

数和国内生产总值价格指数,然后推算出国内生产总值指数,国内生产总值指数＝国内生产总值物量指数×国内生产总值价格指数。物量指数(volume index)反映各种经济活动实物量(以及资产实物量)在不同时间上的动态变化程度。价格指数(price index)反映价格水平在不同时间上的动态变化程度。国内生产总值物量指数和国内生产总值价格指数的编制公式为:

$$物量指数 = \frac{\sum pq_1}{\sum pq_0}$$

$$价格指数 = \frac{\sum p_1 q}{\sum p_0 q}$$

式中　p——价格;

　　　q——物量;

　　　下标1——报告期;

　　　下标0——基期。

下面主要介绍国内生产总值价格指数的编制方法:国内生产总值价格指数一般采用紧缩法编制。

1. 双紧缩法

先用各部门总产出与中间投入价格指数推算出各部门不变价增加值,进而求得不变价国内生产总值,然后用现价国内生产总值除以不变价国内生产总值价格,计算出国内生产总值价格指数。具体步骤如下:

(1)计算报告期不变价格总产出;

(2)计算报告期不变价格中间投入;

(3)计算报告期不变价格增加值(国内生产总值);

(4)计算国内生产总值价格指数。

2. 单紧缩法

根据支出法计算国内生产总值资料,编制国内生产总值价格指数的方法称为单紧缩法。计算方法:在不具备中间投入购买者价格指数的情况下,以该产业部门的产出价格指数直接缩减其现价增加值。

(三)股票价格指数

股票价格指数是反映某一股票市场上多种股票价格变动趋势的一种相对数,简称股价指数,其单位一般用"点"(point)表示。

股票价格指数的计算方法很多,但一般以发行量为权数进行加权综合。其公式为:

$$K_P = \frac{\sum p_{1i} q_i}{\sum p_{0i} q_i}$$

式中　p_{1i}——第i种股票报告期价格;

　　　p_{0i}——第i种股票基期价格;

q_i——第 i 种股票的发行量，它可以确定为基期，也可确定为报告期，但大多数股价指数是以报告期发行量为权数计算的。

【例7-5】 设有3种股票的价格和发行量资料见表7-5，试计算股票价格指数。

表7-5　3种股票的价格和发行量资料

股票名称	基期价格(元)	本日收盘价(元)	报告期发行量(万股)
A	28	30	3000
B	7	7.5	8000
C	11	10	4000

解：股票价格指数为：

$$K_P = \frac{\sum p_{1i}q_i}{\sum p_{0i}q_i} = \frac{30 \times 3000 + 7.5 \times 8000 + 10 \times 4000}{28 \times 3000 + 7 \times 8000 + 11 \times 4000}$$

$$= \frac{190000}{184000} \times 100\% = 103.26\%$$

即股票价格指数上涨了3.26点。

目前，世界各国的主要证券交易所都有自己的股票价格指数，比如美国的道·琼斯股票价格指数和标准普尔股票价格指数、伦敦金融时报指数、法兰克福DAX指数、巴黎CAC指数、瑞士的苏黎世SMI指数、日本的日京指数、香港的恒生指数等。我国的上海和深圳两个证券交易所也编制了自己的股票价格指数，如上交所的综合指数，深交所的成分股指数等。

第四节　指数体系与因素分析

统计指数分析的一个重要内容就是要分析和研究社会经济现象的总体变动中，各构成因素变动对总体变动的影响程度和方向。这种分析的方法论基础是指数体系。利用指数体系分析和测定各构成因素的变动对总体变动的影响程度和方向的方法，称为因素分析法。

一、指数体系

(一)指数体系的概念

社会经济现象之间存在着千丝万缕的客观联系，它们之间往往表现出一定数量关系，可以通过定量分析方法，找出其固有的数量关系后，就可以通过一定形式的数学方程加以表达。例如：

工业总产值 = 产品产量 × 出厂价格
商品销售额 = 商品销售量 × 商品价格
总成本 = 产品产量 × 单位产品成本
增加值 = 员工人数 × 劳动生产率 × 增加值率

如果我们用指数形式将上述等式表达出来，等式依然成立：

工业总产值指数 = 产品产量指数 × 出厂价格指数

$$商品销售额指数 = 商品销售量指数 \times 商品价格指数$$
$$增加值指数 = 员工人数指数 \times 劳动生产率指数 \times 增加值率指数$$

指数间的这种数量对等关系，同样是客观存在的无数种数量关系中的一种形式。因此，凡是在经济内容上具有密切联系、在数量上具有相乘对等关系的若干指数组成的整体，称之为指数体系，利用指数体系分析和测定各个原因因素对结果因素影响程度和影响方向的方法，称为因素分析法。

（二）指数体系的作用

指数体系主要有以下三方面的作用：

（1）指数体系是进行因素分析的根据，即利用指数体系可以分析复杂经济现象总变动中各因素变动影响方向和程度。

（2）利用各指数之间的联系进行指数间的相互推算。例如，我国商品销售量总指数往往就是根据商品销售额总指数和价格总指数进行推算的。即

$$商品的销售量指数 = 销售额指数 \div 价格指数$$

（3）用综合指数法编制总指数时，指数体系也是确定同度量因素时期的根据之一。因为指数体系是进行因素分析的根据，要求各个指数之间在数量上要保持一定的联系。因此，编制产品产量指数时，如用基期价格作同度量因素，那么编制产品价格指数时就必须用报告期的产品产量作为同度量因素；如果编制产品产量指数用报告期价格作同度量因素，那么编制产品价格指数时就必须用基期的产品产量作为同度量因素。

因素分析既是一种定量分析，也是一种定性分析。首先，必须肯定现象之间确实存在着一定的因果关系，并在其相互联系基础上开展因素分析，才有实际意义；其次，各种联系对于构成某一具体现象的发展，作用是不同的，只有抓住主要的或决定性的因素，应用指数体系进行描述并开展因素分析，才能取得预期的效果。所以，确定指数体系的范围和内容，是开展因素分析的前提和基础。

因素分析法可从不同角度加以分类。按分析指标的表现形式不同，可分为总量指标、平均指标和相对指标变动因素分析；按分析对象的特点不同，可分为简单现象因素分析和复杂现象因素分析；按影响因素的多少不同，可分为两因素分析和多因素分析。

二、复杂总体的因素分析

由于社会经济现象通常是复杂的，所以我们主要讲述复杂总体总量变动的因素分析法。

（一）复杂总体的两因素分析

对于复杂总体，由于存在不可同度量问题，因而在进行复杂总体的因素分析时，必须严格遵循综合指数计算的一般原则和方法。

复杂总体总量指标的变动（即总指数），可用如下公式表达：

$$\frac{\sum p_1 q_1}{\sum p_0 q_0} \tag{7-5}$$

总指数可分解为数量指标综合指数和质量指标综合指数两因素的乘积。指数体系如下：

$$\frac{\sum p_1 q_1}{\sum p_0 q_0} = \frac{\sum q_1 p_0}{\sum q_0 p_0} \times \frac{\sum p_1 q_1}{\sum p_0 q_1} \tag{7-6}$$

绝对额关系如下：

$$\sum p_1 q_1 - \sum p_0 q_0 = \left(\sum q_1 p_0 - \sum q_0 p_0\right) + \left(\sum p_1 q_1 - \sum p_0 q_1\right) \tag{7-7}$$

现举例说明复杂总体的两因素分析方法。

【例 7-6】 以【例 7-1】某工业企业生产几种使用价值和计量单位都不同的产品，其有关资料见表 7-1。

解： 根据表 7-1 资料，该企业总产值指数为：

$$\frac{\sum p_1 q_1}{\sum p_0 q_0} = \frac{930}{716} = 129.89\%$$

$$\sum p_1 q_1 - \sum p_0 q_0 = 930 - 716 = 214 \, (万元)$$

说明报告期工业总产值比基期增长 29.89%，报告期工业总产值比基期增加了 214 万元。

为什么该企业工业总产值会发生如此变化？究其原因是由于产品产量和价格两个因素变动所引起的。首先分析产品产量变动对工业总产值的影响。

产品产量变动影响为：

$$\overline{K}_q = \frac{\sum q_1 p_0}{\sum q_0 p_0} = \frac{730}{716} = 101.96\%$$

产品产量增加使总产值增加的绝对额为：$\sum q_1 p_0 - \sum q_0 p_0 = 730 - 716 = 14 \, (万元)$

其次分析产品价格变动对工业总产值的影响。

产品价格变动影响为：

$$\overline{K}_p = \frac{\sum p_1 q_1}{\sum p_0 q_1} = \frac{930}{730} = 127.40\%$$

出厂价格提高使总产值增加的绝对额为：$\sum p_1 q_1 - \sum p_0 q_1 = 930 - 730 = 200 \, (万元)$

用相对数表示：$129.89\% = 101.96\% \times 127.40\%$

用绝对数表示：214 万元 = 14 万元 + 200 万元

综上所述，该工业企业报告期的工业总产值比基期增长了 29.89%，增加额为 214 万元，是由于产品产量和出厂价格两因素发生变动共同引起的，其中产品产量增长 1.96%，使总产值增加 14 万元，出厂价格增长 27.40%，使总产值增加 200 万元。

（二）复杂总体的多因素分析

复杂总体的多因素分析，即总体总量的变动，受到三个以上因素变动的影响，对每个因素的影响，要一一做出因素分析。

开展复杂总体多因素分析时，要按如下两个原则进行：

首先，把影响复杂总体变动的各个因素，按照数量指标在前，质量指标在后的顺序进行排列。

其次，当分析某一因素对复杂总体变动的影响时，未被分析的后面诸因素要固定在基期水平，而已被分析过的前面诸因素，则要固定在报告期水平。

根据这两条原则，以表7-6资料为例，说明复杂总体的多因素分析方法。

【例7-7】 上述某工业企业几种产品总产值的变动，既受产量变动影响，又受出厂价格影响。假如我们把产量因素再分解为职工平均人数和全员劳动生产率，把该企业总产值的变动分解为三个因素进行分析，见表7-6。

表7-6 复杂总体多因素计算表

产品名称	计量单位	产品产量				出厂价格(元)	
		职工平均人数(人)		全员劳动生产率			
		基期	报告期	基期	报告期	基期	报告期
		T_0	T_1	L_0	L_1	P_0	P_1
A	吨	1200	1000	5	5	110	100
B	台	1000	1000	10	12	50	60
C	件	800	1000	50	41	20	20

从表7-6可以看出，该企业总产值受到职工平均人数(T)、全员劳动生产率(L)和出厂价格(P)三个因素共同影响。指数体系如下：

$$\frac{\sum T_1 L_1 P_1}{\sum T_0 L_0 P_0} = \frac{\sum T_1 L_0 P_0}{\sum T_0 L_0 P_0} \times \frac{\sum T_1 L_1 P_0}{\sum T_1 L_0 P_0} \times \frac{\sum T_1 L_1 P_1}{\sum T_1 L_1 P_0}$$

绝对额关系如下：

$$\sum T_1 L_1 P_1 - \sum T_0 L_0 P_0$$
$$= (\sum T_1 L_0 P_0 - \sum T_0 L_0 P_0) + (\sum T_1 L_1 P_0 - \sum T_1 L_0 P_0) + (\sum T_1 L_1 P_1 - \sum T_1 L_1 P_0)$$

根据表7-6整理计算的总产值资料见表7-7。

表7-7 某企业基期、报告期产值计算表

产品名称	工业总产值(万元)			
	基期	报告期	按报告期平均人数计算的基期总产值	按基期价格计算的报告期总产值
	$T_0 L_0 P_0$	$T_1 L_1 P_1$	$T_1 L_0 P_0$	$T_1 L_1 P_0$
A	66	50	55	55
B	50	72	50	60
C	80	82	100	82
合计	196	204	205	197

解：该企业工业总产值的动态指数为：

$$\frac{\sum T_1 L_1 P_1}{\sum T_0 L_0 P_0} = \frac{204}{196} = 104.08\%$$

报告期工业总产值比基期增加额为：

$$\sum T_1 L_1 P_1 - \sum T_0 L_0 P_0 = 204 - 196 = 8 \text{（万元）}$$

其中职工平均人数变动影响为：

$$\frac{\sum T_1 L_0 P_0}{\sum T_0 L_0 P_0} = \frac{205}{196} = 104.59\%$$

影响绝对额为：

$$\sum T_1 L_0 P_0 - \sum T_0 L_0 P_0 = 205 - 196 = 9 \text{（万元）}$$

全员劳动生产率变动影响为：

$$\frac{\sum T_1 L_1 P_0}{\sum T_1 L_0 P_0} = \frac{197}{205} = 96.10\%$$

影响绝对额为：

$$\sum T_1 L_1 P_0 - \sum T_1 L_0 P_0 = 197 - 205 = -8 \text{（万元）}$$

出厂价格变动影响为：

$$\frac{\sum T_1 L_1 P_1}{\sum T_1 L_1 P_0} = \frac{204}{197} = 103.55\%$$

影响绝对额为：

$$\sum T_1 L_1 P_1 - \sum T_1 L_1 P_0 = 204 - 197 = 7 \text{（万元）}$$

用相对数表示：104.08% = 104.59% × 96.10% × 103.55%
用绝对额表示：8 万元 = 9 万元 - 8 万元 + 7 万元

综上所述，该企业工业总产值由基期 196 万元增加到报告期的 204 万元，增加了 8 万元，增长率为 4.08%，这一结果是由于职工平均人数、全员劳动生产率和产品出厂价格三个因素共同引起的。其中，平均人数增长 4.59%，使总产值增加 9 万元；全员劳动生产率下降 3.9%，使总产值减少 8 万元；出厂价格增长 3.55%，使总产值增加 7 万元。

三个因素分析弥补了两因素分析的不足，前面我们对该企业总产值变动情况作产量和价格两因素分析时，看到企业增加的 8 万元总产值中，有 1 万元是由于产量增长所致，另外 7 万元是价格增长引起的，给人的印象是两个因素都是增长的，这就把产量上升的真相掩盖了，容易给决策者假象，放松对生产的管理和经济核算，通过多因素分析，再把产量进一步分解为职工平均人数和全员劳动生产率，就可看到，全厂职工平均人数报告期比基期是增加的，但劳动生产率却有所下降，产量影响的 1 万元产值是由职工平均人数增加使总产值增加 9 万元和劳动生产率下降使总产值减少 8 万元所致。问题揭示清楚，便于企业加强管理，提高经济效益。

三、平均指标变动的因素分析

(一) 平均指数的含义

平均指标是表明社会经济现象总体一般水平的指标。对于加权平均指标,其指标数值的大小,受到两个因素影响:一是变量值(或组平均数)的大小;二是总体的结构,即各组成部分在总体中所占的比重。因此,加权平均数指数是变量值指数和各组成部分在总体中所占比重指数乘积的函数,借此可以对加权平均数进行两因素分析。

$$\bar{x} = \frac{\sum xf}{\sum f} \qquad (7\text{-}8)$$

式中 x ——每组的水平;
f ——各组的次数。

上式还可以写成如下形式:

$$\bar{x} = \sum x \frac{f}{\sum f} \qquad (7\text{-}9)$$

式中 $\dfrac{f}{\sum f}$ ——各组在总体中的比重,即频率。

上式说明,平均水平实际上受两个因素的影响,一个是各组的水平,另一个是每组次数所占的比重,因此,类似于综合指数的定义,按照如下方式定义有关平均指标指数。

可变构成指数(简称可变指数)反映了平均指标的实际变动情况。

$$\text{可变构成指标指数} = \frac{\bar{x}_1}{\bar{x}_0} \qquad (7\text{-}10)$$

固定构成指数反映了由于各组变量值的变动对总平均数的影响。

$$\text{固定构成指数} = \frac{\sum x_1 \dfrac{f_1}{\sum f_1}}{\sum x_0 \dfrac{f_1}{\sum f_1}} \qquad (7\text{-}11)$$

结构影响指数反映了总体内各组结构的变动对总平均数的影响。

$$\text{结构影响指数} = \frac{\sum x_0 \dfrac{f_1}{\sum f_1}}{\sum x_0 \dfrac{f_0}{\sum f_0}} \qquad (7\text{-}12)$$

可变构成指数 = 固定构成指数 × 结构影响指数

(二) 因素分析法

由上述方法定义的有关平均指标指数,构成如下的指数体系:

从相对数：

$$\frac{\bar{x}_1}{\bar{x}_0} = \frac{\sum x_1 \frac{f_1}{\sum f_1}}{\sum x_0 \frac{f_1}{\sum f_1}} \times \frac{\sum x_0 \frac{f_1}{\sum f_1}}{\sum x_0 \frac{f_0}{\sum f_0}} \tag{7-13}$$

即：可变指数 = 固定结构指数 × 结构变动指数

从绝对数：

$$\bar{x}_1 - \bar{x}_0 = \left(\sum x_1 \frac{f_1}{\sum f_1} - \sum x_0 \frac{f_1}{\sum f_1} \right) + \left(\sum x_0 \frac{f_1}{\sum f_1} - \sum x_0 \frac{f_0}{\sum f_0} \right) \tag{7-14}$$

即：平均指标的增加额 = 由于变量水平的变动引起的平均指标的增加额 + 由于结构的变动引起的平均指标的增加额

上述公式是对平均指标的变动进行因素分析的基础。

下面通过一个例子来说明平均指标的因素分析方法。

【例7-8】 已知某企业基期和报告期职工的月工资情况见表7-8。

表7-8 某企业职工月工资情况

工种类别	月工资额(元)		职工人数(人)		工资总额(元)		
	基期 x_0	报告期 x_1	基期 f_0	报告期 f_1	$x_0 f_0$	$x_1 f_1$	$x_0 f_1$
工种 A	700	780	48	40	33600	31200	28000
工种 B	750	810	50	60	37500	48600	45000
工种 C	800	830	80	80	64000	66400	64000
合计	—	—	178	180	135100	146200	137000

解： 首先计算平均工资指数，来说明平均工资的变动情况：

报告期的平均工资 $\bar{x}_1 = \frac{\sum x_1 f_1}{\sum f_1} = \frac{146200}{180} = 812.2$（元）

基期的平均工资 $\bar{x}_0 = \frac{\sum x_0 f_0}{\sum f_0} = \frac{135100}{178} = 759.0$（元）

可变构成指数 $= \frac{\bar{x}_1}{\bar{x}_0} = \frac{812.2}{759.0} = 107.0\%$

$\bar{x}_1 - \bar{x}_0 = 812.2 - 759.0 = 53.2$（元）

其次，计算固定结构指数，说明工资水平的变动情况：

固定结构指数 $= \dfrac{\frac{\sum x_1 f_1}{\sum f_1}}{\frac{\sum x_0 f_1}{\sum f_1}} = \dfrac{\frac{146200}{180}}{\frac{137000}{180}} = \dfrac{812.2}{761.1} = 106.7\%$

$\dfrac{\sum x_1 f_1}{\sum f_1} - \dfrac{\sum x_0 f_1}{\sum f_1} = 812.2 - 761.1 = 51.1$（元）

再计算结构变动指数：

$$\text{结构变动指数} = \frac{\dfrac{\sum x_0 f_1}{\sum f_1}}{\dfrac{\sum x_0 f_0}{\sum f_0}} = \frac{\dfrac{137000}{180}}{\dfrac{135100}{178}} = \frac{761.1}{759.0} = 100.3\%$$

$$\frac{\sum x_0 f_1}{\sum f_1} - \frac{\sum x_0 f_0}{\sum f_0} = 761.1 - 759.0 = 2.1 \text{（元）}$$

上述指数之间的关系如下：

相对数：

$$107.0\% = 106.7\% \times 100.3\%$$

绝对数：

$$53.2 = 51.1 + 2.1$$

上述计算结果表明：从相对量来看，报告期职工平均工资比基期上升了 7.0%，是由于工资水平提高了 6.7% 和结构变动使平均工资上升 0.3% 两个因素共同作用的结果；从绝对量来看，每组平均工资提高使总的平均工资上升了 51.1 元，每组结构变动使总的平均工资上升了 2.1 元，两个因素共同作用的结果，导致总的平均工资共增加 53.2 元。

第五节　指数数列

为考察经济现象在长时期内的变化，需要编制指数数列。在指数数列中，根据各个指数采用的计算基期不同，可分为定基指数与环比指数；依据各个指数采用的同度量因素不同，可分为可变权数指数和不变权数指数。其中在以不变权数编制的指数数列中，定基指数与环比指数之间存在着换算关系，即环比指数的连乘积等于定基指数，两个相邻的定基指数之商等于环比指数。

一、指数数列的概念和种类

在实际工作中，把各种经济指数按时间顺序排列起来，就形成指数数列。指数数列也是一种时间序列，不过它的内容不是一般的统计指标，而是指数。例如表 7-9 中所列的就是常见的几种指数数列。

表 7-9　2004—2012 年中国几种主要统计指数（上年 = 100）

年　份	2004	2005	2006	2007	2008	2009	2010	2011	2012
居民消费价格指数(%)	103.9	101.8	101.5	104.8	105.8	99.3	103.3	105.4	102.6
商品零售价格指数(%)	102.8	100.8	101.0	103.8	105.9	103.4	107.9	98.4	102.3
工业品出厂价格指数(%)	106.1	104.9	103.0	103.1	106.9	94.6	105.5	106.1	98.3

指数数列可以通过长期比较以反映一般时间数列难以反映的社会经济现象的动态变化，在统计研究中有很重要的作用。

在指数数列中，根据对比的基础时期不同，可以分为定基指数数列和环比指数数列两种。

在指数数列中，如果都是以某一固定时期作为比较的基期，则这样计算的指数数列就是定基指数数列；如果是后一期与前一期相比，则得到的就是环比指数数列。定基指数数列主要用于说明所研究现象在一个较长时期内发展变化的程度和趋势，环比指数数列则主要用于说明所研究现象逐期发展变化的程度和趋势。因此，在具体应用时，要依据研究的任务来决定。

在指数数列中，如果计算的是个体指数，则其中所有环比指数的连乘积等于定基指数，或者以前期定基指数除本期定基指数可以得到本期环比指数。但在总指数中，如要进行这种换算，必须采用不变权数才能做到。

二、指数数列的权数

在指数数列中，如果计算总指数，则会遇到采用可变权数还是不变权数的问题。如果计算指数所采用的权数随着计算时期的改变而改变，则这种权数称为可变权数；如果计算指数所采用的权数固定在某个时期，则这种权数称为不变权数。

例如，在计算 2012 年 1—5 月的工业产品产量指数时，如果计算的是环比产量指数，采用的是可变权数，公式是：

$$
\begin{array}{ccccc}
1\text{月} & 2\text{月} & 3\text{月} & 4\text{月} & 5\text{月} \\
\dfrac{\sum q_1 p_0}{\sum q_0 p_0} & \dfrac{\sum q_2 p_1}{\sum q_1 p_1} & \dfrac{\sum q_3 p_2}{\sum q_2 p_2} & \dfrac{\sum q_4 p_3}{\sum q_3 p_3} & \dfrac{\sum q_5 p_4}{\sum q_4 p_4}
\end{array}
$$

如果计算的是定基产量指数，采用的是不变权数，公式是：

$$
\begin{array}{ccccc}
1\text{月} & 2\text{月} & 3\text{月} & 4\text{月} & 5\text{月} \\
\dfrac{\sum q_1 p_0}{\sum q_0 p_0} & \dfrac{\sum q_2 p_0}{\sum q_0 p_0} & \dfrac{\sum q_3 p_0}{\sum q_0 p_0} & \dfrac{\sum q_4 p_0}{\sum q_0 p_0} & \dfrac{\sum q_5 p_0}{\sum q_0 p_0}
\end{array}
$$

计算质量指标指数也是如此，不再一一列举。

在计算工业产品产量指数的时候，价格还有现行价格和不变价格之分，如果做近期比较，可以采用现行价格为权数，如果做长期比较，为了消除价格变动的影响，一般采用不变价格为权数。在采用不变价格为权数的条件下，公式形式是：

$$
K_q = \frac{\sum q_1 p^*}{\sum q_0 p^*} \tag{7-15}
$$

式中 K_q——工业产品产量指数；

p^*——不变价格。

例如，在计算 2009—2012 的工业产品产量指数时，当按不变价格计算时，环比指数公式是：

$$
\begin{array}{cccc}
2009\text{年} & 2010\text{年} & 2011\text{年} & 2012\text{年} \\
\dfrac{\sum q_1 p^*}{\sum q_0 p^*} & \dfrac{\sum q_2 p^*}{\sum q_1 p^*} & \dfrac{\sum q_3 p^*}{\sum q_2 p^*} & \dfrac{\sum q_4 p^*}{\sum q_3 p^*}
\end{array}
$$

定基公式是：

2009 年	2010 年	2011 年	2012 年
$\dfrac{\sum q_1 p^*}{\sum q_0 p^*}$	$\dfrac{\sum q_2 p^*}{\sum q_0 p^*}$	$\dfrac{\sum q_3 p^*}{\sum q_0 p^*}$	$\dfrac{\sum q_4 p^*}{\sum q_0 p^*}$

由以上公式可以看出，在采用不变价格为权数的条件下，二者之间具有可以在数量上相互换算的优点，即各相邻时期环比指数的连乘积等于相应时期的定基指数。

$$\frac{\sum q_1 p^*}{\sum q_0 p^*} \times \frac{\sum q_2 p^*}{\sum q_1 p^*} \times \frac{\sum q_3 p^*}{\sum q_2 p^*} \times \frac{\sum q_4 p^*}{\sum q_3 p^*} = \frac{\sum q_4 p^*}{\sum q_0 p^*} \tag{7-16}$$

同时，将本期的定基指数除以前期的定基指数，可以得到本期的环比指数。如将2012年定基指数除以2011年定基指数可得2012年环比指数：

$$\frac{\sum q_4 p^*}{\sum q_0 p^*} \div \frac{\sum q_3 p^*}{\sum q_0 p^*} = \frac{\sum q_4 p^*}{\sum q_3 p^*} \tag{7-17}$$

计算工业产品产量指数采用不变价格，可以消除价格变动的影响，以反映工业产品产量在较长时期内的变动程度和趋势，也便于从动态变化对比中分析国民经济各部门之间的比例关系。一般说，不变价格不宜经常变动，但由于生产过程中劳动生产率及成本水平的变动，一些工业品的现行价格也会因之变动，客观上造成不变价格与现行价格差距过大，这样以不变价格计算的产值便不能如实反映工业发展水平。

因此，不变价格至一定时期应进行调整。新中国成立以来，曾经使用过1950年、1952年、1957年、1970年、1980年、1990年、2000年、2010年七个时期的不变价。不变价格变换后，按不同时期的不变价格计算的工业总产值不能直接进行比较，必须把按旧的不变价格计算的工业总产值按换算系数（价格指数）进行换算，才能同报告期按新的不变价格计算的工业总产值进行比较。换算方法是：首先将不变价格更替年份的产量同时按前后两期不变价格计算出产值指标，然后进行对比求出价格指数，再把以往各年的总产值乘以价格指数，求出按新的不变价格计算的总产值，最后将调整后的各年总产值进行对比，即可得到所需的总产值指数。

【例7-9】 某企业按2000年不变价格计算的2008年工业总产值为7200万元。同时该企业按1990年不变价格计算的1998年工业总产值为4000万元，按1990年不变价格计算的2008年工业总产值为6000万元。求该企业2008年比1998年的工业总产值指数。

计算时可按三个步骤进行：

第一步：将交替年的2008年工业总产值进行对比，求价格指数，或称价格换算系数。

$$\frac{\sum p_{2000} q_{2008}}{\sum p_{1990} q_{2008}} = \frac{7200}{6000} = 120\%$$

第二步：将按1990年价格计算的1998年工业总产值换算为按2000年不变价格计算的工业总产值。

$$\sum p_{1990} q_{1998} \times 价格换算系数 = 4000 \times 120\% = 4800（万元）$$

第三步：将2008年工业总产值与换算后的1998年工业总产值进行对比，即可得总产值指数。

$$\frac{\sum p_{2000}q_{2008}}{\sum p_{1990}q_{1998} \times 价格换算系数} = \frac{7200}{4800} = 150\%$$

第六节 多指标综合评价指数

对客观事物的评价，往往需要用多个指标以评价其优劣，而这些指标之间，多是无法直接加总的。多指标综合评价是利用指数的思想与方法，将所选择的有代表性的若干个指标综合成一个指数，从而对事物发展的状况作出综合的评判。可以说，多指标综合评价指数是指数理论与方法在其他领域的进一步发展和应用。

一、构建综合评价指数的一般问题

构建多指标综合评价指数需要考虑如下几个方面的问题：

(1) 进行理论研究。包括统计指标理论以及统计指标体系的理论研究，以便为确定所需的评价指标提供一定的理论依据。

(2) 建立科学的评价指标体系。所建立的指标体系是否科学与合理，直接关系到评价结果的科学性和准确性。指标体系的建立首先应进行必要的定性研究，对所研究的问题进行深入的分析，尽量选择那些具有一定综合意义的代表性指标；其次，应尽可能运用多元统计的方法进行指标的筛选，以提高指标的客观性。

(3) 选择评价方法。主要包括综合评价指数的构造方法、指标的赋权方法以及各种评价方法的比较等。

(4) 无量纲化处理。

(5) 权数的构造。

二、多指标综合评价指数的构建

(一) 评价方法的选择

对受多种因素所影响的客观事物做出总的评价，根据事物的不同特点，评价方法的选择尤为重要，常规的评价方法主要包括指数综合法、最优值距离法和功效系数法。下面仅就指数综合法的构建方法作一简要的介绍。

指数综合法是借助平均指数的形式，把各项指标的变动程度视为个体指数，并赋予一定的权数，再进行加权平均求得"综合评判指数"，用以反映经济现象的综合变动情况，其基本公式如下：

$$综合评价指数 = \frac{\sum_{i=1}^{n} K_i W_i}{\sum_{i=1}^{n} W_i} \tag{7-18}$$

式中 n —— 给定评价指标体系由 n 个指标构成，$i = 1,2,3,\cdots,n$；

K_i —— 被选定的各项考核指标的变动程度；

W_i ——各项指标的权重,即相应的权数。

综合评判平均指数的计算过程如下:

(1)根据研究目的与被评判对象的特点,选择 n 项指标作为考核指标。假定被选定的指标当年的实际值为 $x_1,x_2,\cdots,x_n$。

(2)规定统一的评判标准,即对每一项指标,具体规定它们的评判标准。这一标准可以是全国基年的(或当年的)平均水平,也可以是预期水平,还可以是全国的先进水平。评价标准值为 $\bar{x}_1,\bar{x}_2,\cdots,\bar{x}_n$。

(3)确定权数,即根据各项考核指标的重要程度,分别确定它们的相应权数 $W_1,W_2,\cdots,W_n$。

$$W_1 + W_2 + \cdots + W_n = 100\%$$

(4)计算综合评判平均指数。

$$综合评价指数 = \frac{K_1W_1 + K_2W_2 + \cdots + K_nW_n}{W_1 + W_2 + \cdots + W_n}$$

$$= \frac{\sum_{i=1}^{n} K_iW_i}{\sum_{i=1}^{n} W_i} \quad \left(K_i = \frac{x_i}{\bar{x}_i}\right)$$

(二)无量纲化处理

在进行综合评价时,指标体系中所包括的各指标往往具有不同计量单位,在构建综合指数时,应将不同单位表示的指标做无量纲化处理。指标无量纲化处理的方法很多,每种方法各有不同的特点和应用场合。

(1)统计标准化。这是一种广泛使用的方法,其公式为:

$$Z_i = \frac{x_i - \bar{x}}{s}$$

式中　$\bar{x}$ —— x_i 的均值;
　　　s ——标准差。

(2)极值标准化。转换的公式为:

$$Z_i = \frac{x_i - \min x_i}{\max x_i - \min x_i}$$

(三)权数的构造

权数的构造方法有多种,大体上可分为两类:一类是主观构权法,一类是客观构权法。两种方法各有利弊,主观构权法往往没有统一的客观标准,客观构权法可在一定程度上弥补这一不足,在实际中最好将二者结合使用。主观构权法是研究者根据其主观价值判断来指定各指标权数的一种方法,主要有专家评判法、层次分析法等。

专家评判法的基本思路是:首先选择 M 位专家组成一个评判小组,并分别由每位专家独立地给出一套权数,形成一个评判矩阵,最后对每位专家给出的权数进行综合处理,从而得出综合权数。

层次分析法（AHP）是一种多目标准则的决策方法。AHP 在各元素进行比较排序时，首先要建立系统的递阶层次结构，然后构造两两比较判断矩阵，再由判断矩阵计算被比较元素的相对权重，最后计算各层次对系统目标的合成相对权重，并进行排序。

客观构权法是相对主观构权法而言的，它是直接根据指标的原始信息，通过统计方法处理后获得权数的一种方法。其中的常用方法主要有主成分分析法、因子分析法、相关法、回归法等。

三、几种常用的综合评价指数

（一）物质生活质量指数

物质生活质量指数（physical quality of life index，PQLI），是 1975 年在 M. D. 莫里斯的指导下，由美国海外开发委员会提出的，该指数正式公布于 1977 年。构造该指数的直接目的是测度一个国家人民基本需要的满足状况，进而从一个侧面反映社会的综合发展状况。

PQLI 由 3 个指标组成，即婴儿死亡率、一岁的预期寿命和识字率，因为这 3 个指标是一个社会普遍关心的问题，每个指标都具有一定的综合性，反映了社会在满足基本需要方面的多种特征，是社会发展成就的综合体现，而且具有广泛的国际可比性。

在指数的计算上，首先要将每个指标转化为指数形式，即转化为数值取值在 0～100 之间的指数值，以便于下一步的综合。识字率是指 15 岁及以上人口中识字人口所占的比重，这本身就是一种指数形式，无需转换。婴儿死亡率是指每千名新生儿中的死亡数。该指标虽然是一个相对数，但它在实际中既不可能为 0，也不可能达到 1000，因此需要确定该指标的最高值和最低值，并据此将各实际指标数值转化为所需要的取值在 0～100 之间的指数值。根据联合国的记录，1950 年以来最高的婴儿死亡率是 229‰（加蓬），到 2000 年估计最低婴儿死亡率可达 7‰，这样，从 229 到 7，婴儿死亡率每变动 2.22 个点，即 (229 -7)/100，婴儿死亡率指数就将变动 1 个百分点，由此所得到的指数公式是：

$$婴儿死亡率指数 = \frac{229 - 婴儿死亡率 \times 1000}{2.22}$$

一岁的预期寿命是指一批人从一岁起平均每人可存活的年数，其指数转化方法与婴儿死亡率相似。根据二战后的记录，最低的预期寿命是 38 岁（越南），最高的是 77 岁（瑞典），以此作为预期寿命指数的 0 和 100，这样，预期寿命实际数值每变动 0.39，即 (77 - 38)/100，预期寿命指数就变动一个百分点，其指数公式是：

$$一岁预期寿命指数 = \frac{一岁预期寿命 - 38}{0.39}$$

对经过转化而求得的 3 个指数加以简单平均，结果即是物质生活质量指数，即

$$PQLI = \frac{识字率指数 + 婴儿死亡率指数 + 一岁预期寿命指数}{3}$$

例如，某国家的识字率为 25%，婴儿死亡率为 180‰，一岁预期寿命为 49 岁，则相应的各指标指数值应为 25，22 和 28，其物质生活指数应为 25。如果上述指标数值分别达到 99%，16‰和 88 岁，则计算所得 PQLI 数值将达到 94。

(二)社会进步指数

社会进步指数(index of social progress，ISP)由美国的理查德.J.埃斯特思于1984年首次提出，1988年他又提出了加权社会进步指数。该指数是通过一定方法，将众多社会经济指标浓缩为一个综合指数，以此作为评价一个国家社会发展进步状况的尺度。

构造社会进步指数首先要确定有关的社会指标。埃斯特思的研究共包括36项指标，内容涉及教育、健康、妇女地位、国防、经济、人口、地理、政治参与、文化、福利成就等10个领域，其中既包含如人均国民生产总值、年通货膨胀率、人口出生率、死亡率、婴儿死亡率、学生入学率、预期寿命等常用指标，也包括一些还不太熟悉的指标，如自然灾害受灾指数、侵犯公民自由指数、讲同一语言人口的最大百分比、各种福利法规的公布年限等。这些指标有的是正指标，有的是逆指标，正指标数值变化方向和社会发展进步方向相同，逆指标则相反。

在选定指标取得数据基础上，用一定的方法和技术构造出社会进步指数。计算过程是，首先计算每一指标的均值和标准差，同时对各指标作统计标准化处理，并调整逆指标的方向，使其变化方向与社会进步方向一致；其次计算各子领域的得分值；最后是计算社会进步综合指数数值。在不加权方法中，该指数就是各子领域指数数值之和；在加权方法中，则要通过因子分析确定针对各子领域的指标确定一组统计权数，求取经过加权的子领域指数值之和。

(三)人的发展指数

人的发展指数(human development index，HDI)又译作人文发展指数，是由联合国开发计划署在其《1990年人的发展报告》中提出的评价社会发展的方法。报告认为，20世纪90年代是人的发展时代，为此应建立测量人的发展的综合指标，该指标就是人的发展指数。

根据该报告的思想，人的发展就是扩大人民各种选择的过程，无论在何种发展水平上，人们的选择包括三个基本方面：长寿和健康，获得知识，为提高生活水准而需要的资源。因此分别选择预期寿命、成人识字率、按购买力评价(PPP)计算的实际人均GDP三个指标，以反映人们的长寿水平、知识水平和生活水平。在此基础上，构造出了人的发展综合指数。

在计算方法上，为将三个指标综合成一个指数，需要找到一个共同的测量尺度。为此，HDI对每个指标设定了最大值和最小值，比如，在1994年的HDI中，成人识字率定为0%和100%，预期寿命为25岁和85岁，实际人均GDP为200美元和40000美元(PPP)。然后用下列公式将三个指标转化为0~1之间的数值：

$$Z_i = \frac{\text{实际值}\, x_i - \text{最小值}\, x_i}{\text{最大值}\, x_i - \text{最小值}\, x_i}$$

再将结果进行简单平均即得HDI的具体数值。该指数综合反映了一个社会的全面发展状况，包括经济方面也包括非经济的因素。

在评价中运用综合指数方法其优点是简单、灵活，易于操作和理解。通过把选定的多个指标合成为一个综合指数，达到了松散的指标体系所达不到的效果，不失为一种有效的评价方法。但这种方法也有其内在的局限性。第一，合成指数将若干指标压缩成一个综合数值，既损失了原有指标的大量信息，也使其结果变得更为抽象，有时难以据此解释其社会经济涵义；第二，在指标选择上多取决于研究者所研究问题的主观认识，选择哪些指标，选择多少指标，都存在着一定的任意性；第三，在指数合成上，没有普遍认同的科学方法，尤其是指标的权数分配，缺乏统一的定量标准。

第七节　Excel 在统计指数中的应用

指数分析法是研究社会经济现象数量变动情况的一种统计分析法。指数有总指数与平均指数之分，在这介绍如何用 Excel 进行指数分析与因素分析。

一、用 Excel 计算综合指数

【例 7-10】　根据【例 7-1】的资料，利用 Excel 计算综合指数。计算步骤如下：

第一步：将【例 7-1】资料输入到 Excel 上，如图 7-1 所示。

第二步：计算三种产品的基期、报告期工业产值以及以基期价格计算的报告期假设工业产值。在 G5 单元格内键入公式"＝C5＊E5"，并换算成万元，按 Enter 键，计算出 A 产品的产值，复制公式到 G7，即可计算出三种产品的基期工业产值。同理，计算出报告期以及按基期价格计算的报告期工业产值，如图 7-1 所示。

	A	B	C	D	E	F	G	H	I
1	产品名称	计量单位	产品产量		出厂价格（元）		工业总产值（万元）		
2									
3			基期	报告期	基期	报告期	基期	报告期	假设
4	甲	乙	q_0	q_1	p_0	p_1	$q_0 p_0$	$q_1 p_1$	$q_1 p_0$
5	A	件	6000	5000	110	100	=C5*E5/10000		
6	B	台	10000	12000	50	50			
7	C	吨	40000	41000	150	200			

图 7-1　工业总产值计算

第三步：求三个产品的产值之和。在 G8 单元格内键入求和函数 SUM，出现求和函数对话框，点击确定，得到基期工业总产值，如图 7-2 所示。复制公式到 I8，得到报告期和假设的工业总产值，如图 7-3 所示。

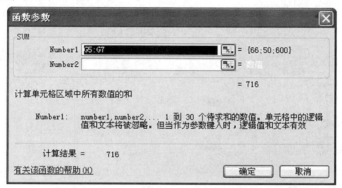

图 7-2　工业总产值求和对话框

第四步：计算三种产品的产量综合指数和价格综合指数。在 G9 单元格内键入公式"=I8/G8"，按 Enter 键，即可得产量综合指数 102%。同理，在 H9 单元格内键入公式"=H8/I8"，按 Enter 键，即可得价格综合指数 127%，如图 7-3 所示。

	A	B	C	D	E	F	G	H	I
1	产品名称	计量单位	产品产量		出厂价格（元）		工业总产值（万元）		
2									
3			基期	报告期	基期	报告期	基期	报告期	假设
4	甲	乙	q_0	q_1	p_0	p_1	q_0p_0	q_1p_1	q_1p_0
5	A	件	6000	5000	110	100	66	50	55
6	B	台	10000	12000	50	50	50	60	60
7	C	吨	40000	41000	150	200	600	820	615
8							716	930	730
9							1.02	1.27	

图 7-3 产量综合指数和价格综合指数计算结果

二、用 Excel 计算平均指数

【例 7-11】 以【例 7-3】资料举例说明加权算术平均数指数的 Excel 计算。

计算步骤如下：

第一步：在 Excel 上输入数据资料，如图 7-4 所示。

第二步：计算产品产量个体指数。在 F5 单元格内键入公式"=D5/C5"，按 Enter 键，得到 A 产品的产量个体指数，复制公式至 F7，得到 B、C 产品的产量个体指数，如图 7-4 所示。

第三步：以基期工业总产值为权数对产量个体指数进行加权。在 G5 单元格内键入公式"=F5□E5"，点击 Enter 键，对 A 产品的产量个体指数进行加权，复制公式至 G7，对 B、C 产品的产量个体指数进行加权，如图 7-5 所示。

第四步：对加权结果求和，并计算产品产量指数。在 G8 单元格内键入公式"=

	A	B	C	D	E	F
1	产品名称	计量单位	产品产量		工业总产值（万元）	产品产量个体指数
2						
3			基期	报告期	基期	
4	甲	乙	q_0	q_1	q_0p_0	$K_q=q_1/q_0$
5	A	件	6000	5000	66	=D5/C5
6	B	台	10000	12000	50	
7	C	吨	40000	41000	600	
8	合计	—			716	

图 7-4 产量个体指数计算

	A	B	C	D	E	F	G
1	产品名称	计量单位	产品产量		工业总产值（万元）	产品产量个体指数	以基期总产值为权数对产量个体指数加权
2							
3			基期	报告期	基期		
4	甲	乙	q_0	q_1	q_0p_0	$K_q=q_1/q_0$	$K_q q_0 p_0$
5	A	件	6000	5000	66	0.833333	55
6	B	台	10000	12000	50	1.2	60
7	C	吨	40000	41000	600	1.025	615
8	合计	—	—	—	716		730
9							=G8/E8

图 7-5 加权算术平均指数的计算过程

SUM",对 G5:G7 求和,得 730 万元。在 G9 单元格内利用加权算术平均指数公式 $\bar{K}_q = \sum k_q p_0 q_0 / \sum p_0 q_0$ 计算产品产量指数,键入公式"= G8/E8",点击 Enter 键,即可得到该企业的产品产量指数为 101.96%,如图 7-6 所示。

	A	B	C	D	E	F	G
1	产品名称	计量单位	产品产量		工业总产值（万元）	产品产量个体指数	以基期总产值为权数对产量个体指数加权
2							
3			基期	报告期	基期		
4	甲	乙	q_0	q_1	$q_0 p_0$	$K_q = q_1/q_0$	$K_q q_0 p_0$
5	A	件	6000	5000	66	0.833333	55
6	B	台	10000	12000	50	1.2	60
7	C	吨	40000	41000	600	1.025	615
8	合计	—	—	—	716		730
9							1.0196

图 7-6 加权算术平均指数的计算结果

三、用 Excel 进行指数的因素分析

【例 7-12】 现以某企业职工平均工资增长情况来说明平均指标变动的因素分析,资料见表 7-10。

表 7-10 某企业职工人数及工资资料

职工类别	平均工资(元)		职工人数(人)		工资总额(万元)		
	基期	报告期	基期	报告期	基期	报告期	假设
	x_0	x_1	f_0	f_1	$x_0 f_0$	$x_1 f_1$	$x_0 f_1$
管理人员	1300	1350	100	100	13	13.5	13
技术工人	1500	1600	200	250	30	40	37.5
普通工人	1000	1100	700	800	70	88	80
合计	1130	1230.43	1000	1150	113	141.5	130.5

计算平均指标指数因素分析法的 Excel 应用。

计算步骤如下:

第一步:在 Excel 上输入数据资料,如图 7-7 所示。

第二步:计算各类职工不同时期的工资。在 F4 单元格内键入公式"= B4 * D4/10000",并换算成万元,按 Enter 键,计算出管理人员基期的工资,复制公式到 F6,计算出技术人员和普通工人基期的工资。在 G4 单元格内键入公式"= C4 * E4/10000",按 Enter 键,复制公式到 G6,计算出各类职工报告期的工资,同理,在 H4:H6 单元格内计算出各类职工假设的工资。如图 7-7、图 7-8 所示。

	A	B	C	D	E	F	G	H
1	职工类别	平均工资(元)		职工人数(人)		工资总额(万元)		
2		基期	报告期	基期	报告期	基期	报告期	假设
3		x_0	x_1	f_0	f_1	$x_0 f_0$	$x_1 f_1$	$x_0 f_1$
4	管理人员	1300	1350	100	100	=B4*D4/10000		
5	技术工人	1500	1600	200	250			
6	普通工人	1000	1100	700	800			
7	合计	—	—	1000	1150			

图 7-7 各类职工总额计算

第三步：将不同时期职工工资加总。在 F7 单元格内键入求和函数" = SUM"，出现插入函数对话框，选中函数 SUM，点击确定，出现函数参数对话框，对 F4：F6 求和，点击确定，得基期职工工资总额 113 万元。复制公式至 H7，求得报告期和假设的工资总额，如图 7-8、图 7-9 所示。

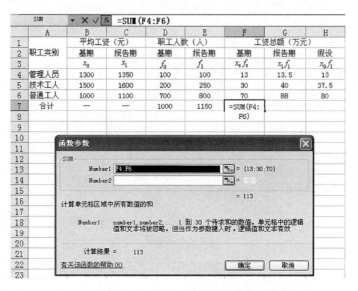

图 7-8　各类职工总额求和过程

第四步：计算可变构成指数。按照可变构成指数的公式，可变构成指标指数 = $\dfrac{\bar{x}_1}{\bar{x}_0}$ = $\dfrac{\sum x_1 f_1 / \sum f_1}{\sum x_0 f_0 / \sum f_0}$，在单元格 F8 内，键入公式" = (G7/E7)/(F7/D7)"，如图 7-9 所示。按 Enter 键，即可求得可变构成指数为 108.89%。计算增长的绝对额可在 F9 单元格内键入算式" = ((G7/E7) – (F7/D7)) * 10000"，按 Enter 键，即可得增长的绝对额为 100.43 元，如图 7-12 所示。

	A	B	C	D	E	F	G	H
1		平均工资（元）		职工人数（人）		工资总额（万元）		
2	职工类别	基期	报告期	基期	报告期	基期	报告期	假设
3		x_0	x_1	f_0	f_1	$x_0 f_0$	$x_1 f_1$	$x_0 f_1$
4	管理人员	1300	1350	100	100	13	13.5	13
5	技术工人	1500	1600	200	250	30	40	37.5
6	普通工人	1000	1100	700	800	70	88	80
7	合计	—	—	1000	1150	113	141.5	130.5
8						=(G7/E7)/(F7/D7)		

图 7-9　计算可变构成指数

第五步：计算结构影响指数。按照结构影响指数的公式，结构影响指数 = $\dfrac{\sum x_0 f_1 / \sum f_1}{\sum x_0 f_0 / \sum f_0}$，在单元格 G8 内，键入算式" = (H7/E7)/(F7/D7)"，如图 7-10 所示。按

图 7-10 计算结构影响指数

Enter 键，即可求得结构影响指数为 100.42%。计算增长的绝对额可在 G9 单元格内键入公式"=((H7/E7)-(F7/D7))*10000"，按 Enter 键，即可得增长的绝对额为 4.78 元，如图 7-12 所示。

第六步：计算固定构成指数。按照固定构成指数的公式，固定构成指数 = $\sum x_1 f_1 / \sum f_1 \Big/ \sum x_0 f_1 / \sum f_1$，在单元格 H8 内，键入算式"=(G7/E7)/(H7/E7)"，如图 7-11 所示。按 Enter 键，即可求得结构影响指数为 108.43%。计算增长的绝对额可在 H9 单元格内键入算式"=((G7/E7)-(H7/E7))*10000"，按 Enter 键，即可得增长的绝对额为 95.65 元，如图 7-12 所示。

图 7-11 计算固定构成指数

计算结果如图 7-12 所示：

图 7-12 平均指标指数的计算结果

▎本章小结

统计指数是指反映复杂现象总体某一方面数量综合变化方向和程度的相对数，具有综合性、平均性、相对性和代表性的特点。

统计指数按研究对象的范围不同，可分为个体指数和总指数；按指标性质不同，可分为数量指标指数和质量指标指数；按所采用基期不同，可分为环比指数和定基指数；按所反映现象的特征不同，可分为时间指数、区域指数和计划完成程度指数。

综合指数是用综合法对总体各部分数值进行对比而计算的指数，用于反映总体动态变化。其主要特点是通过对不同时期的两个总量指标的对比以反映现象的动态变化。

综合指数应遵循如下一般原则：在编制不同时间对比的数量指标指数时，要使用基期质量指标作为同度量因素；在编制不同时间对比的质量指标指数时，要使用报告期数量指标作为同度量因素。

平均指数是计算总指数的另一种形式，其形式是以个体指数为基础，也就是从独立的个体事物出发，通过个体指数进行加权平均得到总指数的方法。又可分为加权算术平均指数和调和平均指数两种。

社会经济现象之间存在着千丝万缕的客观联系，它们之间往往表现出一定数量关系，可以通过定量分析方法，找出其固有的数量关系后，就可以通过一定形式的数学方程加以表达。因此，凡是由在经济内容上具有密切联系、在数量上具有相乘对等关系的若干指数组成的整体，称之为指数体系。利用指数体系分析和测定各因素对结果因素影响程度和影响方向的方法，称为因素分析法。

因素分析法可从不同角度加以分类。按分析指标的表现形式不同，可分为总量指标、平均指标和相对指标变动因素分析；按分析对象的特点不同，可分为简单现象因素分析和复杂现象因素分析；按影响因素的多少不同，可分为两因素分析和多因素分析。

▲ 思考与练习

一、选择题

1. 狭义的指数是指不可同度量的社会经济现象综合变动的(　　)。
   A. 绝对数　　　　B. 相对数　　　　C. 平均数　　　　D. 百分数
2. 反映个体现象或个别事物变动程度的相对数属于(　　)。
   A. 个体指数　　　B. 总指数　　　　C. 数量指标指数　D. 质量指标指数
3. 在综合指数的计算中，所引入的具有桥梁和媒介作用的因素称为(　　)。
   A. 因素分析　　　B. 个体指数　　　C. 同度量因素　　D. 权数
4. 加权算术平均指数是一种(　　)。
   A. 平均数　　　　B. 平均指数　　　C. 平均指标指数　D. 加权平均数
5. 同样多的货币支出少购买5%的商品，那么商品价格指数是(　　)。
   A. 5.26%　　　　B. 105%　　　　　C. 105.26%　　　 D. 5%
6. 某企业报告期产量比基期增长了10%，生产费用增长了8%，则其产品单位成本降低了(　　)。
   A. 1.8%　　　　 B. 2%　　　　　　C. 20%　　　　　 D. 18%
7. 狭义指数是反映(　　)数量综合变动的方法。
   A. 有限总体　　　B. 无限总体　　　C. 复杂总体　　　D. 简单总体
8. 数量指标综合指数变形为平均数指数时的权数是(　　)。
   A. $q_1 p_1$　　　　B. $q_0 p_0$　　　　C. $q_1 p_0$　　　　D. $q_0 p_1$
9. 在编制数量指标指数时，应该选用相应的质量指标作同度量因素，通常把它固定在(　　)。
   A. 基期　　　　　B. 任一期　　　　C. 报告期　　　　D. 计划期
10. 试指出哪一个是价格总指数(　　)。
    A. $\bar{K} = \dfrac{\sum p_1 q_1}{\sum p_0 q_0}$　　B. $\bar{K} = \dfrac{\sum p_0 q_1}{\sum p_0 q_0}$　　C. $\bar{K} = \dfrac{\sum p_1 q_0}{\sum p_0 q_0}$　　D. $\bar{K} = \dfrac{\sum p_1 q_1}{\sum p_0 q_1}$
11. 按指标性质不同，指数可分为(　　)。

A. 个体指数　　B. 总指数　　C. 数量指标指数　　D. 质量指标指数
E. 综合指数

12. 下列属于质量指标指数的有(　　)。
A. 价格指数　　B. 销售额总指数　　C. 产量指数　　D. 单位成本指数
E. 产值指数

13. 平均指数可分为(　　)。
A. 加权算术平均指数　　B. 加权调和平均指数　　C. 可变构成指数　　D. 结构影响指数
E. 简单算术平均数

14. 指数按所采用基期不同, 可分为(　　)。
A. 环比指数　　B. 定基指数　　C. 静态指数　　D. 动态指数
E. 累计指数

15. 计算综合指数所采用的同度量因素可以是(　　)。
A. 数量指标　　B. 质量指标　　C. 总量指标　　D. 平均指标
E. 综合指标

二、判断题

1. 从广义上说, 凡是相对数都是指数。　　　　　　　　　　　　　　　　　　(　)
2. 总体是由个体组成的, 所以总指数就是个体指数之和。　　　　　　　　　　(　)
3. 加权算术平均指数是一种平均指标指数。　　　　　　　　　　　　　　　　(　)
4. 计算数量指标综合指数时, 一般原则是以基期质量指标作为同度量因素。　　(　)
5. 综合指数和平均指数是计算总指数的两种不同形式。　　　　　　　　　　　(　)
6. 同度量因素的使用是综合指数计算的基础。　　　　　　　　　　　　　　　(　)
7. 按指标时间不同, 可分为数量指标指数和质量指标指数。　　　　　　　　　(　)
8. 因素分析法是建立在指数体系的基础上。　　　　　　　　　　　　　　　　(　)
9. 因素分析既是一种定量分析, 也是一种定性分析。　　　　　　　　　　　　(　)
10. 平均指数的特点是先综合, 后对比。　　　　　　　　　　　　　　　　　　(　)

三、简答题

1. 什么是指数? 它具有什么作用?
2. 编制综合指数应遵循的原则是什么?
3. 什么是同度量因素? 它有什么作用?
4. 什么是指数体系?
5. 居民消费价格指数有哪些作用?
6. 在构建多指标综合评价指数时, 指标的转换方法有哪几种形式?
7. 为什么说综合指数与平均数指数是两种独立的总指数编制方法? 在何种条件下, 两种指数形式之间可能存在"变形"关系?
8. 平均指标的可变构成指数、固定构成指数和结构变动影响指数三者在分析意义上有何区别, 在数量上又有何联系?

四、计算题

1. 某商业企业三种商品的销售量和销售价格资料如下:

名称	计量单位	销售量		销售价格(元)	
		2005 年	2006 年	2005 年	2006 年
甲	件	1800	2000	20	25
乙	台	400	300	200	180
丙	个	3000	3500	8	10

要求：（1）计算三种商品的销售量综合指数；

（2）计算三种商品的销售价格综合指数。

2. 某农贸市场上三种蔬菜的销售资料如下：

品种	销售额(元)		个体价格指数(%)
	基期	报告期	
白菜	4430	5100	95
黄瓜	14480	17450	108
西红柿	8800	6580	112
合计	27710	29130	—

要求：用平均指数计算三种蔬菜的价格总指数。

3. 某企业生产三种不同的产品，有关的产量和成本资料如下：

产品种类	计量单位	产品产量		单位产品成本(元)	
		5 月份	6 月份	5 月份	6 月份
A	吨	350	400	250	200
B	台	100	120	1000	800
C	件	200	300	60	40

要求：计算该企业三种产品总成本指数，并对该企业总成本的变动做出因素分析。

4. 某城市三个市场上同一种商品基期和报告期的销售价格及销售量资料如下：

市场	销售价格(元/千克)		销售量(千克)	
	基期	报告期	基期	报告期
A	1.8	2.2	600	800
B	2.0	2.5	900	1000
C	2.1	2.3	700	650
合计	—	—	2200	2450

要求：（1）计算该商品总平均价格的可变构成指数；

（2）并对总平均价格的变动做因素分析。

5. 某乡力图通过推广良种和改善田间耕作管理来提高粮食生产水平，有关生产情况资料如下：

粮食品种	播种面积(亩)*		亩产(千克/亩)	
	基期	报告期	基期	报告期
A	3800	6900	420	432
B	4600	4200	395	398
C	3600	900	343	357
合计	12000	12000	—	—

要求：运用指数方法对该乡粮食平均单产变化情况做因素分析。

---

* 1 亩≈666.67 平方米

第八章 抽样推断

本章提要

通过本章学习，掌握抽样推断的含义、特点、相关概念及抽样方法；掌握抽样误差的概念、种类和影响因素；重点掌握抽样平均误差和抽样极限误差的概念和计算；重点掌握总体平均数和成数的区间估计；一般掌握各种抽样组织形式及其特点；重点掌握必要样本容量的确定。

抽样推断是数理统计的重要内容，不仅在研究自然现象方面广泛运用抽样推断这一数理统计方法，而且广泛运用在社会经济统计领域中。在社会经济统计学中，主要研究抽样法应用于认识社会经济现象的抽样基本原理、抽样组织方式以及从抽样指标推断总体指标的方法。抽样推断估计是在抽样及抽样分布的基础上，利用样本统计量对总体参数进行估计与推断，以达到对客观现象内在数量特征的科学认识。

第一节 抽样推断概述

一、抽样推断的概念和特点

（一）抽样推断的概念

抽样推断（judgment of sampling）是按照随机原则从全部研究对象中抽取一部分单位进行调查，并依据这一部分单位的调查数值计算样本指标值，然后根据样本指标对全部研究对象的总体指标（数量特征或属性特征）做出具有一定可靠性的估计判断，从而达到对总体认识的一种统计方法。抽样推断是一个工作过程，包括统计设计、统计调查、统计整理和统计分析等各阶段的工作任务，是一个完整的统计工作过程。从统计调查的角度来看，抽样推断（估计）的重要工作内容之一就是采用抽样推断的方法，搜集样本资料的一种统计调查方法。从统计分析的角度来看，统计推断是利用样本指标对总体的数量特征进行科学推断的一种统计分析方法。从数据资料获得方法的特点来看，将抽样估计称为"抽样推断"，是一个更为一般且普遍的名称。

从总体中抽选一部分单位进行调查，可以有两种方法。一种是有意识地抽选，就是调查者根据自己对总体情况的了解和判断，有意识地选择若干个有代表性的单位来进行调查。另一种是随机抽选，即在抽选具体单位时，不掺杂调查者的主观判断，而是使总体中的每个单位都有同等的机会被抽到，这个抽选原则通常称为"随机原则"。在我国，只将按随机原则抽选单位的调查称为抽样推断。

（二）抽样推断的特点

抽样推断与依据全面资料来描述总体的数量特征或属性特征的方法有着明显的不同。同时，与重点调查、典型调查等非全面调查方法相比，抽样推断在理论与方法上也有其自身显著的特点，主要表现在：

（1）抽样推断是一种非全面调查。只抽取总体中的一部分单位进行调查，从而所需的费用低、时间短，得到资料速度快。这是和全面调查的区别，全面调查要调查总体中所有的单位。

（2）抽样推断以概率论和数理统计作为抽样估计推算的理论基础，用样本指标数值去推断总体的指标数值，这是和重点调查的区别。重点调查也是非全面调查，但是它的调查结果不宜用来推断总体的指标数值。

（3）抽选部分单位时要遵守随机原则，这是和典型调查的主要区别。典型调查的结果也可以用来推断总体的情况，但它不按照随机原则选择单位。

（4）抽样推断会产生抽样误差，抽样误差可以计算，并且可以加以控制。抽样推断产生的误差可以根据有关资料事先加以计算，并能将其控制在一定的范围内，进而可以保证抽样推断的结果达到一定的可靠程度。

（三）抽样调查的必要性

抽样推断是一种使用非常方便、用途非常广泛的非全面调查方法，其应用必要性如下：

（1）对于无限总体只能进行抽样调查，不可能进行全面调查，但又需要了解全面情况的现象。无限总体在自然界普遍存在，如太空中星球的数量。

（2）有些事物在测量或试验时有破坏性，不可能进行全面调查。例如，灯泡耐用时间试验，电视机抗震能力试验，罐头食品的卫生检查，人体白细胞数量的化验等，都是有破坏性的，都不可能进行全面调查，而只能使用抽样调查。

（3）有些总体从理论上讲可以进行全面调查，但没有必要对调查对象进行全面调查或者实际上办不到。例如，了解某森林区有多少棵树、职工家庭生活状况如何、居民旅游意向、百姓对购买保险的态度、医改后人们看病就医的选择意向、大学生消费状况及择业观念、城镇居民投资意向、手机消费情况、家庭电脑拥有情况、家电品牌的现状、市民健康意识等问题。从理论上讲这是有限总体，可以进行全面调查，但实际上办不到，也不必要。对这类情况的了解要采用抽样调查方法。

（4）部分抽样调查资料不经推断可以代替全面资料。例如，物价指数，城乡人民生活水平调查等。

（5）和全面调查相比较，抽样调查能节省人力、费用和时间，而且比较灵活。抽样调查的调查单位比全面调查少得多，因而既能节约又能比较快地得到调查的结果，这对许多工作都是很有利的。例如，农产量全面调查的统计数字要等收割完毕以后一段时间才能得到，而抽样推断的统计数字在收获的同时就可以得到，一般能早得到两个月左右，这对于安排农产品的收购、储存、运输，对安排生产进出口等都是很有利的。

由于调查单位少，有时可以增加调查内容，与全面调查结合使用。因此有的国家在人口普查的同时也进行人口抽样调查，一般项目通过普查取得资料，另一些项目则通过抽样调查取得资料。这样既可以节省调查费用和时间，又丰富了调查内容，而且抽样调查的数据也可以用来评价和校正普查的数据。如我国在人口普查、经济普查的实践中就是采用抽样调查的方法对普查资料进行补充和校正。

抽样调查是必不可少的一种调查方法，但是，抽样调查也有它的弱点。例如，它只能提供说明整个总体情况的统计资料，而不能提供说明各级状况详细的统计资料，这就难以满足各级领导和管理部门的要求。抽样调查也很难于提供各种详细分类的统计资料，因此，抽样调查和全面调查是不能互相代替的，它们在认识上的作用是相辅相成的。

(6) 利用抽样调查的方法，可以对某种总体的假设进行检验，来判断这种假设的真伪，以决定取舍。例如，新教学法的采用、新工艺新技术的改革、新医疗方法的使用等是否收到明显效果，需要对未知的或不完全知道的总体作出一些假设，然后利用抽样推断的方法，根据实验材料对所作的假设进行检验，作出判断。

随着抽样理论的发展，抽样技术的进步，抽样方法的完善和统计队伍业务水平的提高，抽样推断方法将在社会经济生活中得到愈加广泛的运用。

二、抽样推断的几个基本概念

(一) 总体和样本

在抽样推断中，有两种不同的总体即全及总体和抽样总体。

1. 全及总体

全及总体，简称总体。总体又称母体，是所要认识的研究对象的具有同一性质的许多单位的集合体。这个总体要涉及研究对象的每一个单位，因此总体中每一个单位要具有同质性。例如，我们要研究某城市职工的生活水平，则该城市全部职工即构成全及总体；我们要研究某乡粮食亩产水平，则该乡的全部粮食播种面积即是全及总体。

全及总体按其各单位标志性质不同，可以分为变量总体和属性总体两类。构成变量总体的各个单位可以用一定的数量标志加以计量，例如，研究居民的收入水平，每户居民的收入就是它的数量标志，反映各户的数量特征。但并非所有标志都是可以计量的，有的标志只能用一定的文字加以描述。例如，要研究织布厂1000台织布机的完好情况，这时只能用"完好"和"不完好"等文字作为品质标志来描述各台设备的属性特征，这种用文字描写属性特征的总体称为属性总体。区分变量总体和属性总体是很重要的，由于总体不同，认识这一总体的方法也就不同。

通常全及总体的单位数用大写的英文字母 N 来表示。作为全及总体，单位数 N 即使有限，但总是很大，大到几千、几万、几十万、几百万。例如人口总体，棉花纤维总体，粮食产量总体等。对无限总体的认识只能采用抽样的方法，而对于有限总体的认识，理论上虽可以应用全面调查来搜集资料，但实际上往往由于不可能或不经济而借助抽样的方法以求得对有限总体的认识。

2. 抽样总体

抽样总体，简称样本。样本是从全及总体中随机抽取出来，用来代表全及总体，部分单位的集合体。样本的单位数称为样本容量，通常用小写英文字母 n 表示。对于全及总体单位数 N 来说，n 是个很小的数，它可以是 N 的几十分之一、几百分之一、几千分之一、几万分之一。一般说来，样本单位数达到或超过 30 个称为大样本，而在 30 个以下称为小样本。社会经济现象的抽样调查多取大样本，而自然实验观察则多取小样本。以很小的样本来推断很大的总体，这是抽样推断的一个特点。

全及总体和样本是有区别而又有联系的不同范畴。如果说全及总体是唯一确定，那么，抽样样本则完全不是这样。一个全及总体可能抽取很多个抽样总体，全部样本的可能数目和每一样本的容量有关，它也和随机抽样的方法有关。不同的样本容量和取样方法、样本的可能数目也有很大的差别。抽样本身是一种手段，目的在于对总体作出判断，因此样本容量要多大，要怎样取样，样本的数目可能有多少，它们的分布又怎样，这些都是关系到对总体判断的准确程度，都需要加以认真的研究。

（二）总体指标和样本指标

1. 总体指标或称全及指标

总体指标就是指根据全及总体各个单位的标志值或标志属性计算的，反映总体数量特征或某种属性的统计指标，或称全及指标。总体指标是总体变量的函数，其数值是由总体各单位的变量值或标志属性决定的。由于全及总体是唯一确定的，根据全及总体计算的总体指标也是唯一确定的。常用的总体指标是总体平均数、总体成数、总体标准差和成数标准差。分别用 $\bar{X}$，P，σ，σ_p 来表示。

不同性质的总体，需要计算不同的全及指标。对于变量总体，由于各单位的标志可以用数量来表示，所以可以计算总体平均数。如公式：

$$\bar{X} = \frac{\sum X}{N} \qquad \bar{X} = \frac{\sum XF}{\sum F}$$

此外，全及指标还有总体标准差 σ 和总体方差 σ^2，它们都是测度总体标志值分散程度的指标。如公式：

$$\sigma = \sqrt{\frac{\sum (X - \bar{X})^2}{N}} \qquad \sigma = \sqrt{\frac{\sum (X - \bar{X})^2 F}{\sum F}}$$

$$\sigma^2 = \frac{\sum (X - \bar{X})^2}{N} \qquad \sigma^2 = \frac{\sum (X - \bar{X})^2 F}{\sum F}$$

对于属性总体，由于各单位的标志不可以用数量来表示，只能用一定的文字加以描述，所以就应该计算结构相对指标，称为总体成数。用大写英文字母 P 表示，它说明总体中具有某种标志的单位数在总体中所占的比重。变量总体也可以计算成数，即总体单位数在所规定的某变量值以上或以下的比重，视同具有或不具有某种属性的单位数比重。

设总体 N 个单位中，有 N_1 个单位具有某种属性，N_0 个单位不具有某种属性，$N_1 + N_0 = N$，P 为总体中具有某种属性的单位数所占的比重，Q 为不具有某种属性的单位数所占的比重，则总体成数为：

$$P = \frac{N_1}{N} \qquad Q = \frac{N_0}{N} = \frac{N - N_1}{N} = 1 - P$$

如果品质标志表现只有是非两种，例如，产品质量标志表现为合格品和不合格品，性别标志表现为男性和女性，则可以把"是"的标志表示为1，而"非"的标志表示为0。那么成数就可以视为(0，1)分布的平均数，并可以求相应的方差和标准差。

所以可得：
$$\bar{X}_P = \frac{0 \times N_0 + 1 \times N_1}{N} = \frac{N_1}{N} = P$$

$$\sigma_P^2 = \frac{(0-P)^2 N_0 + (1-P)^2 N_1}{N} = \frac{P^2 N_0 + Q^2 N_1}{N}$$
$$= P^2 Q + Q^2 P = PQ$$

需要注意的是：在抽样推断中，总体参数的意义和计算方法是明确的，但参数的具体数值事先是未知的，需要用抽样来估计它。

2. 样本指标

由抽样总体各个标志值或标志特征计算的综合指标称为样本指标。样本指标是样本变量的函数，用来估计总体参数，因此和常用的总体指标相对应还有抽样平均数 $\bar{x}$、抽样成数 p，样本标准差 s，样本方差 s^2 等。$\bar{x}$ 和 p 用小写英文字母表示，以资区别。

$$\bar{x} = \frac{\sum x}{n} \qquad \bar{x} = \frac{\sum xf}{\sum f}$$

样本的方差和样本标准差分别为：

样本数量标志方差：

$$S^2 = \frac{1}{n-1} \sum_{i=1}^{n} (x_i - \bar{x})^2 \qquad S^2 = \frac{\sum_{i=1}^{n} (x_i - \bar{x})^2 f}{\sum f - 1}$$

样本数量标志标准差：

$$S = \sqrt{\frac{1}{n-1} \sum_{i=1}^{n} (x_i - \bar{x})^2} \qquad S = \frac{\sqrt{\sum_{i=1}^{n} (x_i - \bar{x})^2 f}}{\sum f - 1}$$

设样本 n 个单位中有 n_1 个单位具有某种属性，n_0 个单位不具有某种属性，$n_1 + n_0 = n$，p 为样本中具有某种属性的单位数所占的比重，q 为不具有某种属性的单位数所占的比重，则抽样成数为：

$$p = \frac{n_1}{n} \qquad q = \frac{n_0}{n} = \frac{n - n_1}{n} = 1 - p$$

样本成数标准差：

$$S_p = \sqrt{p(1-p)}$$

样本成数方差：

$$S_p^2 = p(1-p)$$

样本指标的计算方法是确定的，但它的取值随着不同的样本，有不同样本变量，而发生变化。所以样本指标本身也是随机变量,用来作为参数的估计值,有的误差大些,有的误差又小些,有的发生正误差,有的发生负误差,情况各不相同。

三、抽样方法和样本可能数目

(一)抽样方法

样本的可能数目既和每个样本的容量有关,也和抽样的方法有关。当样本容量为既定时,则样本的可能数目便决定于抽样的方法。而抽样方法不同又可以从取样方式不同和对样本的要求不同等方面来研究。

1. 根据取样的方式不同

根据取样的方式不同,抽样方式可分为重复抽样和不重复抽样两种。

(1)重复抽样的方法是这样来安排的:从总体 N 个单位中要随机抽取一个容量为 n 的样本,每次从总体中抽取一个,把它看做一次试验,连续进行 n 次试验构成一个样本。每次抽出一个单位把结果登记下来又放回,重新参加下一次的抽选。因此重复抽样的样本是由 n 次相互独立的连续试验所组成的,每次试验是在完全相同的条件下进行的,每个单位中选或不中选机会在每次都完全一样。也可以这样理解,重复抽样就是上次抽选的结果不会影响下一次抽选(下一次也有可能抽到上一次抽选的单位)。

(2)不重复抽样的方法是这样安排:从总体 N 个单位中要抽取一个容量为 n 的样本,每次从总体中抽取一个,连续进行 n 次抽选,构成一个样本。但每次抽选一个单位就不再放回参加下一次的抽选,因此不重复抽样有这些特点:样本由 n 次连续抽选的结果组成,实质上等于一次同时从总体中抽 n 个组成一个样本。连续 n 次抽选的结果不是相互独立的,第一次抽选的结果影响下一次抽样,每抽一次总体的单位数就少一个,因此每个单位的中选或不中选机会在各次是不同的。也可以这样理解,不重复抽样就是上次抽选的结果会影响下一次抽选(下一次就不可能抽到上一次抽选的单位)。

2. 根据对样本的要求不同

根据对样本的要求不同,抽样方法又有考虑顺序抽样和不考虑顺序抽样两种。

(1)考虑顺序的抽样:即从总体 N 个单位中抽取 n 个单位构成样本,不但要考虑样本各单位的不同性质,而且还考虑不同性质各单位的中选顺序。相同构成成分的单位,由于顺序不同,也作为不同样本。例如,从 1,2,3 三个数码中取两个数码排成一个两位数,显然十位数取 1,个位数取 2 和十位取 2,个位数取 1 是完全不同的,因为前者构成 12,而后者构成 21,有完全不同的意义,应该视为两种不同的样本。

(2)不考虑顺序的抽样:即从总体 N 个单位抽取 n 个单位构成样本,只考虑样本各单位的组成成分如何,而不问单位的抽选顺序。如果样本的成分相同,不论顺序是多大不同,都作为一种样本。例如,从三个产品抽取两个进行质量检验,第 1 个选 1 号产品,第 2 个选 2 号产品组成一组和第 1 个选取 2 号产品,第 2 个选取 1 号产品组成一组,是没有什么差别的。

以上抽样方法两种分类还存在交叉情况,因而有:考虑顺序的不重复抽样,考虑顺序的重复抽样,不考虑顺序的不重复抽样和不考虑顺序的重复抽样四种。下面我们就这四种情况分别讨论样本可能数目。

(二)样本可能数目

样本可能数目是指有多少个样本,即从一个全及总体中可能抽取的样本数目。需要注意的是样本可能数目和样本容量(样本容量是一个样本所容纳或包含的总体单位个数)是两个不同的概念。

1. 考虑顺序的不重复抽样时样本可能数目

即通常所说的不重复排列数。一般地说,从总体 N 个不同单位每次抽取 n 个不重复的排列,组成样本的可能数目记作 A_N^n,由下列公式计算:

$$A_N^n = N(N-1)(N-2)\cdots(N-n+1) = \frac{N!}{(N-n)!}$$

2. 考虑顺序的重复抽样时样本可能数目

即通常所说的可重复排列数。一般地说,从总体 N 个不同单位每次抽取 n 个允许重复的排列,组成样本的可能数目记作 B_N^n,由下列公式计算:

$$B_N^n = N^n$$

3. 不考虑顺序的不重复抽样时样本可能数目

即通常所说的不重复组合数。一般地说,从总体 N 个不同单位每次抽取 n 个不重复的组合,组成样本的可能数目记作 C_N^n 由下列公式计算:

$$C_N^n = \frac{N(N-1)(N-2)\cdots(N-n+1)}{n!} = \frac{N!}{n!(N-n)!}$$

4. 不考虑顺序的重复抽样时样本可能数目

即通常所说的可重复组合数。一般地说,从 N 个不同单位抽取 n 个允许重复的组合记作 D_N^n,它等于 $(N+n-1)$ 个不同单位每次抽取 n 个的不重复组合,即:

$$D_N^n = C_{N+n-1}^n$$

一般地,对于同一总体,在相同样本容量要求下,不重复抽样时样本可能数目比重复抽样时样本可能数目要少,不考虑顺序时样本可能数目比考虑顺序的可能数目要少(组合的数目要少于排列的数目),即 $C_N^n < D_N^n < A_N^n < B_N^n$。

应用以上公式,首先应该注意分析样本的要求,采用恰当的抽样方法,针对提出的问题确定样本的数目,有时还需要多种方法结合起来应用。

四、抽样估计的理论基础

抽样推断的理论依据主要有两个:一类是研究关于大量随机现象平均结果稳定性(概率接近于 0 或 1 的随机现象的统计规律)的定理,即大数定律;另一类是研究由许多彼此不相干的随机因素共同作用,而各个随机因素影响又很小的随机现象的概率分布是以正态分布为极限的统计规律,即中心极限定理。

(一)大样本统计量的推断依据——大数定律(或大数法则)

就数量关系来说,抽样推断是建立在概率论的大数定律基础上,大数法则的一系列定理为抽样推断提供了数学依据。

大数定律是关于大量的随机现象具有稳定性质的法则。它说明如果被研究的总体是由大量的相互独立的随机因素所构成，而且每个因素对总体的影响都相对的小，那么对这些大量因素加以综合平均的结果，因素的个别影响将相互抵消，而显现出它们共同作用的倾向，使总体具有稳定的性质。

具体地说，大数定律的意义可以归纳如下几个方面：

(1) 现象的某种总体规律性，只有当具有这种现象的足够多数的单位综合汇总在一起的时候，才能显示出来。因此只有从大量现象的总体中，才能研究这些现象的规律性。

(2) 现象的总体性规律，通常是以平均数的形式表现出来。

(3) 当所研究的现象总体包含的单位越多，平均数也就越能够正确地反映出这些现象的规律性。

(4) 各单位的共同倾向（这些表现为主要的、基本的因素）决定着平均数的水平，而各单位对平均数的离差（这些表现为次要的、偶然的因素）则会由于足够多数单位的综合汇总的结果，而相互抵消，趋于消失。

联系到抽样推断来看，大数定律证明：如果随机变量总体存在着有限的平均数和方差，则对于充分大的抽样单位数 n，可以几乎趋近于 1 的概率，来期望抽样平均数与总体平均数的绝对离差为任意小，即对于任意的正数 α 有：

$$\lim_{n\to\infty} P\left(|\bar{x}_i - \bar{X}| < \alpha\right) = 1$$

式中　$\bar{x}_i$ ——抽样平均数；

　　　$\bar{X}$ ——总体平均数；

　　　n ——抽样单位数。

大数定律是以严格的数学形式证明了"频率"和"平均值"的稳定性，同时表达了这种稳定性的含义，即"频率"或"平均值"在依概率收敛的意义下逼近某一常数。这从理论上揭示了样本和总体之间的内在联系，即随着抽样单位数 n 的增加，抽样平均数 $\bar{x}$ 有接近于总体平均数 $\bar{X}$ 的趋势，或者说，抽样平均数正在概率上收敛于总体平均数 $\bar{X}$。

大数定律论证了抽样平均数趋近于总体平均数的趋势，这为抽样推断提供了重要的依据。但是，抽样平均数和总体平均数的离差究竟有多大？离差不超过一定范围的概率究竟有多少？这个离差的分布怎样？大数定律并没有给出什么信息。这个问题要利用另一重要定理，即中心极限定理来研究。

(二) 大样本统计量分布的依据——中心极限定理

中心极限定理是研究变量和的分布序列的极限原理，论证：如果总体变量存在有限的平均数和方差，那么不论这个总体变量的分布如何，随着抽样单位数 n 的增加，抽样平均数的分布便趋近于正态分布。即中心极限定理是指在一定的条件下，大量相互独立的随机现象的概率分布是以正态分布为极限的定理。因正态分布在概率论中占有中心地位，所以把以正态分布为极限的定理叫做中心极限定理。

这个结论对于抽样推断是十分重要的，因为在经济现象中变量和的分布是普遍存在的，例如，城市用电量是千家万户用电量的总和，所以城市用电量分布可以视为各户用电量总和的分布。又如，产品标准规格的偏差是由许多独立因素综合形成的，所以产品规格离差的分布可以视为许多独立因素之和的分布等等。根据中心极限定理，我们有理由相信，这些分布都趋近于正态。也可以这样说，在现实生活中，一个随机变量服从于正态分布未必很多，但多个随机变量和的分布趋近于正态分布则是普遍存在的。抽样平均数也是一种随机变量和的分布，因此在抽样单位数 n 充分大的条件下，抽样平均数也趋近于正态分布，这为抽样误差的概率估计提供了一个极为有效而且方便的条件。

大数定律只揭示了大量随机变量的平均结果，但并没有涉及随机变量的分布规律。而中心极限定理则说明了许多随机变量的分布是正态或近似正态的，这就可以简化统计推断中许多统计量的分布问题，所以它是统计学中的重要工具之一。

第二节 抽样误差

抽样推断是用样本统计量估计总体参数，这种估计必然会产生误差。因此，如何计算和控制抽样误差，成为抽样估计必须解决的重要问题。

在抽样推断中，由于用样本指标代替全及指标所产生的误差可分为两种：一种是系统性误差；另一种是代表性误差。抽样误差仅仅是指后一种由于抽样的随机性而带来的偶然的代表性误差，而不是指前一种因不遵循随机性原则而造成的系统性误差。

一、抽样误差的概念

（一）抽样误差

抽样误差（sampling error）是指实际抽样过程中得到的样本估计量的某一个具体估计值与总体参数的真值之间的离差，即样本指标和总体指标之间数量上的差别。以数学符号表示：$|\bar{x} - \bar{X}|$，$|p - P|$。抽样推断是用样本指标推断总体指标的一种调查方法，而推断的根据就是抽样误差。为此必须对抽样误差的概念进行深入理解。理解抽样误差可以从下面两方面着手。

随机误差有两种：实际误差和抽样平均误差。实际误差是一个样本指标与总体指标之间的差别 $|\bar{x} - \bar{X}|$，$|p - P|$，这是无法知道的误差。抽样平均误差是指所有可能出现的样本指标的标准差，也可以说是所有可能出现的样本指标和总体指标的平均离差。抽样实际误差是无法知道的，而抽样平均误差是可以计算的。需要注意的是，在我们后面讨论抽样平均误差时，一般都把它简称为抽样误差。

根据上面我们对抽样误差解释，我们来看一个关于实际抽样误差计算的例子。

【例 8-1】 现有甲、乙、丙、丁四个工人构成的总体，他们的工龄分别为 6，7，8，9 年，其平均工龄为 7.5 年。采用重复抽样方法从总体任意抽取两人进行调查，共有 16 个样本。各样本均值及其与总体均值的离差见表 8-1。

表 8-1 重复抽样的样本均值及其离差

样本序号	样本单位	样本单位的工龄 x	$\bar{x}$	$\bar{x}-\overline{X}$	$(\bar{x}-\overline{X})^2$
1	甲、甲	6,6	6	-1.5	2.25
2	甲、乙	6,7	6.5	-1	1
3	甲、丙	6,8	7	-0.5	0.25
4	甲、丁	6,9	7.5	0	0
5	乙、甲	7,6	6.5	-1	1
6	乙、乙	7,7	7	-0.5	0.25
7	乙、丙	7,8	7.5	0	0
8	乙、丁	7,9	8	0.5	0.25
9	丙、甲	8,6	7	-0.5	0.25
10	丙、乙	8,7	7.5	0	0
11	丙、丙	8,8	8	0.5	0.25
12	丙、丁	8,9	8.5	1	1
13	丁、甲	9,6	7.5	0	0
14	丁、乙	9,7	8	0.5	0.25
15	丁、丙	9,8	8.5	1	1
16	丁、丁	9,9	9	1.5	2.25
合计	—	—	7.5	0	10

若采用考虑顺序的不重复抽样，则只有 12 个可能样本，去掉表 8-1 中的四个样本甲甲、乙乙、丙丙、丁丁即可。

从表 8-1 可知，样本均值 $\bar{x}$ 与总体均值 $\overline{X}$ 的离差 $(\bar{x}-\overline{X})$ 就是实际抽样误差。即实际抽样误差是指由于抽样的随机性而产生的样本统计量与总体参数之间的代表性误差，它是指每次抽样所得的样本指标与总体指标之间的离差。但因为样本均值是随样本不同而不同的随机变量，所以实际抽样误差也是随样本不同而不同的随机变量，它可正可负，时大时小，即有多少种可能的样本就有多少种可能的实际抽样误差。且所有可能样本的实际抽样误差总和为零。因此，在抽样推断中要结合所有可能的样本来研究所有可能的实际抽样误差。这是因为总体参数是未知的，事先也无法知道究竟抽中哪一个样本，因此无法计算每次抽样的抽样误差。况且，随机抽样有许多个可能结果，即使得到了某一个实际抽样误差的误差值，也不能反映可能出现的抽样误差的全面情况，无法用于抽样估计。所以在现实的抽样推断中，抽样实际误差是不可能得到的(因为总体指标是要估计的量)，我们只能通过数理关系推算出可能的误差范围，而这一可能的误差范围是以抽样平均误差为基础获得的，而抽样平均误差是可以计算的。因此以后抽样估计所提到可计算和控制的抽样误差，是指从所有可能样本的平均误差角度考虑的抽样平均误差。

(二)抽样误差的影响因素

抽样误差主要有两类：样本平均数与总体平均数的绝对离差 $(\bar{x}-\overline{X})$，样本成数与总体成数的绝对离差 $(p-P)$。抽样误差的大小表明了抽样效果的好坏，抽样误差越小，表示样本的代表性越高；反之，代表性越低。如果抽样误差超过了允许的限度，抽样推断也就失去了价值。抽样误差的大小决定于以下几个因素。

1. 总体标准差

在其他条件不变的情况下，总体单位标志值之间差异程度越小，总体标准差的数值越小，抽样误差就越小；反之，抽样误差越大。即两者成正比关系的变化。

2. 样本的单位数

在其他条件相同的情况下，样本的单位数越多，则抽样误差越小；反之，抽样误差越大。即抽样平均误差的大小和样本单位数成相反关系的变化。这是因为抽样单位数越多，样本单位数在全及总体中的比例越高，抽样总体会越接近全及总体的基本特征，总体特征就越能在抽样总体中得到真实地反映。假定抽样单位数扩大到与总体单位数相等时，抽样调查就变成全面调查，抽样指标等于全及指标，实际上就不存在抽样误差。

3. 抽样方法

抽样方法不同，抽样误差也不同。在其他条件不变的情况下，一般地说重复抽样的误差比不重复抽样的误差要大些。这是因为重复抽样有可能使同一单位被多次抽中，因而产生的样本对总体的代表性较差。当然这两种方式产生的误差也仅在总体不很大时才有体现，总体很大时，这两种抽样的误差也趋于相等。

4. 抽样推断的组织形式

抽样平均误差除了受上述三个因素影响外，还受不同的抽样组织方式的影响。在其他条件不变的情况下，采用的抽样组织形式不同，抽样误差的大小是不一样的。如分层抽样的抽样误差就小于简单随机抽样的抽样误差。

二、抽样平均误差

由上面【例 8-1】可知所有可能样本的实际抽样误差总和为零，所以，抽样平均误差并不是对各个可能出现样本的抽样误差进行算术平均。那么，怎样才能衡量抽样误差的一般水平呢？通过前面的学习，我们知道统计学中用标准差测定某一变量的所有变量值与其均值的平均差异程度。又知，从所有可能样本看，样本估计量的均值等于被估计的总体参数。由此，可运用样本估计量的标准差测定样本估计量与总体参数的平均误差程度，即反映所有可能样本的抽样误差的一般水平。

综上分析，可以给抽样平均误差定义为：抽样中所有可能出现样本的样本估计量（包括抽样平均数及抽样成数）与总体参数（包括全及平均数及全及成数）离差平方的平均数的平方根，即样本估计量的标准差，也称标准误差。它反映了抽样平均数（或抽样成数）与全及平均数（或全及成数）的平均误差程度。记为 $\mu(\hat{\theta})$，用公式表示为：

$$\mu(\hat{\theta}) = \sqrt{\frac{\sum(\hat{\theta}-\theta)^2}{样本可能数目}} = \sqrt{\frac{\sum[\hat{\theta}-E(\theta)^2]}{样本可能数目}}$$

例如，从表 8-1 可以算得：

$$\mu_{\bar{x}} = \sqrt{\frac{\sum(\bar{x}-\bar{X})^2}{可能样本数目}} = \sqrt{\frac{10}{16}} \approx 0.79 \text{（年）}$$

即采用重复抽样，16 个可能样本的平均工龄与总体平均工龄的平均误差为 0.79 年。

这里，还可看出，实际抽样中不管抽中哪一个样本，抽样平均误差不随样本估计值的不同而变化。因此，抽样平均误差具有稳定性，可用于衡量样本对总体的代表性大小，抽样平均误差越小，样本对总体的代表性越大。

由于样本是按随机原则抽取的，从同一总体抽取同样单位数的样本可以有多种不同的取法。每个样本都有自己的抽样平均数和抽样成数，一系列的抽样平均数和一系列的抽样成数都可以计算抽样平均数和抽样成数的标准差。下面分别讨论抽样平均数平均误差和抽样成数平均误差的计算问题。

（一）抽样平均数的抽样平均误差

实际上，按定义来计算抽样平均误差也是办不到的，这是因为计算需要总体参数，而抽样估计中总体参数是未知的，其次，需要抽出所有可能样本，计算所有可能样本的抽样误差，这也是不可能也没有必要的。因此，抽样平均误差是根据数理统计所证明的样本统计量的抽样分布特征，即样本统计量与总体指标的标准差 σ、样本单位数 n 的数量关系来计算，同时考虑抽样组织形式和抽样方法的不同。那么，简单随机抽样组织形式下的抽样平均误差可按下面公式来计算：

以 $\mu_{\bar{x}}$ 表示抽样平均数的平均误差。根据定义：

$$\mu_{\bar{x}}^2 = E[\bar{x} - E(x)]^2 = E(\bar{x} - \overline{X})^2 = E\left[\frac{x_1 + x_2 + \cdots + x_n}{n} - \frac{\overline{X} + \overline{X} + \cdots + \overline{X}}{n}\right]^2$$

$$= \frac{1}{n^2} E[(x_1 - \overline{X}) + (x_2 - \overline{X}) + \cdots + (x_n - \overline{X})]^2$$

现在分别考虑重复抽样和不重复抽样的情况。

1. 重复抽样方法下抽样平均数的抽样平均误差

在重复抽样的情况下，这时样本变量 $x_1, x_2, x_3, \cdots, x_n$ 是相互独立的，样本变量 x 与总体变量 X 分布相同，展开上式得：

$$\mu_{\bar{x}}^2 = \frac{1}{n^2}[E(x_1 - \overline{X})^2 + E(x_2 - \overline{X})^2 + \cdots + E(x_n - \overline{X})^2 + \sum_{i=j} E(x_i - \overline{X})(x_j - \overline{X})]$$

$$= \frac{1}{n^2}[E(X - \overline{X})^2 + E(X - \overline{X})^2 + \cdots + E(X - \overline{X})^2]$$

$$= \frac{1}{n^2}(n\sigma^2)$$

$$\therefore \mu_{\bar{x}} = \frac{\sigma}{\sqrt{n}} \tag{8-1}$$

上式表明抽样平均数的平均误差仅为全及总体标准差的 $1/\sqrt{n}$。例如，当样本单位数为 100 时，则平均误差仅为总体标准差的 1/10。这说明，一个总体的某一标志的变动度可能很大，但抽取若干单位加以平均之后，抽样平均数的标准差比总体的标准差大大地缩小了，所以抽样平均数作为估计量是更有效的。从上式还可以看出，抽样平均误差和总体标志变动度的大小成正比，而和样本单位的平方根成反比。例如，抽样平均误差要减少 1/2，则样本单位数必须增大到 4 倍；要减少为原来的 1/3，则样本单位数就要扩大到 9 倍等。

【例 8-2】 有 4 个工人，每个人每月产量分别是 40，50，70，80 件，现在随机从其中抽取 2 人，并求得平均加工零件数，用以代表 4 人总体的平均产量水平。

如果采取重复抽样方法，则所有可能样本以及平均产量资料见表 8-2、表 8-3。

解： 样本平均数的平均数 $= E(\bar{x}) = \dfrac{\sum \overline{X}}{\text{样本可能数目}} = \dfrac{960}{16} = 60$（件）

$$\mu_{\bar{x}} = \sqrt{\dfrac{\sum [\bar{x} - E(\overline{X})]^2}{\text{样本可能数目}}} = \sqrt{\dfrac{2000}{16}} = 11.18 \text{（件）}$$

直接从 4 人月产量总体求总平均产量和产量标准差。

表 8-2 全及指标方差计算表

序号	样本变量 x	样本平均数 $\bar{x}$	平均数离差 $[\bar{x} - E(\overline{X})]$	离差平方 $[\bar{x} - E(\overline{X})]^2$
1	40.40	40	−20	400
2	40.50	45	−15	225
3	40.70	55	−5	25
4	40.80	60	0	0
5	50.40	45	−15	225
6	50.50	50	−10	100
7	50.70	60	0	0
8	50.80	65	5	25
9	70.40	55	−5	25
10	70.50	60	0	0
11	70.70	70	10	100
12	70.80	75	15	225
13	80.40	60	0	0
14	80.50	65	5	25
15	80.70	75	15	225
16	80.80	80	20	400
合计	—	960	—	2000

表 8-3 全及指标方差计算表

序号	产量（X）	产量离差（$X - \overline{X}$）	离差平方（$X - \overline{X})^2$
1	40	−20	400
2	50	−10	100
3	70	10	100
4	80	20	400
合计	240	—	1000

总平均产量　　　　$\overline{X} = \dfrac{\sum X}{N} = \dfrac{240}{4} = 60$（件）

标准差　　　　$\sigma = \sqrt{\dfrac{\sum (X - \overline{X})^2}{N}} = \sqrt{\dfrac{1000}{4}} = 15.81$（件）

抽样平均误差　　　　$\mu_{\bar{x}} = \dfrac{\sigma}{\sqrt{n}} = \dfrac{15.81}{\sqrt{2}} = 11.18$（件）

上例计算表明：①抽样平均数的平均数等于全及平均数，即 $E(\bar{x}) = \overline{X}$，上例两者都等于60件；②抽样平均误差，即抽样平均数的标准差等于总体标准差的 $\frac{1}{\sqrt{n}}$，$\mu_{\bar{x}} = \frac{\sigma}{\sqrt{n}}$。上例两者计算的结果都等于11.18件。

2. 在不重复抽样方法下抽样平均数的抽样平均误差

在不重复抽样的情况下，这时样本变量 $x_1, x_2, \cdots, x_n$ 不是相互独立的。展开上式得：

$$\mu_{\bar{x}}^2 = \frac{1}{n^2}[E(x_1 - \overline{X})^2 + E(x_2 - \overline{X})^2 + \cdots + E(x_n - \overline{X})^2 + \sum_{i=j} E(x_i - \overline{X})(x_j - \overline{X})]$$

$$= \frac{1}{n^2}\sum_{i=1}^{n} E(x_i - \overline{X})^2 + \frac{1}{n^2}\sum_{i=j} E(x_i - \overline{X})(x_j - \overline{X})$$

共有 $(n-1)$ 个乘积

现在分别计算 $E(x_i - \overline{X})^2$ 和 $E(x_i - \overline{X})(x_j - \overline{X})$

$$E(x_i - \overline{X})^2 = \sum_{j=1}^{n} P_j(x_j - \overline{X})^2 = \frac{1}{N}\sum_{j=1}^{N}(x_j - \overline{X})^2 = \sigma^2$$

$$E(x_i - \overline{X})(x_j - \overline{X}) = \sum_{K \neq L} P_{KL}(x_K - \overline{X})(X_L - \overline{X}) = \frac{1}{N(N-1)}\sum_{K \neq L}(x_K - \overline{X})(x_L - \overline{X})$$

其中：$K, L = 1, 2, \cdots, N$

P_{KL} 表示第 i 个被抽中的单位取值为 X_K，第 j 个被抽中的单位取值为 X_L 的概率。其概率等于 $1/N(N-1)$。

$$\sum_{K \neq L}(x_K - \overline{X})(x_L - \overline{X}) = [\sum_{j=1}^{N}(x_j - \overline{X})]^2 - \sum_{j=1}^{N}(x_j - \overline{X})^2 = -N\sigma^2$$

$$\therefore E(x_i - \overline{X})(x_j - \overline{X}) = \frac{1}{N(N-1)}(-N\sigma^2) = \frac{-\sigma^2}{N-1}$$

代入上述公式求 $\mu_{\bar{x}}^2$ 得：

$$\mu_{\bar{x}}^2 = \frac{1}{n^2}\sum_{i=1}^{n} E(x_i - \overline{X})^2 + \frac{1}{n^2}\sum_{i \neq j} E(x_i - \overline{X})(x_j - \overline{X})$$

$$= \frac{1}{n^2}\sum_{i=1}^{n}\sigma^2 + \frac{1}{n^2}\sum_{i \neq j}\frac{-\sigma^2}{N-1} \quad (\text{其中} \sum_{i \neq j} \text{共有} n(n-1) \text{项})$$

$$= \frac{\sigma^2}{n} + \frac{-(n-1)\sigma^2}{n(N-1)} = \frac{\sigma^2}{n}\left[1 - \frac{n-1}{N-1}\right] = \frac{\sigma^2}{n}\left[\frac{N-n}{N-1}\right]$$

$$\therefore \mu_{\bar{x}} = \sqrt{\frac{\sigma^2}{n}\left(\frac{N-n}{N-1}\right)}$$

在总体单位数 N 很大的情况下，可以近似地表示为：

$$\mu_{\bar{x}} = \sqrt{\frac{\sigma^2}{n}\left(1 - \frac{n}{N}\right)} \tag{8-2}$$

与重复抽样公式相比，不重复抽样公式内多了一个修正因子 $(N-n)/(N-1)$，当总体容量 N 很大，n 相对较小，$(N-n)/(N-1)$ 可近似地表示为 $1 - n/N$。由于 $1 - n/N$ 是小于1的整数，在其他条件相同的情况下，不重复抽样的抽样平均误差小于重复抽样的。

但当 n/N 很小时，$1-n/N$ 接近于1，二者差别不大。所以，在统计实践中，运用不重复抽样较多，但没有明确要求时，可用重复抽样的公式来计算抽样误差，较为简便，对保证抽样估计的准确性并无多大影响。

【例 8-3】 仍以4个工人为例，月产量分别为40，50，70，80件。现用不重复抽样的方法，随机抽取2个工人，并求平均产量，所有可能样本以及样本平均数，见表8-4。

表 8-4 不重复抽样方差计算表

序号	样本变量 x	样本平均数 $\bar{x}$	平均数离差 $[\bar{x}-E(\bar{X})]$	离差平方 $[\bar{x}-E(\bar{X})]^2$
1	40.50	45	-15	225
2	40.70	55	-5	25
3	40.80	60	0	0
4	50.40	45	-15	225
5	50.70	60	0	0
6	50.80	65	5	25
7	70.40	55	-15	225
8	70.50	60	0	0
9	70.80	75	15	225
10	80.40	60	0	0
11	80.50	65	5	25
12	80.70	75	15	225
合计	—	720	—	1000

解：样本平均数的平均数 $E(\bar{X}) = \dfrac{\sum \bar{x}}{样本可能数目} = \dfrac{720}{12} = 60$（件）

$$\mu_{\bar{x}} = \sqrt{\dfrac{\sum[\bar{x}-E(\bar{X})]^2}{样本可能数目}} = \sqrt{\dfrac{1000}{12}} = 9.13 （件）$$

根据已经计算的总体平均数 $\bar{X}=60$ 件，总体标准差 $\sigma=15.81$ 件（见表8-3），也就可以计算不重复抽样的平均误差为：

$$\mu_{\bar{x}} = \sqrt{\dfrac{\sigma^2}{n}\left(\dfrac{N-n}{N-1}\right)} = \sqrt{\dfrac{250}{2} \times \left(\dfrac{4-2}{4-1}\right)} = 9.13 （件）$$

由此可见，不重复抽样抽样平均误差9.13小于重复抽样抽样平均误差11.18件。

(二) 抽样成数的抽样平均误差

在掌握抽样平均数的平均误差公式的基础上，再来探求抽样成数的平均误差公式是比较简便的。只需将总体成数的标准差平方代替公式中的总体平均数的标准差的平方，就可以得到抽样成数的平均误差公式。

成数的平均数是成数本身；成数的标准差平方是 $P(1-p)$。根据抽样平均误差与总体标准差平方之间的关系，抽样成数的平均误差计算公式为：

重复抽样抽样成数的平均误差：

$$\mu_P = \sqrt{\dfrac{P(1-P)}{n}} \tag{8-3}$$

不重复抽样抽样成数的平均误差：

$$\mu_P = \sqrt{\frac{P(1-P)}{n}\left(1-\frac{n}{N}\right)} \tag{8-4}$$

需要指出的是，实际抽样中按公式计算抽样平均误差，无论是平均数的标准差，还是交替标志的标准差 $\sqrt{P(1-P)}$ 通常是未知的，都是指全及总体而言的。因此通常可以采用以下几种方法解决：

（1）用估计的材料。例如，在农产量抽样推断中用农产量预计估产的材料，根据预计估产的材料计算出总体方差。

（2）用过去调查所得到的材料。可以用全面调查的材料，也可以用抽样推断的材料。如果有几个不同的总体方差的材料，则应该用数值较大的。

（3）用样本方差的材料代替总体方差。概率论的研究从理论上作了证明，样本方差可以相当接近于总体方差。这是实际工作中经常使用的一种方法，但它只能在调查之后才能计算。

（4）用小规模调查资料。如果既没有过去的材料，又需要在调查之前就估计出抽样误差，实在不得已时，可以在大规模调查之前，组织一次小规模的试验性调查。

【例8-4】 某灯泡厂对10000个产品进行使用寿命检验，随机抽取2%样本进行测试，所得资料见表8-5。

表8-5 抽样产品使用寿命资料表

使用时间（小时）	抽样检查电灯泡数（个）
900 以下	2
900 ~ 950	4
950 ~ 1000	11
1000 ~ 1050	71
1050 ~ 1100	84
1100 ~ 1150	18
1150 ~ 1200	7
1200 以上	3
合计	200

按照质量规定，电灯泡使用寿命在1000小时以上为合格品，可按以上资料计算抽样平均误差。

解： 电灯泡平均使用时间：$\bar{x} = 1057$（小时）

电灯泡合格率：$p = 91.5\%$

电灯泡平均使用时间标准差：$\sigma = 53.63$（小时）

灯泡使用时间抽样平均误差：

重复抽样 $\mu_{\bar{x}} = \sqrt{\dfrac{\sigma^2}{n}} = \sqrt{\dfrac{53.63^2}{200}} = 3.7922$（小时）

不重复抽样 $\mu_{\bar{x}} = \sqrt{\dfrac{\sigma^2}{n}\left(1-\dfrac{n}{N}\right)} = \sqrt{\dfrac{53.63^2}{200} \times \left(1-\dfrac{200}{10000}\right)} = 3.7541$（小时）

灯泡合格率的抽样平均误差：

重复抽样：$\mu_p = \sqrt{\dfrac{P(1-P)}{n}} = \sqrt{\dfrac{0.915 \times 0.085}{200}} = 0.01972 = 1.972\%$

不重复抽样：$\mu_p = \sqrt{\dfrac{P(1-P)}{n}\left(1-\dfrac{n}{N}\right)} = \sqrt{\dfrac{0.915 \times 0.085}{200} \times \left(1-\dfrac{200}{10000}\right)}$

$\qquad\qquad\qquad = 0.01952 = 1.952\%$

三、抽样极限误差

通过前面讨论，我们已知道，抽样估计中是用抽样平均误差来反映抽样误差大小，但用一个平均值难以反映各个可能出现样本的抽样误差的分布状况，这种推断可能不是很精确的，问题在于对这个误差的大小，要有一个科学的判断。如果只得出一个估计值而不进一步对于这个估计值的误差大小作出说明，那么这样的估计值便没有什么意义。但是一方面也要看到，要确切地指出某一个抽样指标究竟误差有多大，这也几乎是不可能的。各个可能样本的抽样误差是随样本不同而不同的随机变量，有大有小，有正有负，具有明显的抽样分布特征。因此，我们不能只研究抽样平均误差，还必须研究抽样误差的可能范围，把抽样误差控制在一定的范围内，这就有必要引入抽样极限误差予以讨论。

（一）抽样极限误差概念

由于未知的总体指标是一个确定的量，而抽样指标会随各个可能样本的不同而变动，它是围绕着总体指标上下随机出现的变量。它与总体指标可能产生正离差，也可能产生负离差，这样，抽样指标与总体指标之间就有误差范围的问题。抽样误差范围就是指变动的抽样指标与确定的总体指标之间离差的可能范围。它是根据概率理论，以一定的可靠程度保证抽样误差不超过某一给定的范围。所以统计上定义抽样极限误差是以绝对值形式表示的一定概率下抽样误差的一般可能范围，或者说在一定概率下样本统计量 $\hat{\theta}$ 与被估计的总体参数 θ 之差的可能范围，也称允许误差、抽样误差范围。这一定义用公式可表述如下：

设 $\Delta_{\bar{x}}$ 与 Δ_p 分别表示抽样平均数与抽样成数的抽样极限误差，则有：

$$\Delta_{\bar{x}} = |\bar{x} - \bar{X}| \qquad (8\text{-}5)$$

$$\Delta_p = |p - P| \qquad (8\text{-}6)$$

将上面等式经过变换，可以得到下列不等式：

$$\bar{X} - \Delta_{\bar{x}} \leqslant \bar{x} \leqslant \bar{X} + \Delta_{\bar{x}}, \quad P - \Delta_p \leqslant p \leqslant P + \Delta_p$$

以上不等式表示，抽样平均数正是以总体平均数 $\bar{X}$ 为中心，在 $\bar{X} \pm \Delta_{\bar{x}}$ 之间变动；抽样成数 p 是以总体成数 P 为中心，在 $p \pm \Delta_p$ 之间变动。抽样误差范围是以 $\bar{X}$ 或 P 为中心的两个 Δ 的距离。但是由于总体指标是个未知的数值，而抽样指标通过实测是可以求得的。因此，抽样误差范围的实际意义是要求被估计的总体指标 $\bar{X}$ 或 P，落在抽样指标一定范围内，即落在 $\bar{x} \pm \Delta_{\bar{x}}$ 或 $p \pm \Delta_p$ 的范围内。所以，将前面的不等式进行移项：

左边移项：$\bar{X} \leqslant \bar{x} + \Delta_{\bar{x}}$，右边移项：$\bar{x} - \Delta_{\bar{x}} \leqslant \bar{X}$

则得：$\bar{x} - \Delta_{\bar{x}} \leqslant \bar{X} \leqslant \bar{x} + \Delta_{\bar{x}}$

同理，将不等式 $P - \Delta_p \leqslant p \leqslant P + \Delta_p$ 变换后可得：

$$p - \Delta_p \leqslant P \leqslant p + \Delta_p$$

所以，总体指标 $\bar{x}$，P 的范围估计（或称区间估计），可以按下列公式计算：

$$\overline{X} = \bar{x} \pm \Delta_{\bar{x}}, \quad P = p \pm \Delta_p$$

这表明：抽样极限误差就是在一定概率下，样本估计量与相应总体参数之差不超过 $\pm \Delta$ 的区间，或者说抽样误差在最小值不低于 $-\Delta$，最大值不超过 $+\Delta$ 的区间内变动。

【例 8-5】 对某地居民进行抽样调查，结果得知居民每人每天平均收看电视节目的时间为 2 小时，在 95% 的概率下，抽样极限误差为 0.5 小时，那么这个抽样极限误差在 95% 的概率下，所有可能出现的样本每人每天收看电视节目的时间与全部居民实际每人每天收看电视节目时间之差的最小值不低于 0.5 小时，最大值不超过 0.5 小时，用区间表示为：

$$-0.5 \leqslant \bar{x} - \overline{X} \leqslant +0.5$$

但抽样极限误差是抽样误差的可能范围，并非绝对范围，因此，各个抽样误差并不是完全、一定在此范围内，那么这个可能范围的大小是与一定的可能性即概率紧密联系的，二者之间的联系可根据样本统计量的抽样分布来确定。

(二) 抽样极限误差相关概念

1. 置信概率

抽样平均误差 μ 是表明抽样估计的准确度；抽样误差范围即极限抽样误差 Δ 是表明抽样估计准确程度的范围。在给定的准确程度范围内的抽样估计，还要研究其估计的可靠程度，即可信程度。

根据抽样分布理论，样本均值 $\bar{x}$ 服从或渐近服从正态分布，且该分布的数学期望为总体均值 $\overline{X}$，标准差为抽样平均误差 $\mu_{\bar{x}}$，则 $\dfrac{\bar{x} - \overline{X}}{\mu_{\bar{x}}}$ 服从或渐近服从标准正态分布。因此，若给定 $1 - \alpha$（$0 < \alpha < 1$），则有：

$$P\left\{\frac{|\bar{x} - \overline{X}|}{\mu_{\bar{X}}} \leqslant Z_{\frac{\alpha}{2}} = t\right\} = 1 - \alpha = F(t)$$

即

$$P(|\bar{x} - \overline{X}| \leqslant \Delta_x = t\mu_x) = F(t) \qquad P(\bar{x} - t\mu_x \leqslant \overline{X} \leqslant \bar{x} + t\mu_x) = F(t)$$

同理可得：

$$P(|p - P| \leqslant \Delta_p = t\mu_p) = F(t) \qquad P(p - t\mu_x \leqslant P \leqslant p + t\mu_x) = F(t)$$

这里，α 为显著性水平，$1 - \alpha$ 或 $F(t)$ 称为置信概率（或称置信度、把握程度、概率保证程度）。置信概率表明样本指标与总体指标的误差不超过一定范围的概率保证程度，即总体落在置信区间内的概率 $(1 - \alpha)$ 就是置信度。置信度 $(1 - \alpha)$ 是概率度 t 的函数，故 $(1 - \alpha)$ 一般也用 $F(t)$ 表示。

2. 概率度（或临界值）

根据上述分析可知，给定置信度 $(1 - \alpha)$，样本均值的抽样极限误差 $\Delta_{\bar{x}}$ 可按以下公式确定：

$$|\bar{x} - \overline{X}| \leqslant Z_{\frac{\alpha}{2}}\mu_{\bar{x}} = t\mu_{\bar{x}}$$

整理得：

$$\Delta_{\bar{x}} = Z_{\frac{\alpha}{2}}\mu_{\bar{x}} = t\mu_{\bar{x}}$$

同理，样本比率的抽样极限误差 Δ_p 有：

$$\Delta_p = Z_{\frac{\alpha}{2}}\mu_p = t\mu_p$$

即抽样极限误差 $\Delta_{\bar{x}}$ 或 Δ_p 通常需要以抽样平均误差 $\mu_{\bar{x}}$ 或 μ_p 为标准单位来衡量。可以表示为：

$$\Delta_{\bar{x}} = t\mu_{\bar{x}}, \quad \Delta_p = t\mu_p \tag{8-7}$$

上面的式子说明，抽样误差范围 Δ 与抽样平均误差 μ 的关系，即 Δ 是用一定倍数的 μ 表示的抽样指标与总体指标之间的绝对离差。这里的倍数通常用 t 来表示，它实质是指以抽样平均误差 μ 为尺度来衡量的相对误差范围，在数理统计中称为概率度；也就是把抽样极限误差 $\Delta_{\bar{x}}$ 或 Δ_p 分别除以 $\mu_{\bar{x}}$ 或 μ_p 得相对数 t，表示误差范围为抽样平均误差的 t 倍。所以 t 是测量抽样估计可靠程度的一个参数，把扩大或缩小的抽样平均误差的倍数 t 称为概率度或临界值。公式表示为：

$$t = \frac{\Delta_{\bar{x}}}{\mu_{\bar{x}}} \quad t = \frac{\Delta_p}{\mu_p}$$

这个公式的意义在于，在一定 μ 的条件下，当概率度 t 越大，则抽样误差范围越大，可能样本落在误差范围内的概率越大，从而抽样估计的可信程度也就越高；反之，当 t 越小，则 Δ 越小，可能样本落在误差范围内的概率越小，从而抽样估计的可信程度也就越低。

已知某乡粮食亩产量的标准差为 $\sigma = 80$ 千克，总体单位数 $N = 20000$ 亩，样本单位数 $n = 400$ 亩，求得其抽样平均误差为：$\mu_{\bar{x}} = \frac{\sigma}{\sqrt{n}} = \frac{80}{\sqrt{400}} = 4$（千克），如果确定抽样极限误差为 5 千克，则以用概率度：$t = \frac{\Delta_{\bar{x}}}{\mu_{\bar{x}}} = \frac{5}{4} = 1.25$，表示抽样极限的误差范围，即用 $1.25\mu_{\bar{x}}$ 来规定误差范围的大小。

注：在置信概率 $(1-\alpha)$ 一定的情况下，这里概率度 $Z_{\frac{\alpha}{2}}$ 或 t 通常是不需要计算的，可根据置信概率 $(1-\alpha)$ 查正态分布表得到。而置信概率 $(1-\alpha)$ 表示抽样误差不超出给定的抽样误差范围的可能性大小。例如，置信概率为 95% 时，表示在 100 个可能出现的抽样误差中，有 95 个在给定的抽样误差范围内，而有 5 个超出此范围。此外，从抽样极限误差公式可知，在抽样误差一定的情况下，$Z_{\frac{\alpha}{2}}$ 或 t 决定着抽样极限误差的大小。即抽样极限误差由置信概率来决定的，是与置信概率 $(1-\alpha)$ 一一对应的。例如，从某高校学生中随机抽取 100 人调查微积分课程考试成绩，得平均成绩为 71 分，抽样误差为 2 分，根据表 8-6 置信概率与相应的概率度关系可知：当置信概率为 68.27% 时，抽样极限误差为 $(-2$ 分，$+2$ 分$)$；当置信概率为 95.45% 时，抽样极限误差为 $(-4$ 分，$+4$ 分$)$；当置信概率为 99.73% 时，抽样极限误差为 $(-6$ 分，$+6$ 分$)$。

表 8-6　概率度与概率对照表

概率度 t	误差范围 Δ	置信概率 $F(t)$
0.5	0.5μ	0.3829
1.00	1.00μ	0.6827
1.50	1.50μ	0.8664
1.96	1.96μ	0.9500
2.00	2.00μ	0.9545
3.00	3.00μ	0.9973

(三) 抽样极限误差相关原理与应用

那么是怎样求得样本指标落在一定误差范围内的概率或确定抽样估计的可靠程度呢？计算置信概率的原理又是什么呢？数理统计证明，概率度和置信概率之间保持一定的函数关系，即置信概率是概率度的函数。用 p 表示概率，以说明抽样估计的可靠程度，其函数关系可表示为：$p = F(t)$

在正态分布的情况下，从总体中随机抽取一个样本加以观察，则该样本抽样指标落在某一范围 $(\bar{x} - t\mu_{\bar{x}}, \bar{x} + t\mu_{\bar{x}})$ 内的概率，是用占正态曲线面积的大小表示的。即：

$$F(t) = P\{\bar{x} - t\mu_{\bar{x}} \leq \overline{X} \leq \bar{x} + t\mu_{\overline{X}}\} = \frac{1}{\sqrt{2\pi}} \int_{-t}^{t} e^{-\frac{t^2}{2}} dt$$

正态分布曲线与横轴围成的面积等于 1。用正态分布曲线说明抽样指标出现的概率，按上述积分公式计算，就是当以全及平均数 $\overline{X}$ 为中心加减一个平均误差 $\mu_{\bar{x}}$ 为范围时所包括的面积为 68.27%，表明落在此范围内的各个抽样指标占总体所有可能样本抽样指标的 68.27%，或者说从总体中随机抽取一个样本的抽样指标落在这个范围内的概率为 68.27%；而当以 $\bar{x} \pm 2\mu_{\bar{x}}$ 为范围时所包括的曲线面积为 95.45%，表明落在此范围的各个抽样指标占总体所有可能样本抽样指标的 95.45%，或者说从总体中任取一个样本的抽样指标落在这个范围内的概率为 95.45%。由此可见，随着概率度 t 不断增大，概率 p 的数值也随着增大以致逐渐接近于 1，使抽样推断达到完全可靠程度。正态分布及其曲线下的面积如图 8-1 所示。

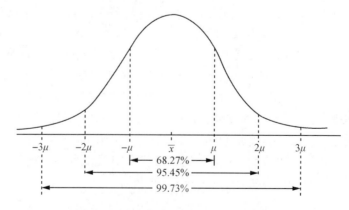

图 8-1　正态分布及其曲线下的面积图

应用正态分布曲线，把概率度 t 和抽样误差范围 Δ 联系起来，便可得到抽样推断总体指标在一定范围内的概率保证程度。在统计抽样推断中，常用的有概率度（见表8-6）。

在实际工作中，为计算方便起见，已按不同 t 值和相应的概率编制专门的正态分布概率表，以供查用。仍以灯泡使用时间的检验为例，说明抽样极限误差的应用。

【例8-6】 已知灯泡样本平均使用时间为 1057 小时，合格率为 91.5%，重复抽样下，灯泡的使用时间抽样平均误差 $\mu_{\bar{x}} = 3.7922$ 小时，合格率的平均误差为 $\mu_p = 1.972\%$，在不同概率保证下，平均数和成数的抽样极限误差为：

当 $t = 1$ 时，概率保证为 68.27%，

$\Delta_{\bar{x}} = 1 \times 3.7922 = 3.7922$（小时），则 1053.21（小时）$\leq \bar{X} \leq 1060.79$（小时）

$\Delta_p = 1 \times 0.01972 = 1.972\%$，则 $89.53\% \leq P \leq 93.47\%$

当 $t = 2$，概率保证为 95.45%，

$\Delta_{\bar{x}} = 2 \times 3.7922 = 7.58$（小时），则 1049.42（小时）$\leq \bar{X} \leq 1064.58$（小时）

$\Delta_p = 2 \times 0.01972 = 3.944\%$，则 $87.56\% \leq P \leq 95.44\%$

需要说明，以上介绍的为大样本条件下抽样极限误差的计算。若是小样本条件下，如果总体服从正态分布且总体标准差已知，则均值的抽样极限误差计算与大样本条件下计算方法相同。但是，如果总体标准差未知，那么均值的抽样极限误差需要根据 t 分布来确定，在总体均值的区间估计中将作介绍。

第三节　总体参数估计

在抽样估计中，利用样本统计量估计总体参数的基本方法有点估计和区间估计两种。

一、点估计

（一）点估计的概念

点估计又称定值估计，即用某样本统计量 $\hat{\theta}$ 直接作为总体参数 θ 的估计值，用公式表示为：$\hat{\theta} = \theta$，即 $\bar{x} = \bar{X}$，$p = P$。例如，某企业从生产的一批产品中随机抽取 200 件作质量检查，合格率为 95%，可直接将 95% 作为这批产品合格率的估计值。又如，从某高校学生中随机抽选 5%，得样本平均每人每天英语学习时间为 2 小时，可估计该校学生平均每人每天英语学习时间为 2 小时。

点估计的方法比较简便，在对问题进行初步分析时可采用点估计的方法。但因为总体参数是未知的，所以无法得知抽样误差的大小，这就是点估计的不足之处。

（二）参数估计的优良标准

用样本统计量去推断总体参数，并非只能用一个样本估计量，而可能有多个估计量供选择，样本均值、样本成数、样本方差都可以是一个估计量。我们总希望选定的统计量推断的好一点，那么"好一点"的标准是什么呢？究竟哪个估计量才是估计效果最优良的估计量呢？统计学给出评价估计量优劣的标准主要有三个：无偏性、有效性和一致性。

1. 无偏性

无偏性是指作为优良的估计量,如果样本统计量的数学期望值(平均值)等于被估计的总体参数本身,则该统计量是被估计参数的无偏估计量。如样本平均数的数学期望值等于总体平均数,所以平均数(样本均值)是总体平均数(总体均值)的无偏估计量。例如,我们已经知道 $E(\bar{x}) = \bar{X}$,这就说明样本均值 $\bar{x}$ 是总体均值 $\bar{X}$ 的无偏估计量。

这里无偏估计量是指没有系统偏差(非随机性偏差)的平均意义上的量,即如果说一个估计量是无偏的,并不是保证用于单独一次估计中没有随机性误差,只是没有系统性偏差而已。这是一个好的估计量的一个重要条件。

实际上,对于一个估计量,虽然每一次抽样得到的估计值与总体参数的真实值之间可能存在误差,$\hat{\theta}$ 有时比 θ 大,$\hat{\theta}$ 有时比 θ 小,但从所有可能样本来看,估计量的平均值就是总体参数,即平均说来,估计是没有偏误的。

2. 有效性

有效性是指作为优良的估计量,不仅符合无偏性的要求,而且它还必须与总体参数的离散程度比较小,也就是说,若一个估计量的方差样本比其它估计量的方差小,则该统计量是被估计参数的有效估计量。例如,设用 $\hat{\theta}_1$ 和 $\hat{\theta}_2$ 来估计总体参数 θ,两个均是无偏估计量,在每次估计中,它们的估计值和总体参数真值之间都可能有偏差,但 $\hat{\theta}_1$ 的方差小于 $\hat{\theta}_2$ 的方差,用公式表示为 $\sigma^2(\hat{\theta}_1) < \sigma^2(\hat{\theta}_2)$,那么说明 $\hat{\theta}_1$ 的取值更靠近在 θ 周围,对 θ 的估计与推断更可靠,因此,$\hat{\theta}_1$ 是较 $\hat{\theta}_2$ 有效的估计量。具体举例来说,样本平均数与中位数或总体某一变量值都是总体均值的无偏估计量,但在同样的样本容量下,样本平均数是更为有效的估计量。

3. 一致性

当样本容量 n 充分大时,若样本统计量充分地靠近被估计的参数本身,则该统计量是被估计参数的一致估计量。

设 $\hat{\theta}$ 为总体参数 θ 的估计量,当 $n \to \infty$ 时,有 $\lim P|\hat{\theta} - \theta| < \varepsilon = 1$($\varepsilon$ 为任意小正数),则 $\hat{\theta}$ 称是 θ 的一致估计量。也就是从概率意义上讲,随着样本容量 n 的无限增加,估计量 $\hat{\theta}$ 与总体参数 θ 之差的绝对值小于任意小正数的可能性趋近于必然性,或者说几乎是肯定的,那么估计量 $\hat{\theta}$ 为满足一致性要求的估计量。

估计量的一致性是从极限意义上讲的,它适用于大样本的情况。如果一个估计量是一致性估计量,那么采用大样本就更加可靠;当然在样本容量 n 增大时,估计量的一致性会增强,但调查所需的人力、财力、物力也相应增加。

以上三个标准并不是孤立的,只要一个估计量能同时满足这三个标准,这个估计量就是一个好的估计量。

对总体特征值(如平均数、成数、方差等)的估计,主要是借助于样本优良的统计量进行的。根据中心极限定理和大数定律,样本均值 $\bar{x}$ 是总体均值 $\bar{X}$ 的无偏、有效、一致的估计量,同样,样本成数 p、样本方差 s^2 分别是总体成数 P、总体方差 σ^2 的无偏、有效、一致的估计量。

样本统计量与总体参数之间存在抽样误差是必然的，因而总体参数等于某个样本统计量的可能性相当小，几乎是不可能的，数理统计已证明对连续变量取一个点值的概率为零。因此，对总体参数估计的常用方法是区间估计。

二、区间估计

(一) 区间估计概念及相关内容

1. 区间估计的概念

区间估计是在点估计的基础上利用样本统计量，估计出总体参数一个可能的范围，同时还给出总体参数以多大的概率保证下落在这个范围之内。

根据定义，可以知道区间估计的基本特点：总体参数区间估计根据给定的概率保证程度的要求，利用实际抽样资料，指出被估计值的上限和下限，即指出总体参数可能存在的区间范围，而不是直接给出总体参数的估计值。总体参数区间估计必须同时具备估计值、抽样误差范围和概率保证程度三个要素。

2. 置信区间的概念

通过对抽样极限误差定义公式 $|\hat{\theta} - \theta| \leq \Delta$ 作变换，可得如下等式：

在给定置信概率 $(1-\alpha)$ 下：$\hat{\theta} - \Delta \leq \theta \leq \hat{\theta} + \Delta$

其含义是：在给定置信概率 $(1-\alpha)$，总体参数 θ 落在以样本统计量 $\hat{\theta}$ 为中心，抽样极限误差 Δ 为半径的对称区间 $\hat{\theta} \pm \Delta$ 上。该区间即是总体参数 θ 的估计区间，即抽样估计计算的总体指标所在的范围称为置信区间，其中区间的最小值称为置信下限，最大值称为置信上限。

用公式表示为：

$$\Delta_x = |\bar{x} - \bar{X}| \qquad \bar{x} - \Delta_x \leq \bar{X} \leq \bar{x} + \Delta_x \qquad (8-8)$$

$$\Delta_p = |p - P| \qquad p - \Delta_p \leq P \leq p + \Delta_p \qquad (8-9)$$

对于抽样估计中构造的置信区间的理解：

第一，置信区间表明的是一个可能范围，不是可靠范围，选不同样本时，会得到不同的与样本相联系的置信区间，也就是说置信区间也是随机的。这样一来，有的区间可能包含总体参数的真实值，有的区间却可能未包含总体参数的真实值，若给定置信概率 $(1-\alpha)$，就意味包含总体参数真实值的区间有 $(1-\alpha)$ 次找到，反之有 α 次找到的区间不包含总体参数的真值。也可以这样理解，如果给定置信概率为 95%，我们抽取 100 个样本构造了 100 个置信区间，约有 95 个区间包含总体参数，而另外 5 个区间则不包括总体参数。这就是说由于实际抽样中，往往只抽取一个样本，对于用该样本构造的区间，只能希望是大量包含总体参数真实值的区间中的一个，但也有可能是少数几个不包含总体参数真实值的区间中的一个。

第二，置信区间与置信概率的关系。根据 $\Delta_{\bar{x}} = t\mu_{\bar{x}}$、$\Delta_p = t\mu_p$，概率度 t 的绝对值越

大，即扩大置信区间，置信概率 $(1-\alpha)$ 越大；所以说扩大置信区间，可提高置信概率，缩小置信区间可降低置信概率。反过来说就是置信概率 $(1-\alpha)$ 越大，则概率度 t 的绝对值就越大，估计区间的精度就越低(即置信区间越大)；反之，置信概率越小，则区间精度就越高。即 $F(t)$ 与 t 是正比关系，与 Δ 也是正比关系。可见置信区间的大小说明了估计的准确性，而置信概率的大小说明了估计的可靠性。

$$P(\bar{x} - t\mu_{\bar{x}} \leq \overline{X} \leq \bar{x} + t\mu_{\bar{x}}) = F(t)$$
（置信区间）　　　　（概率度）

3. 区间估计的内容及要素

(1) 区间估计的内容：总体平均数的区间估计

$$P(|\bar{x} - \overline{X}| \leq \Delta_{\bar{x}} = t\mu_{\bar{x}}) = F(t)$$

即：

$$P(\bar{x} - t\mu_{\bar{x}} \leq \overline{X} \leq \bar{x} + t\mu_{\bar{x}}) = F(t)$$
（置信区间）　　　　（概率度）

总体成数的区间估计

$$P(|p - P| \leq \Delta_p = t\mu_p) = F(t)$$

即：

$$P(p - t\mu_p \leq P \leq p + t\mu_p) = F(t)$$
（置信区间）　　　（概率度）

(2) 区间估计的要素：由上述区间估计公式可概括出区间估计的基本要素，即：估计值(样本指标)，抽样极限误差，置信度(概率保证程度)。

4. 区间估计的步骤

在抽样估计中，对总体参数做区间估计一般要经过以下步骤：
(1) 计算样本估计量：主要是样本均值，样本成数和样本方差等；
(2) 计算抽样误差和抽样极限误差；
(3) 确定置信区间；
(4) 对估计结果加以说明，指出总体参数的估计范围及落在此范围的可能性。
下面分别介绍几种常见总体参数的区间估计方法。

(二) 总体平均数的区间估计

总体平均数的估计是用样本平均数对总体均值进行估计。如对某单位职工平均工资、某高校学生平均成绩或某市城镇居民平均收入进行估计。

1. 总体方差已知时

根据均值抽样分布理论，"正态总体、方差已知"或者"非正态总体、大样本、方差已知(此时无论总体分布形式如何，样本均值 $\bar{x}$ 的抽样分布均为正态分布)"，这两种情况下，则 $\dfrac{|\bar{x} - \overline{X}|}{\mu_{\bar{x}}}$ 服从或渐进服从正态分布，因此，给定置信概率 $(1-\alpha)$，则有：

$$P(|\bar{x} - \overline{X}| \leq Z_{\frac{\alpha}{2}}\mu_{\bar{x}}) = 1 - \alpha = F(t)$$

将上式作变换,得:$P\{\bar{x} - Z_{\frac{\alpha}{2}}\mu_{\bar{x}} \leq \bar{X} \leq \bar{x} + Z_{\frac{\alpha}{2}}\mu_{\bar{x}}\} = 1 - \alpha$

所以,总体平均数 $\bar{X}$ 在给定置信水平 $(1-\alpha)$ 的置信区间为:

$$\bar{x} - Z_{\frac{\alpha}{2}}\mu_{\bar{x}} \leq \bar{X} \leq \bar{x} + Z_{\frac{\alpha}{2}}\mu_{\bar{x}}$$

也可表示为:

$$(\bar{x} - Z_{\frac{\alpha}{2}}\mu_{\bar{x}}, \bar{x} + Z_{\frac{\alpha}{2}}\mu_{\bar{x}}) \tag{8-10}$$

【例 8-7】 某知名乳制品生产企业日产瞬超高温灭菌包装纯牛奶 50000 盒,按正常生产经验,平均每盒纯牛奶净含量的标准差为 4 毫升。现从中随机抽取 100 盒进行检验,平均每盒纯牛奶净含量为 250.7 毫升,产品合格率为 99%。试以 95% 的置信水平估计该批产品平均每盒纯牛奶净含量的置信区间。

解: 已知 $N = 50000$ 盒,$n = 100$ 盒,$\sigma = 4$ 毫升,$\bar{x} = 250.7$ 毫升

置信水平 $(1-\alpha) = 95\%$,查正态分布表,得 $Z_{\frac{\alpha}{2}} = 1.96$

按重复抽样计算: $\mu_{\bar{x}} = \dfrac{\sigma}{\sqrt{n}} = \dfrac{4}{\sqrt{100}} = 0.4$ 毫升

根据公式 $\bar{x} - Z_{\frac{\alpha}{2}}\mu_{\bar{x}} \leq \bar{X} \leq \bar{x} + Z_{\frac{\alpha}{2}}\mu_{\bar{x}}$,代入数据,得:

$$250.7 - 1.96 \times 0.4 \leq \bar{X} \leq 250.7 + 1.96 \times 0.4$$

即:

$$249.916 \leq \bar{X} \leq 251.484$$

在重复抽样条件下,该批产品平均每盒纯牛奶净含量 95% 的置信区间为 (249.916, 251.484) 毫升。

按不重复抽样计算:

$$\mu_{\bar{x}} = \sqrt{\dfrac{\mu^2}{n}\left(1 - \dfrac{n}{N}\right)} = \sqrt{\dfrac{4^2}{100} \times \left(1 - \dfrac{100}{50000}\right)} \approx 0.3996 \text{(毫升)}$$

根据公式 $\bar{x} - Z_{\frac{\alpha}{2}}\mu_{\bar{x}} \leq \bar{X} \leq \bar{x} + Z_{\frac{\alpha}{2}}\mu_{\bar{x}}$,代入数据,得:

$$250.7 - 1.96 \times 0.3996 \leq \bar{X} \leq 250.7 + 1.96 \times 0.3996$$

即:

$$249.917 \leq \bar{X} \leq 251.483$$

在不重复抽样条件下,该批产品平均每盒纯牛奶净含量 95% 的置信区间为 (249.917, 251.483) 毫升。

2. 总体方差未知时

(1) 大样本情况下

当样本容量很大时 (一般 $n \geq 30$),即使总体分布未知或非正态分布,根据抽样分布理论 (中心极限定理),样本均值 $\bar{x}$ 的抽样分布近似服从正态分布。因此估计总体平均值区间的方法与总体方差已知时对总体平均值区间的估计方法一样。此时尽管总体方差未知,我们可用样本标准差代替总体标准差,直接把 s 代入公式中的 σ,用样本方差 S^2 代替未知的总体方差 σ^2,建立置信区间。

【例 8-8】 某企业生产某种产品的工人有 1000 人,某日采用不重复抽样从中随机抽取 100 人调查他们的当日产量,样本人均日产量为 35 件,样本标准差为 4.5 件,试以 95.45% 的

置信度估计平均日产量的抽样极限误差和置信区间。

解： 已知 $S = 4.5$，$N = 1000$，$n = 100$，$1 - \alpha = 0.9545$，$Z_{\frac{\alpha}{2}} = 2$

总体方差未知，用样本方差 S^2 代替总体方差 σ^2，计算抽样平均误差

$$\mu_{\bar{x}} = \sqrt{\frac{S^2}{n}\left(1 - \frac{n}{N}\right)} = \sqrt{\frac{4.5^2}{100} \times \left(1 - \frac{100}{1000}\right)} = 0.43$$

$$\Delta_{\bar{x}} = Z_{\frac{\alpha}{2}} \mu_{\bar{x}} = 2 \times 0.43 = 0.86$$

$$35 - 0.86 \leqslant \bar{X} \leqslant 35 + 0.86$$

即

$$34.14 \leqslant \bar{X} \leqslant 35.86$$

计算结果表明，工人生产产品的平均日产量在 95.45% 的概率保证下，估计区间为 (34.14，35.86)。

(2) 小样本情况下

根据均值的抽样分布理论，小样本条件下，如果总体服从正态分布，总体标准差 σ 未知而用样本标准差 s 代替，则样本均值服从自由度为 $(n-1)$ 的 t 分布，则：

$$t = \frac{\bar{x} - \bar{X}}{\mu_{\bar{x}}} \sim t(n-1)$$

由此给定置信水平 $1 - \alpha$，有：

$$p\{|\bar{x} - \bar{X}| \leqslant t_{\frac{\alpha}{2}} \mu_{\bar{x}}\} = 1 - \alpha$$

所以，总体均值 $\bar{X}$ 在给定置信水平 $(1 - \alpha)$ 的置信区间为：

$$\bar{x} - t_{\frac{\alpha}{2}} \mu_{\bar{x}} \leqslant \bar{X} \leqslant \bar{x} + t_{\frac{\alpha}{2}} \mu_{\bar{x}} \tag{8-11}$$

式中　$t_{\frac{\alpha}{2}}$——自由度为 $(n-1)$ 时，可通过 t 分布表查得。

【例 8-9】 为了解一批某型号电子元件的耐用性能，随机抽取 25 只作耐用时数测试，其平均耐用时数为 1055.5 小时，标准差为 51.9 小时。若该型号电子元件耐用时数服从正态分布，试确定该批电子元件平均耐用时数 95% 的置信区间。

解： 已知 $\bar{x} = 1055.5$ 小时，$s = 51.9$ 小时，根据 $\alpha = 0.05$ 查 t 分布表，得 $t_{\frac{\alpha}{2}} = 2.0639$

$$\mu_{\bar{x}} = \frac{s}{\sqrt{n}} = \frac{51.9}{\sqrt{25}} = 10.38 \text{（小时）}$$

根据公式 (8-11)，代入数据，得：

$$1055.5 - 2.0639 \times 10.38 \leqslant \bar{X} \leqslant 1055.5 + 2.0639 \times 10.38$$

即

$$1034.08 \leqslant \bar{X} \leqslant 1076.92$$

该批电子元件平均耐用时数 95% 的置信区间为 (1034.08，1076.92) 小时。

(二) 总体成数的区间估计

这里仅讨论在样本成数的抽样分布趋于正态分布条件下的总体成数的区间估计问题。总体成数的估计就是利用样本成数对总体成数进行估计。如对产品合格率、儿童入学率、电视节目收视率等进行估计。

根据样本成数的抽样分布理论,在大样本情况下,样本成数 p 的抽样分布近似服从正态分布,则 $\dfrac{|p-P|}{\mu_p}$ 服从或近似服从标准正态分布。因此,给定置信概率 $1-\alpha$,有:

$$P\{|p-P|\leq Z_{\frac{\alpha}{2}}\mu_p\}=1-\alpha$$

即总体成数 P 在给定置信概率 $1-\alpha$ 的置信区间为:

$$p-Z_{\frac{\alpha}{2}}\mu_p \leq P \leq p+Z_{\frac{\alpha}{2}}\mu_p \tag{8-12}$$

从这里可以看出,总体成数的区间估计与总体均值的区间估计相类似。

【例 8-10】 某市拥有的各种停车场对外提供停车收费服务。现随机抽选 30 个,得出 6 元以上停车场所占比率为 33.33%。试以 90% 的置信水平估计该市停车场中收费标准在 6 元以上的停车场所占比率的置信区间。

解: 已知 $n=30$,$p=33.33\%$,置信水平 $1-\alpha=90\%$,查正态分布表得 $Z_{\frac{\alpha}{2}}=1.64$

$$\mu_p=\sqrt{\dfrac{P(1-p)}{n}}=\sqrt{\dfrac{p(1-P)}{n}}=\sqrt{\dfrac{0.3333\times(1-0.3333)}{30}}\approx 0.0861\text{ 或 }8.61\%$$

根据公式 $p-Z_{\frac{\alpha}{2}}\mu_p \leq P \leq p+Z_{\frac{\alpha}{2}}\mu_p$,代入数据,得:

$$33.33\%-1.64\times 8.61\% \leq P \leq 33.33\%+1.64\times 8.61\%$$

即:

$$19.21\% \leq P \leq 47.45\%$$

该市停车场中收费标准在 6 元以上的停车场所占比重 90% 的置信区间为 (19.21%,47.45%)。

在小样本情况下,对总体成数指标的估计方法与对总体平均指标的估计方法相同。

第四节 抽样调查的组织形式

如何科学地组织抽样调查是抽样调查中一个重要的问题,在抽样调查之前首先要有一个抽样方案的设计。抽样方案的设计和施工的蓝图一样是抽样推断的一个总体规划,应包括如何从总体中抽取样本,说明调查要取得哪些项目的资料,用什么方法去取得这些资料,要求资料的精确程度和确定必要的样本单位数目等。完整的抽样方案还应该包括一些必要的附件,如调查人员的培训计划,调查的问卷或调查表的设计、调查项目的编码以及汇总表的格式等。组织好抽样调查必须掌握抽样调查方案设计的基本原则。

一、抽样调查方案设计的基本原则

(一)保证实现抽样随机性的原则

因为随机原则是概率抽样的基础,只有排除了人们有意识地抽选样本,保证每个样本都有一个已知的概率被抽中,才能应用概率论的原理对总体作出正确的判断。若不遵守随机原则或者虽然按随机原则抽选,但抽选后未按规定进行调查,破坏了随机性的原则就容易产生偏误。

在抽样中有一种常见的破坏随机原则现象,就是在按规定抽选样本后,有些单位看起来似乎与总体的平均水平相差很远,便故意把它们抛弃或更换。例如,农产量调查中一些基层单位抽取地块时抽到一些丰产田或低产田,就故意把这些田块剔除而更换样本。实际上抽样调查的代表性是要以样本作为一个整体来代表,并不是要求每一单位均有代表性,这样做的结果就会人为地缩小样本方差,从而也无法正确计算抽样误差,给抽样的推断带来不好的后果。又如,在抽样调查中,有些单位由于地理位置比较偏僻,在抽样时把这样的单位排除在外,也就不符合随机原则而带来偏误。因而在抽样设计时一定要保证随机抽选,而且还应考虑到,由于种种原因中选单位未能取得资料而需要替补的方法。若不按随机原则临时更换也容易产生偏误。例如,在抽选住户进行调查时,若该住户不在就用邻居户代替。我们知道双职工住户不在家的机会较多,而有孩子老人的住户在家机会较多,这样更换的结果就会使双职工住户的比重下降而产生偏误。为此随机原则是抽样推断的一个重要原则。

(二)保证实现最大的抽样效果原则

抽样调查和其他工作一样,也有一个经济效益的问题,就是如何以较小的费用支出取得一定准确程度的数据。因为任何一项抽样调查都是在一定费用的限制条件下进行的,抽样方案设计应该力求调查费用最省。在通常情况下,提高精度的要求和节省费用的要求往往有矛盾,因为要求抽样误差越小,就要增加抽样单位数目,相应地要增加调查费用。但实际工作中并非抽样误差最小的方案就是最好的方案,因为不同的调查项目对于精度的要求往往是不同的,而且调查费用和精度之间往往并不是线性关系。抽样调查的内容也是千差万别的,有些要求精度比较高,而有些调查并不一定要有很高的精度,因此在抽样设计时要视具体情况而定。调查费用取决于很多因素,其中一个重要的因素是抽样单位数目,因此要确定适当的抽样单位数目,而抽样单位数目又取决于精度和可靠性的要求。因此抽样设计的原则应是在一定的误差和可靠性的要求下选择费用最少的样本设计。但如何达到这一要求又与抽样推断的组织形式有关。所谓抽样调查的组织形式就是采用什么样的形式组织抽样调查,以获取调查资料进行推断。下面介绍一些主要的抽样调查组织形式。

二、简单随机抽样

简单随机抽样又称纯随机抽样。它是对总体不作任何处理,不进行分类也不搞排队,而是从总体的全部单位中随机抽选样本单位。可以有各种不同的具体做法:

1. 直接抽选法

从调查对象中直接抽选样本。例如,从仓库中存放的所有同类产品中随机指定若干箱产品进行质量检验,从粮食仓库中不同的地点取出若干粮食样本进行含杂量、含水量的检验等。

2. 抽签法

先给每个单位编上序号,将号码写在纸片上,掺和均匀后,从中抽选,抽到哪一个就调查哪个单位,直到抽够预先规定的数量为止。这种方法看起来简单易行,总体单位数目不多时也可以使用。

3. 随机数码表法

随机数码表，表上数字的出现及其排列也是随机形成的，从 0，1，2，…，9 共 10 个数字大体上各占 1/10。而且由表上数字组成的多位数（两位数，三位数，……）也有大体相同的出现机会。随机数码表有各种不同的形式，使用随机数码表时也要遵守随机原则。

首先要将全及总体中所有的单位加以编号，根据编号的位数确定选用若干栏数字。然后从任意一栏，任意一行的数字开始数，可以向任何方向数过去，碰上属于编号范围内的数字号码就定下来作为样本单位。如果是不重复抽样，则碰上重复的数字时不要，直到抽够预定的数量为止。

这种办法虽要编号，但免除了做签和掺匀的工作，比较简单。如果总体单位数很多，只要把数字栏数放宽就可以。例如从 4000 个单位中抽选 50 个单位，则从随机数字表中任取 4 列数字作为计算单位顺序数下去，只要碰到 4000 以内的数字号码就作为样本单位，超过 4000 不要，重复的不要，直到取够 50 个单位为止。

简单随机抽样方法简单，主要用于以下情况：

(1) 对调查对象的情况很少了解；
(2) 总体单位的排列没有秩序；
(3) 抽到的单位比较分散时也不影响调查工作。

前面所讨论的抽样误差计算方法，就是从简单随机抽样组织方式出发的。

三、类型抽样

类型抽样又称分类抽样，它的特点是先对总体各单位按一定标志加以分类(层)，然后再从各类(层)中按随机的原则抽取样本，由各类(层)内的样本组成一个总的样本。

(一) 类型抽样的作用

1. 利用已知的信息提高抽样效率

前面曾经提到过抽样误差的大小主要取决于总体内部的差异大小和抽取的样本单位数这两个因素。而实际的抽样调查工作中，总体的差异是客观存在的，要使误差减少，就要增加样本单位数，这样就会使调查的人力和费用增加。为了解决这一矛盾，分类(层)抽样是一种理想的方法。如果人们事先对研究的客观总体有一定的了解，利用这种已知的信息，把总体中性质相同的单位，也即研究的标志值比较接近的单位归并一起形成若干类(层)，这样各类(层)的差异就可以大大缩小，各类(层)能以较小的样本单位数达到预期精确度的要求。从整个样本来说由于这些样本单位对各类(层)均有较高的代表性，而且由于分类(层)后抽取的样本单位在总体中分布得更均匀，大大地降低了出现极端数值(即所有的样本都是高的或所有的样本都很低)的风险，所以这样构成的样本对总体也有较高的代表性。

2. 抽样的组织工作比较方便

因为分类(层)也可以按行政隶属和系统来划分或地理的区域来划分，这种分类(层)虽然并不一定能提高抽样效率，但常常给工作带来很大的方便。如果各个行政系统之间差别较大，行政系统内部的差别比较小，那么这种分类（层）可以收到既方便又能提高抽样效率的双重效果。

3. 掌握总体中各个子总体的情况

在总体中若干性质上相近单位的集合称为子总体。有时抽样调查不仅需要了解总体的有关信息，而且也要了解子总体的情况，这时可以按不同的子总体分类（层），分类（层）抽样就能满足这方面的需要。

对总体划分各个类型组之后，如何确定各组的抽样单位数，一般可有两种方法：一是根据抽样误差大小与标志差异程度，抽样单位数多少来确定，凡是标志差异大的组多抽一些，标志差异小的组则可以少抽一些。这样确定各组应抽取的样本单位数，可以缩小抽样误差，这种方法称为类型适宜抽样。二是不考虑各组标志差异程度，而是根据统一的比例来确定各组要抽取的单位数，即通常用各类型组的单位数占全及总体单位数的比例来确定各组抽取的样本单位数，这种方法称为类型比例抽样。

四、机械抽样

机械抽样又称等距抽样或系统抽样。它是对研究的总体按一定的顺序排列，每隔一定的间隔抽取一个或若干个单位，并把这些抽取的单位组成样本进行观察的一种抽样方法。

设总体有 N 个单位，现需要抽取一个容量为 n 的样本，其抽选方法是先将 N 个总体单位按一定顺序进行排列，令 $k = N/n$，k 称为抽样间隔或抽样距离，这样实际上把总体单位分成 n 段，每段中有 k 个单位，然后在第一个 k 中随机地抽取一个随机数，设为 i，则第 n 个单位为抽中单位以后每隔 k 个单位为一抽中单位，即第 $i+k, i+2k, \cdots, i+(n-1)k$，直到抽满 n 个单位为止。

（一）无关标志排队法

在将总体单位进行排队的时候，采用与调查项目没有关系的标志排队。如按姓氏笔画，按人名册，户口册等排队。例如，一个学校有3000名学生，抽出120个学生进行调查，可以利用学校现成的学生名册进行排队。从第1号排到第3000号，抽选间隔是 $3000/120 = 25$ 人，先从第一组25人中随机确定第 n 人，假定是第15号，然后每隔25人抽出一个，即抽出第40，65，…，2990号。

这是实际工作中常用的一种方法。但要注意的是，机械抽样间隔（$k = N/n$）的确定，要避免与现象本身变化的节奏相重合。例如，农产量抽样推断，垄作物的抽样间隔就不能和垄的长度或间隔相重，以免抽样总体发生系统性偏差。

（二）有关标志排队法

有关标志排队即按照与调查项目的数量多少有关系的标志排队。例如，研究职工家庭生活情况时，选择与生活水平密切相关的职工月工资额，进行顺序排队。排队之后也计算抽选间隔，按一定的间隔抽选样本单位。通常第一个样本单位从第一组中间（即半距处）抽取。

有关标志排队法等距抽样实质上可以看做一种特殊的分类抽样，不同的是分类更细致，组数更多，而在每个组之内则只抽选一个样本单位。因此，一般认为可以用类型抽样的误差公式来计算抽样误差。

(三) 机械抽样作用

1. 简便易行

对于无关标志排队法的等距抽样和简单随机抽样比较来说，简单随机抽样在抽样之前需要对每一个单位加以编号，然后才能利用随机数码表等方法抽选样本，当总体单位很多时，编号与抽选也都比较麻烦。而无关标志排队法的等距抽样只要确定了抽样的间隔和起点，整个样本的所有单位也随之自然确定。它可以利用现成的各种排列，如某市的工业企业可以按照有关系统和部门的习惯顺序排列，抽样时就可以直接利用这些顺序进行等距抽样。这种抽样方法也便于推广为不熟悉抽样调查的人员所掌握，也适合某些基层现场的抽样调查。例如，在森林调查中，常常很难在林地中划分抽样单位，然后随机抽选，而机械抽样就比较方便。

2. 减少抽样误差

对于有关标志排队法的等距抽样，等距抽样的误差大小与总体单位的顺序有关，因此当对总体的结构有一定了解时，可利用已有的信息对总体进行排列后采用机械抽样，就能提高抽样效率。在一般情况下，等距抽样使样本单位在总体中散布比较均匀，其抽样平均误差要小于简单随机抽样，因此这是大规模抽样调查中一种比较常用的抽样方法。

五、整群抽样

整群抽样是将总体划分为由总体单位所组成的若干群，然后以群作为抽样单位，从总体中抽取若干个群作为样本，而对中选群内的所有单位进行全面调查的抽样方式。例如，欲调查某个大学的学生身高，组成总体的基本单位是每个学生，但抽样单位可以是由学生组成的班或系等，对中选的班级或系的全部学生作为样本进行观察。

整群抽样的抽样误差受三个因素影响：

1. 抽出群数多少

设所有的群数为 R，抽出的群数目为 r，显然抽出的 r 数目越多则抽样误差越小。

2. 群间方差

群间方差也称组间方差，它说明群和群之间的差异程度。在整群抽样时，群内方差（组内方差）无论多大不影响抽样误差。因为对每一个群来讲，进行的是全面调查，不发生抽样误差问题。

3. 整群抽样的作用

（1）当总体缺乏包括全部总体单位的抽样框，无法进行抽选时需要采用整群抽样。因为在抽样推断之前总需要有一个抽样框，它是包括所有总体单位的名单或地图，这样才能编上号码，利用随机数码表或其他方式抽取所需要的样本。然而有时候总体很大且没有现成的名单，而要编制一个抽样框也十分费时费力，甚至是不可能的。

(2)比较方便和节约费用。有时即使具备必要的抽样框，但由于总体单位很多，分布很广，若采用简单随机抽样势必使样本的分布十分分散，调查时所需的人力和费用也比较大。

整群抽样也有局限性，由于抽取的样本单位比较集中，在一个群内各单位之间的差异往往比较小，不同群之间则差异比较大。因此在抽取同样多的基本单位数目时，整群抽样抽样误差常常大于简单随机抽样。为了达到规定的精确度要求，就要多抽一些群。然而群抽得多了，就会大大增加抽取的基本单位数，这样又不符合整群抽样要节约人力物力的目的，因此需要根据具体情况来确定是否采取整群抽样。

六、多阶段抽样

抽样调查中，如果抽出的样本单位直接就是总体单位，则称为单阶段抽样，如简单随机抽样、等距抽样、类型比例抽样。如果先将总体进行分组，从中随机抽出一些组，然后再从中选的组中随机抽取总体单位，称为二阶段抽样。其操作方法是：首先将总体划分为 R 组，每组包含 M 个单位。第一阶段先从 R 组中抽出 r 组，第二阶段从中选 r 组中的 M 个单位中分别抽出 m 个单位，由 rm 个单位组成样本。整群抽样就是第二阶段抽样比为100%的一种特殊的两阶段抽样。如果将总体进行多层次分组，然后依次在各层中随机抽组，直到抽到总体单位，称为多阶段抽样。多阶段抽样，顾名思义就是在抽样推断抽选样本时并不是一次直接从总体中抽取，而是分两个及两个以上的阶段来进行。

1. 多阶段抽样的作用

(1)可以解决特大总体的抽样问题。当抽样推断的面很广，没有一个包括所有总体单位的抽样框，或者总体范围太大无法直接抽取样本时，需要采用多阶段抽样。例如，全国农产量调查和城市居民的住户调查，样本单位遍布全国各地，显然不可能直接一次抽到所需要的样本，只能分成几个阶段来逐级抽取。

(2)可以相对地节约人力物力。从一个比较大的总体，抽取一个随机样本，势必使抽到的样本单位比较分散，若要派人调查，人力和物力的支出比较大。例如，一个县要确定一些农户作样本，用一次随机抽样的样本很可能分布在全县各个乡，调查往返的路费就比较大。如果分阶段进行，先抽乡，然后在抽中的乡再抽若干户，这样可以使样本相对比较集中，因而可以节省人力和物力。

(3)可以利用现成的行政区划、组织系统作为划分各阶段的依据，为组织抽样调查提供方便。根据我国政治、经济、管理的特点，各级党政领导都需要统计数字，因而全国抽样调查的数字往往不能满足各级需要。如果能把多阶段抽样和各地需要结合起来，如各阶段根据需要再适当地补充样本，把多阶段抽样和各地的需要结合起来从而解决这一矛盾。

2. 多阶段抽样举例及分析

以某省粮食产量调查为例。可以按行政区域划分层次，以省为总体，以县为抽样单位。步骤为：

(1)从全省所有县级单位中，抽取部分县作为第一阶段抽取的样本。

(2)从被抽中县的所有乡或村中，抽取部分乡或村作为第二阶段抽取的样本。

(3)从被抽中乡或村的所有农户中，抽取部分农户作为第三阶段抽取的样本。

(4) 从被抽中农户的所有播种面积中，抽取部分地块，进行实割实测的调查，作为最基层阶段的样本，计算其样本平均亩产量，然后逐级往上综合估算平均亩产量，并推算总产量。

多阶段抽样所划分的抽样阶段数不宜过多，一般以划分两、三阶段，至多四个阶段为宜。

在多阶段抽样中，前几个阶段的抽样，都类似整群抽样。每一阶段抽样都会存在抽样误差。为提高抽样指标的代表性，各阶段抽取群数的安排和抽样方式，都应注意样本单位的均匀分布。首先，适当多抽第一阶段的群数，使样本单位在总体中得到均匀分布。但是，样本过于分散则需要更多的人力和经费。其次，根据方差的大小，来考虑各阶段抽取群数的多少。对于群间方差大的阶段，应当适当多抽一些群；反之，则可少抽一些群。最后，各阶段抽样时，可以根据条件，将各种抽样组织方式灵活运用，而且尽可能利用现成资料。

各种组织形式各有特点，在抽样推断过程中，结合各个阶段抽样的条件，可以把各种抽样组织方式灵活地结合运用。

第五节　必要样本容量的确定

根据大数定律，抽样单位数越多，抽样总体的代表性越大，抽样误差越小，抽样调查越可靠。然而，抽取单位数过多，就失去应用抽样调查的意义；抽取单位数过少，抽样误差太大，便降低抽样推断的价值。对于抽样估计来说，人们总是希望既要满足较高的可靠程度要求，又要满足较高的精确度要求，一般就采取扩大样本容量的方法控制抽样误差，但过大的样本容量往往会增加人、财、物的消耗，容易造成浪费，降低抽样效率，反之，样本容量过小又无法满足抽样估计的要求。因此，根据抽样推断原理，在调查之前，要科学地确定必要抽样单位数；在抽样调查之后，要运用抽样资料科学地推算全及总体指标。为此我们先要明确必要样本容量的涵义。

必要样本容量是指在一定置信水平要求下，抽样误差不超过允许的误差范围至少应抽取的合理的样本单位数目。怎样在调查时确定必要的抽样数目是在做抽样调查方案设计时必须考虑的一个重要问题。为了确定必要的抽样数目，首先需要知道抽样数目的多少，受什么因素的影响？

一、影响样本容量的因素

1. 总体中各单位之间标志变异的程度

即 σ^2 和 $P(1-P)$ 的大小。方差数值大，需要多抽一些；方差数值小，可以少抽一些。

2. 允许误差，即 Δ 的数值

允许误差大可以少抽些样本单位；允许误差小，则要多抽一些。允许误差是调查之前规定的，一般根据调查对象的性质，调查的目的和调查力量的多少来规定允许误差。实际上，允许误差这个名称就是这样来的，也就是说，在做推断的时候允许有多大范围的误差。

3. 把握程度，即概率度的数值

t 值大，要求把握程度高，则要多抽；t 值小，要求把握程度低，则可少抽。把握程度

也是调查之前根据目的和要求规定的。

4. 抽样方法

在同样的条件下，重复抽样需要多抽一些，不重复抽样可以少抽一些。

5. 抽样组织方式

抽样数目的多少还和抽样样本单位的组织方式有关。一般分层抽样和等距抽样可以比纯随机抽样需要的样本单位数少，整群抽样比纯随机抽样需要的单位数多。

二、样本容量的计算

如何确定一个必要的合理的样本容量呢？前面讨论抽样平均误差时提到样本容量 n 的大小，会影响抽样平均误差的大小，而允许误差（抽样极限误差）的大小又是抽样平均误差和 $Z_{\frac{\alpha}{2}}$ 值共同确定的。由此可见，允许误差会受到样本容量 n 的影响。当给定置信水平 $(1-\alpha)$，对于确定的 $Z_{\frac{\alpha}{2}}$ 值和总体标准差，就可以确定允许误差所需要的必要样本量。

下面分别介绍估计总体均值和总体成数时样本容量的确定方法。

1. 估计总体均值时样本容量的确定

在估计总体均值时，若采用重复抽样，抽样极限误差为：

$$\Delta_{\bar{x}} = Z_{\frac{\alpha}{2}} \mu_{\bar{x}} = Z_{\frac{\alpha}{2}} \frac{\sigma}{\sqrt{n}}$$

由此推导出必要样本容量 n 的计算公式：

$$n = \frac{Z_{\frac{\alpha}{2}}^2 \sigma^2}{\Delta_{\bar{x}}^2} \tag{8-13}$$

若采用不重复抽样，也可由相应的抽样极限误差公式推导出必要样本容量的公式：

$$n = \frac{Z_{\frac{\alpha}{2}}^2 \sigma^2 N}{\Delta_{\bar{x}}^2 N + Z_{\frac{\alpha}{2}}^2 \sigma^2} \tag{8-14}$$

不重复抽样的计算公式要复杂一些。在实际工作中，由于抽样比例（n/N）一般很小，在计算必要抽样数目也可以不使用修正系数。就是虽然实行的不重复抽样，但可以按照重复抽样的公式计算必要抽样数目。

【例 8-11】 根据以往的估计，手机生产企业平均年广告费用的方差为 1800000 元，假定想要估计平均年广告费用在 95% 的置信区间，希望允许误差为 500 元，应抽取多少个手机企业进行调查？

解： 已知 $\sigma^2 = 1800000$，$\Delta_{\bar{x}} = 500$，$1-\alpha = 95\%$，查正态分布表得 $Z_{\frac{\alpha}{2}} = 1.96$

$$n = \frac{Z_{\frac{\alpha}{2}}^2 \sigma^2}{\Delta_{\bar{x}}^2} = \frac{1.96^2 \times 1800000}{500^2} \approx 27.65 \approx 28 （个）$$

需要说明：必要样本容量计算出来不一定是整数，那么需要取成整数，而且是将小数点后面的数值一律进成整数。例如，27.65 取成 28，27.1 也取成 28 等。

2. 估计总体成数时样本容量的确定

估计总体成数时，样本容量的确定方法与估计总体均值样本容量的方法类似。若采用重复抽样，抽样极限误差为：

$$\Delta_p = Z_{\frac{\alpha}{2}} \sqrt{\frac{P(1-P)}{n}}$$

由此推导出必要样本容量 n 的计算公式：

$$n = \frac{Z_{\frac{\alpha}{2}}^2 P(1-P)}{\Delta_p^2} \tag{8-15}$$

若采用不重复抽样，由相应的抽样极限误差公式推导出必要样本容量的公式：

$$n = \frac{Z_{\frac{\alpha}{2}}^2 P(1-P)N}{\Delta_p^2 N + Z_{\frac{\alpha}{2}}^2 P(1-P)} \tag{8-16}$$

【例 8-12】 某电视台想要了解观众对一档综艺节目的收视率情况。过去几次调查显示，该节目收视率的标准差为 32.5%。现要求抽样极限误差为 5%，以 95% 的置信水平保证，应抽取多少名观众进行调查？若所在城市人口为 200000 人，采用不重复抽样，应抽取多少名观众进行调查？

解：$n = \dfrac{Z_{\frac{\alpha}{2}}^2 P(1-P)}{\Delta_p^2} = \dfrac{1.96^2 \times 0.325^2}{0.05^2} \approx 162.3 \approx 163$（名）

采用重复抽样，应抽取 163 名观众进行调查。

$$n = \frac{Z_{\frac{\alpha}{2}}^2 P(1-P)N}{\Delta_p^2 N + Z_{\frac{\alpha}{2}}^2 P(1-P)} = \frac{1.96^2 \times 0.325^2 \times 200000}{0.05^2 \times 200000 + 1.96^2 \times 0.325^2} \approx 162.7 \approx 163（名）$$

采用不重复抽样，应抽取 163 名观众进行调查。

从上述公式和例子可以印证本节影响样本容量的因素。

第六节　Excel 在抽样推断中的应用

搜集数据的方法有多种，可以采用统计报表、典型调查、重点调查或抽样调查，我国现行农村统计调查以抽样为主。

针对抽样推断，Excel 的数据分析工具中提供了一个专门的"抽样"工具，可以帮助使用者快速完成随机抽样工作。

一、用 Excel 进行随机抽样

使用 Excel 进行随机抽样，首先要对各个总体单位进行编号，编号可以按随机原则，也可以按有关标志或无关标志。

【例 8-13】 假定有 100 名消费者，即 100 个总体单位，每个总体单位给一个编号，共有从 1～100 个编号，从中选取 15 人进行工资收入调查。

计算步骤如下：

第一步：将 100 名消费者编号为 1～100 号，输入编号，输入工作表 A1：J10，如图 8-2 所示。

第二步：输入各总体单位的编号后，单击"工具"菜单，选择"数据分析"选项（若无数

	A	B	C	D	E	F	G	H	I	J
1	1	11	21	31	41	51	61	71	81	91
2	2	12	22	32	42	52	62	72	82	92
3	3	13	23	33	43	53	63	73	83	93
4	4	14	24	34	44	54	64	74	84	94
5	5	15	25	35	45	55	65	75	85	95
6	6	16	26	36	46	56	66	76	86	96
7	7	17	27	37	47	57	67	77	87	97
8	8	18	28	38	48	58	68	78	88	98
9	9	19	29	39	49	59	69	79	89	99
10	10	20	30	40	50	60	70	80	90	100
11										
12	41									
13	57									
14	57									
15	89									
16	2									
17	87									
18	59									
19	50									
20	16									
21	79									
22	55									
23	96									
24	34									
25	38									
26	45									

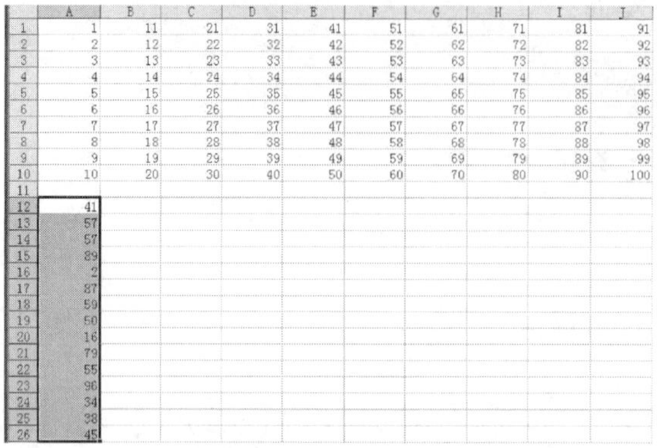

图 8-2　随机抽样结果

据分析选项，可在工具菜单下选择“加载宏”，在弹出的对话框中选择“分析工具库”，便可出现数据分析选项）。

第三步：打开“数据分析”对话框，从其对话框的“分析工具”列表中选择“抽样”选项，如图 8-3 所示。

第四步：单击上面“数据分析”对话框中“确定”按钮，打开“抽样”对话框，确定输入区域、抽样方法和输出区域。在输入区域框中输入总体单位编号所在的单元格区域，在本例是 $A $1 ∶ $J $10，系统将从 A 列开始抽取样本，然后按顺序抽取 B 列至 J 列；如果输入区域的第一行或第一列为标志项(横行标题或纵列标题)，可单击标志复选框；抽样方法项下，选择“随机”；输出区域，在这里我们输入 $A $12，如图 8-4 所示。

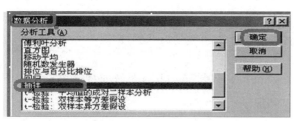

图 8-3　数据分析对话框

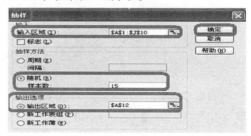

图 8-4　抽样对话框

在抽样方法项下，有周期和随机两种抽样模式：“周期”模式即所谓的等距抽样，采用这种抽样方法，需将总体单位数除以要抽取的样本单位数，求得取样的周期间隔。如我们要在 100 个总体单位中抽取 12 个，则在“间隔”框中输入 8。

“随机模式”适用于简单随机抽样、分类抽样、整群抽样和多阶段抽样。采用简单随机抽样，只需在“样本数”框中输入要抽取的样本单位数即可；若采用分类抽样，必须先将总体单位按某一标志分类编号，然后在每一类中随机抽取若干单位，这种抽样方法实际是分组法与随机抽样的结合；整群抽样也要先将总体单位分类编号，然后按随机原则抽取若干类作为样本，对抽中类的所有单位全部进行调查。可以看出，此例的编号输入方法，只适用于等距抽样和简单随机抽样。

在“输出选项”框中有三种输出去向。在输出区域为 $A $12。也可以通过选择“新工作表"或"新工作簿"将抽样结果放在新工作表或新工作簿中。

第五步：单击上面抽样对话框的确定按钮后，即可得到抽样结果，如图8-2中灰色部分。

二、用 Excel 进行区间估计

利用 Excel 进行区间估计有"插入函数"和"分析工具库"两种操作过程。

（一）利用"插入函数"进行总体均值的区间估计

即直接点击工具栏中"插入"，选中打开的菜单中的"函数"然后选择不同的函数进行操作。

【例8-14】 假设一个班级有200名学生，随机抽取20名学生的统计学期末考试成绩，得到的成绩如下：80，92，85，74，63，94，96，81，64，73，83，91，72，82，84，79，87，91，86，68。已知学生成绩服从正态分布，总体标准差为10分，置信水平为90%。要求应用 Excel 进行总体均值的区间估计。

计算步骤如下：

第一步，打开一个新的 Excel 工作表，在单元格 A1 输入"统计学成绩"，在单元格 A2 到 A21 分别键入"80，92，…，68"。

第二步，选中单元格 B1，键入"样本均值"，选中单元格 C1，键入"="，然后点击工具栏中"插入"，选中打开的菜单中的"函数"，点击其中的函数"AVERAGE"，在 Number1 一行中键入"A2：A21"，然后点击"确定"。

第三步，点击上面的函数参数对话框的"确定"按钮后，即可在单元格 C1 得到样本均值 $\bar{x} = 81.25$。

第四步，选中单元格 B2，键入"$\Delta_{\bar{x}} = Z_{\frac{\alpha}{2}}\mu_{\bar{x}}$"（该公式也可以选择从 word 中复制粘贴到单元格 B2 中，可以自行调整大小），然后选中单元格 C2，键入"="，然后点击工具栏中"插入"，在选择类别中选择"统计"，选中打开的菜单中的"函数"，选中函数 CONFIDENCE，就会跳出"插入函数"对话框。

第五步，点击上面的插入函数对话框的"确定"按钮后，弹出下面的边际误差"函数参数"对话框，在其中显著性水平 Alpha 中键入"0.10"，在总体标准差 standard_dev 中键入"10"，在样本容量 size 中键入"20"。就可以得到边际误差 3.678005，如图 8-5 所示。

第六步，点击上面的插入函数对话框的"确定"按钮后，即可在单元格 C2 得到允许误差 3.678005。

第七步，选中单元格 B3，键入"置信区间下限"，然后选中单元格 C3，键入"="，然后点击单元格 C1，键入"-"，单击单元格 C2，按 Enter 键，就可以在单元格 C3 得到置信区间下限 77.572；选中单元格 B4，键入"置信区间上限"，然后选中单元格 C4，键入"="，然后点击单元格 C1，键入"+"，单击单元格 C2，按 Enter 键，就可以在单元格 C4 得到置信区间上限 84.928。因此置信区间为(77.572，84.928)，如图 8-6 所示。

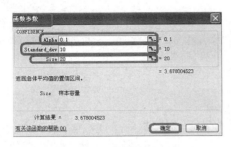

图 8-5 函数参数对话框

	A	B	C	D
1	80	样本均值	81.25	
2	92	$\Delta_{\bar{x}}$	3.6780	
3	85	置信区间下限	77.5720	
4	74	置信区间上限	84.9280	
5	63			
6	94			
7	96			

图 8-6 通过 Excel 计算的置信区间

(二)利用"分析工具库"进行总体均值的区间估计

以【例 8-14】为例进行总体均值的区间估计。

计算步骤和第五章"描述统计"方法一样。在"数据分析"中"描述统计"选项，单击确定，如图 8-7 所示。

置信区间的计算。选中单元格 E1，键入"总体均值的置信区间"，选中单元格 E2，键入"置信区间下限"，然后选中单元格 F2，键入" = "，然后点击单元格 D4，键入" - "，单击单元格 D19，按 Enter 键，就可以在单元格 F2 中得到置信区间下限；选中单元格 E3，键入"置信区间上限"，然后选中单元格 F3，键入" = "，然后点击单元格 D4，键入" + "，单击单元格 D19，按 Enter 键，就可以在单元格 F3 中得到置信区间上限。因此可知总体均值的置信区间为(77.50159，84.99841)，如图 8-8 所示。

	A	B	C	D	E
1	80		列1		
2	92		列1		
3	85				
4	74		平均	81.25	
5	63		标准误差	2.167797	
6	94		中位数	82.5	
7	96		众数	91	
8	81		标准差	9.694681	
9	64		方差	93.98684	
10	73		峰度	-0.65982	
11	83		偏度	-0.41914	
12	91		区域	33	
13	72		最小值	63	
14	82		最大值	96	
15	84		求和	1625	
16	79		观测数	20	
17	87		最大(1)	96	
18	91		最小(1)	63	
19	86		置信度(90.0%)	3.748408	

图 8-7 利用"描述统计"工具分析的结果

	A	B	C	D	E	F
1	80		列1			
2	92		列1		置信区间下限	77.50159
3	85				置信区间上限	84.99841
4	74		平均	81.25		
5	63		标准误差	2.167797		
6	94		中位数	82.5		
7	96		众数	91		
8	81		标准差	9.694681		
9	64		方差	93.98684		
10	73		峰度	-0.65982		
11	83		偏度	-0.41914		
12	91		区域	33		
13	72		最小值	63		
14	82		最大值	96		
15	84		求和	1625		
16	79		观测数	20		
17	87		最大(1)	96		
18	91		最小(1)	63		
19	86		置信度(90.0%)	3.748408		
20	68					

图 8-8 计算的置信区间

本章小结

抽样推断是按照随机原则从全部研究对象中抽取一部分单位进行调查，并依据这一部分单位的调查数值计算样本指标值，然后根据样本指标对全部研究对象的总体指标(数量特征或属性特征)做出具有一定可靠性的估计判断，从而达到对总体的认识的一种统计方法，即利用样本统计量对总体参数进行估计与推断。

抽样误差是样本统计量与总体参数之间的差异，它是掌握抽样估计法的关键。抽样误差可以分成三种形式：实际抽样误差、抽样平均误差和抽样极限误差。由于实际抽样误差无法计算，抽样估计中的抽样误差就是抽样平均误差(即样本估计量的标准差)，而抽样极限误差则反映在一定概率下抽样误差的一般可能范围。

总体参数估计的基本方法有点估计和区间估计两种。点估计又称定值估计,即用某样本统计量直接作为总体参数的估计值。因此需要评价一个样本统计量的优劣,其标准主要有无偏性、有效性、一致性。总体参数的区间估计是利用样本统计量在给定的概率保证下,给总体参数构造置信区间的方法,主要有总体均值、总体成数区间估计的具体运用。掌握区间估计,要把它与抽样平均误差、抽样极限误差、置信水平联系起来考虑。

抽样调查的组织形式就是采用什么样的形式组织抽样推断,以获取调查资料进行推断。常用的抽样调查组织方式有:简单随机抽样、分层抽样、等距抽样、整群抽样和多阶段抽样等。

进行抽样估计,需要考虑必要样本容量,一般是根据抽样极限误差与样本容量之间的关系来确定。

思考与练习

一、选择题

1. 抽样推断必须遵循的原则是( )。
   A. 典型性原则　　　B. 准确性原则　　　C. 灵活性原则　　　D. 随机性原则
2. 能够事先加以控制和计算的误差是( )。
   A. 系统性误差　　　B. 抽样误差　　　　C. 登记性误差　　　D. 调查误差
3. 对同一总体分别按重复抽样和不重复抽样方法抽取同样多的样本单位,两种抽样方法产生的抽样平均误差的关系是( )。
   A. 前者大于后者　　B. 两者相等　　　　C. 前者小于后者　　D. 无法判断
4. 在重复抽样条件下,若使抽样极限误差减少一半(其他条件不变),则抽样单位数必须( )。
   A. 减少一半　　　　B. 增加1倍　　　　C. 增加3倍　　　　D. 增加4倍
5. 对某地农户经济调查,若村间差异大,村内差异小,宜采用( )。
   A. 纯随机抽样　　　B. 类型抽样　　　　C. 等距抽样　　　　D. 整群抽样
6. 对某市工商银行职工文化程度进行抽样调查,得知其中80%的人具有高中及高中以上文化程度,抽样平均误差为1.5%。试问概率度为1.96时,该行全部职工中具有高中及高中以上文化程度的人所占比重为( )。
   A. 76% ~ 84%　　　B. 77.06% ~ 82.94%　C. 大于84%　　　　D. 小于77.06%
7. 计算无关标志排队等距抽样的抽样误差,一般近似采用( )。
   A. 多阶段抽样的误差公式　　　　　　　B. 简单随机抽样的误差公式
   C. 分层抽样的误差公式　　　　　　　　D. 整群抽样的误差公式
8. 抽样调查的抽样方法有( )。
   A. 重复抽样和不重复抽样　B. 整群抽样　　　C. 分类抽样　　　　D. 多阶段抽样
9. 抽样平均误差,确切地说是所有样本指标(样本平均数和样本成数)的( )。
   A. 平均差　　　　　B. 全距　　　　　　C. 标准差　　　　　D. 离差系数
10. 在其他条件一定的情况下,允许误差的大小与概率保证程度的关系是( )。
    A. 允许误差越大,概率保证程度越大　　B. 允许误差越大,概率保证程度越小
    C. 允许误差越小,概率保证程度越小　　D. 无法确定
11. 抽样平均误差的大小取决于( )。
    A. 样本容量的大小　　　　　　　　　　B. 样本平均数的大小
    C. 采用的抽样方法　　　　　　　　　　D. 总体平均数的大小
    E. 总体方差的大小

12. 抽样调查之所以能用样本指标推断总体相应指标是因为(　　)。
    A. 抽选的样本指标都很接近总体指标　　　　B. 抽样调查遵循了随机原则
    C. 抽选的样本单位均匀地分布在总体中　　　D. 抽选的样本单位与总体单位分布很接近
    E. 抽样所产生的抽样误差可以计算和控制
13. 极限误差与抽样平均误差的关系是极限误差(　　)抽样平均误差。
    A. 一定大于　　　　　　　　　　　　　　B. 可能小于
    C. 不能小于　　　　　　　　　　　　　　D. 可能等于
    E. 不能等于
14. 重复抽样与不重复抽样的区别是(　　)。
    A. 抽样的目的不同　　　　　　　　　　　B. 可能抽取的样本个数不同
    C. 产生的抽样误差不同　　　　　　　　　D. 同一个总体单位能否重复被抽中
    E. 推断的把握程度不同
15. 抽样估计的优良标准有(　　)。
    A. 随机性　　　　　　　　　　　　　　　B. 无偏性
    C. 一次性　　　　　　　　　　　　　　　D. 一致性
    E. 有效性

二、判断题

1. 抽样误差是由于破坏了抽样随机性原则而产生的误差。　　　　　　　　　　　(　　)
2. 抽样估计时，估计的精确程度与把握程度方向一致。　　　　　　　　　　　　(　　)
3. 抽样平均误差实质上就是抽样平均数的标准差。　　　　　　　　　　　　　　(　　)
4. 允许误差越大，则抽样估计的可靠性越小。　　　　　　　　　　　　　　　　(　　)
5. 成数的抽样平均误差小于0.5。　　　　　　　　　　　　　　　　　　　　　　(　　)
6. 抽样平均误差与总体各单位的差异程度成正比，与抽样数目成反比。　　　　　(　　)
7. 重复抽样的抽样平均误差有可能比不重复抽样的抽样误差小。　　　　　　　　(　　)
8. 计算成数的抽样平均数误差或必要的抽样数目时，若无成数数值资料，可直接取 $P=0.5$ 进行计算。　　　　　　　　　　　　　　　　　　　　　　　　　　　　　　　　(　　)
9. 样本平均数方差等于总体方差。　　　　　　　　　　　　　　　　　　　　　(　　)
10. 用抽样指标估计总体指标要求当样本的单位数 n 充分大时，抽样指标充分地接近总体指标。
　　　　　　　　　　　　　　　　　　　　　　　　　　　　　　　　　　　　(　　)

三、简答题

1. 什么是抽样推断？它有哪些基本的特点？
2. 什么是抽样平均误差？影响抽样误差的因素有哪些？各因素的影响方向与程度有何不同？
3. 什么是估计量？评价估计量有哪些标准？
4. 什么是抽样极限误差？它与抽样平均误差有何关系？
5. 什么是区间估计？总体参数的区间估计一般有哪些步骤？
6. 类型抽样中的分组和整群抽样中的分群有什么不同意义和不同要求？
7. 确定样本容量有何意义？影响样本容量的因素有哪些？
8. 简述应用 Excel 进行随机抽样区间估计的步骤。

四、计算题

1. 某市有职工 96000 户，在职工家庭生活费调查中，已知职工家庭每人平均生活费收入的标准差为

40元，在概率保证程度为95.45%的条件下，要求抽样极限误差不超过10元，现进行简单随机不重复抽样，问需要抽查多少户？

2. 某电子产品使用寿命在4000小时以下为不合格品，现在用简单随机抽样方法，从5000个产品中抽取100个，对其使用寿命进行调查，结果如下表所示。根据所给资料，要求按重复抽样计算该产品平均寿命的抽样平均误差；以68.27%的概率保证程度，要求对该产品的平均使用寿命进行区间估计。

使用寿命(小时)	3000以下	3000~4000	4000~5000	5000以上
产品个数(个)	2	30	50	18

3. 有学生7000人，随机抽取100人，有男生60人，以90%的置信概率估计全部学生中男生人数（$F(t) = 90\%$，$t = 1.64$）。

4. 某地有8家银行，从它们所有的全体职工中随机动性抽取600人进行调查，得知其中的486人在银行里有个人储蓄存款，存款金额平均每人3400元，标准差500元，试以95.45%的可靠性推断（$F(t) = 95.45\%$，$t = 2$）。

要求：（1）全体职工中有储蓄存款者所占比率的区间范围。

（2）平均每人存款金额的区间范围。

5. 某储蓄所2012年年末对10000张定期储蓄存单按照号码实行纯随机不重置抽样，共抽取100张，结果如下表所示。试以95%的概率（$t = 1.96$）估计下面指标的范围。

金额(元)	1~1000	1000~3000	3000~5000	5000~8000	8000以上
张数	12	30	40	15	3

要求：（1）求该所定期储蓄存单平均存款的取值范围。

（2）求该所定期储蓄存单在3000元以上的定期储蓄存单可能取值范围。

第九章 假设检验

本章提要

通过本章学习，掌握假设检验的含义；掌握假设检验的步骤和思想；了解假设检验可能产生的两类错误；了解单侧和双侧假设检验的概念；掌握总体均值和方差假设检验的方法；熟悉总体成数假设检验的方法。

假设检验是统计推断的一项重要内容，它与参数估计类似，都是利用样本对总体进行某种推断，只是推断的角度不同，参数估计讨论的是用样本统计量估计总体参数的方法，总体参数在估计前是未知的。而在假设检验中，则是先对总体参数提出一个假设值，然后利用样本信息去检验这个假设是否成立。如果成立，我们就接受这个假设，如果不成立，就放弃它。本章首先介绍假设检验的基本原理，然后介绍单个总体参数和两个总体参数的检验方法。

第一节 假设检验的基本原理

假设检验的大体思路是：首先对总体提出某种假设，然后抽取样本获得数据，再根据样本提供的信息判断假设是否成立。

一、假设检验的概念

所谓假设就是对总体的某种看法。在参数检验中，假设就是对总体参数的具体数值所作的陈述。例如，我们虽然不知道一批灯泡的平均使用寿命是多少，不知道一批产品的合格率是多少，但可以事先提出一个假设值，如这批灯泡的平均使用寿命是 1500 小时，这批产品的合格率是 95% 等。

假设检验（hypothesis test）就是在对总体参数提出假设的基础上，利用样本信息来判断假设是否成立的统计方法。例如，某种袋装食品，每袋重量不得少于 600 克。若从一批该种食品中任意抽取 100 袋，发现有 7 袋低于 600 克，而规定不符合标准的比例达到 5%，食品就不能出厂，问该批食品能否出厂？那么我们就先假设该批食品的不合格率未超过 5%，然后用样本不合格率来检验假设是否正确，这便是一个假设检验问题。

在假设检验中，首先需要提出两种假设，即原假设和备择假设。

原假设也称零假设，它通常是研究者想收集证据予以推翻的假设，用 H_0 表示。原假设所表达的含义总是指参数没有变化或变量之间没有关系，因此等号"="总是放在原假设中。以总体均值的检验为例,设参数的假设值为 μ_0,原假设总是写成 $H_0: \mu = \mu_0$,$H_0: \mu \geq \mu_0$ 或 $H_0: \mu \leq \mu_0$。原假设最初被假设是成立的,之后根据样本数据确定是否有足够的证据拒绝原假设。

备择假设指在原假设被拒绝后可供选择的假设,通常是指研究者想收集证据予以支持的假设,用 H_1 表示。备择假设所表达的含义是总体参数发生了变化或变量之间有某种关系,因此,备择假设的形式总是为 $H_1: \mu \neq \mu_0$,$H_1: \mu < \mu_0$ 或 $H_1: \mu > \mu_0$。备择假设通常用于表达研究者自己倾向于支持的看法,然后就是想办法收集证据拒绝原假设,以支持备择假设。

确定原假设和备择假设在假设检验中十分重要,它直接关系到检验的结论。原假设和备择假设是一个完备事件组,而且相互对立。这意味着,在一项假设检验中,原假设和备择假设必有一个成立,而且只有一个成立。此外,假设的确定带有一定的主观色彩,因为"研究者推翻的假设"和"研究者支持的假设"最终仍取决于研究者本人的意向。所以,即使是对同一个问题,由于研究目的的不同,也可能提出截然不同的假设。但无论怎样,只要假设的建立符合研究者的最终目的便是合理的。

二、假设检验的基本原理

假设检验的基本思想是应用小概率事件原理。所谓小概率事件原理是指发生概率很小的随机事件在一次实验中是几乎不可能发生的。根据这一原理可以作出是否接受原假设 H_0 的决定。例如,有一个厂商声称其产品的合格率很高,可以达到99%,那么从一批产品中随机抽取1件,这一件是次品的概率就非常小,只有1%。如果厂商的声称是真的,随机抽取一件是次品的情况就几乎是不可能发生的。但如果这种情况确实发生了,我们就有理由怀疑原来的假设,可以做出厂商的声称是假的推断。我们进行推断的依据就是小概率原理。

即在假设检验中,我们作出判断时所依据的逻辑是:如果在原假设正确的前提下,检验统计量样本观测值的出现属于小概率事件,那么可以认为原假设不可信,从而否定它,转而接受备择假设。

对假设检验问题作出判断可依据两种原则:一是临界值规则;二是 P - 值规则。

1. 临界值规则

利用样本信息做出判断,首先要根据样本观测结果计算出对原假设作出决策的检验统计量。比如要检验总体均值,自然会想到要用样本均值作为判断依据。但样本均值 $\bar{x}$ 是总体均值 μ 的一个点估计量,它并不能直接作为判断的依据,只有将其标准化后,才能用于度量它与原假设的参数值之间的差异程度。对于总体均值和总体成数的检验,在原假设 H_0 为真的条件下,根据点估计量的抽样分布可以得到标准化检验统计量:

$$\text{标准化检验统计量} = \frac{\text{点估计量} - \text{假设值}}{\text{点估计量的标准误差}} \tag{9-1}$$

实际中使用的检验统计量都是标准化检验统计量,它反映了点估计量(比如样本均值)与假设的总体参数(比如假设的总体均值)相比相差多少个标准差的距离。虽然检验统计量是一个随机变量,随样本观测结果的不同而变化,但只要已知一组特定的样本观测结果,检验统计量的值也就唯一确定了。

有了检验统计量就可以建立一个判断规则。根据事先给定的显著性水平 α，可以在统计量的分布上找到相应的临界值，由显著性水平和相应的临界值围成的一个区域称为拒绝域。如果统计量的值落在拒绝域内就拒绝原假设，否则就不拒绝原假设。拒绝域的大小与给定的显著性水平 α 有关，当样本量固定时，拒绝域随 α 的减小而减小。

临界值规则可表示为：

双侧检验：|统计量|≥临界值，拒绝原假设；

左侧检验：统计量的值 ≤ -临界值，拒绝原假设；

右侧检验：统计量的值 ≥ 临界值，拒绝原假设。

2. P - 值规则

所谓 P - 值，实际上是检验统计量超过（大于或小于）具体样本观测值的概率。用统计的术语来说，如果原假设是正确的，所得到的样本结果会像实际观测结果那么极端或更极端的概率称为 P 值，也称为观察到的显著性水平。

P - 值规则可表示为：如果 $P < \alpha$，拒绝原假设；如果 $P > \alpha$，不拒绝原假设（双侧检验将两侧面积的总和定义为 P）。

三、假设检验的种类

根据我们所研究的问题不同，以及所关心的统计量与总体参数的显著性差异的方向不同，可以将假设检验分为双侧假设检验和单侧假设检验。

（一）双侧假设检验

当我们所关心的问题是要检验样本指标与总体指标有没有显著性差异，而不问差异的方向是正差还是负差时，应该采用双侧假设检验，如图9-1 所示。在双侧假设检验中，原假设取等式，而备择假设取不等式：

$$H_0 : \mu = \mu_0 \qquad H_1 : \mu \neq \mu_0$$

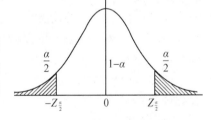

图 9-1　双侧假设检验

（二）单侧假设检验

当我们所关心的问题不仅仅是检验样本指标与总体指标之间有没有显著的差异，而且追求是否发生预先指定方向的差异，应该采用单侧假设检验。而且根据关心的是正差异或负差异，单侧假设检验又有左单侧假设检验和右单侧假设检验，如图9-2 和图9-3 所示。

当我们所关心的问题是总体值是否超过预先假设，应采用左单侧假设检验。原假设与备样假设为：

$$H_0 : \mu \geq \mu_0 \qquad H_1 : \mu < \mu_0$$

当我们所关心的问题是总体值是否低于预先假设，应采用右单侧假设检验。原假设与备样假设为：

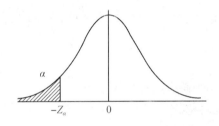
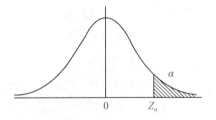

图 9-2　左单侧假设检验　　　　　图 9-3　右单侧假设检验

$$H_0: \mu \leq \mu_0 \quad H_1: \mu > \mu_0$$

以上两式中，$\mu = \mu_0$ 为临界点，对于左单侧假设检验，$\mu \geq \mu_0$ 属于接受域，$\mu < \mu_0$ 属于拒绝域；对于右单侧假设检验，$\mu \leq \mu_0$ 属于接受域，$\mu > \mu_0$ 属于拒绝域。

四、假设检验的步骤

一个完整的假设检验过程通常可以包括以下六个步骤：
(1) 提出原假设和备择假设；
(2) 确定适当的检验统计量；
(3) 规定显著性水平 α；
(4) 确定检验统计量的样本分布；
(5) 确定统计量的临界区域；
(6) 计算检验统计量的值并与临界值比较，以作出统计决策。

下面对每一步骤的内容加以具体说明。

1. 提出原假设和备择假设

在进行假设检验时，首先要对总体参数或分布形式提出假设。提出的假设有两个，即原假设 H_0 和备择假设 H_1。

2. 确定适当的检验统计量

在具体问题里，选择什么统计量作为检验统计量，需要考虑的因素与参数估计相同：
(1) 这个问题是单一的样本还是多个样本；
(2) 这些样本是相互独立的还是相互联系的；
(3) 样本的大小；
(4) 总体方差是否已知等。

不同的情况所选择的检验统计量也是不同的。

3. 规定显著性水平 α

假设检验是围绕对原假设的内容的审定而展开的。如果原假设正确我们接受了，或原假设错误我们拒绝了，这表明我们作出了正确的决定。但是，由于假设检验是根据样本提供的信息进行推断，也就有犯错误的可能。有这样一种可能，原假设正确，而我们却把它当成错误的加以拒绝。犯这种错误的概率用 α 表示，统计上把它称为假设检验的显著性水平，也就是决策中所面临的风险。所以，显著性水平是指当原假设为正确时人们却拒绝了它的概率或风险。这个概率是人们根据研究问题的性质和对结论准确性的要求具体确定的，通常多采用 0.1，0.05，0.01 等。例如，民意测验采用显著性水平 $\alpha = 0.1$，而社会经济现象的检验一般取 $\alpha = 0.05$。

4. 确定检验统计量的样本分布

一般来讲，大多数分布都满足以下条件：(1)服从某种概率分布；(2)包括一定总体和一定样本容量的全部可能的结果；(3)分布是对称的，例如二项式分布、正态分布等。

5. 确定统计量的临界区域

在确定样本分布之后，就能明确接受或拒绝原假设的条件是什么，也就是明确了临界点。这样就可以把样本分布分成两个区域，即：接受区域和拒绝区域。图 9-4 表示了服从正态分布的样本，以 0.05 为显著性水平的单边假设检验。如果计算出来的样本统计量 $Z = 3$，超过了 1.65，所以假设就会被拒绝，而 1.65 就是临界值，它是接受区域和拒绝区域的分界点。

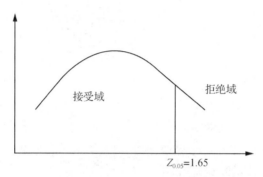

图 9-4 统计量 Z 的抽样分布

6. 计算检验统计量的值并与临界值比较，以作出统计决策

在提出了原假设和备择假设，确定了检验统计量，并规定了显著性水平 α 后，接下来就要根据样本数据计算检验统计量的值。

例如，Z 检验中，检验统计量的公式为：

$$Z = \frac{\bar{x} - \mu}{\frac{\sigma}{\sqrt{n}}} \tag{9-2}$$

虽然进行检验时有可能选择不同的检验统计量，式(9-2)也不是计算检验统计量的唯一公式，但它却很好地体现了检验统计量的一般结构。

根据显著性水平 α 和统计量的分布，可以找出接受域和拒绝域的临界点，用计算出的检验统计量的值与临界点的值进行比较，就可以作出接受或拒绝原假设的统计决策。

五、假设检验的两类错误

我们总是希望能作出正确的决策，但由于决策是建立在样本信息的基础之上，而样本又是随机的，因而就有可能犯错误。

原假设和备择假设不能同时成立，决策的结果要么拒绝原假设，要么不拒绝原假设。

决策时总是希望当原假设正确时没有拒绝它，当原假设不正确时拒绝它，但实际上很难保证不犯错误。一种情况是，原假设是正确的却拒绝了原假设，这时所犯的错误称为第Ⅰ类错误，犯这类错误的概率用 α 来表示，称为 α 错误或弃真错误；另一种情况是，原假设是错误的却没有拒绝原假设，这时所犯的错误称为第Ⅱ类错误，犯这种错误的概率用 β 来表示，称为 β 错误或取伪错误。

例如，某厂商声称其产品的合格率为 99%，但实际上产品的合格率为 90%，为了检验厂商的声称是否真实，随机抽取了 20 件产品，结果全为合格品，由此推断厂商的声称是真实的，于是我们就犯了第二类错误，即取伪错误。若我们要求产品的合格率在 90% 即可，仍然随机抽取 20 件产品，结果有 4 件不合格，由此推断该厂产品的合格率低于 90%，于是我们就犯了第一类错误，即弃真错误。正确的决策和犯错误的概率可归纳为表 9-1。

表 9-1　假设检验中各种可能结果的概率

	接受 H_0	拒绝 H_0，接受 H_1
H_0 为真	$1-\alpha$（正确决策）	α（弃真错误）
H_1 为伪	β（取伪错误）	$1-\beta$（正确决策）

自然地，人们希望犯这两类错误的概率越小越好。但对于一定的样本容量 n，不能同时做到犯这两类错误的概率都很小。如果减少 α 错误，就会增大犯 β 错误的机会；若减少 β 错误，就会增大犯 α 错误的机会。若要使 α 和 β 同时变小，就要增大样本容量，但样本容量不可能没有限制，否则就会使抽样调查失去意义。因此，在假设检验中就出现对两类错误进行控制的问题。一般来说，哪一类错误所带来的后果严重，危害越大，在假设检验中就应当把哪一类错误作为首要控制的目标。但在假设检验中，大家都在执行这样一条原则，即首先控制第一类错误的原则。前述假设检验的步骤设计正是体现了这一原则。

假设检验中犯第Ⅰ类错误的概率为 α，也即为前述所说的显著性水平，它是人们事先指定的犯第Ⅰ类错误概率的最大允许值。显著性水平 α 越小，犯第Ⅰ类错误的可能性自然就越小，但犯第Ⅱ类错误的可能性则随之增加。实际应用中，究竟确定一个多大的显著性水平合适呢？一般情况下，人们认为犯第Ⅰ类错误的后果更严重一些，因此通常会取一个较小的 α 值（一般要求 $\alpha \leqslant 0.1$）。

第二节　单个总体参数的检验

理解了假设检验的原理，在实际中应用它并不困难。与参数估计类似，当研究一个总体时，要检验的参数主要是总体均值、总体成数和总体方差。

一、总体均值的检验

在对总体均值进行假设检验时，采用什么检验统计量取决于所抽取的样本是大样本（$n \geqslant 30$）还是小样本（$n < 30$），此外，还需要考虑总体是否服从正态分布、总体方差是否已知等几种情况。

1. 总体服从正态分布，总体方差 σ^2 已知，小样本

来自总体的样本为 $(X_1, X_2, \cdots, X_n)$，设假设的总体均值为 μ_0，总体方差为 σ^2 已知。对于假设 $H_0 : \mu = \mu_0$，在 H_0 成立的前提下，有检验统计量：

$$Z = \frac{\overline{X} - \mu_0}{\sqrt{\dfrac{\sigma^2}{n}}} \sim N(0,1) \tag{9-3}$$

2. 总体分布未知，总体方差 σ^2 已知，大样本

来自总体的样本为 $(X_1, X_2, \cdots, X_n)$，设假设的总体均值为 μ_0，总体方差为 σ^2 已知。对于假设 $H_0 : \mu = \mu_0$，在 H_0 成立的前提下，如果样本足够大 $(n \geq 30)$，近似地有检验统计量：

$$Z = \frac{\overline{X} - \mu_0}{\sqrt{\dfrac{\sigma^2}{n}}} \sim N(0,1) \tag{9-4}$$

3. 总体服从正态分布，总体方差 σ^2 未知，小样本

来自总体的样本为 $(X_1, X_2, \cdots, X_n)$，设假设的总体均值为 μ_0，总体方差为 σ^2 未知。对于假设 $H_0 : \mu = \mu_0$，在 H_0 成立的前提下，总体方差可以用样本方差 S^2 来代替，有检验统计量：

$$t = \frac{\overline{X} - \mu_0}{\sqrt{\dfrac{S^2}{n}}} \sim t(n-1) \tag{9-5}$$

4. 总体分布未知，总体方差 σ^2 未知，大样本

来自总体的样本为 $(X_1, X_2, \cdots, X_n)$，设假设的总体均值为 μ_0，总体方差为 σ^2 未知。对于假设 $H_0 : \mu = \mu_0$，在 H_0 成立的前提下，总体方差可以用样本方差 S^2 来代替，如果总体偏斜适度，且样本足够大，近似地有检验统计量：

$$Z = \frac{\overline{X} - \mu_0}{\sqrt{\dfrac{S^2}{n}}} \sim N(0,1) \tag{9-6}$$

【例 9-1】 某厂采用自动包装机分装产品，假定每包产品的重量服从正态分布，每包标准重量为 1000 克。某日随机抽查 9 包，测得样本平均重量为 986 克，样本标准差是 24 克。试问在 $\alpha = 0.05$ 的显著性水平下，能否认为这天自动包装机工作正常？

解：第一步，确定原假设与备择假设。

$$H_0 : \mu = 1000, \quad H_1 : \mu \neq 1000$$

以上的备择假设是总体均值不等于 1000 克，因为只要均值偏离 1000 克，就说明包装机工作不正常，因此使用双边假设检验。

第二步，构造出检验统计量，计算检验统计量的观测值。

由于总体标准差未知，用样本标准差代替，相应检验统计量是 t - 统计量。样本平均

数 $\bar{X} = 986$,$n = 9$,$S = 24$,代入 t-检验统计量得

$$t = \frac{\bar{X} - \mu_0}{\sqrt{\frac{S^2}{n}}} = \frac{986 - 1000}{\frac{24}{\sqrt{9}}} = -1.75$$

第三步,确定显著性水平,确定拒绝域。

$\alpha = 0.05$,查 t-分布表(自由度 $n-1 = 8$),得临界值是 $t_{\frac{\alpha}{2}}(n-1) = t_{0.025}(8) = 2.306$,拒绝域是 $|t| \geq 2.306$。

第四步,判断。

由于 $|t| < 2.306$,检验统计量的样本观测值落入接受域,所以不能拒绝 H_0。样本数据没有充分证据说明这天的自动包装机工作不正常。

【例9-2】 某机床厂加工一种零件,根据经验知道,该厂加工零件的椭圆度近似服从正态分布,其总体均值为 0.081 毫米,总体标准差为 0.025。现换一种新机床进行加工,抽取 200 个零件进行检验,得到的椭圆度为 0.076 毫米。试问新机床加工零件的椭圆度的均值与以前有无显著变化?($\alpha = 0.05$)

解: 第一步,确定原假设与备择假设。

$$H_0: \mu = 0.081, \quad H_1: \mu \neq 0.081$$

此时关心的是新机床加工零件的椭圆度的均值是否与以前有显著变化,也就是 μ 是否为 0.081 毫米,大于或小于 0.081 毫米都不符合要求,因此使用双边假设检验。

第二步,构造出检验统计量,计算检验统计量的观测值。

由于总体标准差已知,相应检验统计量是 Z-统计量。样本平均数 $\bar{X} = 0.076$,$n = 200$,$\sigma = 0.025$,代入 Z-检验统计量得

$$Z = \frac{\bar{X} - \mu_0}{\sqrt{\frac{\sigma^2}{n}}} = \frac{0.076 - 0.081}{\frac{0.025}{\sqrt{200}}} = -2.83$$

第三步,确定显著性水平,确定拒绝域。

$\alpha = 0.05$,查 Z-分布表,得临界值是 $Z_{\frac{\alpha}{2}} = 1.96$,拒绝域是 $|Z| \geq 1.96$。

第四步,判断。

由于 $|Z| > 1.96$,检验统计量的样本观测值没有落入接受域,P 值 $= 0.004654$,P 值小于 $\frac{\alpha}{2}$,所以拒绝原假设 H_0。新机床加工零件的椭圆度的均值与以前有显著变化。

二、总体成数的检验

总体成数的检验程序与总体均值的检验类似,本节只介绍大样本情形下的总体成数检验方法。来自总体的样本为 $(X_1, X_2, \cdots, X_n)$。其中,各个 $X_i (i = 1, 2, \cdots, n)$ 只取 1("成功")和 0("失败")两个值。样本中"成功"的次数为 n_1。我们已知,当 n 达到一定程度时,样本成数 $p = \frac{n_1}{n}$ 近似服从正态分布 $N(\pi, \frac{\pi(1-\pi)}{n})$。因此,对于假设 $H_0: \pi = \pi_0$,在 H_0 成立的前提下,有

$$Z = \frac{p - p_0}{\sqrt{\dfrac{\pi_0(1 - \pi_0)}{n}}} \sim N(0,1) \tag{9-7}$$

【例 9-3】 一项调查结果声称，某市小学生每月零花钱达到 200 元的成数为 40%。某科研机构为了检验这个调查是否可靠，随机抽取了 100 名小学生，发现有 47 人每月零花钱达到 200 元，调查结果能否证实早先调查 40% 的看法？（$\alpha = 0.05$）

解：第一步，确定原假设与备择假设。

$$H_0: \pi = 40\% \qquad H_1: \pi \neq 40\%$$

根据抽样结果计算得

$$p = \frac{47}{100} = 47\%$$

第二步，构造出检验统计量，计算检验统计量的观测值。

检验统计量是 Z - 统计量。样本成数 $p = 47\%$，$n = 100$，代入 Z - 检验统计量得

$$Z = \frac{p - \pi_0}{\sqrt{\dfrac{\pi_0(1 - \pi_0)}{n}}} = \frac{0.47 - 0.4}{\sqrt{\dfrac{0.4 \times (1 - 0.4)}{100}}} = 1.43$$

第三步，确定显著性水平，确定拒绝域。

$\alpha = 0.05$，查 Z - 分布表，得临界值是 $Z_{\frac{\alpha}{2}} = 1.96$，拒绝域是 $|Z| \geq 1.96$。

第四步，判断。

由于 $|Z| < 1.96$，检验统计量的样本观测值落入接受域，p 值 $= 0.0764$，p 值大于 $\dfrac{\alpha}{2}$，所以不能拒绝 H_0。调查结果还不能推翻 40% 比重这个看法。

三、总体方差的检验

在生产和生活的许多领域，仅仅保证所观测到的样本均值维持在特定水平范围之内并不意味着整个过程就是正常的，方差的大小是否适度是需要考虑的另一个重要因素。一个方差大的产品自然意味着其质量或性能不稳定，相同均值的产品，方差小的自然要好些。与总体方差的区间估计类似，一个总体方差的检验也是使用 χ^2 - 分布。此外，总体方差的检验，不论样本量 n 是大还是小，都要求总体服从正态分布。检验的统计量为

$$\chi^2 = \frac{(n-1)S^2}{\sigma_0^2} \sim \chi^2(n-1) \tag{9-8}$$

对于给定的显著性水平 α，双侧假设检验的拒绝域如图 9-5 所示。对于单侧假设检验，拒绝域在分布一侧的尾部。

【例 9-4】 某厂商生产出一种新型的饮料装瓶机器，按设计要求，该机器一瓶一升（1000cm³）的饮料误差上下不超过 1cm³，如果达到设计要求，表明机器的稳定性非常好。现从该机器装完的产品中随机抽取 25 瓶，分别进行测定（用样本减去 1000cm³），得到的样本标准差为 $S = 0.9305$。检验该机器的性能是否达到设计要求？（$\alpha = 0.05$）

解：确定原假设与备择假设：

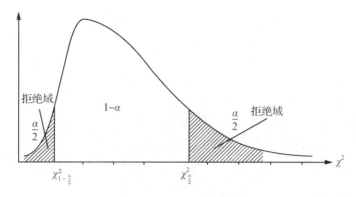

图 9-5 显著性水平为 α 时双侧检验的临界值和拒绝域

$$H_0: \sigma^2 = 1 \qquad H_1: \sigma^2 \neq 1$$

检验统计量是 χ^2 - 统计量。$\sigma_0 = 1$，$S = 0.9305$，$n = 25$，代入 χ^2 - 检验统计量得

$$\chi^2 = \frac{(n-1)S^2}{\sigma_0^2} = \frac{(25-1) \times 0.9305^2}{1^2} = 20.78$$

$\alpha = 0.05$，查 χ^2 - 分布表，得临界值是 $\chi_{\frac{\alpha}{2}}^2 = 39.36$，$\chi_{1-\frac{\alpha}{2}}^2 = 12.40$，拒绝域是 $\chi^2 > 39.36$ 或 $\chi^2 < 12.40$。由于 $12.40 < \chi^2 = 20.78 < 39.36$，检验统计量的样本观测值落入接受域，所以不能拒绝 H_0。样本提供的证据还不足以推翻原假设，没有证据表明该机器的性能未达到设计要求。

实际应用中，右侧检验是最为常见的总体方差检验形式，因为一般来说，在涉及时间、含量、尺寸等测度的场合，人们总是希望其变化幅度很小，也就是有较小的方差，大的方差往往不被接受。针对这种情况，通常将"总体方差大于某一最大容许值"作为备择条件，其对立面为原假设，再利用右侧检验的检验程序作出决策。

第三节 两个总体参数的检验

在许多情况下，人们需要比较两个不同总体的参数，看它们是否存在显著的差异。如同一品种的水稻在不同地区的产量是否有显著差异，对某一总统候选人的支持率在不同性别的人群中是否有显著差异等。两个总体参数的检验包括两个总体均值的检验、两个总体成数的检验和两个总体方差的检验。

一、两个总体均值的检验

1. 两个正态总体，方差相等(且已知)

两个总体方差 σ_1^2 和 σ_2^2 已知时，无论样本量的大小，两个样本均值之差的抽样分布都服从正态分布，这时检验的统计量为

$$Z = \frac{(\bar{X}_1 - \bar{X}_2) - (\mu_1 - \mu_2)}{\sqrt{\frac{\sigma_1^2}{n_1} + \frac{\sigma_2^2}{n_2}}} \tag{9-9}$$

2. 两个正态总体，方差相等（但未知）

两个正态总体为：总体 1，$X_1 \sim N(\mu_1, \sigma_1^2)$；总体 2，$X_2 \sim N(\mu_2, \sigma_2^2)$。并且，$\sigma_1^2 = \sigma_2^2 = \sigma^2$。

分别来自两个总体的样本为

样本 1：$(X_{11}, X_{12}, \cdots, X_{1n_1})$，$\overline{X}_1 = \dfrac{1}{n_1}\sum_{i=1}^{n_1} X_{1i}$，$S_1^2 = \dfrac{1}{n_1 - 1}\sum_{i=1}^{n_1}(X_{1i} - \overline{X}_1)^2$

样本 2：$(X_{21}, X_{22}, \cdots, X_{2n_2})$，$\overline{X}_2 = \dfrac{1}{n_2}\sum_{i=1}^{n_2} X_{2i}$，$S_2^2 = \dfrac{1}{n_2 - 1}\sum_{i=1}^{n_2}(X_{2i} - \overline{X}_2)^2$

并且，两样本独立。

为检验两个总体均值是否相等，我们提出原假设 $H_0: \mu_1 = \mu_2$。可以证明，在原假设成立的条件下，以下检验统计量服从自由度为 $n_1 + n_2 - 2$ 的 t-分布，即：

$$t = \dfrac{(\overline{X}_1 - \overline{X}_2) - (\mu_1 - \mu_2)}{\sqrt{\dfrac{(n_1 - 1)S_1^2 + (n_2 - 1)S_2^2}{n_1 + n_2 - 2}}\sqrt{\dfrac{1}{n_1} + \dfrac{1}{n_2}}} \sim t(n_1 + n_2 - 2) \tag{9-10}$$

当 $n_1 + n_2 - 2 \geqslant 30$ 时，上述检验统计量近似服从标准正态分布。

3. 两个正态总体，方差不相等（也未知）

这时，使用检验统计量

$$t = \dfrac{(\overline{X}_1 - \overline{X}_2) - (\mu_1 - \mu_2)}{\sqrt{\dfrac{S_1^2}{n_1} + \dfrac{S_2^2}{n_2}}} \sim t(f) \tag{9-11}$$

在原假设 $H_0: \mu_1 = \mu_2$ 成立的条件下，由于 $\sigma_1^2 \neq \sigma_2^2$，统计量式(9-11)不服从 t-分布，但是其分布近似于 t-分布，自由度近似地等于最接近 f 的自然数。这里，f 按式(9-12)计算。当自由度 $\geqslant 30$ 时，上述检验统计量近似服从标准正态分布。

$$f = \dfrac{\left(\dfrac{S_1^2}{n_1} + \dfrac{S_2^2}{n_2}\right)^2}{\dfrac{\left(\dfrac{S_1^2}{n_1}\right)^2}{n_1 - 1} + \dfrac{\left(\dfrac{S_2^2}{n_2}\right)^2}{n_2 - 1}} \tag{9-12}$$

式(9-12)计算的自由度一般为非整数，需四舍五入后取整数。

4. 两个非正态总体，样本量足够大

假设有两个任意分布的总体，均值分别为 μ_1 和 μ_2。

分别来自两个总体的样本为

样本 1：$(X_{11}, X_{12}, \cdots, X_{1n_1})$，$\overline{X}_1 = \dfrac{1}{n_1}\sum_{i=1}^{n_1} X_{1i}$，$S_1^2 = \dfrac{1}{n_1 - 1}\sum_{i=1}^{n_1}(X_{1i} - \overline{X}_1)^2$

样本 2：$(X_{21}, X_{22}, \cdots, X_{2n_2})$，$\overline{X}_2 = \dfrac{1}{n_2}\sum_{i=1}^{n_2} X_{2i}$，$S_2^2 = \dfrac{1}{n_2 - 1}\sum_{i=1}^{n_2}(X_{2i} - \overline{X}_2)^2$

并且，两样本独立。

那么，只要 n_1 和 n_2 都足够大，在原假设 $H_0:\mu_1=\mu_2$ 成立的条件下，检验统计量近似服从标准正态分布。

如果两个总体的方差 σ_1^2 和 σ_2^2 已知，采用下面的检验统计量

$$Z = \frac{(\overline{X}_1 - \overline{X}_2) - (\mu_1 - \mu_2)}{\sqrt{\dfrac{\sigma_1^2}{n_1} + \dfrac{\sigma_2^2}{n_2}}} \tag{9-13}$$

如果两个总体的方差 σ_1^2 和 σ_2^2 未知，可分别用样本方差 S_1^2 和 S_2^2 替代，此时检验统计量为

$$Z = \frac{(\overline{X}_1 - \overline{X}_2) - (\mu_1 - \mu_2)}{\sqrt{\dfrac{S_1^2}{n_1} + \dfrac{S_2^2}{n_2}}} \tag{9-14}$$

【例 9-5】 某工厂为了比较两种装配方法的效率，分别组织了两组员工，每组 9 人，一组采用新的装配方法，另外一组采用旧的装配方法。假设两组员工的设备装配时间均服从正态分布，两总体的方差相等但未知。现有 18 个员工的设备装配时间见表 9-2，根据这些数据，是否有理由认为新的装配方法更节约时间？（$\alpha = 0.05$）

表 9-2 　两组员工设备的装配时间 　　　　　　　　　单位：小时

新方法 X_2	35	31	29	25	34	40	27	32	31
旧方法 X_1	32	37	35	38	41	44	35	31	34

解： 提出的原假设与备择假设如下：

$$H_0:\mu_{旧}-\mu_{新}\leqslant 0 \qquad H_1:\mu_{旧}-\mu_{新}>0$$

该题属于两个正态总体，方差相等（但未知）的情况。因此，可利用式（9-10）计算检验统计量。

$$t = \frac{(\overline{X}_1 - \overline{X}_2) - (\mu_1 - \mu_2)}{\sqrt{\dfrac{(n_1-1)S_1^2 + (n_2-1)S_2^2}{n_1+n_2-2}}\sqrt{\dfrac{1}{n_1} + \dfrac{1}{n_2}}}$$

$$= \frac{36.3333 - 31.5556}{\sqrt{\dfrac{8 \times 17.5 + 8 \times 20.0278}{9 + 9 - 2}} \times \sqrt{\dfrac{2}{9}}}$$

$$= 2.3397$$

查表可知，显著性水平为 0.05、自由度为 16 的单侧临界值为 1.746。t 统计量的样本观测值 $2.3397 \geqslant 1.746$，因此应拒绝原假设，即认为新的装配方法更节约时间。

二、两个总体成数的检验

设有服从两点分布的随机变量 X_1 和 X_2，参数（"成功"概率）分别为 π_1 和 π_2。

分别对这两个随机变量进行独立重复观测 n_1 次和 n_2 次，观测结果为（$X_{11},X_{12},\cdots,X_{1n_1}$）和（$X_{21},X_{22},\cdots,X_{2n_2}$），其中，每一次观测结果只取 1（"成功"）和 0（"失败"）两个值。对随机变量 X_1 的 n_1 次观测中"成功"次数为 a_1，对随机变量 X_2 的 n_2 次观测中"成功"

次数为 a_2，样本成数分别记作 $p_1 = a_1/n_1$ 和 $p_2 = a_2/n_2$。

(1)检验 π_1 和 π_2 是否相等，建立原假设 $H_0: \pi_1 = \pi_2 = \pi$。在原假设成立的条件下，有 $p = (a_1 + a_2)/(n_1 + n_2) = (n_1 p_1 + n_2 p_2)/(n_1 + n_2)$ 是 π 的无偏估计量，当 n_1 和 n_2 都充分大时，下面的检验统计量近似服从标准正态分布。即

$$Z = \frac{p_1 - p_2}{\sqrt{p(1-p)(1/n_1 + 1/n_2)}} \sim N(0,1) \qquad (9\text{-}15)$$

(2)检验 π_1 和 π_2 之差等于某个常数，建立原假设 $H_0: \pi_1 - \pi_2 = d, d \neq 0$。在原假设成立的条件下，可直接用两个样本的成数 p_1 和 p_2 作为相应两个总体成数 π_1 和 π_2 的估计量，从而得到两个样本比例之差的检验统计量，即

$$Z = \frac{(p_1 - p_2) - d}{\sqrt{\dfrac{p_1(1-p_1)}{n_1} + \dfrac{p_2(1-p_2)}{n_2}}} \sim N(0,1) \qquad (9\text{-}16)$$

【例 9-6】 一所大学准备采取一项学生在宿舍上网收费的措施，为了解男女学生对这一措施的看法是否存在差异，分别抽取了 200 名男学生和 200 名女学生进行调查，其中的一个问题是："你是否赞成采取上网收费的措施？"其中女学生表示赞成的比例为 35%，男学生表示赞成的比例为 27%。调查者认为，女学生中表示赞成的比例显著高于男学生。样本提供的证据是否支持调查者的看法？（$\alpha = 0.05$）

解： 令 π_1 表示女学生中表示赞成的成数，π_2 表示男学生中表示赞成的成数。依题意提出原假设和备择假设：

$$H_0: \pi_1 - \pi_2 \leq 0 \qquad H_1: \pi_1 - \pi_2 > 0$$

两个样本的成数分别为：$p_1 = 35\%$，$p_2 = 27\%$。选择式(9-15)作为检验统计量。首先计算比例 p：

$$p = \frac{n_1 p_1 + n_2 p_2}{n_1 + n_2} = \frac{200 \times 0.35 + 200 \times 0.27}{200 + 200} = 0.31$$

检验统计量为：

$$Z = \frac{p_1 - p_2}{\sqrt{p(1-p)(1/n_1 + 1/n_2)}}$$

$$= \frac{0.35 - 0.27}{\sqrt{0.31 \times (1 - 0.31) \times \left(\dfrac{1}{200} + \dfrac{1}{200}\right)}}$$

$$= 1.72976$$

查表知 $Z_\alpha = 1.65$，由于 $Z > 1.65$，检验统计量的样本观测值落入拒绝域，$P = 0.041837$，所以拒绝原假设。样本提供的证据是支持调查者的看法。

三、两个总体方差的检验

在对两个总体的方差进行比较时，通常将原假设和备择假设的基本形式表现成两个总体方差比值与数值1之间的比较关系。由于两个样本方差比值 S_1^2/S_2^2 是两个总体方差比值 σ_1^2/σ_2^2 的理想估计量，当样本量为 n_1 和 n_2 的两个样本分别独立地取自两个正态总体时，检

验统计量为:

$$F = \frac{S_1^2}{S_2^2}(\text{或 } F = \frac{S_2^2}{S_1^2}) \tag{9-17}$$

在双侧假设检验时,通常是用较大的样本方差除以较小的样本方差,这样做是为了能保证拒绝域总发生在 F - 分布的右侧,所以只需将检验统计量的值与右侧的 $\frac{\alpha}{2}$ 分位数进行比较即可做出判断。在左侧检验时,也可以将其安排为右侧检验,如果想检验 σ_1^2 是否大于 σ_2^2,备择假设设为 H_1: $\frac{\sigma_1^2}{\sigma_2^2} > 1$;如果想检验 σ_1^2 是否小于 σ_2^2,备择假设则可设为 H_1: $\frac{\sigma_2^2}{\sigma_1^2} > 1$。

【例 9-7】 某商学院对该院一年级和二年级的同学进行了一次参加课外体育活动情况调查,在这两个年级里各自独立地抽取了 10 名同学在过去一周里参加课外体育活动的累计时间(单位:小时),具体数据见表 9-3。试在 0.05 的显著性水平下,检验该商学院一、二年级同学一周内课外体育活动时间长度的方差是否存在显著差异?

表 9-3 某商学院一、二年级同学一周内课外体育活动情况   单位:小时

一年级	4	2	1	6	4	4	2	8	5	6
二年级	2	3	4	6	5	3	2	8	6	3

解: 将该商学院一年级同学作为样本 1,二年级同学作为样本 2。现在感兴趣的是两个总体方差是否存在显著差异,因而为双侧假设检验问题。建立的原假设与备择假设为:

$$H_0: \frac{\sigma_1^2}{\sigma_2^2} = 1 \qquad H_1: \frac{\sigma_1^2}{\sigma_2^2} \neq 1$$

根据样本数据计算得: $S_1^2 = 4.6222$,$S_2^2 = 3.9556$

利用式(9-17)计算检验统计量:

$$F = \frac{S_1^2}{S_2^2} = \frac{4.6222}{3.9556} = 1.1685$$

由于有检验统计量的数值为 1.1685,处在接受域的 0.2484 和 4.026 之内,因此不拒绝原假设,认为该商学院一年级和二年级同学课外体育活动时间长度的方差之间不存在显著差异。

第四节 Excel 在假设检验中的应用

本节主要介绍如何使用 Excel 进行单一总体均值的检验和两个总体均值的检验。在 Excel 中进行假设检验,除用公式和函数计算外,还备有专用的假设检验工具,包括 Z - 检验工具、t - 检验工具等。使用这些工具,可以直接根据样本数据进行计算,一次给出检验统计量、单侧和双侧临界值以及小于或等于临界值的概率等所需要的数值。

一、用 Excel 进行单一总体均值的 P 值检验

（一）Z - 检验

【例 9-8】 一种机床加工的零件尺寸绝对平均误差为 1.35 毫米。生产厂家准备采用一种新的机床进行加工以期进一步降低误差。为检验新机床加工的零件平均误差与旧机床相比是否有显著降低，从新机床生产的零件中随机抽取 50 个进行检验。50 个零件尺寸的绝对误差（单位：毫米）数据如下。检验新机床加工的零件尺寸的平均误差与旧机床相比是否有显著降低。（$\alpha = 0.01$）

1.26	1.19	1.31	0.97	1.81
1.13	0.96	1.06	1.00	0.94
0.98	1.10	1.12	1.03	1.16
1.12	1.12	0.95	1.02	1.13
1.23	0.74	1.50	0.50	0.59
0.99	1.45	1.24	1.01	2.03
1.98	1.97	0.91	1.22	1.06
1.11	1.54	1.08	1.10	1.64
1.70	2.37	1.38	1.60	1.26
1.17	1.12	1.23	0.82	0.86

这里关心的是新机床加工的零件尺寸的平均误差与旧机床相比是否有显著降低，也就是 μ 是否小于 1.35，属于左侧假设检验。提出的假设为：$H_0: \mu \geqslant 1.35$，$H_1: \mu < 1.35$，其实现 Z - 检验的计算步骤如下：

第一步：打开一个新的 Excel 工作表，将样本数据输入工作表 A2∶E11 中，如图 9-6 所示。

第二步：点击工具栏中"插入"，选中打开的菜单中的"函数"，点击统计函数"AVERAGE"和"STDEV"计算样本的均值以及样本标准差，如图 9-7 和图 9-8 所示。

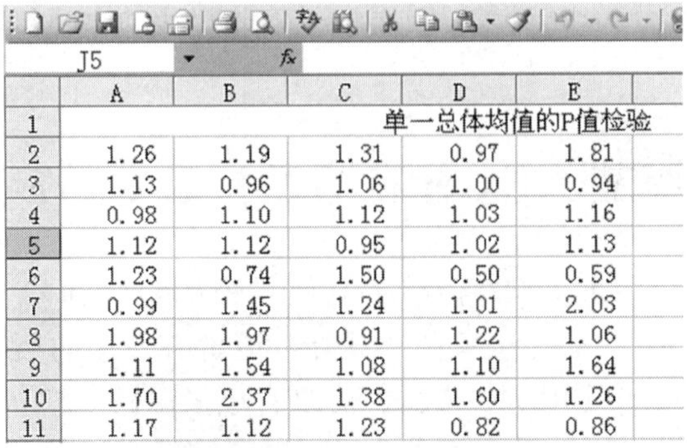

J5　fx

	A	B	C	D	E
1			单一总体均值的P值检验		
2	1.26	1.19	1.31	0.97	1.81
3	1.13	0.96	1.06	1.00	0.94
4	0.98	1.10	1.12	1.03	1.16
5	1.12	1.12	0.95	1.02	1.13
6	1.23	0.74	1.50	0.50	0.59
7	0.99	1.45	1.24	1.01	2.03
8	1.98	1.97	0.91	1.22	1.06
9	1.11	1.54	1.08	1.10	1.64
10	1.70	2.37	1.38	1.60	1.26
11	1.17	1.12	1.23	0.82	0.86

图 9-6　加工零件数据

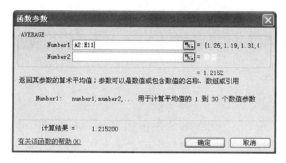

图 9-7　函数 AVERAGE 参数对话框

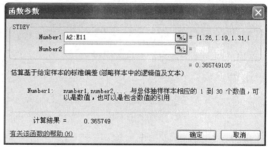

图 9-8　函数 STDEV 参数对话框

计算样本数据得：$\bar{X} = 1.2152$，$n = 50$，$S = 0.365749$

第三步：计算检验统计量。

$$Z = \frac{1.2152 - 1.35}{0.365749 / \sqrt{50}} = -2.6061$$

第四步：点击统计函数"NORMSDIST"，计算单侧 P 值，弹出的下面"函数参数"对话框，在 Z 中键入"2.6061"，就可以得到检验统计，如图 9-9 所示。函数"NORMSDIST"给出的是标准正态分布从 $-\infty$ 到 Z 值的概率，用 1 减去该值即为单侧检验的 P 值，乘以 2 即双侧检验的 P 值。

图 9-9　计算单侧 P 值对话框

第五步：点击确定就可以得到计算结果。

第六步：结果分析。

由于 $P = 1 - 0.995421 = 0.004579 < 0.01$，因而拒绝原假设。结果表明新机床加工的零件尺寸的平均误差与旧机床相比有显著降低。

（二）t - 检验

【例 9-9】　一种汽车配件的长度要求为 12 厘米，高于或低于该标准均被认为是不合格的。汽车生产企业在购进配件时，通常是经过招标，然后对中标的配件提供商提供的样品进行检验，以决定是否采购。现对一个配件提供商提供的 10 个样本进行检验，长度（单位：厘米）结果如下：

　　　　12.2　10.8　12.0　11.8　11.9　12.4　11.3　12.2　12.0　12.3

假设该供货商生产的配件长度服从正态分布,在 0.05 的显著性水平下,检验该供货商提供的配件是否符合要求?

依题意建立的原假设和备择假设为:$H_0: \mu = 12$,$H_1: \mu \neq 12$,其实现 t-检验的计算步骤如下:

第一步:将样本数据输入工作表 A1:J1 中。

第二步:选择统计函数"AVERAGE"和"STDEV"计算样本的均值以及样本标准差。计算方法同上例,分别在两个函数"AVERAGE"和"STDEV"对话框中的"Number1"输入 A1:J1。

单击确定得到计算样本数据:$\bar{X} = 11.89$,$n = 10$,$S = 0.49318$

第三步:计算检验统计量。

$$t = \frac{11.89 - 12}{0.49318 / \sqrt{10}} = -0.7053$$

第四步:采用统计函数"TDIST"计算双侧 P 值。在 X 栏中输入计算出 t 值的绝对值形式 0.7053,Deg_freedom 栏中输入自由度 9,Tails 栏中输入 2,表明是双侧检验(单侧检验则应在该栏中输入 1),如图 9-10 所示。

图 9-10　函数参数对话框

第五步:点击确定就可以得到计算结果。

结果分析。由于 $P = 0.49847 > 0.05$,因而不拒绝原假设,没有证据表明该供货商提供的配件是不符合要求的。

二、用 Excel 进行两个总体均值的检验

(一) Z-检验

【例 9-10】 为了评价两个学校的教学质量,分别在两个学校抽取样本。在 A 学校抽取 30 名学生,在 B 学校抽取 40 名学生,对两个学校的学生同时进行一次英语标准化考试,成绩见表 9-4。假设学校 A 考试成绩的方差为 64,学校 B 考试成绩的方差为 100。检验两个学校的教学质量是否有显著差异。($\alpha = 0.05$)

表 9-4　学校 A 与学校 B 考试成绩

学校 A						学校 B							
70	97	85	87	64	73	76	91	57	62	89	82	93	64
86	90	82	83	92	74	80	78	99	59	79	82	70	85
72	94	76	89	73	88	83	87	78	84	84	70	79	72
91	79	84	76	87	88	91	93	75	85	65	74	79	64
85	78	83	84	91	74	84	66	66	85	78	83	75	74

依题意建立的原假设和备择假设为：$H_0: \mu_1 - \mu_2 = 0$，$H_1: \mu_1 - \mu_2 \neq 0$，其实现 Z-检验的计算步骤如下：

第一步：将样本数据输入工作表中，将 A 学校的成绩输入单元格 A2：A31 中，将 B 学校的成绩输入单元格 B2：B41 中。

第二步：选择"工具"下拉菜单，再选择"数据分析"选项，如图 9-11 所示。

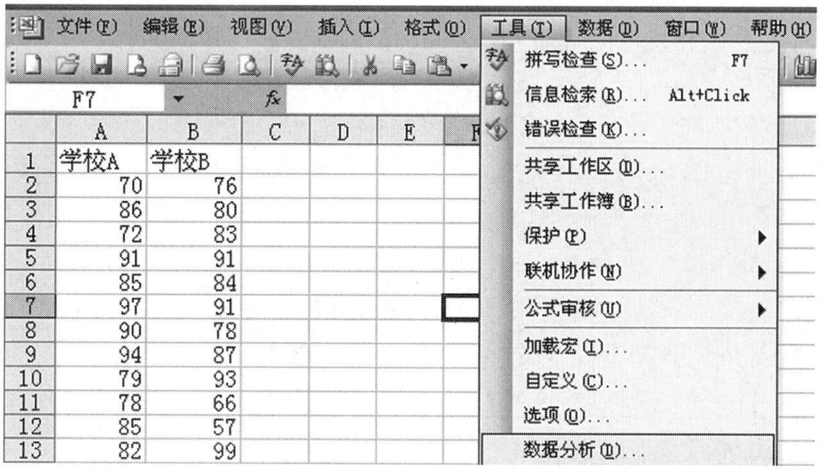

图 9-11　数据分析选项

第三步：在"分析工具"中选择"Z-检验：双样本平均差检验"，如图 9-12 所示。在假设平均差为 0，变量 1 方差为 64，变量 2 方差为 100，其余选项如图 9-13 所示。

第四步：单击确定，得到输出结果如图 9-14 所示。

第五步：结果分析。

图 9-12　数据分析对话框

图 9-13　Z-检验对话框

	A	B	C	D	E	F	G
1	A	B		z-检验：双样本均值分析			
2	70	76					
3	86	80			变量 1	变量 2	
4	72	83		平均	82.5	78	
5	91	91		已知协方差	64	100	
6	85	84		观测值	30	40	
7	97	91		假设平均差	0		
8	90	78		z	2.090574944		
9	94	87		P(Z<=z) 单尾	0.018283092		
10	79	93		z 单尾临界	1.644853627		
11	78	66		P(Z<=z) 双尾	0.036566184		
12	85	57		z 双尾临界	1.959963985		
13	82	99					

图 9-14　用 Excel 计算 Z - 检验结果

由于 $Z = 2.090575 > 1.96$，且 $P = 0.0366 < 0.05$，因而拒绝原假设，即两个学校的教学质量有显著差异。

（二）t - 检验

【例 9-11】 甲、乙两台机床同时加工某种同类型的零件，已知两台机床加工的零件直径分别服从正态分布 $N(\mu_1, \sigma_1^2)$、$N(\mu_2, \sigma_2^2)$，且 $\sigma_1^2 = \sigma_2^2$。为比较两台机床的加工精度有无显著差异，分别独立抽取了甲机床加工的 8 个零件和乙机床加工的 7 个零件，通过测量得到的直径（单位：厘米）数据见表 9-5。在 $\alpha = 0.05$ 的显著性水平下，检验两台机床加工的零件直径是否一致。

表 9-5　两台机床加工零件的样本数据　　　　　　　　　　单位：厘米

机床	零件直径							
甲	20.50	19.80	19.70	20.40	20.10	20.00	19.00	19.90
乙	20.70	19.80	19.50	20.80	20.40	19.60	20.20	

依题意建立的原假设和备择假设为：$H_0: \mu_1 - \mu_2 = 0$，$H_1: \mu_1 - \mu_2 \neq 0$，其实现 t - 检验的步骤如下：

第一步：将样本数据输入工作表中，将 A 机床的零件直径输入 A3：A10 中，将 B 机床的零件直径输入 B3：B9 中。

第二步：选择"工具"下拉菜单，再选择"数据分析"选项，如图 9-15 所示。

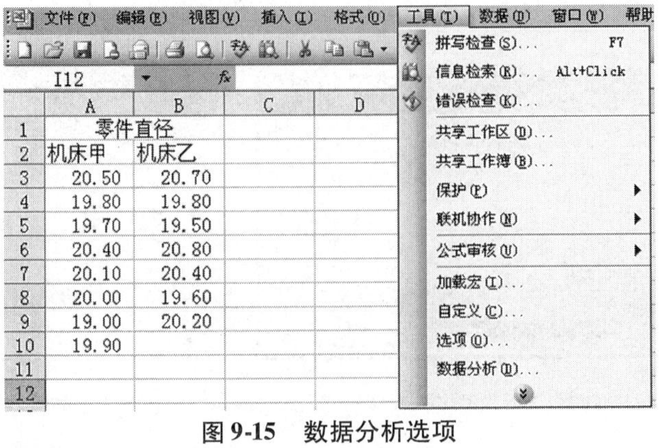

图 9-15　数据分析选项

第三步：在"分析工具"中选择"t - 检验：双样本等方差检验"如图 9-16 所示，并根据题意设置选项，其中假设平均差为 0，如图 9-17 所示。

图 9-16　数据分析对话框

图 9-17　t - 检验对话框

第四步：单击确定，得到输出结果如图 9-18 所示。

	A	B	C	D	E
1	甲	乙			
2	20.5	20.7	t-检验：双样本等方差假设		
3	19.8	19.8			
4	19.7	19.5		变量 1	变量 2
5	20.4	20.8	平均	19.925	20.14285714
6	20.1	20.4	方差	0.216428571	0.272857143
7	20	19.6	观测值	8	7
8	19	20.2	合并方差	0.242472527	
9	19.9		假设平均差	0	
10			df	13	
11			t Stat	-0.854848035	
12			P(T<=t) 单尾	0.204056849	
13			t 单尾临界	1.770933383	
14			P(T<=t) 双尾	0.408113698	
15			t 双尾临界	2.160368652	

图 9-18　用 Excel 计算 t - 检验结果

第五步：结果分析。

由于 $|t| = 0.85485 < 2.16$，且 $P = 0.408 > 0.05$，因而不拒绝原假设，没有证据表明甲、乙两台机床加工的零件直径不一致。

本章小结

所谓假设检验，就是在对总体参数提出假设的基础上，利用样本信息来判断假设是否成立的统计方法。

假设检验的基本思想是应用小概率事件原理。

假设检验所涉及的基本概念主要有：原假设和备择假设；双侧假设检验和单侧假设检验；第Ⅰ类错误及其发生概率以及第Ⅱ类错误及其发生概率；P - 值与临界值。

假设检验的基本步骤包括：提出原假设和备择假设；确定适当的检验统计量；规定显著性水平；确定检验统计量的样本分布；确定统计量的临界区域；计算检验统计量的值并与临界值比较，以作出统计决策。

参数的假设检验主要包括：单个总体参数的检验与两个总体参数的检验。具体为单个总体均值的检验、单个总体成数的检验、单个总体方差的检验；两个总体均值的检验、两个总体成数的检验、两个总体方差的检验。不同情形下，所构造的检验统计量有所不同。

对于总体的参数检验，Excel 提供了 Z - 检验、t - 检验分析工具，也可以综合利用公式与相关函数计算出检验所需的统计量和临界值。

思考与练习

一、选择题

1. 在假设检验中，不拒绝原假设意味着（　　）。
   A. 原假设肯定是正确的　　　　　　　B. 原假设肯定是错误的
   C. 没有证据证明原假设是正确的　　　D. 没有证据证明原假设是错误的

2. 在假设检验中，原假设和备择假设（　　）。
   A. 都有可能成立　　　　　　　　　　B. 都有可能不成立
   C. 只有一个成立而且必有一个成立　　D. 原假设一定成立，备择假设不一定成立

3. 指出下列假设检验形式的写法哪一个是错误的（　　）。
   A. $H_0: \mu = \mu_0, H_1: \mu \neq \mu_0$　　　　B. $H_0: \mu \geq \mu_0, H_1: \mu < \mu_0$
   C. $H_0: \mu \leq \mu_0, H_1: \mu > \mu_0$　　　　D. $H_0: \mu > \mu_0, H_1: \mu \leq \mu_0$

4. 在小样本情况下，当总体方差未知时，检验总体均值所使用的统计量是（　　）。
   A. $Z = \dfrac{\overline{X} - \mu_0}{\sigma/n}$　　B. $Z = \dfrac{\overline{X} - \mu_0}{\sigma/\sqrt{n}}$　　C. $t = \dfrac{\overline{X} - \mu_0}{s/\sqrt{n}}$　　D. $Z = \dfrac{\overline{X} - \mu_0}{s/\sqrt{n}}$

5. 随机抽取一个 $n = 100$ 的样本，计算得到 $\overline{X} = 60$，$s = 15$，要检验假设 $H_0: \mu = 65$，$H_1: \mu \neq 65$，检验的统计量为（　　）。
   A. -3.33　　　B. 3.33　　　C. -2.36　　　D. 2.36

6. 一家汽车生产企业在广告中宣称"该公司的汽车可以保证在2年或24000千米内无事故"，但该汽车的一个经销商认为保证"2年"这一项是不必要的，因为汽车车主在2年内行驶的平均里程超过24000千米。假定这位经销商要检验假设 $H_0: \mu \leq 24000$，$H_1: \mu > 24000$，抽取容量 $n = 32$ 个车主的一个随机样本，计算出两年行驶里程的平均值 $\overline{X} = 24517$ 千米，标准差为 $s = 1866$ 千米，计算出的检验统计量为（　　）。
   A. $Z = 1.57$　　B. $Z = -1.57$　　C. $Z = 2.33$　　D. $Z = -2.33$

7. 从正态总体中随机抽取一个 $n = 25$ 的随机样本，计算得到 $\overline{X} = 17$，$s^2 = 8$，假定 $\sigma_0^2 = 10$，要检验假设 $H_0: \sigma^2 = \sigma_0^2$，则检验统计量的值为（　　）。
   A. $\chi^2 = 19.2$　　B. $\chi^2 = 18.7$　　C. $\chi^2 = 30.38$　　D. $\chi^2 = 39.6$

8. 容量为3升的橙汁容器上的标签标明，该种橙汁的脂肪含量的均值不超过1克，在对标签上的说明进行检验时，建立的原假设和备择假设为 $H_0: \mu \leq 1$，$H_1: \mu > 1$，该检验所犯的第一类错误是（　　）。
   A. 实际情况是 $\mu \geq 1$，检验认为 $\mu > 1$　　B. 实际情况是 $\mu \leq 1$，检验认为 $\mu < 1$
   C. 实际情况是 $\mu \geq 1$，检验认为 $\mu < 1$　　D. 实际情况是 $\mu \leq 1$，检验认为 $\mu > 1$

9. 检验两个总体的方差比时所使用的分布为（　　）。
   A. 正态分布　　　B. t 分布　　　C. χ^2 分布　　　D. F 分布

10. 根据两个随机样本，计算得到 $S_1^2 = 1.75$，$S_2^2 = 1.23$，要检验假设 $H_0: \dfrac{\sigma_1^2}{\sigma_2^2} \leq 1$，$H_1: \dfrac{\sigma_1^2}{\sigma_2^2} > 1$，则检验统计量的 F 值为（　　）。
    A. 1.42　　　B. 1.52　　　C. 1.62　　　D. 1.72

11. 在假设检验中，α 与 β 的关系是（　　）。
    A. 在其他条件不变的情况下，增大 α，必然会减少 β
    B. α 和 β 不可能同时减少
    C. 在其他条件不变的情况下，增大 α，必然会增大 β
    D. 只能控制 α 不能控制 β
    E. 增加样本容量可以同时减少 α 和 β
12. 在假设检验中，当我们作出拒绝原假设而接受备择假设的结论时，表示（　　）。
    A. 有充足的理由否定原假设　　　　B. 原假设必定是错误的
    C. 犯错误的概率不大于 α　　　　　D. 犯错误的概率不大于 β
    E. 在 H_0 为真的假设下发生了小概率事件
13. 给定显著性水平 α，检验假设 H_0 时，若我们接受 H_0，则是（　　）。
    A. H_0 必定为真　　　　　　　　B. 不应该否定 H_0
    C. 小概率事件没有发生　　　　　　D. H_0 不真的概率不超过 α
    E. H_0 不真的概率等于 α
14. 某机场的塔台面临一个决策上的问题：如果荧幕上出现一个小的不规则点，并逐渐接近飞机时，工作人员必须作判断：一切正常，那只是荧幕上受到一点干扰罢了；H_1：可能会发生碰撞意外。在这个问题中，（　　）。
    A. 错误地发出警报属于第一类错误　　B. 错误地发出警报属于第二类错误
    C. 错误地发出警报的概率为 α　　　　D. 错误地发出警报的概率为 β
    E. α 不宜太小。
15. 在假设检验中，与 β 的大小有关的因素有（　　）。
    A. α　　　　　　　　　　　　　　B. n
    C. 检验者人数　　　　　　　　　　D. 检验统计量的分布
    E. 检验时间

二、判断题
1. 第 I 类错误是假设检验中出现的第一种错误，是将不真实的现象检验为真实的现象。（　　）
2. 正态分布总体有两个参数，即均值和方差，当这两个参数确定以后，一个正态分布也就确定了。（　　）
3. 就正态总体而言，假设检验的参数主要是数学期望与方差。（　　）
4. 显著性水平 α 表示的是假设检验中发生第 I 类错误的可能程度。（　　）
5. 原假设的接受与否，与检验统计量有关，与显著性水平 α 无关。（　　）
6. 当 H_1 为真时拒绝 H_1，犯了"弃真"错误。（　　）
7. 假设检验是一种风险决策的方法，使用它有可能犯错误。（　　）
8. 当 H_0 为真时拒绝 H_0，犯了"弃真"错误。（　　）
9. 按照假设检验的形式，可以把假设检验分为左边检验和右边检验。（　　）
10. 若总体为非正态总体，则不能用 Z 检验和 t 检验。（　　）

三、简答题
1. 什么是假设检验的显著性水平？
2. 解释原假设和备择假设？
3. 第 I 类错误和第 II 类错误分别是指什么？它们发生的概率大小之间存在怎样的关系？
4. 如何区分双侧假设检验和单侧假设检验，左单侧假设检验和右单侧假设检验？

5. 假设检验依据的基本原理是什么？

6. 什么是 P 值？利用 P 值进行检验和利用临界值进行检验有什么不同？

四、计算题

1. 某电子元器件生产厂对一批产品进行检测，根据该产品生产质量标准，其使用寿命不低于 2000 小时。根据以往经验，该电子元器件的使用寿命服从正态分布，标准差为 100 小时。质量部从该批产品中随机抽取了 120 个产品进行检测，测得样本均值为 1960 小时，在 $\alpha = 0.01$ 的显著性水平下，检验该批电子元器件的质量是否符合要求？

2. 某电视机厂采用了新的生产技术生产显像管，质监部门随机抽取了 20 个样本，测得样本的平均寿命为 31850 小时，样本标准差为 1300 小时。已知：在采用了新技术前生产的显像管的平均寿命为 30000 小时，显像管的寿命服从正态分布。问：在 $\alpha = 0.05$ 的显著性水平下，新技术采用前与采用后生产的显像管的平均寿命是否有显著差异？

3. 根据长期正常生产的资料可知，某药厂生产的利巴韦林药片重量服从正态分布，其方差为 0.25。现从某日生产的药品中随机抽取 20 片，测得样本方差为 0.43，试问该日生产的利巴韦林药片的重量波动与平时有无差异？（$\alpha = 0.01$）

4. 上海某研究机构欲分析不同专业是否对本科毕业生就业和收入有影响。他们对在上海工作满 4 年的会计专业和市场营销专业的本科毕业生中各随机抽取 12 人进行了一项薪水调查，得到调查数据如下表（单位：万元）。已知会计专业年薪方差为 2.4 万元，市场营销专业年薪方差为 4.1 万元，且这两种专业毕业生年薪均服从正态分布。请在 0.05 的显著性水平下，分析这两个专业的本科毕业生年薪有无显著差异？

会计	6.9	6.8	7.9	7.2	11.8	10.6	6.7	7.6	8	8.6	7	9.2
市场营销	6.4	6.3	9.8	10.8	10.4	7.4	6.2	9	8.5	7.2	13	7.9

5. 某农业研究所新培育了一个改良玉米品种，欲对改良品种玉米和原品种玉米的生长周期进行比较。现随机对两玉米品种各取 12 个样本进行抽样调查，数据如下（单位：天）。这两个总体服从正态分布，问在 0.05 的显著性水平下，改良后的玉米品种的生长周期与原玉米品种是否存在显著差异？

改良前	100	100	99	99	98	101	98	99	99	99	98	99
改良后	100	98	100	99	98	99	98	98	99	100	100	99

第十章 相关与回归分析

本章提要

通过本章学习,重点掌握相关分析的概念和种类;熟悉相关系数的计算和应用;掌握回归分析方法,特别是简单直线回归,能够用最小平方法求回归方程,正确计算估计标准误差,并进行检验;了解相关与回归分析的关系。

社会现象、经济现象和各种自然、生态现象都是在互相联系、互相制约中存在并不断发展变化的。一种现象的存在和发展,往往影响其他现象的发生和发展;众多事物此消彼涨的变化,又会影响一些事物特定的发展变化;现象整体的发展,受制于整体内部各个因素的彼此关联与变化推动,也受到整体外部环境及相关条件的制约与影响,这已是众所周知的事实。相关与回归分析,正是研究和解释现象与现象、事物与事物彼此之间依存度、关联度和因果关系的统计方法。随着计算机科学的不断普及和进步,在现代管理科学、自然科学、特别是计量经济的研究中,相关与回归分析已经成为越来越重要、内容越来越丰富、方法越来越先进、计算操作越来越简便的现代统计方法。

第一节 相关分析概述

在自然科学领域和社会科学领域,许多现象之间都是相互联系、相互制约和相互依存的。一种现象的产生和发展往往受到其他现象的影响,并且这种现象也会影响其他现象的产生和发展。例如,在社会经济生活中,人们对某种商品的需求量会受到该种商品的价格、替代商品的价格等因素的影响,同时该种商品的需求量反过来又影响该商品价格和替代商品的价格等。

一、相关关系的概念

客观世界中的许多现象之间存在着相互依存关系,这种关系,一般可以通过一定的数量关系反映出来。这种数量关系一般分为两种类型:一种是确定性的关系,也称函数关系(functional relation);一种是不确定的关系,即相关关系(correlation relation)。函数关系是指现象(变量)之间存在着的一种固定的、严格的数量依存关系,即当一个现象(自变量)数值的变动,都会有另一个现象(因变量)必有完全确定的数值与之相联系对应,并且这种关系可以用一个数学公式表达出来。函数关系以 $y = f(x)$ 的形式表示。例如,在商品的价格 p 一定的条件下,商品的销售额和商品的销售量之间就是函数关系,设商品的销售额为 y,商品的销

售量为 x，则 $y = px$，商品的销售量 x 确定后，就能完全确定商品的销售额。用图形表示这一函数关系时，所有的对应点都会落在一条直线上，如图 10-1 所示。

相关关系是指变量之间存在密切，但不是严格的依存关系，即当一个变量发生变化时，另外的变量也发生变化，但其变化值是不确定的，往往会出现几个不同的数值与之对应。也就是说，因变量的值不能由一个或几个自变量的值唯一确定。例如，商品的需求量和商品的价格之间存在着非常密切的关系。对一般的商品而言，如果商品的价格提高了，该种商品的需求量会下降；如果价格下降了，则该种商品的需求量会提高。但是商品需求量的变化值是不确定的。因为商品的需求量不仅受价格因素的影响，还受消费者收入，其他相关商品价格，消费者对未来的预期，以及一些不可控制的因素影响，因此，不能根据该种商品的价格精确的求出该种商品的需求量。在统计上，把现象之间存在的这种不确定的关系称为相关关系。从数量上研究现象之间相关关系的理论和方法称为相关分析。相关关系如果用图形来表示，其对应点不完全落在一条理论曲线上，如图 10-2 所示。

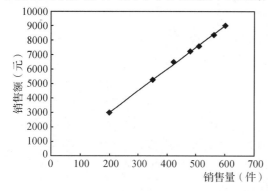
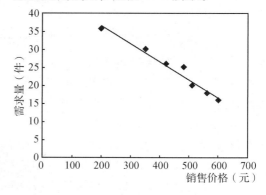

图 10-1 销售额和销售量之间的函数关系　　**图 10-2 商品的销售量和价格之间的关系**

变量间函数关系和相关关系在一定的条件下可以相互转化。具有函数关系的变量，当存在观测误差时，其函数关系往往以相关关系的形式表现出来；而具有相关关系的变量之间的联系，如果对它有了深刻的规律性认识，并且能够把因变量变动的因素全部纳入方程，相关关系也可以转化为函数关系。另外，相关关系也具有某种变动规律，所以，相关关系经常可以用一定的函数形式去近似地描述。

二、相关关系的种类

现象之间的相关关系可以按照不同的标志加以区分。

1. 依据变量之间相关程度的不同

依据变量之间相关程度不同，分为完全相关、不完全相关和完全不相关。当一个现象的数值变动，另一个现象必有确定的值与之对应，这种关系为完全相关（perfect correlation），这种相关关系实际上就是函数关系。例如，在价格不变的条件下，销售额与销售量之间相关关系即为完全相关。可以说，函数关系是相关关系的一种特例。当两个变量互不影响，其数量变化各自独立，称为完全不相关（non-correlation）。例如，学生体重的多少与学生学习成绩的高低是无关的。若两个现象之间的关系介于完全相关和不相关之间，即当一个现象的数值变动，另一个现象有若干个不确定的值与之对应，就称为不完全相关。一般的相关现象都是指这种不完全相关，这是相关与回归分析的研究对象。

2. 依据相关关系的方向不同

依据相关关系的方向不同，分为正相关和负相关。两个现象之间，当一个现象的数值由小变大或由大变小，另一个现象的数值相应的由小变大或由大变小，即现象之间的变动方向相同，这种相关称为正相关(direct correlation)。例如，居民的消费支出随着收入的增长而增加、企业的产品成本总额随着产量的减少而减少等。当一个现象的数值由小变大或由大变小，而另一个现象的数值则相应的由大变小或由小变大，即变化的方向相反，称为负相关(inverse correlation)。例如，商品的流转规模越大流通费用率则越低，企业的产品产量越大则产品的单位成本越低等。

3. 依据相关关系的表现形式不同

依据相关关系的表现形式不同，分为线性相关和非线性相关。当一个现象的数值 x 每增减一个单位，另一个现象的数值 y 按一个大致固定的增减量变化时，将 x，y 的若干变量值描绘在坐标图上，大致呈直线分布，故称为线性相关或直线相关(linear correlation)。例如，在一定的范围内，人均消费水平与人均收入水平、农作物产量与施肥量大致呈直线相关，如图10-3所示。若一个现象的数值 x 每增减一个单位，另一个现象的数值 y 变量也随之变动，但是，其观察值分布近似的在一条曲线上，则现象之间的相关关系为非线性相关或曲线相关(curvilinear correlation)。例如，企业的产品产量每增加一个单位，则单位产品成本逐步降低；随着商品的流转规模的扩大，流通费用率下降的速度逐步趋缓，它们之间是非线性相关关系，如图10-4示。

4. 依据相关变量的数量不同

依据相关变量的数量不同，分为单相关、复相关和偏相关。两个现象的相关，即一个变量对另一个变量的相关关系称为单相关(simple correlation)，也称为简单相关。例如，居民的储蓄额与居民的收入，销售量和销售价格之间的关系。三个或三个以上变量的相关关系称为复相关(multiple correlation)。例如，居民的储蓄额与居民收入和居民消费水平，农作物的产量与施肥量、浇水量、投入的劳动力人数、投入的资本等因素之间的相关关系便是复相关。在研究某一现象与多种现象的相关关系时，假定其他变量不变，其中两个变量的相关关系称为偏相关(partial correlation)。例如，在假定居民消费水平不变的条件下，居民的储蓄额与居民收入的关系就是偏相关。

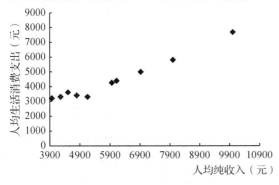

图10-3　线性相关图

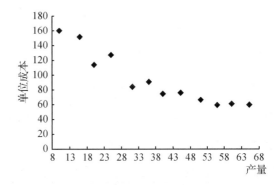

图10-4　曲线相关图

第二节 相关关系的测定

相关关系的判断常常采用以下几种简单的方法。

一、定性分析

定性分析(qualitative analysis)是依据研究者的理论知识、专业知识和实践经验，对客观现象之间是否存在相关关系，以及有何种相关关系做出判断。这种判断的正确与否，取决于对现象的认识程度。一般来说，对现象做过亲自考察，理论知识又比较丰富的人，对现象性质的认识就比较深刻，判断就比较可靠。用定性分析来判断相关关系，对回归与相关这种定量分析来讲，是至关重要的。可以说定性分析是定量分析的前提和基础。

二、相关表和散点图

在定性分析的基础上，对样本资料编制相关表和绘制相关图，可以直观地判断现象之间大致上呈现何种关系的形式，粗略地研究变量间是否存在着相关关系以及相关关系的方向和密切程度。

1. 相关表

相关表(correlation table)是一种统计表。它是直接根据现象之间的原始资料，将一组变量的若干变量值按从小到大的顺序排列，并将另一组变量的值与之对应排列形成的统计表。

【例 10-1】 为了解某县农村居民消费与收入的关系，搜集了 2012 年某县 10 个乡农村居民人均消费支出与人均纯收入的有关资料，将搜集到人均生活消费支出与人均纯收入的数据，编制成相关表，见表 10-1。

从表 10-1 中可以看出，随着人均纯收入的增加，人均消费支出也在不断地增加，两者之间存在一定的正相关关系。

表 10-1 2012 年某县 10 个乡农村居民人均消费支出与收入相关表　　单位：元

名称	人均纯收入	人均消费支出
A	3980	3231
B	4244	3305
C	5150	3350
D	4807	3388
E	4504	3655
F	5958	4254
G	6119	4417
H	6907	5020
I	8004	5804
J	10007	7732

2. 相关图

相关图(correlogram)是直观描述变量之间关系的一种工具,又称散点图。它是利用直角坐标第一象限,将变量 x 置于横轴、变量 y 置于纵轴,再将两变量相对应的变量值用坐标点的形式描绘出来,用以表明坐标点分布状况的图形。如图 10-3 所示,从相关图可以直观地看出,人均消费性支出与人均纯收入之间相关密切,且有线性正相关关系。通过对相关图的观察,还可以大致判断两个变量之间是否存在着相关以及相关的形态、方向和大致的相关程度。

三、相关系数

变量之间相关关系的定量分析(qualitative analysis)主要通过相关系数分析进行。相关表和相关图可反映两个变量之间的相互关系及其相关方向,但无法确切地表明两个变量之间相关的程度。英国著名统计学家卡尔·皮尔逊(Karl Pearson)提出的相关系数可以比较精确的计算和测定两个变量之间的相关程度。相关系数是用以反映变量之间相关关系密切程度的统计指标,又称为积矩相关系数或动差相关系数。即协方差与两个变量标准差乘积的比值,这是没有量纲的、标准化的协方差。依据相关现象之间的不同特征,把反映两变量间线性相关关系的统计指标称为相关系数;把反映两变量间曲线相关关系的统计指标称为非线性相关系数、非线性判定系数;把反映多元线性相关关系的统计指标称为复相关系数、复判定系数等。这里只介绍相关系数。

(一)相关系数的计算

相关系数(coefficient of correlation)是测定变量之间线性相关程度和方向的指标。通常用 ρ 表示总体相关系数,r 表示样本的相关系数。资料没有分组时,总体相关系数的基本计算公式为:

$$\rho = \frac{\sigma_{XY}}{\sigma_X \sigma_Y} \tag{10-1}$$

式中 σ_{XY} ——X 和 Y 两个变量的协方差;

σ_X ——X 的标准差;

σ_Y ——Y 的标准差。

$$\sigma_{XY} = Cov(X,Y) = E\{[X - E(X)][Y - E(Y)]\}$$

$$\sigma_X = \sqrt{E[X - E(X)]^2}$$

$$\sigma_Y = \sqrt{E[Y - E(Y)]^2}$$

则计算样本相关系数的基本公式为:

$$r = \frac{n\sum xy - \sum x \sum y}{\sqrt{n\sum x^2 - (\sum x)^2}\sqrt{n\sum y^2 - (\sum y)^2}} \tag{10-2}$$

相关系数 r 表示两个变量 x 和 y 之间线性关系的密切程度,其值介于 -1 与 1 之间,即 $-1 \leq r \leq 1$,其性质如下:

(1)当 $r > 0$ 时,表示两变量正相关;$r < 0$ 时,表示两变量为负相关。

(2) 当 |r| = 1 时，表示两变量为完全线性相关，即为函数关系。

(3) 当 r = 0 时，表示两变量间无线性相关关系。

(4) 当 0 < |r| < 1 时，表示两变量存在一定程度的线性相关。且 |r| 越接近 1，两变量间线性关系越密切；|r| 越接近 0，表示两变量的线性相关程度越弱。

相关系数按四级划分：|r| < 0.3 为微弱线性相关；0.3 ≤ |r| < 0.5 为低度线性相关；0.5 ≤ |r| < 0.8 为显著线性相关；0.8 ≤ |r| < 1 为高度线性相关。

应注意的是，以上结论必须建立在对相关系数进行显著性检验的基础之上。

根据表 10-1 的资料，可计算相关系数，见表 10-2。

$$r = \frac{n\sum xy - \sum x \sum y}{\sqrt{n\sum x^2 - (\sum x)^2} \sqrt{n\sum y^2 - (\sum y)^2}}$$

$$= \frac{10 \times 287761971 - 59680 \times 44156}{\sqrt{10 \times 388618340 - 59680^2} \sqrt{10 \times 213699500 - 44156^2}}$$

$$= 0.98337$$

表 10-2　相关系数计算表　　　　　　　　　　单位：元

名称	人均纯收入 x	人均消费支出 y	x^2	y^2	xy
A	3980	3231	15840400	10439361	12859380
B	4244	3305	18011536	10923025	14026420
C	4504	3655	20286016	13359025	16462120
D	4807	3388	23107249	11478544	16286116
E	5150	3350	26522500	11222500	17252500
F	5958	4254	35497764	18096516	25345332
G	6119	4417	37442161	19509889	27027623
H	6907	5020	47706649	25200400	34673140
I	8004	5804	64064016	33686416	46455216
J	10007	7732	100140049	59783824	77374124
合计	59680	44156	388618340	213699500	287761971

相关系数为 0.98337，说明该县农村居民人均消费支出与人均纯收入之间呈显著的线性正相关。

(二) 相关系数的检验

一般情况下，总体的相关系数 ρ 是未知的，我们通常是根据样本相关系数 r 作为 ρ 的估计值。由于抽取的样本不同，计算的 r 值也不同，因此 r 是一个随机变量。能否根据样本相关系数说明总体的相关程度，需要对其进行显著性检验。

通常情况下，我们采用费歇提出的 t 分布检验，该检验可用于小样本，也可用于大样本。检验的具体步骤如下：

第一步：提出原假设和备择假设。假设样本是从一个不相关的总体中抽出的，即

$$H_0: \rho = 0 \qquad H_1: \rho \neq 0$$

第二步：计算检验统计量。

$$t = |r|\sqrt{\frac{n-2}{1-r^2}} \tag{10-3}$$

第三步：进行统计决策。根据给定的显著性水平 α 和自由度 $n-2$ 查 t 分布表，查出 $t_{\frac{\alpha}{2}}(n-2)$ 临界值。若计算 t 的绝对值大于 $t_{\frac{\alpha}{2}}(n-2)$ 临界值，则拒绝原假设 H_0，表明两个变量存在显著的线性相关关系。

根据上面计算的相关系数，检验农村居民人均消费支出和人均纯收入之间的相关系数是否显著（$\alpha = 0.05$）。

解：第一步：提出假设。

$$H_0:\rho = 0 \qquad H_1:\rho \neq 0$$

第二步：计算检验统计量。

$$t = |r|\sqrt{\frac{n-2}{1-r^2}} = |0.98337| \times \sqrt{\frac{10-2}{1-0.98337^2}} = 15.32$$

第三步：进行统计决策。根据给定的显著性水平 $\alpha = 0.05$ 和自由度 $10-2=8$ 查 t 分布表，查出 $t_{\frac{\alpha}{2}}(n-2)$ 的临界值为 2.306。由于 $t = 15.32$，大于临界值 $t_{\frac{\alpha}{2}} = 2.306$，所以拒绝原假设 H_0，说明该县农村居民生活消费支出和人均纯收入之间的相关系数显著，即二者之间存在高度的正相关关系。

第三节 简单直线回归分析

简单线性回归分析就是根据一组样本数据，确定出变量之间的数量依存关系，并对这种关系的可信程度进行各种统计检验，然后可利用所求的数学关系式，根据一个变量的取值来预测或估计另一个特定变量的取值。我们把被预测或被解释的变量称为因变量，用 y 表示，把用来预测或解释因变量的一个或多个变量称为自变量，用 x 表示。

一、回归分析的概念

（一）"回归"的来源

"回归"一词是由英国生物学家高尔顿（Francis Galton）在研究人体身高的遗传问题时首先提出的。根据遗传学的观点：父母身材高的，其子女一般也较高，父母身材矮的，其子女身材也较矮。依此推论，祖祖辈辈遗传下来，身高必然向两极分化，而事实上并非如此。同样身高的父亲，其子女身高并不一致。身材很高的子女往往是由身材中等偏上的父母所生，父母身材矮的其子女一般也较矮，但平均起来并不是特别矮。高尔顿把这种人的身高趋向人的平均高度的现象称作回归。虽然这种向中心回归的现象只是特定领域里的结论，并不具有普遍性，但从它所描述的关于自变量和不确定的因变量之间的关系看，和我们现在的回归含义是基本相同的。

回归分析（regression analysis）是寻找具有相关关系的变量间的数学表达式并进行统计推断的一种统计方法。其主要内容包括：

1. 进行参数估计

即如何根据样本观察值对回归模型的参数进行估计，求出具体的回归方程。

2. 进行统计显著性检验

即对回归方程、参数估计值进行显著性检验与校正，以便使回归方程或参数更加优良。

3. 进行预测和控制

如何根据回归方程进行适当的预测和控制是回归分析的最终目的。

(二)回归的种类

回归按照自变量的个数划分为一元回归和多元回归。只有一个自变量的回归称为一元回归，有两个或两个以上自变量的回归称为多元回归。

按照回归曲线的形态划分，有线性(直线)回归和非线性(曲线)回归。实际分析时应根据客观现象的性质、特点、研究目的和任务选取回归分析的方法。

二、相关分析与回归分析的关系

相关分析与回归分析是研究变量之间相关联系的两种统计方法，它们相互联系又相互区别。

(一)相关分析与回归分析的区别

1. 分析的内容不同

相关分析的主要内容是确定现象之间关系呈现的形态或类型、度量关系的密切程度。回归分析则是根据相关关系的具体形态，选择合适的数学模型，来近似的表达现象间的相互依存规律。

2. 研究目的和研究方法上不同

相关分析的目的在于在研究现象之间关系类型、方向及关系的密切程度；在研究时，变量之间的地位是平等的，即在进行相关分析时，不必要确定哪个是自变量，哪个是因变量，且研究的变量可以都是随机变量。而回归分析的研究目的在于确定变量之间相互依存的具体形式，即确定反映现象相互关系的数学方程式，并根据这个方程式由已知量推测未知量，为预测和估算提供一种重要的方法。因此，回归分析必须要确定变量中哪个是自变量，哪个是因变量，且一般来说，回归分析中的自变量是非随机变量，因变量是随机变量。

(二)相关分析与回归分析的联系

尽管相关分析与回归分析研究的内容、目的和方法不同，但有着密切的联系。

1. 相关分析是回归分析的基础和前提

如果缺少相关关系，没有从定性上说明现象间是否具有相关关系，没有对相关关系的密切程度做出判断,就不能进行回归分析,即使勉强进行了回归分析,也没有实际意义。

2. 回归分析是相关分析的深入和继续

仅仅说明现象之间有密切的相关关系是不够的,只有进行了回归分析,拟合了回归方程,才能表明现象数量相关的具体形式。因此,如果仅有回归分析而缺少相关分析,将会因为缺少必要的基础和前提而影响回归分析的可靠性;如果仅有相关分析而缺少回归分析,就会降低相关分析的意义。只有把两者结合起来,才能达到统计分析的目的。

相关分析与回归分析可以加深人们对客观现象之间关系的认识,因而是对客观现象进行分析的有效方法。但是,它们也存在一定的局限性。现象之间是否存在真实的相关关系是由现象的内部联系所决定的。相关分析与回归分析虽然可以从数量上近似地反映现象之间的依存规律关系和关系的密切程度,但是无法准确地判断现象内在联系的有无,也无法确定何种现象为因何种现象为果。现象的内在联系和因果关系的确定必须以相关理论为指导,结合专业知识和实践经验进行分析研究才能解决。对没有内在联系的现象进行相关回归分析,不但没有实际意义,反而会导致荒谬的结论。因此,在运用相关分析与回归分析时,一定要定性分析与定量分析相结合,在定性分析的基础上进行定量分析。

三、简单线性回归模型

对于具有线性因果关系的两个变量,由于有随机因素的干扰,两变量的线性关系中应包括随机误差项 u,即有:

$$y = a + bx + u \tag{10-4}$$

对于 x 某一确定的值,其对应的 y 值虽有波动,但在大量观察中随机误差的期望值为零,即 $E(u) = 0$,因而从平均意义上说,总体线性回归方程为:

$$y = E(y) = a + bx \tag{10-5}$$

式中 a——回归直线的截距项,即 x 为 0 时 y 的值,从数学意义上理解,它表示在没有自变量 x 的影响时,其他各种因素对因变量 y 的平均影响;

b——回归系数(直线的斜率),表示自变量 x 每变动一个单位时,因变量 y 平均变动 b 个单位。

我们可通过样本观察值计算参数 a,b 的估计值,求得参数的估计值后,即求得样本回归方程,用它对总体线性回归方程进行估计。样本回归直线方程又称一元线性回归方程,其表达形式为:

$$\hat{y} = \hat{a} + \hat{b}x \tag{10-6}$$

式中 $\hat{y}$——因变量的估计值(回归理论值);

$\hat{a},\hat{b}$——待定参数 a 和 b 的估计值。

一元线性回归方程中的待定参数是根据样本数据资料估计确定的。确定回归方程就是要找出 a 与 b 的估计值 $\hat{a}$ 及 $\hat{b}$,使直线 $\hat{y} = \hat{a} + \hat{b}x$ 总体看来与所有的散点最接近,即确定最优的 $\hat{a}$ 与 $\hat{b}$,统计学上常采用最小二乘法(ordinary least squares estimation,亦称最小平方法)。

设样本回归模型为:

$$y = \hat{a} + \hat{b}x + e \tag{10-7}$$

于是有：
$$e = y - \hat{a} - \hat{b}x = y - \hat{y}$$

从公式(10-6)可以看出，$\hat{a}$ 和 $\hat{b}$ 取不同值就有不同的样本回归直线，从而有不同的残差 e。为了保证残差最小，希望 e 接近于 0，但由于有 n 个 e，还必须考虑总体残差最小，又因为 e 可能存在正负相互抵消，$\sum e$ 最小不能真正表达总体残差最小的思想。故此又想到使 $\sum e$ 最小，但使 $\sum e$ 达到最小，确定参数估计值的计算较为复杂，最终选择普通最小二乘法确定 $\hat{a}$ 和 $\hat{b}$，就是估计使得所有 y 的估计值与观察值的残差平方和 $\sum e^2$ 达到最小的参数 $\hat{a}, \hat{b}$，即：

$$Q = \sum (y - \hat{y})^2 = \sum (y - \hat{a} - \hat{b}x)^2$$

这就是最小二乘法的基本原理。

根据微积分中求极值的原理可知，Q 存在极小值，对 Q 求相应于 $\hat{a}, \hat{b}$ 的偏导数并令其为零，便可求出 $\hat{a}, \hat{b}$，即：

$$\begin{cases} \dfrac{\partial Q}{\partial \hat{a}} = -2\sum(y - \hat{a} - \hat{b}x) = 0 \\ \dfrac{\partial Q}{\partial \hat{b}} = -2\sum x(y - \hat{a} - \hat{b}x) = 0 \end{cases} \quad (10\text{-}8)$$

经整理后得到求解 $\hat{a}, \hat{b}$ 的标准方程组：

$$\begin{cases} n\hat{a} + \hat{b}\sum x = \sum y \\ \hat{a}\sum x + \hat{b}\sum x^2 = \sum xy \end{cases} \quad (10\text{-}9)$$

解上述方程组，得求解 $\hat{a}, \hat{b}$ 的公式：

$$\begin{cases} \hat{b} = \dfrac{n\sum xy - \sum x \sum y}{n\sum x^2 - (\sum x)^2} \\ \hat{a} = \bar{y} - \hat{b}\bar{x} \end{cases}$$

【例 10-2】 以【例 10-1】的样本数据，拟合某县农村居民人均消费与人均纯收入的一元线性回归估计方程，见表 10-3。

表 10-3　回归分析计算表　　　　　　　　单位：元

名称	人均纯收入 x	人均消费支出 y	x^2	y^2	xy	$\hat{y}$	$y - \hat{y}$	$(y - \hat{y})^2$
A	3980	3231	15840400	10439361	12859380	2930.56	300.43	90264.19
B	4244	3305	18011536	10923025	14026420	3127.77	177.23	31411.18
C	4504	3655	20286016	13359025	16462120	3321.99	333.01	110896.99
D	4807	3388	23107249	11478544	16286116	3548.33	-160.33	25705.39
E	5150	3350	26522500	11222500	17252500	3804.55	-454.55	206615.7
F	5958	4254	35497764	18096516	25345332	4408.13	-154.13	23754.82

(续)

名称	人均纯收入 x	人均消费支出 y	x^2	y^2	xy	$\hat{y}$	$y-\hat{y}$	$(y-\hat{y})^2$
G	6119	4417	37442161	19509889	27027623	4528.39	-111.38	12408.4
H	6907	5020	47706649	25200400	34673140	5117.03	-97.02	9414.63
I	8004	5804	64064016	33686416	46455216	5936.49	-132.49	17553.07
J	10007	7732	100140049	59783824	77374124	7432.73	299.27	89563.13
合计	59680	44156	388618340	213699500	287761971	44155.96	0.00	617587.51

解： 第一步：绘制相关图。设人均消费支出为 y，人均纯收入为 x，建立直角坐标，绘制相关图（见图 10-3）。由散点图形看出两者的线性关系，可以配合简单直线回归方程。

第二步：建立直线回归方程：

$$\hat{y} = \hat{a} + \hat{b}x$$

第三步：估计参数。列表计算有关数据（见表 10-3），计算结果得：

$$\hat{b} = \frac{n\sum xy - \sum x \sum y}{n\sum x^2 - (\sum x)^2} = \frac{10 \times 287761971 - 59680 \times 44156}{10 \times 388618340 - 59680^2} = 0.7470$$

$$\hat{a} = \bar{y} - \hat{b}\bar{x} = \frac{44156}{10} - 0.7470 \times \frac{59680}{10} = -42.50$$

所求简单直线回归方程为：$\hat{y} = -42.50 + 0.7470x$

式中的 b 称为回归系数，可为正数或负数（分别表明变量 x 与 y 为正相关或负相关），表示 x 变量值每增加（或减少）一个单位，y 变量的平均变动值。计算结果表明：农村居民纯收入每增加 1 元，人均生活消费支出平均增加 0.7470 元，两者为正相关关系。

四、回归估计标准误差

1. 估计标准误差的计算

估计标准误差用来测度各实际值在回归直线周围的分布状况。它可以被看做是排除了 x 对 y 的影响后，y 随机波动大小的一个估计量。通常用 s_y 代表估计标准误差，其计算公式为：

$$S_y = \sqrt{\frac{\sum(y-\hat{y})^2}{n-2}} = \sqrt{\frac{ESS}{n-2}} \quad (10\text{-}10)$$

从计算公式中可以看出，它直观地反映了实际值 y 与用估计回归方程预测因变量 $\hat{y}$ 值时的误差大小。若估计标准误差小，表明各观察点与回归直线的距离近，回归直线对各观察值的代表性好，用回归直线预测的误差小，准确度高。残差平方和除以其自由度 $n-2$ 的结果称为残差均方，从计算公式中也可以看出，估计标准误差是残差均方的平方根。残差平方和越大，各观察值与直线的距离越远，残差均方的方根的值越大，回归直线的拟合优度越差。

表 10-3 的资料说明估计平均误差的计算过程。

将计算表的有关资料代入公式（10-10）得：

$$S_y = \sqrt{\frac{\sum(y-\hat{y})^2}{n-2}} = \sqrt{\frac{617587.51}{8}} = 277.85$$

结果表明估计标准差是 277.85 元。

2. 回归估计标准差与一般标准差

回归估计标准差与前面介绍的标准差的计算原理是一致的，两者都是反映平均差异程度和代表性的指标。一般标准差反映的是各变量值与其平均数的平均差异程度，表明其平均数对各变量值的代表性强弱；回归标准误差反映的是因变量各实际值与其估计值之间的平均差异程度，表明其估计值对各实际值的代表性强弱，其值越小，估计值 $\hat{y}$（或回归方程）的代表性越强，用回归方程估计或预测的结果越准确。上述的计算结果 277.85 元表明实际成本总额与估计的成本总额之间的平均相差 277.85 元。

3. 回归系数的显著性检验

回归系数（coefficient of regression）的显著性检验就是要检验自变量对因变量的影响是否显著的问题。在一元回归模型 $y = a + bx + u$ 中，如果回归系数 $b = 0$，说明两个变量没有线性关系。如果 $b \neq 0$，也不能肯定得出两个变量有线性关系的结论，而要看这种关系是否具有统计上的显著性。回归系数的显著性检验就是要检验回归系数 b 是否等于零，通常采用 t 检验。检验步骤如下：

第一步：提出假设。

$$H_0: b = 0 \qquad H_1: b \neq 0$$

第二步：计算统计检验量。

$$t = \frac{\hat{b}}{s_{\hat{b}}} \tag{10-11}$$

$$S_{\hat{b}} = \frac{s_y}{\sqrt{\sum x^2 - \frac{1}{n}(\sum x)^2}} \tag{10-12}$$

第三步：做出统计决策。根据给定的显著性水平 α、自由度 $n-2$ 查 t 分布表，得到相应的临界值 $t_{\frac{\alpha}{2}}(n-2)$，若统计检验量 t 的绝对值大于查得的临界值 $t_{\frac{\alpha}{2}}$，拒绝 H_0，表明自变量 x 对因变量 y 的影响是显著的，即两个变量之间的线性关系是显著的，反之，不能认为二者之间存在显著的线性关系。

【例 10-3】 利用【例 10-2】的有关资料，对估计回归方程的回归系数进行显著性检验。($\alpha = 0.05$)

解：第一步：提出假设。

$$H_0: b = 0 \qquad H_1: b \neq 0$$

第二步：计算统计检验量。

$$t = \frac{\hat{b}}{S_{\hat{b}}} = \frac{0.7470}{0.0369} = 20.24$$

第三步：做出统计决策。

根据给定的显著性水平 $\alpha = 0.05$ 和自由度 $n - 2 = 8$ 查 t 分布表，查出 $t_{\frac{\alpha}{2}}(n-2)$ 的临

界值为 2.306。由于 $t = 20.24$，大于临界值 $t_{\frac{\alpha}{2}} = 2.306$，所以拒绝原假设 H_0，说明该县农村居民人均消费支出和人均纯收入之间的回归系数显著，即二者之间的线性关系是显著的。

第四节　回归方程的显著性检验

根据总体的一个随机样本建立的估计回归方程，由于受抽样误差的影响，它所确定的变量之间的依存关系是否显著、直线对数据的拟和程度如何，还必须对其进行统计检验，只有通过了统计检验，才能用于预测或估计。如果经过统计检验发现方程有缺陷，则必须回到模型的设定阶段或参数估计阶段，重新选择因变量和自变量及其函数形式，或者对数据进行加工整理之后再次估计参数。统计检验具体分为两个方面：拟合优度的评价、显著性检验。

一、判定系数

判定系数(coefficient of determination)也称可决系数，是说明回归直线拟合优度最常用的数量指标，用 R^2 表示。拟合优度是指样本观察值聚集在估计回归直线周围的紧密程度。回归方程 $\hat{y} = \hat{a} + \hat{b}x$ 在一定程度上描述了 x 和 y 变量的数量关系，根据这一方程，可以根据 x 的具体数值来估计或预测 y 的取值，估计或预测准确程度取决于回归直线对观察数据的拟合程度。可以想象，如果各个观察值的点都落在回归直线上，那么回归直线就是对数据的完全拟合，直线充分代表了各个点，说明两个变量是函数关系，用 x 的值预测或估计 y 的值没有误差。各观察点越是紧密围绕直线，直线对观察值的拟合程度越好，反之则越差。

因变量 y 的取值是不同的，y 取值的这种波动称为变差。变差产生的原因来自于自变量 x 取值的不同和除 x 以外的其他因素。对一个具体的观察值来说，变差的大小可以用实际值 y 与其均值 $\bar{y}$ 之差 $(y - \bar{y})$ 来表示，而所有观察值的总变差可以用其平方和来表示，称为总平方和，记为 SST，即

$$SST = \sum (y - \bar{y})^2 \qquad (10\text{-}13)$$

每个观察值的离差都可以分解为两个部分：

$$y - \bar{y} = (\hat{y} - \bar{y}) + (y - \hat{y}) \qquad (10\text{-}14)$$

将式(10-14)两边平方，并对所有观察值求和：

$$\sum (y - \bar{y})^2 = \sum (\hat{y} - \bar{y})^2 + \sum (y - \hat{y})^2 \qquad (10\text{-}15)$$

即总平方和可以分为两部分：一部分是因变量的理论回归值 $\hat{y}$ 与其均值 $\bar{y}$ 的离差平方和，即 $\sum (\hat{y} - \bar{y})^2$，它们可以看成是能够由回归方程解释的部分，称为回归平方和，记为 RSS，另一部分是不能够由回归直线加以解释的部分，即各观察值与理论回归值的离差平方和 $\sum (y - \hat{y})^2$，称为残差平方和，记为 ESS。三个平方和的关系为：

总平方和 = 回归平方和 + 残差平方和

$$TSS = RSS + ESS \tag{10-16}$$

回归直线拟合的好坏取决于 RSS 与 ESS 的大小，确切的说，取决于回归平方和占总平方和比重 RSS/TSS 的大小。若各观察值越靠近直线，比重 RSS/TSS 越大，反之，比重 RSS/TSS 越小。我们将比重 RSS/TSS 定义为判定系数（或可决系数），记作 R^2，即：

$$R^2 = \frac{RSS}{TSS} = \frac{\sum(\hat{y}-\bar{y})^2}{\sum(y-\bar{y})^2} = 1 - \frac{\sum(y-\hat{y})^2}{\sum(y-\bar{y})^2} \tag{10-17}$$

判定系数 R^2 是回归方程拟合优度的综合度量。若所有观察值都落在直线上，残差平方和为 $ESS=1$，则 $R^2=1$，说明拟合是完全的；若 y 的变化与 x 的取值无关，此时 $\hat{y}=\bar{y}$，则 $R^2=1$。R^2 的取值范围是 $[0,1]$。R^2 越接近于 1，表明回归平方和占总平方和的比重越大，回归直线与各观察点越近，用 x 的变化来解释 y 值变差的部分越多，回归直线的拟合优度就越好；反之，R^2 越接近于 0，回归直线的拟合优度就越差。

根据【例 10-2】的相关数据，求农村居民人均消费对人均纯收入的判定系数为：

$$R^2 = \frac{RSS}{TSS} = 1 - \frac{617587.51}{18724266.4} = 0.967017$$

计算结果表明，在消费支出变差中，有 96.7% 可以由消费支出与农村居民纯收入之间的线性关系来解释，或者说，消费支出的变动中，有高达 96.7% 是由农村居民纯收入决定的，可见，回归方程的拟合优度好。

二、F 检验

F 检验是检验回归方程是否真正线性相关的一种方法，它是在对总离差平方和分解的基础上进行的。

线性关系的检验是检验自变量 x 与因变量 y 之间的线性关系是否显著，或者说，它们之间能否用一个线性模型来表示。通常采用 F 检验，检验统计量 F 为：

$$F = \frac{RSS/1}{ESS/(n-2)} = \frac{MSR}{MSE} \tag{10-18}$$

式中　MSE——残差均方；

　　　MSR——回归均方，是回归平方和 RSS 除以其自由度 1（自变量的个数）。

检验的具体步骤如下：

第一步：提出假设。

$$H_0: b=0 \quad H_1: b_2 \neq 0$$

第二步：计算检验统计量 F。

第三步：做出统计决策。根据给定的显著性水平 α、分子的自由度为 1 和分母的自由度 $n-2$ 查 F 分布表，得到相应的临界值 F_α。若计算的检验统计量 F 大于 F_α 临界值，拒绝原假设 H_0，表明两个变量之间的线性关系是显著的，反之，不拒绝原假设 H_0，即没有证据表明两个变量之间的线性关系显著。

【例 10-4】　根据【例 10-2】的相关数据，对农村居民生活消费与人均纯收入之间的线性关系进行检验。（$\alpha=0.05$）

解：第一步：提出原假设。

$$H_0 : b = 0$$

第二步：计算检验统计量 F。

$$F = \frac{RSS/1}{ESS/(n-2)} = \frac{MSR}{MSE} = \frac{18106678.89}{77198.44} = 234.55$$

第三步：做出统计决策。根据给定的显著性水平 $\alpha = 0.05$、分子的自由度为 1 和分母的自由度为 $n-2 = 8$ 查 F 分布表，得到相应的临界值 $F_\alpha = 5.32$。由于检验统计量 $F = 234.55$ 大于 $F_\alpha = 5.32$ 临界值，故拒绝原假设 H_0，表明农村居民消费支出和人均纯收入两个变量之间的线性关系是显著的。

三、回归方程的估计和预测

拟合回归方程的主要目的是根据自变量取值对因变量进行预测或估计。预测或估计的方法有点估计和区间估计。

1. 点估计

点估计（point estimation）是利用估计的回归方程，根据一个特定的 x 值而求出 y 的值。例如，我们得到农村居民人均消费支出与人均纯收入一元线性回归估计方程：$\hat{y} = -42.50 + 0.7470x$。若我们要估计农村居民人均纯收入为 5000 元时的消费支出，便可将 $x = 5000$ 代入回归方程计算，得：

$$\hat{y} = -42.50 + 0.7470x = -42.50 + 0.7470 \times 5000 = 3692.50 \text{（元）}$$

即，当农村居民人均纯收入为 5000 元时，消费支出平均为 3692.50 元。

点估计的优点是简单、便捷，但未表明估计的准确性和精确性。

2. 区间估计

为确切地知道估计的准确性和精确性，就需要进行区间估计（interval estimation）。区间预测在很大程度上比点预测更有价值，因为它考虑到了点预测必然存在的随机偏差。区间预测的范围及其上下限，是我们进行相关的经济、经营决策的重要根据。

y 的估计区间是指对给定的一个 x 值，y 的个别值的置信区间，又称为预测区间，为：

$$E(\hat{y}_0) = \hat{y}_0 \pm t_{\frac{\alpha}{2}} \times S_y \sqrt{1 + \frac{1}{n} + \frac{(x_0 - \bar{x})^2}{\sum (X - \bar{x})^2}} \quad (10\text{-}19)$$

【例 10-5】 根据【例 10-2】的资料估计回归方程，求 $x_0 = 5000$ 元时，农村居民消费支出置信水平为 95% 的预测区间。

解： 当 $x_0 = 5000$ 元时，$\hat{y}_0 = -42.50 + 0.7470 \times 5000 = 3692.50$，将有关数据代入式（10-19），得：

$$E(\hat{y}_0) = 3692.50 \pm 2.306 \times 277.85 \times \sqrt{1 + \frac{1}{10} + \frac{(5000 - 5968)^2}{32448100}}$$
$$= 3692.50 \pm 723.30$$

即：$2969.20 \leq \hat{y}_0 \leq 4415.80$

也就是说，若某省农村居民的人均纯收入为 5000 元时，有 95% 的把握估计，其消费支出在 2969.20 元到 4415.80 元之间。

由此可见，我们在用回归方程进行估计或预测时，通常应限于样本范围之内。超过这一范围的外推估计(或称预测)必须十分谨慎。因为根据样本数据建立的一元线性回归方程只是对总体的近似描述，超出样本值之外的实际数据可能不是线性关系，因而，偏离样本平均数 $\bar{x}$ 越远的估计或预测，其结果越不可靠。

回归分析方法的应用要特别注意定性分析与定量分析相结合。当现阶段的实际情况与建模时所用数据资料的背景发生较大变化时，不能机械地死套公式，这时要重新收集数据，尽可能用近期数据，以便对模型进行修改。另外，在应用回归方程作预测时，一般适用于内插预测，不大适用于外推预测。如需扩大使用范围，应有充分的理论依据或进一步的试验根据。

在统计过程中，有时也会遇到一个变量受多种变量因素的共同影响的情况。如在进行制造费用的分析时，费用可能受到机器工作小时和直接人工工时的共同影响，这时可根据若干历史时期的产量、成本资料，经分析、计量后，确定变动趋势 $y = a + b_1x_1 + b_2x_2$，这就是多元线性回归分析法。在进行多元分析时，也要进行各种检验，检验通过后才能进行分析预测。

第五节 多元线性回归分析

客观事物之间的联系错综复杂，事物的变化往往受两个或两个以上因素的影响。全面揭示它们之间的依存关系，准确地测定其数量联系，可以提高估计或预测的准确程度。对两个或两个以上自变量对因变量依存关系的分析即为多元回归分析。多元线性回归分析的原理和方法与一元线性回归基本相同，只是自变量增多，计算更复杂。

一、多元线性回归模型及多元线性回归方程

1. 多元线性回归模型

多元线性回归分析研究的是因变量 y 怎样依赖于多个自变量 x。在通常情况下，我们把自变量的个数用 p 表示。

描述因变量 y 如何依赖于多个自变量 $x_1, x_2, \cdots, x_p$ 和误差项 u 的方程称为多元回归模型，可表示为：

$$y = \beta_0 + \beta_1x_1 + \beta_2x_2 + \cdots + \beta_px_p + u \qquad (10\text{-}20)$$

在多元线性回归模型中，$\beta_1, \beta_2, \cdots, \beta_p$ 是参数，u 是随机变量，$\beta_0 + \beta_1x_1 + \beta_2x_2 + \cdots + \beta_px_p$ 反映了由于 x_p 的变化而引起的 y 的线性变化；u 反映除了 x_p 和 y 之间的线性关系之外的随机因素对 y 的影响，是不能由 x 和 y 之间的线性关系所解释的变异性。

我们把描述 y 的期望值如何依赖于多个自变量 $x_1, x_2, \cdots, x_p$ 的数学方程称为多元回归方程，其形式为：

$$E(y) = \beta_0 + \beta_1x_1 + \beta_2x_2 + \cdots + \beta_px_p \qquad (10\text{-}21)$$

2. 估计的多元线性回归方程

如果 $\beta_0, \beta_1, \beta_2, \cdots, \beta_p$ 已知，根据给定的 $x_1, x_2, \cdots, x_p$ 的值，可以根据式(10-20)计算

y 的均值。但是，这些参数是未知的，需要我们用样本数据去计算样本统计量 $b_0, b_1, \cdots, b_p$，作为 $\beta_0, \beta_1, \beta_2, \cdots, \beta_p$ 的估计值，这样，就得到估计的回归方程：

$$\hat{y} = a + b_1 x_1 + b_2 x_2 + \cdots + b_p x_p \tag{10-22}$$

式中　$\hat{y}$——因变量 y 的估计值；

　　　$b_0, b_1, \cdots, b_p$——偏回归系数；

　　　b_1——当 $x_2, x_3, \cdots, x_p$ 不变时，x_1 每变动一个单位因变量 y 的平均变动量；

　　　b_2——当 $x_1, x_3, \cdots, x_p$ 不变时，x_2 每变动一个单位因变量 y 的平均变动量，其他偏回归系数的含义以此类推。

3. 参数的最小二乘估计

用最小二乘法建立了估计的一元线性回归方程，同样，可以利用该方法建立估计的多元回归方程。

最小二乘法是利用样本数据，使变量的观察值 y 与估计值 $\hat{y}$ 之间的离差平方和 Q 达到最小来求得参数的方法。即：

$$\begin{aligned} Q &= \sum (y - \hat{y})^2 \\ &= \sum (y - a - b_1 x - b_2 x_2 - \cdots - b_p x_p)^2 \end{aligned} \tag{10-23}$$

根据微积分中求极值的原理，对 Q 求相应于 $a, b_1, b_2, \cdots, b_p$ 的偏导数并令其为零，加以整理后可得到求解参数的由 p 个方程构成的标准方程组。以二元回归为例，标准方程组如下：

$$\begin{cases} \sum y = na + b_1 \sum x_1 + b_2 \sum x_2 \\ \sum x_1 y = a \sum x_1 + b_1 \sum x_1^2 + b_2 \sum x_1 x_2 \\ \sum x_2 y = a \sum x_2 + b_1 \sum x_1 x_2 + b_2 \sum x_2^2 \end{cases} \tag{10-24}$$

根据方程组求解参数 a, b_1, b_2。

【例 10-6】 2012 年某乡抽取 10 户人均纯收入和消费支出及家庭人口数资料见表 10-4。通过分析，我们认为居民消费除了受可支配收入影响以外，还与家庭人口数有关系，为此，我们又引进家庭人口数这一变量进行分析，有关数据见表 10-4。根据表中数据建立消费支出 y 与人均纯收入 x_1、家庭人口数 x_2 的线性回归方程，并说明各回归系数的意义。

表 10-4　居民消费支出和家庭人口数与人均收入表

名称	人均消费支出 y（元）	人均纯收入 x_1（元）	家庭人口数 x_2（人）	x_1^2	x_2^2	$x_1 x_2$	$x_1 y$	$x_2 y$
A	3231	3980	2	15840400	4	7960	12859380	6462
B	3305	4244	2	18011536	4	8488	14026420	6610
C	3655	4504	2	20286016	4	9008	16462120	7310
D	3388	4807	3	23107249	9	14421	16286116	10164
E	3350	5150	3	26522500	9	15450	17252500	10050
F	4254	5958	4	35497764	16	23832	25345332	17016

（续）

名称	人均消费支出 y（元）	人均纯收入 x_1（元）	家庭人口数 x_2（人）	x_1^2	x_2^2	$x_1 x_2$	$x_1 y$	$x_2 y$
G	4417	6119	2	37442161	4	12238	27027623	8834
H	5020	6907	4	47706649	16	27628	34673140	20080
I	5804	8004	4	64064016	16	32016	46455216	23216
J	7732	10007	5	100140049	25	50035	77374124	38660
	44156	59680	31	388618340	107	201076	287761971	148402

解：将表 10-4 中的数据代入式（10-24）中，得

$$\begin{cases} 44156 = 10a + 59680b_1 + 31b_2 \\ 287761971 = 59680a + 388618340b_1 + 201076b_2 \\ 148402 = 31a + 201076b_1 + 107b_2 \end{cases}$$

解联立方程，得

$$\hat{y} = -18.7185 + 0.8285x_1 - 164.616x_2$$

回归系数 $b_1 = 0.8285$ 表示，在家庭人数不变的条件下，农村居民人均收入每增加 1 元，消费支出平均增加 0.8285 元。回归系数 $b_2 = -164.616$ 表示，在人均纯收入不变的条件下，家庭人口每增加 1 人，消费支出平均减少 164.616 元，即，在相同的人均纯收入条件下，由于家庭人口的增加，居民的消费水平将下降。

二、多元线性回归方程检验

与一元线性回归方程一样，多元线性回归必须进行检验才能用于预测或估计。检验的内容为：判定回归方程的拟合优度；显著性检验。

（一）回归方程的拟合优度

与一元回归方程类似，用判定系数和估计标准误差来检验拟合的优度。

1. 判定系数

在多元回归分析中，总平方和的分解公式依然成立，同样有

总平方和 = 回归平方和 + 残差平方和

即

$$TSS = RSS + ESS$$

多元回归的判定系数用 R^2 表示。

$$R^2 = \frac{RSS}{TSS} = 1 - \frac{ESS}{TSS} \tag{10-25}$$

R^2 意义是：在因变量 y 的总变差中，能被估计的回归方程解释的比例。该比例越大，估计的回归方程拟合越好，反之，拟合越差。

需要注意的是，多元回归分析中，在样本容量一定的条件下，总平方和与自变量的个数无关，但残差平方和 ESS 会随着自变量的增多而不断降低。由于回归平方和 $RSS = TSS - ESS$，所以回归平方和将随之增大，从而使 R^2 变大。就是说，如果模型中增加一个

自变量，即使这个自变量并不显著，R^2 也会变大，使我们高估回归方程的拟合优度。为了避免增加自变量而高估 R^2，统计学家们提出用样本容量 n 和自变量的个数 p 去修正 R^2，用修正的判定系数说明回归方程的拟合优度。

【例 10-7】 对上面的估计多元回归方程的拟合优度进行判断。

解： 回归平方和 = 18186437，残差平方和 = 537829.1，总平方和 = 18724266，代入式（10-25）可得判定系数：

$$R^2 = \frac{18186437}{18724266} = 1 - \frac{537829.1}{18724266} = 0.971276$$

数据说明，在多元回归方程的总变差中，有 97.1276% 可由农村居民人均纯收入和家庭人数来解释；消除了样本容量和自变量个数影响因素之后，仍然有 96.307% 的比重可由居民人均纯收入和家庭人数来解释，说明估计回归方程的拟合优度好。

2. 估计标准误差

多元回归方程的估计误差计算公式为：

$$S_y = \sqrt{\frac{\sum (y_i - \hat{y}_i)^2}{n - p - 1}} = \sqrt{\frac{ESS}{n - P - 1}} \tag{10-26}$$

公式中的 p 为自变量的个数。估计标准误差反映了因变量的实际值与估计值的平均误差。估计标准差越小，估计的结果越准确，反之，估计的准确度越低。

（二）显著性检验

多元回归方程的显著性检验包括两方面的内容：回归系数的检验和回归方程的检验。

1. 回归系数的检验

回归系数检验的目的是为了检验与各回归系数对应的各自变量对因变量的影响是否显著，以便对自变量的取舍做出判断。一般来说，通过检验发现某个自变量不显著时，应将其从回归模型中剔除，从而达到用尽可能少的自变量拟合方程的目的。

回归系数检验采用 t 检验，检验统计量 t 的计算公式为：

$$t_i = \frac{b_i}{s_{bi}} \sim t(n - p - 1) \tag{10-27}$$

式中　S_{bi} ——回归系数 b_i 的抽样分布的标准差，计算公式为：

$$S_{bi} = \frac{S_y}{\sqrt{\sum x_i^2 - \frac{1}{n}(\sum x_i)^2}} \tag{10-28}$$

Excel 的回归分析输出结果直接给出了各自变量回归系数的检验统计量。

检验的步骤如下：

第一步：提出假设。对于任意参数 $b_i(i = 1, 2, \cdots, p)$，有

$$H_0: b_i = 0 \qquad H_1: b_i \neq 0$$

第二步：计算检验统计量 t。

第三步：统计决策。根据显著性水平 α 和自由度 $df = n - p - 1$，查 t 分布表得临界值

$t_{\frac{\alpha}{2}}$，若检验统计量$|t| \geq t_{\frac{\alpha}{2}}$，则拒绝原假设，表明自变量对因变量的影响是显著的。

2. 回归方程的显著性检验

除了分别对各个回归系数进行显著性检验之外，还要对整个回归方程进行F显著性检验，也就是检验因变量y与p个自变量之间的关系是否显著。因为回归方程中包含了多个回归系数，而回归方程整体的显著性是不能由任何一个回归系数的显著性所能代替的。

检验的具体步骤为：

第一步：提出假设。

$$H_0: b_1 = b_2 = \cdots = b_n = 0 \qquad H_1: b_1, b_2, \cdots, b_n \text{至少有一个不等于} 0$$

第二步：计算检验统计量F。

$$F = \frac{RSS/p}{ESS/(n-p-1)} \sim F(p, n-p-1) \tag{10-29}$$

第三步：做出统计决策。根据给定的显著性水平α和分子自由度$df_1 = p$、分母自由度$df_2 = n - p - 1$，查F分布表得临界值t_0，若检验统计量$F \geq t_0$，则拒绝原假设，因变量y与p个自变量之间的关系显著。也可以用p值做出统计决策，若p值小于显著性水平α，则拒绝原假设，接受备择假设。

三、多重共线性

1. 多重共线性的含义

当多元回归模型中使用两个或两个以上的自变量时，这些自变量往往会提供多余的信息。也就是说，这些自变量彼此相关。比如以上建立的回归方程中，我们使用了两个自变量：居民人均纯收入、家庭人口。虽然这两个变量都对预测居民消费支出贡献信息，但由于这两个变量之间存在相关关系，因此，有些信息是重复的。从经济意义上看，居民消费支出与居民人均纯收入有关，居民可支配收入越高，居民消费支出越大；同时也与家庭人口有关，家庭人口越多，居民消费支出越大。而两个自变量居民可支配收入、家庭人口之间也存在相关关系，即：居民可支配收入的多少与家庭实际参加工作的人数正相关，家庭实际参加工作的人数又取决于家庭人口的多少。因此，居民人均纯收入和家庭人口对预测居民消费支出来说，提供的有些信息是重复的，或许只用一个自变量建立模型就可以了。

2. 多重共线性的判别

检测回归方程中的多重共线性的方法有很多，下面介绍几种简单的方法：

(1)计算回归方程中各对自变量之间的相关系数r，并对各对相关系数进行检验。如果有一个或多个相关系数是显著的，就表示回归方程中自变量之间相关，因而存在多重共线性。

(2)当回归方程的线性关系显著(通过F检验)，而几乎所有的回归系数检验却不显著时，表示存在多重共线性。

(3)当回归系数的正负号与所联系的社会或经济意义相反时，表示存在多重共线性。

3. 多重共线性问题的处理

若回归方程中存在多重共线性，就应该采取措施加以解决。至于采取什么措施较好，要视多重共线性的严重程度。以下是多重共线性的一些解决办法：

(1)将一个或多个自变量从模型中剔除。

(2)若想在模型中保留所有的自变量,就应该:避免根据 t 检验量对单个的参数进行检验;对 y 变量的预测或估计限定在自变量样本值的范围之内。

四、利用多元回归方程进行预测

回归分析的主要目的是根据所建立的方程进行估计或预测。对于多元回归方程来说,在通过各种检验、消除多重共线性之后,我们可以根据多元回归方程来达到这一目的。与一元回归方程的原理一样,回归预测有点预测和区间预测两种。

所谓点预测,就是根据给定的 p 个自变量 x 的值,代入多元回归方程,就可以得到因变量的估计值。例如,若某农户的人均纯收入为 4200 元,家庭人口 3 人,根据例【10-6】中的线性回归方程,消费水平为:

$$\hat{y} = -18.7185 + 0.8285x_1 - 164.616x_2 = 2967.234 \quad (元)$$

应该注意的是,预测居民消费支出与居民人均纯收入、家庭人口的方程存在多重共线性,预测时,自变量的值不应超出样本值的范围。

关于区间预测,由于计算复杂,本章不予介绍。

第六节 曲线回归分析

在实际观察或试验数据取得的资料中遇到的现象之间的相互关系可能会十分复杂,以致不能用线性方程来表示。在这种情况下,就需要根据变量间相互关系的性质,用不同的曲线回归方程来估计。

一、曲线回归分析的概念

在建立曲线回归方程时,最主要的问题是确定关系的类型和形式,这就需要有关研究问题的专业知识,并通过对观察资料进行分析和比较,特别是通过散点图的分布形状和特点,结合一些已知函数的图形,选择合适的回归曲线类型,然后用变量代换把曲线模型化为一元或多元线性模型。当回归方程确定之后,下一步的任务仍是求方程中的参数值,这时常用的方法还是最小平方法,其计算步骤和直线方程大体相似,但在形式和计算上比较复杂。

二、几种常用的曲线回归方程分析模型

许多曲线回归模型(curvilinear regression model)经过适当变换,可以转化为线性回归模型的形式。通常采用的能化为线性回归的曲线模型有如下几种(本节中仅介绍一元曲线回归模型)。

1. 双曲线回归模型

双曲线回归模型的表达式为:

$$\hat{y} = a + b\frac{1}{x}$$

若设 $x' = \dfrac{1}{x}$，则可得以下直线式：

$$\hat{y}' = a + bx'$$

2. 二次曲线回归模型

二次曲线(抛物线)回归模型的表达式为：

$$\hat{y} = a + bx + cx^2$$

若设 $x_1 = x$，$x_2 = x^2$，则二次曲线(抛物线)回归方程可转化为包含两个自变量的二元一次线性回归模型：

$$\hat{y}' = a + bx_1 + cx_2$$

3. 对数曲线回归模型

对数曲线回归模型的表达式为：

$$\hat{y} = a + b\ln x$$

若设 $x' = \ln x$，则对数曲线回归模型可化为直线回归模型：

$$\hat{y}' = a + bx'$$

4. 指数曲线回归模型

当自变量 x 作等差的增加或减少时，因变量 y 随之而作等比的增加或减少，则建立指数曲线模型比较合适。其表达式为：

$$\hat{y} = ab^x$$

式中　$\hat{y}$——回归估计值；

　　　a, b——参数；

　　　x——参数 b 的指数。

将指数曲线模型取对数，可得以下对数直线式：

$$\lg \hat{y} = \lg a + x\lg b$$

若设 $\lg \hat{y} = \hat{y}'$，$\lg a = a'$，$\lg b = b'$，则指数曲线模型可化为直线回归模型：

$$\hat{y}' = a' + b'x$$

上述四种曲线回归方程均可以直接或间接地化为线性回归方程，又称为可线性化的曲线回归方程。从上述方程我们可以看出：双曲线回归方程、二次曲线回归方程、对数回归方程都可通过简单的变量换元直接化为线性回归方程，并且由于这类方程的因变量不用变形，所以可直接采用最小平方法估计其待定参数；而对于指数曲线回归方程，需通过对数代换间接地化为线性回归方程，由于这类方程在对数变换后形似线性回归方程，故可利用这一对数形式，间接地采用最小平方法估计其待定的参数。

【例 10-8】某企业 2012 年 1~12 月份产量与单位产品成本资料见表 10-5。试配合适当的回归模型分析月产量与单位产品成本之间的关系。

表 10-5　指数曲线回归计算表

编号	产量 x	单位成本 y	y'	x^2	xy'	y'^2
1	10	160	2.2041	100	22.04	4.8581
2	16	151	2.1790	256	34.86	4.7480

（续）

编号	产量 x	单位成本 y	y'	x^2	xy'	y'^2
3	20	114	2.0569	400	41.14	4.2308
4	25	128	2.1072	625	52.68	4.4403
5	31	85	1.9294	961	59.81	3.7226
6	36	91	1.9590	1296	70.53	3.8377
7	40	75	1.8751	1600	75.00	3.5160
8	45	76	1.8808	2025	84.64	3.5374
9	51	66	1.8195	2601	92.80	3.3106
10	56	60	1.7782	3136	99.58	3.1620
11	60	61	1.7853	3600	107.12	3.1873
12	65	60	1.7782	4225	115.58	3.1620
合计	455	1127	23.3527	20825	855.77	45.7128

要求：根据表 10-5 的资料绘制相关图，配合适当的回归方程分析月产量与单位产品成本的关系；若 2013 年一月份该企业产量为 68 万元，试对 2013 年一月份该企业的单位成本进行点预测。

解：第一步：绘制相关图。设产品产量为 y，单位成本为 x，建立直角坐标，绘制相关图，如图 10-5 所示。由散点图形看出，随着产品产量的增加，单位成本呈下降的趋势，可以配合一条指数曲线。

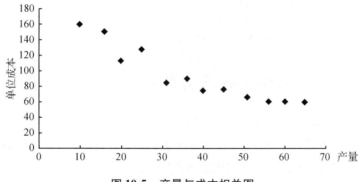

图 10-5　产量与成本相关图

第二步：建立指数曲线回归方程。

$$\hat{y} = ab^x$$

两边取对数得：

$$\lg \hat{y} = \lg a + x \lg b$$

设 $\lg \hat{y} = \hat{y}'$，$\lg a = a'$，$\lg b = b'$
得：

$$\hat{y}' = a' + b'x$$

第三步：估计参数。列表计算有关数据，见表 10-5，由计算结果得：

$$b' = \frac{n\sum xy' - \sum x \sum y'}{n\sum x^2 - (\sum x)^2} = \frac{10 \times 8557725 - 455 \times 23.3527}{10 \times 20825 - 455^2} = -0.0083$$

$$a' = \frac{\sum y'}{n} - b'\frac{\sum x}{n} = \frac{23.3572}{10} + 0.0083 \times \frac{455}{10} = 2.2611$$

对 $\lg a = 2.2611$，$\lg b = -0.00831$ 分别求反对数得

$$a = 182.43 \qquad b = 0.9811$$

得指数曲线回归方程为：

$$\hat{y} = 182.43 \times 0.9811^x$$

第四步：计算相关系数。

$$r = \frac{n\sum xy' - \sum x \sum y'}{\sqrt{n\sum x^2 - (\sum x)^2}\sqrt{n\sum y'^2 - (\sum y')^2}}$$

$$= \frac{10 \times 855.77 - 455 \times 23.3527}{\sqrt{10 \times 20825 - 455^2}\sqrt{10 \times 45.7128 - 23.3527^2}}$$

$$= 0.96096$$

第五步：显著性检验。根据给定的显著性水平 $\alpha = 0.05$ 和自由度 $10 - 2 = 8$ 查 t 分布表，查出 $t_{\frac{\alpha}{2}}(n-2)$ 的临界值为 2.306。由于 $t = |r|\sqrt{\frac{n-2}{1-r^2}} = |0.96096| \times \sqrt{\frac{10-2}{1-0.96096^2}} = 9.8234$，大于临界值 $t_{\frac{\alpha}{2}} = 2.306$，所以拒绝原假设 H_0，说明月产量和单位成本之间的相关系数显著，用指数曲线回归方程拟合数列进行预测是可靠的。

第六步：预测。将 2013 年一月份该企业产品产量 68 万元代入方程，得 2013 年一月份该企业单位成本为：

$$\hat{y} = 182.43 \times 0.9811^x = 49.84$$

故 2013 年一月份该企业单位成本为 49.84 元。

第七节　Excel 在相关分析与回归分析中的应用

相关与回归分析中，计算公式较多，且公式计算繁琐。如果用计算器来算，花费时间较多，不切实际，也无法进行较为复杂的统计分析。解决这些问题，我们可以利用现行的统计分析软件包括最普及的 Excel 软件都能很容易地计算出结果，只要掌握它们的意义进行正确的判断就可以了。

一、利用 Excel 计算相关系数

在 Excel 中，有两种方式可以表达简单相关：一种是绘制数据的 xy 散点图；另一种是计算相关系数，下面分别予以介绍。

（一）xy 散点图

xy 散点图是用来显示当 x 轴数据变动时，y 轴数据的相应变化程度。x 轴数据表示自变量，y 轴数据表示因变量。通过散点图可以比较直观地观察到两个数值变量的相关程度。

根据【例 10-1】某县 2012 年 10 个乡镇农村居民家庭人均纯收入 x 和家庭人均生活消费性支出 y 的资料，试建立 x 和 y 的散点图。

计算步骤如下：

第一步：执行菜单"插入"中的"图表"命令，出现如图 10-6 所示的"图表向导"。

第二步：在出现的"源数据"对话框中设置"数据区域"，"系列产生在"设置为"列"，如图 10-7 所示。单击"下一步"继续。

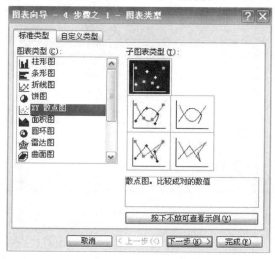

图 10-6　"图表类型"对话框　　　　　图 10-7　"源数据"对话框

第三步：在出现的"图表选项"对话框中设置图表标题和数值轴，单击"下一步"继续。

第四步：在出现的"图标位置"对话框中选则"作为其中的对象插入"，并在其后的下拉列表框中选择"Sheet1"。单击"完成"按钮完成图表的插入。

第五步：完成的 xy 散点图，如图 10-8 所示。

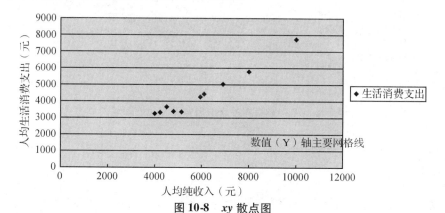

图 10-8　xy 散点图

用 Excel 进行相关分析有两种方法：一是利用相关系数函数，另一种是利用相关分析宏。

(二) CORREL 函数

根据【例 10-1】中的相关资料，计算 2012 年某县农村居民家庭人均纯收入和家庭人均生活消费性支出的相关系数。

计算步骤如下：

第一步：输入数据，选择"插入"的"函数"命令，在弹出的"插入函数"对话框中"选择类别"为"统计"，选择函数为"CORREL"，如图10-9所示，并单击"确定"按钮，出现"函数参数"对话框，其中参数的设置如图10-10所示，其中Array1为第一组单元格的数据区域，Array2为第二组单元格的数据区域。

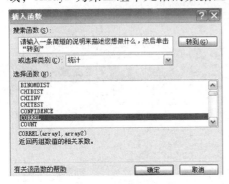

图10-9　插入函数

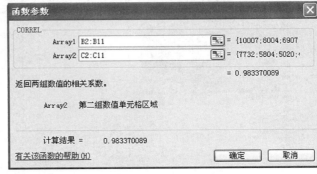

图10-10　设置函数参数

第二步：单击"确定"按钮，得到农村居民家庭人均纯收入与家庭人均生活消费性支出的相关系数为0.98337，如图10-11所示。该结果表明两者之间的相关程度很高，且为正相关。

	A	B	C	D
1	名称	人均消费支出	人均纯收入	
2	A	3231	3980	
3	B	3305	4244	
4	C	3655	4504	0.98337
5	D	3388	4807	
6	E	3350	5150	
7	F	4254	5958	
8	G	4417	6119	
9	H	5020	6907	
10	I	5804	8004	
11	J	7732	10007	

图10-11　人均纯收入与生活消费性支出的相关系数

（三）相关系数

计算步骤如下：

第一步：输入数据，选择"工具"中的"数据分析"菜单命令，出现"数据分析"对话框，在该对话框的"分析工具"列表框中选择"相关系数"选项并单击"确定"按钮，如图10-12所示。单击工具菜单，选择数据分析选项，在数据分析选项中选择相关系数，弹出相关系数对话框，如图10-13所示：

第二步：在出现的"相关系数"对话框中，设置各项参数，如图10-13所示。

图 10-12 选择"相关系数"分析工具

图 10-13 设置各项参数

第三步：单击"确定"按钮，得到回归分析输出结果，如图 10-14 所示。

	A	B	C	D	E	F
1	名称	人均消费支出	人均纯收入			
2	A	3231	3980			
3	B	3305	4244		列 1	列 2
4	C	3655	4504	列 1	1	
5	D	3388	4807	列 2	0.98337	1
6	E	3350	5150			
7	F	4254	5958			
8	G	4417	6119			
9	H	5020	6907			
10	I	5804	8004			
11	J	7732	10007			

图 10-14 回归分析输出结果

二、利用 Excel 进行回归分析

回归分析工具使用"最小平方法"进行先行拟合分析，以画出一条符合一组观测数据的直线，利用它可以分析一个因变量是如何被一个或多个自变量所影响。下面以实例说明 Excel 中的数据分析工具在回归分析中的应用。

根据【例 10-1】某县 2012 年 10 个乡农村居民家庭人均纯收入 x 与家庭人均生活消费性支出 y 的资料，建立回归方程。

计算步骤如下：

第一步：录入数据，选择"工具"中的"数据分析"菜单命令，出现"数据分析"对话框，在该对话框的"分析工具"列表框中选择"回归"选项并单击"确定"按钮，如图 10-15 所示。

第二步：在出现的"回归"对话框中，设置各项参数，如图 10-16 所示。

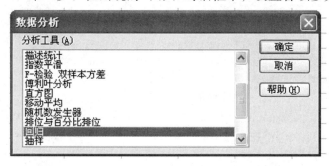

图 10-15 选择"回归"分析工具

图 10-16 设置各项参数

第三步：单击"确定"按钮，得到回归分析输出结果，如图 10-17 所示。

	A	B	C	D	E	F	G	H	I	J	K	L
1	名称	人均纯收入	人均消费支出									
2	A	3980	3231	SUMMARY OUTPUT								
3	B	4244	3305									
4	C	4504	3655	回归统计								
5	D	4807	3388	Multiple	0.98337							
6	E	5150	3350	R Square	0.967017							
7	F	5958	4254	Adjusted	0.962894							
8	G	6119	4417	标准误差	277.8461							
9	H	6907	5020	观测值	10							
10	I	8004	5804									
11	J	10007	7732	方差分析								
12					df	SS	MS	F	gnificance F			
13				回归分析	1	18106679	18106679	234.5472	3.28E-07			
14				残差	8	617587.5	77198.44					
15				总计	9	18724266						
16												
17					Coefficien	标准误差	t Stat	P-value	Lower 95%	Upper 95%	下限 95.0%	上限 95.0%
18				Intercept	-42.5387	304.0684	-0.1399	0.892198	-743.722	658.6442	-743.722	658.6442
19				X Variabl	0.747007	0.048776	15.31493	3.28E-07	0.634529	0.859486	0.634529	0.859486

图 10-17　回归分析输出结果

第四步：由上面的结果可知：$\hat{a} = -42.4387$，$\hat{b} = 0.747007$，则拟合的回归方程为：$\hat{y} = -42.4387 + 0.747007x$。

本章小结

许多客观现象之间存在着一定的数量关系。一种是函数关系；另一种是相关关系。相关关系是指变量之间存在密切，但不是严格的依存关系，即当一个变量发生变化时，另外的变量也发生变化，但其变化值是不确定的，往往会出现几个不同的数值与之对应。变量间函数关系和相关关系在一定的条件下可以相互转化。

相关关系的种类：依据变量之间相关程度分为完全相关、不完全相关和完全不相关；依据相关关系的方向分为正相关和负相关；依据相关关系的表现形式分为线性相关和非线性相关；依据相关变量的多少分为单相关、复相关和偏相关。

相关关系的测定方法有三种，一种是定性分析，一种通过编制相关表，绘制相关图来判别两个变量之间是否存在着某种相关关系及相关的方向、形态和大致的密切程度。一种是定量分析，计算相关系数，相关系数可以比较精确的计算和测定两个变量之间的相关程度。能否根据样本相关系数说明总体的相关程度，需要对其进行显著性检验。

回归分析是寻找具有相关关系的变量间的数学表达式并进行统计推断的一种统计方法。回归按照自变量的个数划分为一元回归和多元回归；按照回归曲线的形态划分，有线性（直线）回归和非线性（曲线）回归。

相关分析与回归分析是研究变量之间相关联系的两种统计方法，它们相互联系又相互区别。

回归分析的主要内容包括：进行参数估计；进行统计显著性检验；进行预测和控制三部分。

一元线性回归方程中的待定参数是根据样本数据资料估计确定的，统计学上常采用最小平方法。估计标准误差用来测度各实际值在回归直线周围的分布状况。回归标准误差反映的是因变量各实际值与其估计值之间的平均差异程度，表明其估计值对各实际值的代表性强弱。回归系数的显著性检验就是要检验自变量对因变量的影响是否显著的问题。

拟合回归方程的主要目的是根据自变量取值对因变量进行预测或估计。预测或估计的方法有点估计和区间估计。

在实际观察或试验数据取得的资料中遇到的现象之间的相互关系可能会十分复杂，以致不能用线性方程来表示。在这种情况下，就需要根据变量间相互关系的性质，用不同的曲线回归方程来估计。

在建立曲线回归方程时，最主要的问题是确定关系的类型和形式，这就需要有关于研究问题的专业知识，并通过对观察资料进行分析和比较，特别是通过散点图的分布形状和特点，结合一些已知函数的图形，选择合适的回归曲线类型，大部分曲线回归方程均可以直接或间接地化为线性回归方程。

◢ 思考与练习

一、选择题

1. 在相互依存的两个变量中，根据研究的目的，将其中一个变量定为自变量，另一个变量定为（　　）。
   A. 固定变量　　　B. 因变量　　　C. 任意变量　　　D. 自变量

2. 相关关系是现象间确实存在的，但相关关系数值的相互依存关系是（　　）。
   A. 不完全确定　　B. 可以确定　　C. 不确定　　　D. 无法确定

3. 单向依存关系是自变量和因变量区分明确，但（　　）。
   A. 可以互相转化　B. 反映不出关系　C. 不能互相转化　D. 互相转换可有可无

4. 如果一个变量的数量变化，由另一个变量的数量变化所唯一确定，这时两个变量间的关系称为（　　）。
   A. 单相关　　　　B. 复相关　　　C. 不完全相关　　D. 完全相关

5. 当变量 x 的数值增大时，变量 y 的数值也明显增大，相关点的分布集中呈直线状态，则表明这两个变量间是（　　）。
   A. 强正相关　　　B. 弱正相关　　C. 强负相关　　　D. 弱负相关

6. 判定现象之间相关关系密切程度的主要方法是（　　）。
   A. 绘制相关图　　B. 编制相关表　C. 进行定性分析　D. 计算相关系数

7. 当所有的观察值 y 都落在回归直线方程：$y_c = a + bx$，则 x 与 y 之间的相关系数为（　　）。
   A. $-1 \leqslant r \leqslant 1$　B. $|r| = 1$　C. $r = 0$　D. $0 < r < 1$

8. 在相关分析中，由于两个变量的关系是对等的，从而变量 x 与变量 y 相关同变量 y 与变量 x 相关是（　　）。
   A. 同一个问题　　　　　　　　　B. 完全不同的问题
   C. 有一定联系但意义不同的问题　D. 有时相同，但有时不同的问题

9. 由最小二乘法得到的回归直线，要求满足因变量（　　）。
   A. 平均值与其估计值的离差平方和最小　B. 实际值与其平均值的离差平方和最小
   C. 实际值与其估计值的离差和为 0　　　D. 实际值与其估计值的离差平方和最小

10. 机床的使用年限与维修费用之间的相关系数是 0.7213，合理范围内施肥量与粮食亩产量之间的相关系数为 0.8521，商品价格与需求量之间的相关系数为 −0.9346，则（　　）。
    A. 商品价格与需求量之间的线性相关程度最高
    B. 商品价格与需求量之间的线性相关程度最低
    C. 施肥量与粮食亩产量之间的线性相关程度最高
    D. 机床的使用年限与维修费用之间的线性相关程度最高

11. 下列正确项有（　　）。
    A. 具有明显因果关系的两变量不一定是相关关系
    B. 只要相关系数较大，两变量就一定存在密切关系

C. 相关系数的符号可说明两变量相互关系的方向

D. 样本相关系数和总体相关系数之间存在抽样误差

E. 不具有因果关系的变量一定不存在相关关系

12. 下列关系中属于正相关的有（　　）。

　　A. 物价水平与商品需求量　　　　B. 施肥量与亩产量

　　C. 单位产品成本与原材料消耗　　D. 商业的劳动效率和流通费用率

　　E. 产品产量与单位产品成本

13. 相关关系的意义在于（　　）。

　　A. 研究变量之间是否存在相关关系　　B. 测定变量的密切程度

　　C. 表明相关的形式　　　　　　　　　D. 配合关系方程式

　　E. 进行估计估算和与预测

14. 计算估计标准误差的意义在于（　　）。

　　A. 说明回归估计值的准确程度　　　　B. 从另一方面说明变量的相关程度

　　C. 说明回归方程的代表性程度　　　　D. 反映线形相关的方向

　　E. 以样本回归方程估计总体回归方程

15. 在回归分析中，确定直线回归方程的两个变量必须是（　　）。

　　A. 一个是自变量，一个是因变量　　　B. 均为随机变量

　　C. 对等关系的变量　　　　　　　　　D. 不对等关系的变量

　　E. 一个是随机变量，一个是确定变量

二、判断题

1. 客观现象之间存在的互相依存关系称为函数关系。（　　）
2. 对现象之间相关关系密切程度的研究称为回归分析。（　　）
3. 相关关系只能判断线性相关关系的密切程度。（　　）
4. 当相关关系的一个变量变动时，另一个变量也发生变化，就称为非线性相关。（　　）
5. 相关表可以准确地判断出变量间相关的密切程度。（　　）
6. 回归分析与相关分析无任何关系，两种分析是独立的。（　　）
7. 相关系数的数值范围，是在 -1 和 $+1$ 之间，即 $-1 \leqslant r \leqslant +1$。（　　）
8. 回归分析可以对具有相关关系的现象，根据其关系形态，选择一个合适的数学模型。（　　）
9. 在定性分析的基础上进行定量分析，是保证正确运用相关分析和回归分析的必要条件。（　　）
10. 确定回归方程时，对相关的两个变量要求只需因变量是随机的。（　　）

三、简答题

1. 什么是相关关系？它与函数关系有何区别和联系？
2. 简述回归分析的概念与特点。
3. 回归直线方程中的参数 a 和 b 的经济含义是什么？
4. 简单线性回归模型检验的内容有哪些？
5. 什么是估计标准误差？其作用如何？
6. 相关分析与回归分析的区别和联系是什么？
7. 相关分析的作用有哪些？

三、计算题

1. 某企业某种产品销售价格与销售量资料如下：

月份	1	2	3	4	5	6
销售价格(元)	8	10	11	10	13	15
销售量(台)	73	72	71	73	69	68

要求：(1)计算相关系数，说明相关程度；(2)以0.05的显著性水平检验相关系数的显著性。

2. 有10个同类企业的生产性固定资产平均价值和工业总产值资料如下：

生产性固定资产价值(万元)	318	910	200	409	415	502	314	1210	1022	1225
工业总产值(万元)	524	1019	638	815	913	928	605	1516	1219	1624

要求：(1)计算相关系数；(2)求出直线回归方程；(3)计算估计标准差；(4)计算F统计量，在0.05显著性水平下检验关系的显著性。

3. 银行储蓄存款余额和存户数有直线相关关系，根据这种关系，以及前几年的历史资料建立回归方程：$\hat{y} = 31330000 + 800x$。其中，$x$代表存款户数(户)，$\hat{y}$代表存款余额(元)。问：当$x$为10000户时，存款余额可能是多少？800的经济意义是什么？

4. 某厂生产所需费用y，受生产产品批量x的影响，有关资料如下：

x	1	2	3	4	5	6	7	8	9	10
y	25	33	40	42	50	55	60	70	72	80

要求：计算直线方程；评价直线方程的代表程度。

5. 设从某年地区高考试卷中，用随机重复抽样方式抽取40名考生的外语和数学试卷，各科成绩如下表所示：

考生编号	成绩		考生编号	成绩		考生编号	成绩		考生编号	成绩	
	外语	数学		外语	数学		外语	数学		外语	数学
1	77	20	11	60	43	21	68	65	31	80	76
2	15	20	12	80	45	22	70	65	32	54	79
3	20	25	13	46	48	23	60	67	33	85	80
4	70	28	14	79	50	24	60	67	34	70	80
5	75	30	15	70	55	25	80	70	35	78	83
6	25	30	16	64	55	26	50	70	36	45	85
7	60	34	17	75	58	27	55	70	37	65	86
8	40	36	18	82	60	28	54	72	38	70	83
9	28	40	19	85	66	29	50	74	39	62	80
10	32	40	20	50	62	30	72	76	40	60	95

要求：(1)画出原资料的散点图，并观察相关的趋势；(2)求数学成绩和外语成绩的相关系数。

参考文献

[1] 吴思莹，邢小博．2013．统计学原理[M]．北京：北京大学出版社．
[2] 李洁明，祁新娥．2014．统计学原理[M]．6版．上海：复旦大学出版社．
[3] 李友俊，李丽萍，孙菲．2013．统计学[M]．2版．北京：石油工业出版社．
[4] 魏建国．2010．统计学[M]．武汉：武汉理工大学出版社．
[5] 宫春子．2011．统计学基础[M]．大连：东北财经大学出版社．
[6] 黄彬红，石露．2012．实用统计基础与案例[M]．北京：北京大学出版社．
[7] 向书坚，张学毅．2010．统计学[M]．北京：中国统计出版社．
[8] 王正朋．2013．实用统计学[M]．西安：电子科技大学出版社．
[9] 李子奈，潘文卿．2008．计量经济学[M]．北京：高等教育出版社．
[10] 宋廷山，葛金田，王光玲．2012．统计学以Excel为分析工具[M]．北京：北京大学出版社．
[11] 袁卫，庞皓，曾五一．2005．统计学[M]．北京：高等教育出版社．
[12] 孙静娟，杨光辉．2010．统计学[M]．北京：清华大学出版社．
[13] 孙文生．2012．统计学原理[M]，北京：中国农业出版社．
[14] Terry Sincich．2001．例解商务统计学[M]．陈鹤琴，罗明安，译．北京：清华大学出版社．
[15] 贾俊平．2011．统计学[M]．北京：中国人民大学出版社．
[16] 刘德智，王晖，李国柱．2007．统计学[M]，北京：清华大学出版社．
[17] 李冻菊．2003．统计学[M]．北京：中国农业大学出版社．
[18] 肖彦花，马知遥．2004．统计学[M]．长沙：国防科技大学出版社．

附录一：随机数字表

22	17	68	65	81	68	95	23	92	35	87	02	22	57	51	61	09	43	95	06	58	24	82	03	47
19	36	27	59	46	13	79	93	37	55	39	77	32	77	09	85	52	05	30	62	47	83	51	62	74
16	77	23	02	77	09	61	84	25	21	28	06	24	25	93	16	71	13	59	78	23	05	47	47	25
78	43	76	71	61	20	44	90	32	64	97	67	63	99	61	46	38	03	93	22	69	81	21	99	21
03	28	28	26	08	73	37	32	04	05	69	30	16	09	05	88	69	58	28	99	35	07	44	75	47
93	22	53	64	39	07	10	63	76	35	84	03	04	79	88	08	13	13	85	51	55	34	57	72	69
78	76	58	54	74	92	38	70	96	92	52	06	79	79	45	82	63	18	27	44	69	66	92	19	09
23	68	35	26	00	99	53	93	61	28	52	70	05	48	34	56	65	05	61	86	90	92	10	70	80
15	39	25	70	99	93	86	52	77	65	15	33	59	05	28	22	87	26	07	47	86	96	98	29	06
58	71	96	30	24	18	46	23	34	27	85	13	99	24	44	49	18	09	79	49	74	16	32	23	02
57	35	27	33	72	24	53	63	94	09	41	10	76	47	91	44	04	95	49	66	39	60	04	59	81
48	50	86	54	48	22	06	34	72	52	82	21	15	65	20	33	29	94	71	11	15	91	29	12	03
61	96	48	95	03	07	16	39	33	66	98	56	10	56	79	77	21	30	27	12	90	49	22	23	62
36	93	89	41	26	29	70	83	63	51	99	74	20	52	36	87	09	41	15	09	98	60	16	03	03
18	87	00	42	31	57	90	12	02	07	23	47	37	17	31	54	08	01	88	63	39	41	88	92	10
88	56	53	27	59	33	35	72	67	47	77	34	55	45	70	08	18	27	38	90	16	95	86	70	75
09	72	95	84	29	49	41	31	06	70	42	38	06	45	18	64	84	73	31	65	52	53	37	97	15
12	96	88	17	31	65	19	69	02	83	60	75	86	90	68	24	64	19	35	51	56	61	87	39	12
85	94	57	24	16	92	09	84	38	76	22	00	27	69	85	29	81	94	78	70	21	94	47	90	12
38	64	43	59	98	98	77	87	68	07	91	51	67	62	44	40	98	05	93	78	23	32	65	41	18
53	44	09	42	72	00	41	86	79	79	68	47	22	00	20	35	55	31	51	51	00	83	63	22	55
40	76	66	26	84	57	99	99	90	37	36	63	32	08	58	37	40	13	68	97	87	64	81	07	83
02	17	79	18	05	12	59	52	57	02	22	07	90	47	03	28	14	11	30	79	20	69	22	40	98
95	17	82	06	53	31	51	10	96	46	92	06	88	07	77	56	11	50	81	69	40	23	72	51	39
35	76	22	42	92	96	11	83	44	80	34	68	35	48	77	33	42	40	90	60	73	96	53	97	86
26	29	31	56	41	85	47	04	66	08	34	72	57	59	13	82	43	80	46	15	38	26	61	70	04
77	80	20	75	82	72	82	32	99	90	63	95	73	76	63	89	73	44	99	05	48	67	26	43	18
46	40	66	44	52	91	36	74	43	53	30	82	13	54	00	78	45	63	98	35	55	03	36	67	68
37	56	08	18	09	77	53	84	46	47	31	91	18	95	58	24	16	74	11	53	44	10	13	85	57
61	65	61	68	66	37	27	47	39	19	84	83	70	07	48	53	21	40	06	71	95	06	79	88	54
93	43	69	64	07	34	18	04	52	35	56	27	09	24	86	61	85	53	83	45	19	90	70	99	00
21	96	60	12	99	11	20	99	45	18	48	13	93	55	34	18	37	79	49	90	65	97	38	20	46
95	20	47	97	97	27	37	83	28	71	00	06	41	41	74	45	89	09	39	84	51	67	11	52	49
97	86	21	78	73	10	65	81	92	59	58	76	17	14	97	04	76	62	16	17	17	95	70	45	80
69	92	06	34	13	59	71	74	17	32	27	55	10	24	19	23	71	82	13	74	63	52	52	01	41
04	31	17	21	56	33	73	99	19	87	26	72	39	27	67	53	77	57	68	93	60	61	97	22	61
61	06	98	03	91	87	14	77	43	96	43	00	65	98	50	45	60	33	01	07	98	99	46	50	47
85	93	85	86	88	72	87	08	62	40	16	06	10	89	20	23	21	34	74	97	76	38	03	29	63
21	74	32	47	45	73	96	07	94	52	09	65	90	77	47	25	76	16	19	33	53	05	70	53	30
15	69	53	82	80	79	96	23	53	10	65	39	07	16	29	45	33	02	43	70	02	87	40	41	45
02	89	08	04	49	20	21	14	68	86	87	63	93	95	17	11	29	01	95	80	35	14	97	35	33
87	18	15	89	79	85	43	01	72	73	08	61	74	51	69	89	74	39	82	15	94	51	33	41	67
98	83	71	94	22	59	97	50	99	52	08	52	85	08	40	87	80	61	65	31	91	51	80	32	44
10	08	58	21	66	72	68	49	29	31	89	85	84	46	06	89	73	19	85	23	65	09	29	75	63
47	90	56	10	08	88	02	84	27	83	42	29	72	23	19	66	56	46	65	79	20	71	53	20	25

附录二：标准正态分布表

$$\Phi(x) = \int_{-\infty}^{x} \frac{1}{\sqrt{2\pi}} e^{-\frac{t^2}{2}} \mathrm{d}t = P(X \leqslant x)$$

x	0	1	2	3	4	5	6	7	8	9
0.0	0.5000	0.5040	0.5080	0.5120	0.5160	0.5199	0.5239	0.5279	0.5319	0.5359
0.1	0.5398	0.5438	0.5478	0.5517	0.5557	0.5596	0.5636	0.5675	0.5714	0.5753
0.2	0.5793	0.5832	0.5871	0.5910	0.5848	0.5987	0.6026	0.6064	0.6103	0.6141
0.3	0.6179	0.6217	0.6255	0.6293	0.6331	0.6368	0.6406	0.6443	0.6480	0.6517
0.4	0.6554	0.6591	0.6628	0.6664	0.6700	0.6736	0.6772	0.6808	0.6844	0.6879
0.5	0.6915	0.6950	0.6985	0.7019	0.7054	0.7088	0.7123	0.7157	0.7190	0.7224
0.6	0.7257	0.7219	0.7324	0.7357	0.7389	0.7422	0.7454	0.7486	0.7571	0.7549
0.7	0.7580	0.7611	0.7642	0.7673	0.7703	0.7734	0.7764	0.7794	0.7823	0.7852
0.8	0.7881	0.7910	0.7939	0.7967	0.7995	0.8023	0.8051	0.8087	0.8106	0.8133
0.9	0.8159	0.8186	0.8212	0.8283	0.8264	0.8289	0.8315	0.8340	0.8365	0.8389
1.0	0.8413	0.8438	0.8461	0.8485	0.8508	0.8531	0.8554	0.8577	0.8599	0.8621
1.1	0.8643	0.8665	0.8686	0.8708	0.8729	0.8749	0.8770	0.8790	0.8810	0.8830
1.2	0.8849	0.8869	0.8888	0.8907	0.8925	0.8944	0.8962	0.8980	0.8997	0.9015
1.3	0.9023	0.9049	0.9066	0.9082	0.9099	0.9115	0.9131	0.9147	0.9162	0.9177
1.4	0.9192	0.9207	0.9222	0.9236	0.9251	0.9265	0.9278	0.9292	0.9306	0.9319
1.5	0.9332	0.9345	0.9357	0.9370	0.9382	0.9394	0.9406	0.9418	0.9430	0.9441
1.6	0.9452	0.9463	0.9474	0.9484	0.9495	0.9505	0.9515	0.9525	0.9535	0.9545
1.7	0.9554	0.9564	0.9573	0.9582	0.9591	0.9599	0.9608	0.9616	0.9625	0.9633
1.8	0.9641	0.9648	0.9656	0.9664	0.9671	0.9678	0.9686	0.9693	0.9700	0.9706
1.9	0.9713	0.9719	0.9726	0.9732	0.9738	0.9744	0.9750	0.9756	0.9762	0.9767
2.0	0.9772	0.9778	0.9783	0.9788	0.9793	0.9798	0.9803	0.9808	0.9812	0.9817
2.1	0.9821	0.9826	0.9830	0.9834	0.9838	0.9842	0.9846	0.9850	0.9854	0.9857
2.2	0.9861	0.9864	0.9868	0.9871	0.9874	0.9878	0.9881	0.9884	0.9887	0.9890
2.3	0.9893	0.9896	0.9898	0.9901	0.9904	0.9906	0.9909	0.9911	0.9913	0.9916
2.4	0.9918	0.9920	0.9922	0.9925	0.9927	0.9929	0.9931	0.9932	0.9934	0.9936
2.5	0.9938	0.9940	0.9941	0.9943	0.9945	0.9946	0.9948	0.9949	0.9951	0.9952
2.6	0.9953	0.9955	0.9956	0.9957	0.9959	0.9960	0.9961	0.9962	0.9963	0.9964
2.7	0.9965	0.9966	0.9967	0.9968	0.9969	0.9970	0.9971	0.9972	0.9973	0.9974
2.8	0.9974	0.9975	0.9976	0.9977	0.9977	0.9978	0.9979	0.9979	0.9980	0.9981
2.9	0.9981	0.9982	0.9982	0.9983	0.9984	0.9984	0.9985	0.9985	0.9986	0.9986
3.0	0.9987	0.9990	0.9993	0.9995	0.9997	0.9998	0.9998	0.9999	0.9999	1.0000

附录三：t 分布表

$$P\{t(n) > t_\alpha(n)\} = \alpha$$

n	$\alpha = 0.25$	0.10	0.05	0.025	0.01	0.005
1	1.0000	3.0777	6.3138	12.7062	31.8207	63.6574
2	0.8165	1.8856	2.9200	4.3037	6.9646	9.9248
3	0.7649	1.6377	2.3534	3.1824	2.5407	5.8409
4	0.7407	1.5332	2.1318	2.7764	3.7469	4.6014
5	0.7267	1.4759	2.0150	2.5706	3.3649	4.0322
6	0.7176	1.4398	1.9432	2.4469	3.1427	3.7074
7	0.7111	1.4149	1.8946	2.3634	2.9980	3.4995
8	0.7064	1.3968	1.8595	2.3060	2.8965	3.3554
9	0.7027	1.3830	1.8331	2.2622	2.8214	3.2498
10	0.6998	1.3722	1.8125	2.2281	2.7638	3.1693
11	0.6974	1.3634	1.7959	2.2010	2.7181	3.1058
12	0.6955	1.3562	1.7823	2.1788	2.6810	3.0545
13	0.6938	1.3502	1.7709	2.1604	2.6503	3.0123
14	0.6924	1.3450	1.7613	2.1448	2.6245	2.9768
15	0.6912	1.3406	1.7531	2.1315	2.6205	2.9467
16	0.6901	1.3368	1.7459	2.1199	2..5835	2.9208
17	0.6892	1.3334	1.7396	2.1098	2.5669	2.8982
18	0.6884	1.3304	1.7341	2.1009	2.5524	2.8784
19	0.6876	1.3277	1.7291	2.0930	2.5395	2.8609
20	0.9870	1.3253	1.7247	2.0860	2.5280	2.8453
21	0.6864	1.3232	1.7207	2.0796	2.5177	2.8314
22	0.6858	1.3212	1.7171	2.0739	2.5083	2.8188
23	0.6853	1.3195	1.7139	2.0687	2.4999	2.8073
24	0.6848	1.3178	1.7109	2.0639	2.4922	2.7969
25	0.6844	1.3163	1.7108	2.0595	2.4851	2.7874
26	0.6840	1.3150	1.7056	2.0555	2.4786	2.7787
27	0.6837	1.3137	1.7033	2.0518	2.4727	2.7707
28	0.6834	1.3125	1.7011	2.0484	2.4671	2.7664
29	0.6830	1.3114	1.6991	2.0452	2.4620	2.7564
30	0.6828	1.304	1.6973	2.0423	2.4573	2.7500
31	0.6825	1.3095	1.6599	2.0395	2.4528	2.7440
32	0.6822	1.3086	1.6939	2.0369	2.4487	2.7385
33	0.6820	1.3077	1.6924	2.0345	2.4448	2.7333
34	0.6818	1.3070	1.6909	2.0322	2.4411	2.7384
35	0.6816	1.3062	1.6896	2.0301	2.4377	2.7238

附录四：F 分布表

$$P\{F(n_1, n_2) > F_\alpha(n_1, n_2)\} = \alpha$$

$\alpha = 0.10$

n_2	n_1											
	1	2	3	4	5	6	7	8	9	10	12	15
1	39.86	49.50	53.59	55.83	57.24	58.20	58.91	59.44	59.86	60.19	60.71	61.22
2	8.53	9.00	9.16	9.24	9.29	9.33	9.35	9.37	9.38	9.39	9.41	9.42
3	5.54	5.46	5.39	5.34	5.31	5.28	5.27	5.25	5.24	5.23	5.22	5.20
4	4.54	4.32	4.19	4.11	4.05	4.01	3.98	3.95	3.94	3.92	3.90	3.87
5	4.06	3.78	3.62	3.52	3.45	3.40	3.37	3.34	3.32	3.30	3.27	3.24
6	3.78	3.46	3.29	3.18	3.11	3.05	3.01	2.98	2.96	2.94	2.90	2.87
7	3.59	3.26	3.07	2.96	2.88	2.83	2.78	2.75	2.72	2.70	2.67	2.63
8	3.46	3.11	2.92	2.81	2.73	2.67	2.62	2.59	2.56	2.54	2.50	2.46
9	3.36	3.01	2.81	2.69	2.61	2.55	2.51	2.47	2.44	2.42	2.38	2.34
10	3.29	2.92	2.73	2.61	2.52	2.46	2.41	2.38	2.35	2.32	2.28	2.24
11	3.23	2.86	2.66	2.54	2.45	2.39	2.34	2.30	2.27	2.25	2.21	2.17
12	3.18	2.81	2.61	2.48	2.39	2.33	2.28	2.24	2.21	2.19	2.15	2.10
13	3.14	2.76	2.56	2.43	2.35	2.28	2.23	2.20	2.16	2.14	2.10	2.05
14	3.10	2.73	2.52	2.39	2.31	2.24	2.19	2.15	2.12	2.10	2.05	2.01
15	3.07	2.70	2.49	2.36	2.27	2.21	2.16	2.12	2.09	2.06	2.02	1.97
16	3.05	2.67	2.46	2.33	2.24	2.18	2.13	2.09	2.06	2.03	1.99	1.94
17	3.03	2.64	2.44	2.31	2.22	2.15	2.10	2.06	2.03	2.00	1.96	1.91
18	3.01	2.62	2.42	2.29	2.20	2.13	2.08	2.04	2.00	1.98	1.93	1.89
19	2.99	2.61	2.40	2.27	2.18	2.11	2.06	2.02	1.98	1.96	1.91	1.86
20	2.97	2.59	2.38	2.25	2.16	2.09	2.04	2.00	1.96	1.94	1.89	1.84
21	2.96	2.57	2.36	2.23	2.14	2.08	2.02	1.98	1.95	1.92	1.87	1.83
22	2.95	2.56	2.35	2.22	2.13	2.06	2.01	1.97	1.93	1.90	1.86	1.81
23	2.94	2.55	2.34	2.21	2.11	1.05	1.99	1.95	1.92	1.89	1.84	1.80
24	2.93	2.54	2.33	2.19	2.10	2.04	1.98	1.94	1.91	1.88	1.83	1.78
25	2.92	2.53	2.32	2.18	2.09	2.02	1.97	1.93	1.89	1.87	1.82	1.77
26	2.91	2.52	2.31	2.17	2.08	2.01	1.96	1.92	1.88	1.86	1.81	1.76
27	2.90	2.51	2.30	2.17	2.07	2.00	1.95	1.91	1.87	1.85	1.80	1.75
28	2.89	2.50	2.29	2.16	2.06	2.00	1.94	1.90	1.87	1.84	1.79	1.74
29	2.89	2.50	2.28	2.15	2.06	1.99	1.93	1.89	1.86	1.83	1.78	1.73
30	2.88	2.49	2.28	2.14	2.05	1.98	1.93	1.88	1.85	1.82	1.77	1.72
40	2.84	2.44	2.23	2.09	2.00	1.93	1.87	1.83	1.79	1.76	1.71	1.66
60	2.79	2.39	2.18	2.04	1.95	1.87	1.82	1.77	1.74	1.71	1.66	1.60
120	2.75	2.35	2.13	1.99	1.90	1.82	1.77	1.72	1.68	1.65	1.60	1.55
∞	2.71	2.30	2.08	1.94	1.85	1.77	1.72	1.67	1.63	1.60	1.55	1.49

$\alpha = 0.05$

1	161.4	199.5	215.7	224.6	230.2	234.0	236.8	238.9	240.5	241.9	243.9	245.9
2	18.51	19.00	19.16	19.25	19.30	19.33	19.35	19.37	19.38	19.40	19.41	19.43
3	10.13	9.55	9.28	9.12	9.01	8.94	8.89	8.85	8.81	8.79	8.74	8.70
4	7.71	6.94	6.59	6.39	6.26	6.16	6.09	6.04	6.00	5.96	5.91	5.86
5	6.61	5.79	5.41	5.19	5.05	4.95	4.88	4.82	4.77	4.74	4.68	4.62
6	5.99	5.14	4.76	4.53	4.39	4.28	4.21	4.15	4.10	4.06	4.00	3.94
7	5.59	4.74	4.35	4.12	3.97	3.87	3.79	3.73	3.68	3.64	3.57	3.51
8	5.32	4.46	4.07	3.84	3.69	3.58	3.50	3.44	3.39	3.35	3.28	3.22
9	5.12	4.26	3.86	3.63	3.48	3.37	3.29	3.23	3.18	3.14	3.07	3.01
10	4.96	4.10	3.71	3.48	3.33	3.22	3.14	3.07	3.02	2.98	2.91	2.85
11	4.84	3.98	3.59	3.36	3.20	3.09	3.01	2.95	2.90	2.85	2.79	2.72
12	4.75	3.89	3.49	3.26	3.11	3.00	2.91	2.85	2.80	2.75	2.69	2.62
13	4.67	3.81	3.41	3.18	3.03	2.92	2.83	2.77	2.71	2.67	2.60	2.53
14	4.60	3.74	3.34	3.11	2.96	2.85	2.76	2.70	2.65	2.60	2.53	2.46
15	4.54	3.68	3.29	3.06	2.90	2.79	2.71	2.64	2.59	2.54	2.48	2.40
16	4.49	3.63	3.24	3.01	2.85	2.74	2.66	2.59	2.54	2.49	2.42	2.35
17	4.45	3.59	3.20	2.96	2.81	2.70	2.61	2.55	2.49	2.45	2.38	2.31
18	4.41	3.55	3.16	2.93	2.77	2.66	2.58	2.51	2.46	2.41	2.34	2.27
19	4.38	3.52	3.13	2.90	2.74	2.63	2.54	2.48	2.42	2.38	2.31	2.23
20	4.35	3.49	3.10	2.87	2.71	2.60	2.51	2.45	2.39	2.35	2.28	2.20
21	4.32	3.47	3.07	2.84	2.68	2.57	2.49	2.42	2.37	2.32	2.25	2.18
22	4.30	3.44	3.05	2.82	2.66	2.55	2.46	2.40	2.34	2.30	2.23	2.15
23	4.28	3.42	3.03	2.80	2.64	2.53	2.44	2.37	2.32	2.27	2.20	2.13
24	4.26	3.40	3.01	2.78	2.62	2.51	2.42	2.36	2.30	2.25	2.18	2.11
25	4.24	3.39	2.99	2.76	2.60	2.49	2.40	2.34	2.28	2.24	2.16	2.09
26	4.23	3.37	2.98	2.74	2.59	2.47	2.39	2.32	2.27	2.22	2.15	2.07
27	4.21	3.35	2.96	2.73	2.57	2.46	2.37	2.31	2.25	2.20	2.13	2.06
28	4.20	3.34	2.95	2.71	2.56	2.45	2.36	2.29	2.24	2.19	2.12	2.04
29	4.18	3.33	2.93	2.70	2.55	2.43	2.35	2.28	2.22	2.18	2.10	2.03
30	4.17	3.32	2.92	2.69	2.53	2.42	2.33	2.27	2.21	2.16	2.09	2.01
40	4.08	3.23	2.84	2.61	2.45	2.34	2.25	2.18	2.12	2.08	2.00	1.92
60	4.00	3.15	2.76	2.53	2.37	2.25	2.17	2.10	2.04	1.99	1.92	1.84
120	3.92	3.07	2.68	2.45	2.29	2.17	2.09	2.02	1.96	1.91	1.83	1.75
∞	3.84	3.00	2.60	2.37	2.21	2.10	2.01	1.94	1.88	1.83	1.75	1.67

附录五：思考与练习答案

第一章

一、选择题

1. B 2. A 3. D 4. C 5. B 6. AD 7. ABD 8. ACDE 9. BE 10. ABCDE 11. BDE 12. BCD 13. BCDE 14. ABC 15. BCE

二、判断题

1. × 2. √ 3. × 4. × 5. √ 6. × 7. × 8. √ 9. √ 10. ×

三、简答题（略）

第二章

一、选择题

1. B 2. D 3. C 4. A 5. C 6. ABCD 7. ABCDE 8. ABC 9. AC 10. ABCDE 11. ABCD 12. ADE 13. ABD 14. ACDE 15. ACDE

二、判断题

1. × 2. √ 3. × 4. √ 5. × 6. × 7. √ 8. √ 9. × 10. ×

三、简答题（略）

第三章

一、选择题

1. A 2. C 3. C 4. B 5. C 6. D 7. C 8. A 9. C 10. A 11. AE 12. BDE 13. BDE 14. ABCD 15. ADE

二、判断题

1. × 2. √ 3. √ 4. × 5. √ 6. √ 7. × 8. × 9. × 10. √

三、简单题（略）

四、计算题

1.

零件分组	职工人数（人）	比率（%）
60 件以下	2	5.0
60~75	11	27.5
76~89	19	47.5
90~100	8	20.0
合计	40	100.0

2.

考分	人数	比率(%)	向上累计		向下累计	
			人数(人)	比率(%)	人数(人)	比率(%)
60 以下	2	5.0	2	5.0	40	100.0
60~70	7	17.5	9	22.5	38	95.0
70~80	11	27.5	20	50.0	31	77.5
80~90	12	30.0	32	80.0	20	50.0
90 以上	8	20.0	40	100.0	8	20.0
合计	40	100.0	—	—	—	—

4.

增加值分组	企业数(家)	增加值(万元)
20~40	3	84
40~60	5	251
60~80	7	497
80~100	3	280
100 以上	2	245
合计	20	1357

5. 分析：前三道工序废品率占 97.27%，因此，减少废品的关键是减少这三道工序的废品率。其中最关键的是 A 道工序。

工序名称	废品数(件)	频率(%)	累计频率(%)
A	2606	63.61	63.61
B	1024	25.00	88.61
C	355	8.66	97.27
D	59	1.44	98.71
E	28	0.68	99.39
F	25	0.61	100.00
合计	4097	100.00	—

第四章

一、选择题

1. A 2. C 3. D 4. B 5. C 6. D 7. B 8. B 9. D 10. C 11. ABD 12. ABC 13. BE 14. BDE 15. ABCD

二、判断题

1. × 2. × 3. × 4. × 5. × 6. × 7. × 8. × 9. × 10. √

三、简答题(略)

四、计算题

1. 比较相对指标：

$$\frac{甲地工业总产值}{乙地工业总产值} \times 100\% = \frac{18000}{16000} \times 100\% = 112.5\%$$

$$\frac{甲地粮食产量}{乙地粮食产量} \times 100\% = \frac{1600}{2200} \times 100\% = 72.73\%$$

$$\frac{甲地国民生产总值}{乙地国民生产总值} \times 100\% = \frac{34000}{37000} \times 100\% = 91.9\%$$

$$\frac{甲地人口数}{乙地人口数} \times 100\% = \frac{2}{3} \times 100\% = 66.7\%$$

2.

年份	2008	2009	2010	2011	2012
销售额(万元)	600	650	720	770	830
增长速度(%)	—	8.3	10.77	6.94	7.79

3. (1) 银行网点密度的正、逆指标。

$$正指标 = \frac{400}{1200} = 0.33(个/万人) \qquad 逆指标 = \frac{1200}{400} = 3(万人/个)$$

(2) 医生密度的正、逆指标。

$$正指标 = \frac{2000}{1200} = 1.67(个/万人) \qquad 逆指标 = \frac{1200}{400} = 0.6(万人/个)$$

4. 2012 年单位成本的计划数 $= 500 \times (1 - 5\%) = 475$ （元）

2012 年单位成本的实际数 $= 500 \times (1 - 8\%) = 460$ （元）

成本的计划完成程度指标 $= \frac{460}{475} = 96.84\%$，已完成计划。

5. 五年计划完成程度指标 $= \frac{34 + 35 + 36 + 39 + 38 + 41 + 42 + 44 + 40 + 44 + 44 + 47}{400} = 121\%$

第五章

一、选择题

1. A   2. D   3. C   4. A   5. C   6. B   7. D   8. B   9. A   10. B   11. BCE   12. ACE   13. ABCD   14. DE   15. ADE

二、判断题

1. √   2. ×   3. ×   4. √   5. √   6. √   7. √   8. ×   9. ×   10. ×

三、简答题(略)

四、计算题

1. $\bar{x} = \sum x \frac{f}{\sum f} = 25 \times 0.2 + 35 \times 0.5 + 45 \times 0.3 = 36$（元）

2. 解：甲市场平均价格 $\bar{x} = \frac{\sum m}{\sum \frac{m}{x}} = \frac{1.2 + 2.8 + 1.5}{\frac{1.2}{1.2} + \frac{2.8}{1.4} + \frac{1.5}{1.5}} = \frac{5.5}{4} = 1.375$（元/千克）

乙市场平均价格 $\bar{x} = \frac{\sum xf}{\sum f} = \frac{1.2 \times 2 + 1.4 \times 1 + 1.5 \times 1}{2 + 1 + 1} = \frac{5.3}{4} = 1.325$（元/千克）

3. 解：中位数 $M_e = L + \frac{(\sum f/2) - S_{m-1}}{f_m} \times d = 700 + \frac{(3000/2) - 720}{1050} \times 100 \approx 774.29$（元）

众数 $M_0 = L + \frac{\Delta_1}{\Delta_1 + \Delta_2} \times d = 700 + \frac{570}{570 + 450} \times 100 \approx 755.88$（元）

4. $\bar{x}_2 = \dfrac{\sum xf}{\sum f} = \dfrac{15 \times 18 + 25 \times 39 + 35 \times 31 + 45 \times 12}{18 + 39 + 31 + 12} = 28.7$

$S_2 = \sqrt{\dfrac{\sum (x - \bar{x})^2 f}{\sum f}}$

$= \sqrt{\dfrac{(15 - 28.7)^2 \times 18 + (25 - 28.7)^2 \times 39 + (35 - 28.7)^2 \times 31 + (45 - 28.7)^2 \times 12}{18 + 39 + 31 + 12}} = 9.13$（件）

$v_{S_1} = \dfrac{\sigma_1}{\bar{x}_1} = \dfrac{9.6}{36} = 0.267$ $\quad v_{S_2} = \dfrac{\sigma_2}{\bar{x}_2} = \dfrac{9.13}{28.7} = 0.318$

因为 $v_{S_1} < v_{S_2}$，所以甲生产小组的日产量更有代表性。

5. 解：平均数为81.2，中位数为82，第一四分位数为75，第三四分位数为89，方差为119.92，标准差为10.95。

第六章

一、选择题

1. B 2. B 3. A 4. C 5. C 6. B 7. A 8. C 9. C 10. D 11. BCE 12. AD 13. BE 14. ABC 15. AB

二、判断题

1. × 2. √ 3. × 4. √ 5. √ 6. × 7. × 8. × 9. √ 10. √

三、简答题（略）

四、计算题

1. $\bar{a} = \dfrac{\dfrac{2100}{2} + 2160 + 2140 + 2300 + 2400 + 2480 + \dfrac{250000}{2}}{6} = 2296.67$（人）

2.

年 份	2006	2007	2008	2009	2010	2011	2012
人均纯收入(元)	922	1221	1578	1926	2090	2162	2210
逐期增长量(元)	—	299	357	348	164	72	48
累计增长量(元)	—	299	656	1004	1168	1240	1288
环比发展速度(%)	—	132.43	129.24	122.05	108.52	103.44	102.22
定基发展速度(%)	—	132.43	171.15	208.89	226.68	234.49	239.70

年平均增长量 = 214.67(元)，年平均发展速度 = 116%，年平均增长速度 = 16%

3.

年 份	2007	2008	2009	2010	2011	2012
产量(台)	9500	10000	10400	10450	10900	11410
环比增长量(台)	—	500	400	50	450	510
环比发展速度(%)	—	105.26	104.00	100.48	104.31	104.68
定基增长速度(%)	—	5.26	9.47	10.00	14.74	20.11
增长1%的绝对值(台)	—	95	100	104	104.5	109

4.

年份	销售额(万元)	三项移动平均	四项移动平均	趋势值
2004	80			
2005	83	83.33		
2006	87	86.33	84.75	86.63
2007	89	90.33	88.50	90.75
2008	95	95.00	93.00	95.25
2009	101	100.33	91.50	100.13
2010	105	105.33	102.75	106.50
2011	110	113.33	110.25	
2012	125			

$y = 71.472 + 5.15t$

5.(1)按月平均法

月份	1	2	3	4	5	6	7	8	9	10	11	12
2010	116	154	220	392	642	1642	2810	1204	384	183	125	95
2011	145	210	312	520	684	1872	3120	1382	482	248	130	112
2012	180	245	325	535	710	1923	3350	1576	625	437	258	166
季节比率(%)	20.0	27.6	38.8	65.5	92.1	200.8	420.0	188.4	67.5	39.3	23.2	16.9

(2)移动平均趋势剔除

月份	1	2	3	4	5	6	7	8	9	10	11	12
2010							422.5	180.1	56.9	26.8	18.1	13.5
2011	20.0	28.2	41.2	68.1	89.2	243.9	405.4	178.9	62.2	32.0	16.7	14.3
2012	22.7	30.3	39.4	63.9	83.4	224.0						
季节比率(%)	21.4	29.2	40.3	66.0	86.3	234.0	414.0	179.5	59.6	29.4	17.4	13.9

第七章

一、选择题

1. B 2. A 3. C 4. B 5. C 6. A 7. C 8. B 9. C 10. D 11. CD 12. AD 13. AB 14. AB
15. AB

二、判断题

1. √ 2. × 3. × 4. √ 5. √ 6. √ 7. × 8. √ 9. √ 10. ×

三、简答题(略)

四、计算题

1.(1) $\bar{K}_q = \dfrac{\sum q_1 p_0}{\sum q_0 p_0} = 91\%$

(2) $\bar{K}_p = \dfrac{\sum q_1 p_1}{\sum q_1 p_0} = 109\%$

2. $\bar{K}_p = \dfrac{\sum q_1 p_1}{\sum q_1 p_0} = 106.31\%$

3. (1) $\bar{K}_p = \dfrac{\sum q_1 p_1}{\sum q_0 p_0} = 94.24\%$ $\sum q_1 p_1 - \sum q_0 p_0 = 11500$（元）

   (2) $\bar{K}_q = \dfrac{\sum q_1 p_0}{\sum q_0 p_0} = 119\%$ $\sum q_1 p_0 - \sum q_0 p_0 = 38500$（元）

   $\bar{K}_p = \dfrac{\sum q_1 p_1}{\sum q_1 p_0} = 79\%$ $\sum q_1 p_1 - \sum q_1 p_0 = -50000$（元）

该企业总成本报告期比基期减少11500元，下降5.76%。原因是由于产品产量增长了19%，使得企业总成本增加了38500元，由于产品单位成本下降21%，使得总成本下降了50000元所致。指数体系：94.24% = 119% × 79%，绝对额：-11500元 = 38500元 - 50000元。

4. 解：(1)该商品总平均价格的可变构成指数 = 118.80%，平均价格提高了0.37元/千克。(2)该商品的平均价格报告期比基期增长了18.0%，平均价格提高了0.37元/千克。原因是该商品的结构影响指数为99.19%，即该商品在三个市场的销售量报告期比基期下降0.81%，使得商品的平均价格下降了0.02元/千克。另外，该商品的固定构成指数为119.77%，即该商品在三个市场的销售价格报告期比基期增长19.77%%，使得商品的平均价格增长了0.39元/千克。

用指数体系表示：118.80% = 99.19% × 119.77%

用绝对额表示：0.37 = -0.02 + 0.39

5. 解：(1)该乡粮食平均单产报告期比基期增长了7.01%，粮食平均单产的可变构成指数为107.01%，粮食平均单产每亩提高了27.16千克。

(2)因素分析：该乡不同品种的粮食种植结构报告期比基期发生变化，结构影响指数为104.69%，即粮食平均单产增长了4.69%，使得粮食平均单产每亩提高了18.16千克。该乡管理和生产水平报告期比基期有所提高，固定构成指数为102.22%，即由于管理和生产水平提高了2.22%，使得粮食平均单产每亩提高了9千克。

用指数体系表示：107.01% = 104.69% × 102.22%

用绝对额表示：27.16 = 18.16 + 9

第八章

一、选择题

1. D 2. B 3. A 4. C 5. B 6. B 7. B 8. A 9. C 10. AC 11. ACE 12. BDE 13. BD 14. BCD 15. BDE

二、判断题

1. × 2. × 3. √ 4. × 5.   6. × 7. × 8. √ 9. × 10. √

三、简答题（略）

四、计算题

1. $n = \dfrac{Nt^2\sigma^2}{N\Delta_{\bar{x}}^2 + t^2\sigma^2} = \dfrac{96000 \times 2^2 \times 40^2}{96000 \times 10^2 + 2^2 \times 40^2} \approx 64$（户）

2. 置信区间 $\bar{x} - \Delta_{\bar{x}} = 4266.9$（小时），$\bar{x} + \Delta_{\bar{x}} = 4413.1$（小时）

3. 抽样误差 $\mu_p \approx \sqrt{\dfrac{pq}{n}\left(1-\dfrac{n}{N}\right)} = \sqrt{\dfrac{0.6 \times 0.4}{100} \times \left(1-\dfrac{100}{7000}\right)} = 4.86\%$

极限抽样误差 $\Delta_p = t\mu_p = 1.64 \times 4.86\% = 7.98\%$

男生比重置信区间 $60\% \pm 7.98\%$

男生总数置信区间 $(3641, 4759)$

4. (1) 故全体职工中有储蓄存款者所占比率的区间范围为：$81\% \pm 0.1026\%$

(2) 平均每人存款金额的区间范围为：

$$\bar{x} \pm \Delta_{\bar{x}} = \bar{x} \pm t\sqrt{\dfrac{\sigma^2}{n}} = 3400 + 2 \times \sqrt{\dfrac{500^2}{600}} = 3400 \pm 40.82$$

5. (1) $(3114, 3926)$

(2) 3000 元以上的定期储蓄存单数取值范围是：$(4832, 6768)$

第九章

一、选择题

1. D 2. C 3. D 4. C 5. A 6. A 7. A 8. D 9. D 10. A 11. AE 12. ACE 13. BCD 14. ACE 15. AB

二、判断题

1. × 2. √ 3. √ 4. √ 5. × 6. × 7. √ 8. √ 9. × 10. ×

三、简答题（略）

四、计算题

1. 检验统计量：$Z = \dfrac{\bar{X} - \mu_0}{\sqrt{\dfrac{\sigma^2}{n}}} = \dfrac{1960 - 2000}{100/\sqrt{120}} = -4.382$

$Z < -Z_{0.01} = -2.33$，拒绝原假设。

2. 检验统计量：$t = \dfrac{\bar{X} - \mu_0}{\sqrt{\dfrac{S^2}{n}}} = \dfrac{31850 - 30000}{1300/\sqrt{20}} = 6.36$

$|t| > t_{\frac{\alpha}{2}}(19) = 2.43$，拒绝原假设。

3. 检验统计量：$\chi^2 = \dfrac{(n-1)S^2}{\sigma^2} = \dfrac{(20-1) \times 0.43}{0.25} = 32.68$

$\chi^2_{1-\frac{\alpha}{2}}(19) = 6.844 \leq \chi^2 \leq \chi^2_{\frac{\alpha}{2}}(19) = 38.582$，不拒绝原假设。

4. 检验统计量：$Z = \dfrac{(\bar{X_1} - \bar{X_2}) - (\mu_1 - \mu_2)}{\sqrt{\dfrac{\sigma_1^2}{n_1} + \dfrac{\sigma_2^2}{n_2}}} = \dfrac{8.192 - 8.575}{\sqrt{\dfrac{2.4}{12} + \dfrac{4.1}{12}}} = -0.521$

$|Z| < Z_{\frac{\alpha}{2}} = 1.96$，不能拒绝原假设。

5. 检验统计量：$F = \dfrac{S_1^2}{S_2^2} = \dfrac{0.811}{0.727} = 1.115$

$F < F_{\frac{\alpha}{2}}(11, 11) = 3.47$，不能拒绝原假设。

第十章

一、选择题

1. B 2. A 3. C 4. A 5. A 6. D 7. B 8. A 9. D 10. A 11. CD 12. BC 13. ABC 14. ABCE 15. ADE

二、判断题

1. × 2. × 3. √ 4. × 5. × 6. × 7. √ 8. √ 9. √ 10. √

三、简答题(略)

四、计算题

1. 相关系数 $r = -0.90909$,相关程度高度负相关,$t = 4.364337 > t_{\frac{\alpha}{2}} = 2.776$,说明产量与单位成本之间的相关系数显著。

2. (1) $r = 0.947757$;

   (2) $\hat{y} = 395.57 + 0.8958x$;

   (3) $s_y = 126.63$(万元);

   (4) $F > F_\alpha$,说明生产性固定资产平均价值和工业总产值的回归方程整体上是显著的。

3. 当 x 为 10000 户时,存款余额 $\hat{y} = 39330000$(元);800 的经济意义是每增减一个储户,银行储蓄存款余额相应增减 800 元。

4. $\hat{y} = 20.13 + 5.921x$ 相关系数 $r = 0.996$ 说明方程的代表性很高。

5. (1) 外语与数学散点图 (2) $r = 0.3866$

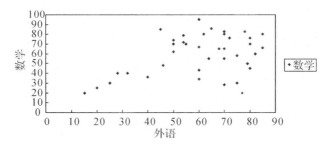